Barock en miniature – Kleine literarische Formen in Barock und Moderne

Minima

Literatur- und Wissensgeschichte kleiner Formen

Herausgegeben von
Anke te Heesen, Maren Jäger, Ethel Matala de Mazza
und Joseph Vogl

Band 2

Barock en miniature – Kleine literarische Formen in Barock und Moderne

―

Herausgegeben von
Matthias Müller, Nils C. Ritter und Pauline Selbig

DE GRUYTER

ISBN 978-3-11-112648-7
e-ISBN (PDF) 978-3-11-065963-4
e-ISBN (EPUB) 978-3-11-065754-8
ISSN 2701-4584

Library of Congress Control Number: 2020945026

Bibliografische Information der Deutschen Nationalbibliothek
Die Deutsche Nationalbibliothek verzeichnet diese Publikation in der Deutschen Nationalbibliografie; detaillierte bibliografische Angaben sind im Internet über http://dnb.dnb.de abrufbar.

© 2022 Walter de Gruyter GmbH, Berlin/Boston
Dieser Band ist text- und seitenidentisch mit der 2021 erschienenen gebundenen Ausgabe.
Coverabbildung: Washington DC National Gallery of Art/Album/akg-images
Satz: Integra Software Services Pvt. Ltd.
Druck und Bindung: CPI books GmbH, Leck

www.degruyter.com

Inhaltsverzeichnis

Matthias Müller, Nils C. Ritter, Pauline Selbig
Einleitung —— 1

Teil 1: Formen und Formate

Roman Widder
Erzählen in Stücken: Bogenhonorar, Romanform und kleine Formate in der Frühen Neuzeit —— 11

Jasper Schagerl
Die Operativität gelehrter Praxis: *Paper Technology* **bei Georg Philipp Harsdörffer** —— 29

Claudia Resch
„Kostbahre vnd schatzbahre Kleynodien": Kleine Formen im Dienst barocker Memento mori-Literatur —— 43

Anna S. Brasch
Erzählen vom Kuriosen, erzählen vom Unerhörten —— 59

Teil 2: Barocke Poetiken des Kleinen

Patrick Hohlweck
Abstäublein: Flüchtigkeit der Grabschrift —— 81

Clemens Özelt
Allegorien des Anfangens —— 103

Jonas Hock
Argutia **und** *brevitas*: **Überlegungen zu zwei Aspekten barocker Herrschaftssprache** —— 121

Christiane Frey
Kleinformate und Monadologie: Leibniz, Benjamin —— 135

Teil 3: **Nachleben barocker Kleinformen und Barock als Konzept**

Hans Jürgen Scheuer, Pauline Selbig
Trauer und Kritik —— 177

Nils C. Ritter
Der Furor der Formen: Franz Werfels barocke Verfahren ex post in den *Troerinnen* (1915) —— 211

Matthias Müller
Barocke Konstellationen: Hugo von Hofmannsthals Trauerspiel *Der Turm*, die Wiederentdeckung des Barock in der Moderne und die konservative Revolution —— 231

Beiträgerinnen und Beiträger —— 247

Personenregister —— 251

Matthias Müller, Nils C. Ritter, Pauline Selbig
Einleitung

Was ist Barock? Erwin Panofskys Frage bleibt relevant (vgl. Panofsky 1995 [1935]). Als Antwortversuch impliziert, teils expliziert der vorliegende Band die Findung bzw. Er-findung des deutschsprachigen literarischen Barock in der Germanistik des beginnenden zwanzigsten Jahrhunderts. Die Historisierung der Schmähformel ‚barroco' – für verworren, wildwüchsig – bildet dabei die Grundlage für eine kategoriale Übertragung von der Bezeichnung einer Epoche der bildenden zur literarischen Kunst. Zugleich ist sie Bedingung einer Ablösung und Verselbständigung, bei der Fragen der Form neben Periodenfragen treten. Friedrich Nietzsches Überlegungen zu einem „Barockstile", der „beim Abblühen jeder grossen Kunst, wenn die Anforderungen in der Kunst des classischen Ausdrucks allzugross geworden sind" (Nietzsche 1980, 438), entstehe, ist hierfür ein prominentes Beispiel. Ersichtlich wird an ihm die Spannung zwischen Stil- und Epochenfrage, zwischen Historizität und Universalität, die „mit wünschenswerter Schärfe die Grundproblematik aller Barockforschung" (Barner 1975, 569) seither kennzeichnet.

Der vorliegende Band wendet die Frage, was literarisches Barock ist oder sein kann, ins Kleine, bietet Antworten *en miniature*. Das dem Barock attestierte „Formwollen" (Walzel 1923, 319) wird hierbei weniger als überbordende Ausdruckslust, sondern als Resultat von Bewältigungsstrategien begriffen, die auf umfassende politische, religiöse, epistemische Krisen reagieren, wie sie das siebzehnte Jahrhundert prägen. Vor diesem Hintergrund wird eine Hinwendung zu kleinen literarischen Formen einer Epoche, die gemeinhin gerade mit dem Gegenteil, nämlich dem Ausufernden, Schwülstigen identifiziert wird, nicht länger kontradiktorisch. Denn kleine Formen kommen nicht ‚naturhaft' klein und mithin einfach zur Welt (vgl. Jolles 1999 [1930]), sondern treten vor allem durch Prozesse der Reduktion, Selektion, Verdichtung und Transposition (vgl. Jäger et al. 2020), also im Zuge eines dem Barock gleichermaßen zuzuschreibenden Kleinformungs- oder Verkleinerungswillens in Erscheinung. Dass hiermit Potenziale und Lizenzen des mit der und durch die Form Sagbaren ausgelotet und erweitert werden, ist ein entscheidender Anreiz, die ästhetischen Reaktionen auf die Wissenskrisen des siebzehnten Jahrhunderts von neuem in den Blick zu nehmen, desgleichen den „struggle for stability" (Rabb 1975) und das sich aus jenen Krisen ergebende Ordnungsbedürfnis.

Eine Konzentration auf die Spannung zwischen Form und Periode, Kleinheit und Barock, wie sie der vorliegende Band zuspitzt, konkretisiert durch die Eingrenzung des Untersuchungsgegenstands die heterogenen Phänomene, die

die Bezeichnung ‚literarisches Barock' nahelegt. Zudem greift dieser auf eine Periode begrenzte Blick auf kleine Formen eine derzeit in der Forschung verstärkt geführte Verständigung über eine definitorisch nicht klar abgegrenzte Vielfalt an Formen auf, bei deren Untersuchung zu fragen bleibt, mit welchem Maß das jeweils Kleine gemessen wird und welche Konsequenzen dies sowohl für die Produktion als auch für die Rezeption der je betrachteten Form hat. Beides wiederum bildet die Grundlage, sich dem transhistorischen Potenzial der Formen zuzuwenden und auf die Reaktivierung und Remediation barocker Formen im Zuge ihres Nachlebens in der Moderne zu schauen. Insbesondere die Literatur des frühen zwanzigsten Jahrhunderts erweist sich diesbezüglich als besonders fruchtbar. Sie verbindet mit der Literatur des siebzehnten Jahrhunderts – was wiederum beide Zeiten unserer gegenwärtigen ökologischen Endzeitperspektive annähert – die Dominanz eines spezifischen „Zeitmodells", einer verstärkt reflektierten Endlichkeit von Welt und den mit ihr einhergehenden ästhetischen Umgang mit Gegenwärtigkeit als Ausdruck einer „innerweltlichen Eschatologie" (Escudier 2011, 10–11). Dabei begegnen kleine Formen als Gegenwartsmotoren. Als Skaliertes, d.i. Geformtes, das mit quantitativer Begrenzung umgeht, haben sie immer dann Konjunktur, wenn Aufmerksamkeitsressourcen knapper werden und die Überfülle des Wissbaren organisiert und bewältigt werden will (vgl. Matala de Mazza und Vogl 2017). Dass die medientechnischen, staats- wie kirchenpolitischen Umbrüche der Frühen Neuzeit, etwa die Ausbildung volkssprachlicher Dichtung oder der literarische Niederschlag des Dreißigjährigen Krieges ebenso angesprochen sind wie die ökonomischen, politischen und medialen Krisen des frühen zwanzigsten Jahrhunderts, nimmt der Band zum Anlass, die lang behauptete Wesensverwandtschaft beider Zeiten von Neuem aufzurollen. Am klein Geformten lässt sich diese Verwandtschaft von Wissensakkumulation, -archivierung und -transponierung nachvollziehen, die wiederum Rückschlüsse auf die Umstände sich verändernder Produktion wie Rezeption von Wissen zulässt (vgl. Matala de Mazza und Vogl 2017). Im Hinblick auf die Konzeptionen ästhetischer Verfahrensweisen erwachsen aus den damit einhergehenden veränderten heteronomen poetischen Rahmenbedingungen Kreativitätsspielräume, die für die Literatur der Avantgarden als paradigmatisch gelten, jedoch mit der Frühen Neuzeit bislang wenig assoziiert werden.

So dienen kleine literarische Formen wie das Feuilleton oder Verfahren wie Collage oder die Montage, die neben etablierte literarische Großgattungen wie den Roman treten, einerseits als beliebtes Beispiel für ästhetische Reaktionen auf die Beschleunigung des Alltags zu Beginn des zwanzigsten Jahrhunderts in der modernen Großstadt. Zugleich gilt der durch sie realisierte Formwille, das Ethos kleiner Formen, speziell ihre ausgestellte Befähigung zu Denormierung und Enthierarchisierung, als Präfiguration von Konzeptionen der Vereinfachung und Subversion, die sich hinsichtlich der Kommunikation und Information aus heutiger Sicht als durchsetzungsfähig erwiesen hat (vgl. Gamper und Mayer 2017, 7). Zwar rekurriert auch der vorliegende Band mit seinem Titel auf das prominent angesprochene Feuilleton als kleine Form. Dabei geht es jedoch weniger um einen expliziten Anschluss an Alfred Polgar (vgl. Polgar 1926) und dessen Apostrophierung, die Auskunft über die Popularisierung der Zeitungssparte Feuilleton und deren Emanzipierung zu einem eigenen Genre gibt. Vielmehr soll die Verschränktheit von Qualität und Quantität in der Attribution ‚klein' und die formale Begrenzung und a priori inhaltlich attestierte Begrenztheit produktiv gemacht werden. Dabei bildet das Diminutive der Konnotation als ‚genre mineur' zugleich die Basis für seine Aufwertung und Popularisierung qua niedrigschwelligem Zugang, Verständlichkeit, formaler Beweglichkeit sowie Anschlussfähigkeit: Es sind die formalen Aspekte der ästhetischen Produktion des Barock, die den Nukleus des Bandes bilden. Allzu statisch wird die Form des literarischen Werks gegenüber dem Primat der auszudrückenden Inhalte von der Barockforschung gewertet. In barocken Poetiken entfaltet, wird sie als vom jeweiligen Autor[1] bereits vorgefundenes und von diesem als gültig anerkanntes Regelwerk lediglich auf einen bestimmten Inhalt angewandt (vgl. Burdorf 2001, 51). Einer grundsätzlichen Reflexion der Form als eigenständiger ästhetischer Kategorie wird hierbei kaum Raum zugesprochen. Hingegen zeigt der vorliegende Band, dass kleine literarische Formen in der Frühen Neuzeit einen eben solchen Explorationsraum eröffnen. Sie sind mehr als nur Resultat eines starr reproduzierten Gattungsmodells, sondern treten vielmehr in ein „teils komplementäres, teils parasitäres, teils subversives Verhältnis" (Jäger 2017, 25) zu kodifizierten Poetiken, in denen kleine Prosaformen zudem meist nicht einmal vorkommen. Viele der folgenden Beiträge vereint daher die Frage, ob nicht gerade ihre scheinbar marginalisierte und ephemere Stellung sie bei eingehender Untersuchung „zur experimentellen Erkundung der Möglichkeiten und Grenzen des sprachlich Darstellbaren" prädestiniert (Althaus et al. 2007, 1). Dies ist nicht nur insofern von Bedeutung, als neue Formen des Erzählens verhandelt werden, die den Übergang bereiten von der „Litteratur" der Frühen Neuzeit (Kilcher 2015) zu einem Literatursystem innerhalb der Künste des beginnenden achtzehnten Jahrhunderts. Erweitert wird der Blick ebenso um das Zusammenspiel aus Formenvielfalt und die ex post als gegeben angenommene

---

[1] Innerhalb dieser Einleitung schließt die Verwendung maskulin konnotierter Personenbezeichnungen alle anderen Geschlechter mit ein; in den folgenden Beiträgen haben wir die Entscheidung den Autoren überlassen.

Formstrenge, die mit der Literatur des Barock assoziiert zu umfassenden Verweisen späterer literarischer Strömungen auf die Reflexionsfläche Barock führen. So ist die Reaktivierung, Adaption und Remediation ‚barocker' kleiner Formen durch die Avantgarde des beginnenden zwanzigsten Jahrhunderts motiviert von einer Spannung aus reflexiver Medialität. Für Gottfried Benn beispielsweise, der sich selber in der Rückschau als Fürsprecher des Expressionismus sah, ist es gerade und vor allem das Spiel mit der Form, das einen Konnex zwischen Barock und literarischer Avantgarde bildet (vgl. Benn 2001 [1955], 213).

Die Renaissance des Barock in der Moderne verweist auf die Relevanz für zeitspezifische Herausforderungen, die über die Bande des siebzehnten Jahrhunderts verhandelt werden (vgl. Benjamin 1974 [1928]). Und das nicht nur im Bereich der bildenden Künste. Die Entdeckung des Barock durch den Expressionismus stößt wiederum einen „Barockenthusiasmus" (Jaumann 1975, 363) in der zeitgenössischen Germanistik an, die das literarische Barock, wie eingangs angedeutet, ebenso er-findet wie an seinem Untersuchungsgegenstand eindrücklich formiert (vgl. Lepper 2006; 2007). Diese Konstruiertheit des Barockbegriffs wird in den folgenden Beiträgen insofern mitbedacht, als ihre Zugriffe wiederum als spezifisch zeitlich gekennzeichnet sind. Denn die Antwort auf Panofskys Frage bleibt variabel: Jede Zeit erfindet ihr eigenes Barock und findet in dieser Erfindung (zu) sich selbst.

Der vorliegende Band ist das Ergebnis des Workshops „Barock en miniature. Kleine literarische Formen des Barock und ihr Nachleben", entstanden im Rahmen des DFG-Graduiertenkollegs 2190 „Literatur- und Wissensgeschichte kleiner Formen" an der Humboldt-Universität zu Berlin im Winter 2018. Die Beiträge zeigen, dass sich die Attraktivität der Frühen Neuzeit für die deutschsprachige Literatur der Moderne und ihre Wissenschaft gerade nicht im ‚Recycling' barocker Gattungen und Themen erschöpft.

So widmet sich die mit „Formen und Formate" betitelte erste von drei Sektionen des Bandes dem dynamischen Verhältnis von kleinen Formen und literarischen Formaten.

Sie untersucht Verfahren des Verdichtens im Hinblick auf die materiellen Hintergründe und bedeutenden Wechselwirkungen aus barocken Formen und Formaten. Die Fragen, die die Beiträge stellen, sind nicht nur bedingt durch eine Sensibilität für kleine Formen und ihre Bedeutsamkeit in unserer medialen Gegenwart, sondern bieten zugleich Anlass, den Blick an historischen Vorbildern zu schärfen. Roman Widders Beitrag exemplifiziert anhand von Grimmelshausens *Der abentheuerliche Simplicissimus Teutsch* die Auswirkung der materiellen Grundlage des Bogenhonorars, sprich seines Zeitlohn-Regimes auf die Entstehung und Sammlung von kurzen Schwänken im frühneuzeitlichen

Prosaroman. Jasper Schagerl wiederum interessieren frühneuzeitliche Wissensordnungen als Effekt materieller, medialer und sozialer Verkettung qua kleiner Formen, etwa die Exzerpiertechniken frühneuzeitlicher Gelehrter wie Georg Philipp Harsdörffer als Registratur von sich zunehmend diversifizierenden Wissenspartikeln. Anna S. Brasch hingegen betrachtet die Sammlung kurzer Kuriositätenerzählungen als Ausdruck einer Wissenspopularisierung in Kompilationswerken um 1700, deren Verdichtung sie mit der Entwicklung novellistischen Erzählens und darüber hinaus mit der Transponierung des Kuriosen in Goethes Novellenzyklus *Unterhaltungen deutscher Ausgewanderten* zusammenführt. Claudia Resch befragt die Funktion der Verdichtung barocker Memento mori-Appelle zu Emblemen oder Versen im Rahmen poetischer Langformen im Hinblick auf ihren Anwendungskontext in der geistlichen Gebrauchsliteratur am Beispiel Abraham a Sancta Claras.

Die zweite Sektion des Bandes stellt barocke Poetiken des Kleinen und ihre Anschlussfähigkeit für die Moderne zur Diskussion. Sie schlägt die Brücke zwischen kleinen Formen in der Barockliteratur und ihrer Remediation in der Moderne des beginnenden zwanzigsten Jahrhunderts, welcher sich die letzte Sektion der folgenden Beiträge annimmt. Patrick Hohlwecks Beitrag führt am Beispiel der Grabschrift wichtige Aspekte der ersten und zweiten Sektion am Beispiel der Verschränkung von poetischer und materieller Phänomenalität barocker Epitaphien zusammen. Die Grabschrift wird für ihn zum Schauplatz einer barocken Physik des Kleinen, die das Spannungsfeld einer Poetik zwischen zerfallender Vergänglichkeit und resilienter Ewigkeit eröffnet.

Clemens Özelt nimmt sich raumzeitlichen Aspekten in seiner Lektüre fünf verschiedener Trauerspielprologe an. Die sich in ihnen realisierende mediale Reflexion des theatrum mundi arbeitet Özelt als transgressives Potenzial der kleinen Form des Prologs als Übergangsraum zwischen Theater und Welt heraus. Einem gänzlich anderen Übergangsphänomen, nämlich der Verschränkung barocker Poetologie und Praxis, genauer von *brevitas*-Ideal und Herrschaftspraxis wendet sich Jonas Hock zu. Ihn interessiert die Skalierung der Rhetorik im Hinblick auf eine Politik der Kürze in der Frühen Neuzeit als Konnex aus souverän-autoritärer Knappheit und arguter Wirkungsmacht im Sinne barocker Theorien ingeniöser Scharfsinnigkeit. Christiane Frey verbindet Poetologie und Praxeologie am Beispiel der Bedeutung der Monade im Werk von Gottfried Wilhelm Leibniz als Denkfigur sowohl für sein theoretisches als auch sein praktisches Arbeiten am Text. Dabei verweist Frey auf offensichtliche Parallelen zu den Arbeitsweisen Walter Benjamins und deutet somit auf den Schwerpunkt der dritten Sektion des vorliegenden Bandes, die das Potenzial des Barock als transhistorisches Konzept dem Nachleben barocker kleiner Formen zur Diskussion stellt. Hans Jürgen Scheuer und Pauline Selbig eröffnen diese letzte Sektion, indem sie an den praxeologischen Verweis auf Walter Benjamins kleinteilige Arbeitsweise anschließen. Mit Blick auf frühere Materialversionen des Trauerspielbuchs exemplifizieren sie Benjamins Konzeption der Verquickung von Trauer und Kritik und geben dabei einen Vorgeschmack auf einen Kommentar zum *Ursprung des deutschen Trauerspiels*, der Benjamins Schreibweise in ihrer Performanz würdigt. Der Beitrag von Nils C. Ritter erweitert sodann den Blick aufs barocke Trauerspiel insofern, als er zeigt, wie Skalierung und Regulierung dramatischer Rede mittels metrischer Formen und rhetorischer Figuren in der literarischen Avantgarde zum poetischen Verfahren werden, um Formen der Klage, des Zauderns, des Trotzes einen eigenen Ausdruck zu verleihen. Zwischen Schwellform und Schwundstufe oszillierende barocke Formen fungieren in Werfels *Troerinnen* als Auswahloperatoren eines ästhetischen und gleichermaßen pathetischen Ausdrucks, dabei durchaus an der Schwelle zum Kitsch. Matthias Müller führt die vorangestellten Beiträge der Sektion schließlich am Beispiel von Hugo von Hofmannsthals Auseinandersetzung mit der Form des Trauerspiels vor dem Hintergrund des zeitgenössischen Barockenthusiasmus in *Der Turm* zusammen. Der von Hofmannsthal herausgestellte und zugleich umgesetzte Barockbegriff wird von Müller auf dessen Anschlussfähigkeit an jüngere Debatten über einen transhistorischen Barockbegriff hin geprüft.

Über die Achse Barock – Moderne tritt so die Epistemologie und Ästhetik kleiner Formen in historischer wie systematischer Dimension ins Licht – kleine Formen des Barock und barocke Formen des Kleinen.

Literaturverzeichnis

Althaus, Thomas et al. (Hg.). *Kleine Prosa: Theorie und Geschichte eines Textfeldes im Literatursystem der Moderne*. Berlin und New York: de Gruyter, 2007.
Barner, Wilfried. „Nietzsches literarischer Barockbegriff". *Der literarische Barockbegriff*. Hg. Wilfried Barner. Darmstadt: Wissenschaftliche Buchgesellschaft, 1975. 568–592.
Benjamin, Walter. „Ursprung des deutschen Trauerspiels". *Gesammelte Schriften*. Bd. 1.1. Hg. Rolf Tiedemann und Hermann Schweppenhäuser. Frankfurt am Main: Suhrkamp, 1974. 203–430.
Benn, Gottfried. *Sämtliche Werke. Stuttgarter Ausgabe*. Bd. 6: Prosa 4. Hg. Gerhard Schuster und Holger Hof, in Verbindung mit Ilse Benn. Stuttgart: Klett-Cotta, 2001.
Burdorf, Dieter. *Poetik der Form: eine Begriffs- und Problemgeschichte*. Stuttgart: Metzler, 2001.
Escudier, Alexandre. „Das Gefühl der Beschleunigung der modernen Geschichte: Bausteine für eine Geschichte". *Trivium* 9 (2011). http://journals.openedition.org/trivium/4034 (13. Dezember 2019).
Gamper, Michael und Ruth Mayer. „Erzählen, Wissen und kleine Formen. Eine Einleitung". *Kurz & Knapp. Zur Mediengeschichte kleiner Formen vom 17. Jahrhundert bis zur Gegenwart*. Hg. Michael Gamper und Ruth Mayer. Bielefeld: transcript, 2017. 7–22.

Jäger, Maren. „Wechselwirkungen von Erzählen und Wissen in kurzen Prosaformen der Frühen Neuzeit am Beispiel des Apophthegmas". *Kurz & Knapp. Zur Mediengeschichte kleiner Formen vom 17. Jahrhundert bis zur Gegenwart*. Hg. Michael Gamper und Ruth Mayer. Bielefeld: transcript, 2017. 23–46.

Jäger, Maren et al. (Hg.). *Verkleinerung. Epistemologie und Literaturgeschichte kleiner Formen*. Berlin und Boston: de Gruyter. Im Druck.

Jaumann, Herbert. *Die deutsche Barockliteratur. Wertung, Umwertung: eine wertungsgeschichtliche Studie in systematischer Absicht*. Bonn: Bouvier, 1975.

Jolles, André. *Einfache Formen: Legende, Sage, Mythe, Rätsel, Spruch, Kasus, Memorabile, Märchen, Witz*. 7. Aufl. Tübingen: Niemeyer, 1999.

Kilcher, Andreas. „‚Litteratur'. Formen und Funktionen der Wissenskonstitution in der Frühen Neuzeit". *Wissensspeicher der Frühen Neuzeit: Formen und Funktionen*. Hg. Frank Grunert und Anette Syndikus. Berlin und Boston: de Gruyter, 2015. 357–375.

Lepper, Marcel. „Typologie, Stilpsychologie, Kunstwollen. Zur Erfindung des ‚Barock' (1900–1933)". *Arcadia* 41.1 (2006). 14–28.

Lepper, Marcel. „Die ‚Entdeckung' des ‚deutschen Barock'. Zur Geschichte der Frühneuzeitgermanistik 1888–1915". *Zeitschrift für Germanistik*, 17.2 (2007). 300–321.

Matala de Mazza, Ethel und Vogl, Joseph. Projektvorstellung Graduiertenkolleg „Literatur- und Wissensgeschichte kleiner Formen". *Zeitschrift für Germanistik*, Neue Folge XXVII (2017), H. 3, 579–585.

Panofsky, Erwin. „What is Baroque?" *Three Essays on Style*. Hg. Irving Lavin. Cambridge, MA: MIT Press, 1995. 17–88.

Polgar, Alfred. *Orchester von oben*. Berlin: Rowohlt, 1926.

Rabb, Theodore K. *The Struggle for Stability in Early Modern Europe*. New York: Oxford University Press, 1975.

Nietzsche, Friedrich. „Vom Barockstile". *Kritische Studienausgabe*. Bd. 2: Menschliches, Allzumenschliches. Hg. Giorgio Colli und Mazzino Montinari. München: dtv, 1980. 437–439.

Walzel, Oskar. *Gehalt und Gestalt im Kunstwerk des Dichters*. Berlin: Akademische Verlagsgesellschaft Athenaion, 1923.

Teil 1: **Formen und Formate**

Roman Widder
Erzählen in Stücken: Bogenhonorar, Romanform und kleine Formate in der Frühen Neuzeit

Geht es um das Verhältnis kleiner und großer Form, so stellt die mit Fragment und Unabschließbarkeit besonders vertraute Romanform hierfür seit der Frühen Neuzeit die Referenz- und Reflexionsgattung schlechthin dar. Im Hinblick auf das Hauptwerk des literarischen Barock, Grimmelshausens Simplicianischen Zyklus, hat sich die Frage nach dem Zusammenhang, der Ganzheit des Textes und seiner inneren Geschlossenheit nie ganz klären lassen. Durch die Verknüpfung einer sozial- und einer mediengeschichtlichen Perspektive auf die ‚Stueck'-Form von Grimmelshausens Roman versuche ich, das Problem im Folgenden neu zu formulieren. Die Frage nach der Größe der Form muss dabei, wie ich zeigen möchte, mit der Kleinheit des Formats assoziiert werden. Das kleine Format ist es, das in Allianz mit dem Bogenhonorar die moderne, formlose Großform des Romans erst ermöglicht.

1 Der Schwank vom Speckdiebstahl

Am Ende des zweiten Buchs von Grimmelshausens *Der abentheurliche Simplicissimus Teutsch* (1668) wurde der militärische Emporkömmling Simplicissimus gerade zum Dragoner befördert und ist als sogenannter Jäger von Soest hauptsächlich mit ‚Fouragieren' beschäftigt, also mit der Versorgung der Truppe durch Plünderungen. Die Gelegenheit zum nächsten Überfall lässt auf sich warten, als Simplicius durch den Hinweis eines Kameraden auf die Idee kommt, in einem nahegelegenen Dorf die Vorratskammer eines Pfarrers auszunehmen, indem er sich nachts durch den Schornstein in die Küche abseilt. Dies gelingt nur bedingt, denn nachdem die mitgebrachte Leiter bricht, Simplicius herunterfällt und es seinen Kameraden nicht gelingt, ihn wieder heraufzuziehen, weil auch das Seil reißt, liegt er auf einmal in der Küche des Pfarrers, den er durch den Lärm noch dazu aufgeweckt hat. Die Köchin kommt mit einem Licht in die Küche, dreht sich vor Schreck aber gleich wieder um, weil sie glaubt, es handle sich um ein Gespenst. Diesen Irrtum nutzt Simplicissimus aus: Mit Asche, Ruß und Kohlen schmiert er sich schwarz ein und beginnt, allerhand Küchengeschirr

https://doi.org/10.1515/9783110659634-002

durcheinander zu werfen. Daraufhin kommen Pfarrer und Köchin „Processionsweis" (Grimmelshausen 1989, 235) in die Küche marschiert und versuchen sich mit Wachslichtern, Weihwasserkessel und Bibel in der Hand an einer Teufelsaustreibung. „Ich bin der Teuffel" (Grimmelshausen 1989, 236), sagt Simplicissimus denn auch hellsichtig, um den exorzistischen Wahn weiter zu befeuern und macht sich – auf dem geraden Weg durch die Haustür – aus dem Staub. Durch sein kleines Schauspiel entkommt er also schadlos, wobei er nur wenige Tage später den Pfarrer noch in einem Brief um Entschuldigung bittet und – das ist für den ‚Jäger von Soest' Ehrensache – mit einem frisch erbeuteten Ring entschädigt.

Weil es sich bei dem kurzen Abschnitt um eine relativ geschlossene Erzählung handelt, hat die Simplicissimus-Forschung in immer neuen Anläufen die Einbettung der Episode vom Specksdiebstahl in den Romanzyklus unternommen und die Verknüpfung der Episode mit dem Ganzen von Innen her zu fassen versucht. Ausgangspunkt der Deutungen war in der Regel der intertextuelle Status der Episode, denn die international verbreitete Erzählung vom Speckdiebstahl, dessen älteste Textfassungen sich bei Hans Sachs und Hans Folz finden (vgl. van der Kooi 2007), hat Grimmelshausen höchstwahrscheinlich aus Erasmus Franciscis *Lustiger Schau-Buehne* (1663) übernommen. Er bedient sich damit bei einem Erzählwerk, das formal deutlich mehr an einem enzyklopädisch-panoramatischen Prinzip orientiert ist als der *Simplicissimus Teutsch*, wobei sich Grimmelshausens Ablehnung der *brevitas* darin zeigt, dass er das Volumen der Erzählung auf das Fünffache vergrößert. Im Verhältnis zu Francisci erweist sich den Interpreten sodann die vermeintliche Modernität Grimmelshausens. Für Andreas Merzhäuser etwa ist der Übergang zur Ich-Erzählung entscheidend, durch den die Episode „radikal subjektiviert" werde, wozu das „Primat kalkulierender Rationalität" (Merzhäuser 2002, 145) gegenüber der Spontaneität des Schwankhelden ebenso gehört wie die Vertiefung des Charakters durch die gelegentliche Gewissensanfechtung. Die Episode vollziehe damit eine Emanzipation von rein didaktischem Erzählen. Etwas komplizierter ist das Argument von Thomas Althaus. Ihm zufolge entlehnt Grimmelshausen bei Fransisci nicht nur systematisch Motive und Episoden, sondern viel entscheidender das Modell eines kontrastierenden Kompilierens. So stelle sich das Teufels-Motiv in eine Reihe von „gegeneinander immer etwas verschobenen Geschichten" (Althaus 2006, 181). Das Diskontinuierliche der *Schau-Buehne* verwandele Grimmelshausen so in Perspektivenreichtum, was dazu führe, dass die Simplicianischen Figuren als „enttypisiert" (Althaus 2006, 176) erscheinen, was als „Vor- und Frühform neuen Erzählens" (Althaus 2006, 181) zu werten sei. Sowohl Althaus als auch Merzhäuser aktualisieren damit in steigender Komplexität ein recht altes Modernisierungsnarrativ, das auf die Emanzipation des bürgerlichen Bewusstseins von einer religiösen Weltdeutung abhebt. Die Geschichte vom Speckdiebstahl, in welcher der Held schließlich die religiösen Ängste seiner Mitmenschen ausnutzt, bietet dazu in der Tat vorzügliches Material – allerdings auch schon in den älteren Fassungen.

Aufgrund ihrer strukturellen Abgeschlossenheit wurde die Episode vom Speckdiebstahl zum Symptom für einen vermeintlichen „Verlust an Textkohärenz" (Althaus 2006, 171) des *Simplicissimus Teutsch* insgesamt. Was alle Interpreten der Episode deshalb teilen, ist die Auffassung, dass ihre Position im Roman überhaupt interpretiert werden muss, wobei auffällt, dass sich Interpretation und Apologie überlagern. Will sie sich nicht in Quellenforschung erschöpfen, impliziert ihre Interpretation deshalb zunächst Einbettung und Anknüpfung der Episode in das Ganze des Romans sowie unter Umständen die Darstellung der intertextuellen Transformation bei Grimmelshausen. Oftmals durch anachronistische Ganzheitsvorstellungen veranlasst, die weniger die im Barock entscheidende Frage der Kompossibilität, als das Goethezeitliche Verständnis von Organizität in Rechnung stellen, wird dabei immer wieder die Modernität des *Simplicissimus Teutsch* an seinem inneren Zusammenhang demonstriert, der nicht nur mit Blick auf die Speckdiebstahl-Episode infrage steht. Selbst Paul Michel und Rosemarie Zeller, die unter den Stichworten Amplifikation, Motivation und Integration ebenfalls die Umnutzung des Speckdiebstahlschwanks untersuchen und seine Korrespondenz mit anderen Romanpartien nachweisen, sprechen anderen Passagen eine lediglich „episch-füllende Funktion" zu (Michel und Zeller 1996, 320). Das Problem der Makrostruktur des Romans bzw. des Romanzyklus wird in der Forschung seit jeher kontrovers, aber bisher auch ergebnislos diskutiert.[1] Kein Wunder also, dass auch die Editionsgeschichte des *Abentheurlichen Simplicissimus Teutsch* vom Verdacht mangelnder innerer Geschlossenheit Spuren trägt. So wurden zahlreiche der besagten Abschweifungen in späteren Leseausgaben aufgrund ihrer Unverbundenheit mit der Haupthandlung immer wieder zensiert.[2]

---

1 Besonders kontrovers wurde lange Zeit die These von Günther Weydt diskutiert, nach der sich der Simplicianische Zyklus gemäß der Planeten der Chaldäischen Reihe gliedert, also einem astrologischen Prinzip folgt (vgl. Weydt 1968). Seit Jörg-Jochen Berns Aufsatz zum Problem ist der im Roman selbst behauptete zyklische Zusammenhang der zehn Simplicianischen Bücher in den Vordergrund der Diskussion gerückt (vgl. Berns 1988).
2 Dies betraf nicht nur die moralisch anstößigen Formulierungen, sondern je nach Herausgeber die verschiedensten Episoden. Zu Versuchen der Restauration eines wesentlichen Kerns des *Simplicissimus Teutsch* und der kontroversen Editionsgeschichte gerade auch von Unterrichtsausgaben vgl. Meid 2011, 76; 160–174.

2 Der Schwank als ‚Stück' bei Grimmelshausen

Dass sich die Frage nach dem Zusammenhang des Ganzen und dem großen Gliederungsprinzip des *Simplicissimus Teutsch* und seiner Fortsetzungen nicht erledigt, liegt jedoch nicht zuletzt daran, dass der Roman sie selbst immer wieder stellt. Romanintern ist nämlich zu beobachten, dass die Sorge um die Zerstückelung des Romans nicht nur von seinen Interpreten geteilt, sondern vom Simplicianischen Erzähler selbst immer wieder ausgelöst wird. In der Semantik des Romans handelt es sich bei der Erzählung vom Speckdiebstahl um ein ‚Stueck': Zu Beginn der Episode bemerkt der Erzähler, er wolle noch „Ein Stueckchen oder etliche" erzählen, Stücke, die zwar „nicht von *importanz*" seien, aber immerhin ein Beispiel dafür geben, dass er „nicht allein grosse Ding" (Grimmelshausen 1989, 230) gedreht habe. Wo genau aber verläuft die Trennlinie zwischen einem großen und einem kleinen narrativen Ding? Wieso ist die genaue Zahl („Ein Stueckchen oder etliche") dem Erzähler so gleichgültig? Und wieso ist der Autor Grimmelshausen so um Länge bemüht, während Simplicissimus im *Ewig-Währenden Calender* (1670) doch als „ein gantz *Apophtegmatischer Mensch*" (Grimmelshausen 1997, 361) bezeichnet wird? Und was überhaupt ist ein ‚Stueck'?

Wenn im Roman von „[ob]erzehlten Stuecken" (Grimmelshausen 1989, 416) die Rede ist, so sind einerseits die Streiche und Intrigen des Protagonisten gemeint. Deshalb kann Simplicissimus auch von seinen „Schelmstueck" (Grimmelshausen 1989, 415) reden und Springinsfeld später „begangene Stücklein bereuen" (Grimmelshausen 1992, 202).[3] Andererseits aber handelt es sich um eine generische Form, denn Simplicissimus interessiert sich für das Erzählen der Stücke mindestens so sehr wie für die Stücke selbst. Das wird klar, wenn es später heißt, er habe „etliche Stuecklein" (Grimmelshausen 1989, 458) seinem Freund Ulrich Hertzbruder erzählt, ohne dieselben Stücke aber auch dem Leser mitzuteilen. So wird die ironische Verwendung des Stücks als Streich vom Simplicianischen Erzähler gelegentlich enggeführt mit der Verwendung des ‚Stuecks' als einer kurzen Erzählung. Nicht von ungefähr findet sich die Rede bei Grimmelshausen von den Stücken oftmals am Anfang von Kapiteln und am Übergang zwischen verschiedenen Episoden und verweist schon dadurch auf einen fraglichen Zusammenhalt des Ganzen. „Noch ein paar Stuecklein will ich erzählen" (Grimmelshausen 1989, 384), so kündigt der Erzähler etwa den missglückten Überfall auf ein Handelsschiff an. Die Stücke oder „Stueckel"

---

3 Eine ähnliche Formulierung findet sich im *Springinsfeld* (vgl. Grimmelshausen 1992, 202).

(Grimmelshausen 1992, 139), von denen auch die Courasche spricht, sind Digressionen, narrative Abschweifungen und Unterbrechungen der pikaresken Autobiographie, zugleich aber das Material, aus dem sich dieselbe erst zusammensetzt. Deshalb sieht sich der Erzähler einerseits immer wieder gezwungen, den fortwährenden Einschub funktionsloser Abschweifungen zu begründen. In der Vorrede zur *Continuatio* will er sie von „kurzweiligen Histori" (Grimmelshausen 1989, 564) etwa unterschieden wissen.[4] Gleichzeitig vermittelt seine Strategie der ständigen ironischen Selbstrelativierung den Eindruck, dass die Prinzipienlosigkeit in der Zusammensetzung der Stücke womöglich sein wichtigstes Prinzip darstellt. Nicht unwichtig ist es schließlich, dass neben den figuralen Dimensionen der Semantik (der ironischen und aus ihr resultierend der generischen Verwendung) historisch auch schon die eine primäre, quantitative Bedeutung existiert und im Roman aufgerufen wird. So wohnt Simplicissimus als Einsiedler im hohen Gebirge „so ein stueck vom Schwartzwald" (Grimmelshausen 1989, 565) entfernt. Am Problem der Zerstückelung des Romanganzen scheint im Simplicianischen Zyklus das Bewusstsein für einen konstitutiven Motivationsrest der Romanhandlung durch. Dieser Motivationsrest ist darum von besonderem Interesse, weil er für die Romangattung auch nach Grimmelshausen noch charakteristisch bleiben wird.

Nicht von ungefähr hat man in der Forschung von ‚schwankhaften Stücklein' (vgl. Rötzer 1972, 138; Wagener 1988, 123) gesprochen, hat sich Grimmelshausen doch in zahllosen Fällen bei Motiven und Stoffen der Schwankliteratur des sechzehnten Jahrhunderts bedient, angefangen von Hans Sachs' Schwänken bis hin zum *Lalenbuch* (1597). Poetologisch betrachtet verdanken sich die kleineren Um- und Abwege des Simplicianischen Erzählens insofern weniger den *argutia*- und *brevitas*-Geboten gelehrter Poetiken, die Kürze und Prägnanz vorschreiben, als der mit der *delectatio* verbundenen, unterhaltenden und zerstreuenden Funktion der Fiktion. Die Koketterie des Simplicianischen Erzählers mit der Bedeutungslosigkeit des von ihm Vorgebrachten fügt sich zugleich in das satirische Spiel, das er mit den Normen des höfischen Romans treibt, für den gilt, dass von der Haupthandlung (*causa*) möglichst wenig abzulenken sei (vgl. Kilcher 2003, 68; Härter 2000, 36). Allerdings hat sich die Differenz von hohem und niederem, höfischem und satirischem Roman für die Frühe Neuzeit

---

[4] Einen Hinweis darauf, dass es im Simplicissimus durchaus ein Problem des Zusammenhangs gibt, könnte auch die Rede von den „losse[n] Stuecklein" (Grimmelshausen 1989, 565) enthalten, in der sich die Stück-Semantik mit einer anderen Semantik verbindet, der die gleiche Ambivalenz zwischen moralischer und topologischer Bedeutung innewohnt. Vgl. hierzu Amslinger et al. 2019.

insgesamt, besonders aber für Grimmelshausen, als äußerst fragile, heuristische Konstruktion erwiesen. Auch für den niederen Roman gilt, dass er sich für Form, Gegenstand und Umfang des Erzählens vor dem Leser rechtfertigen muss, wenn nicht aus poetologischen, dann aus publizistischen Gründen. Der Architext der Pikareske, der *Lazarillo de Tormes* (ca. 1554), bekennt gleich mit den ersten Sätzen den trivialen Anlass und Gegenstand seiner Erzählung (vgl. Anonym 2006, 4–5). Anders als der Simplicianische Zyklus hält er sich in seiner Form des kurzen humanistischen Traktats aber nichtsdestoweniger an das Gebot der *brevitas*.

Das Problem der Zerstückelung des Romans und eines für die Gattung charakteristischen Motivationsrests lässt sich weder aus poetologischen Maßgaben, noch alleine durch die Untersuchung des inneren – motivischen, figurativen, poetologischen – Zusammenhangs des Zyklus erschöpfend erklären. Im Gegenteil, alle Interpretation sind darum bemüht, den Motivationsrest aufzulösen. Gefragt werden muss stattdessen nach der äußeren, materiellen Vernähung des Textes, denn das Problem der Zerstückelung verweist auf die materielle Produktion von Romanen in der Frühen Neuzeit in all ihren Facetten. Mehr noch, der moderne Roman könnte, wie ich im Folgenden nahelegen will, als Formresultat der Produktionslogik von Literatur in der Frühen Neuzeit verstanden werden, wobei die Lohnform der Literatur sich als entscheidend erweist. Die Semantik des Stücks aufgreifend will ich dabei eine Erklärung vorschlagen, welche das mediale Format der Darstellung mit der ökonomischen Form literarischer Produktion in der Frühen Neuzeit korreliert.

3 Bogenstück, Zeitlohn und Romanform

Was also wäre auf dem literarischen Markt der Frühen Neuzeit ein Stück? Aus der Sicht von Autoren, Druckern und Verlegern ist es der Bogen. Seit Beginn des Buchdrucks und noch bis ins neunzehnte Jahrhundert war die zentrale Honorarform für Textarbeiten verschiedenster Art das Bogenhonorar, das erfolgsunabhängig als Pauschalhonorar pro Druckbogen gezahlt wurde und vielerorts einen halben Reichstaler betrug, bei etablierten Autoren bis auf ca. drei Taler anwuchs (vgl. Krieg 1953, 69–85). Die Voraussetzung des Bogenhonorars bildete das sogenannte Verlagseigentumsrecht, also die juristische Situation vor der Durchsetzung des Urheberrechts: Sobald ein Verlag ein Manuskript erworben hatte, war dieser sein Eigentümer und konnte frei darüber verfügen (vgl. Steiner 1998, 164–180). Die Tatsache, dass die basale Einheit des gesamten Druckergewerbes und auch der Honorierung von Autoren der Bogen war, wirft

Fragen auf. Ist nicht der Bogen damit auch die materielle Basis vieler Kleinformen in der Frühen Neuzeit gewesen? Und inwiefern ließe sich behaupten, dass das Format des Druckbogens Effekte auf die literarischen Formen zeitigte, die sich auf diesem Druckbogen befanden?

Einige Gedanken in diese Richtung einer Bogenpoetik hat Carlos Spoerhase in seinem jüngst erschienenen Buch zum *Format der Literatur* (2018) vorgelegt (vgl. 569–605). Weil der Druckbogen die Grundeinheit des frühneuzeitlichen Papierhandels wie auch des Verlagswesens darstellt, verwundert es kaum, dass er seine Spuren auch in der Produktionsästhetik der Literatur hinterlässt. Ganze Werke wiesen um 1800 eine „Affinität zum Publikationsformat des Druckbogens" (Spoerhase 2018, 585) auf. Lessings in elf Lieferungen von jeweils einem Druckbogen erschienenen *Anti-Goeze* (1778) beispielsweise, aber auch größere Werke wie Goethes in ‚Büchern' von einer Bogenlänge unterteilter *West-Östlicher Diwan* (1819; 1827). Spoerhase macht mit dem Format-Begriff eine medienhistorische Kategorie, die insbesondere durch die digitalen Formatierungsprozesse ins Blickfeld gerückt ist, für die literaturwissenschaftliche Analyse fruchtbar, deren bisherige Ignoranz nur erstaunen kann, schließlich nimmt das Format eine entscheidende Position an der Schnittstelle von Materialität und seiner ökonomischen und sozialen Verwendung ein (vgl. Müller 2015).[5]

Dem Umstand, dass der Bogen eine ökonomische Einheit ist, trägt Spoerhase jedoch kaum Rechnung, und dies bleibt nicht ohne Konsequenzen. Die Kommodifizierung des Bogens und des aus Bogen gemachten Buches setzt seine Studie immer schon voraus, um dann die Strategien der Re-Auratisierung des Buches in den auf sozialem und symbolischem Kapital basierenden Netzwerken der *hommes des lettres* des achtzehnten Jahrhunderts zu beobachten. Auffällig ist außerdem, dass von der Romanform dabei kaum einmal die Rede ist.[6] Den offenbar allzu banalen Gedanken, dass manch ein Romanautor mit dem gedruckten Bogen das eigene Honorar würde erhöhen können, handelt Spoerhase nur beiläufig ab (vgl. Spoerhase 2018, 580). Es wäre jedoch geboten, diesem Umstand seine Banalität zu nehmen, wofür der Materialismus des medialen Artefakts um einen Materialismus der sozialen Form ergänzt werden muss.[7] Mit Blick auf das Bogenhonorar lassen sich mehrere Aspekte zusammendenken: Bogenpoetik, Romanform und kleines Format.

Hierzu ist zunächst ein Vergleich mit den Lohnformen in anderen Gewerben notwendig. Um die grundlegende Transformation zu beschreiben, der die

---
5 Wesentlich angeregt wurde die Diskussion zum Format-Begriff auch durch Sterne 2012.
6 Eine Ausnahme sind die Ausführungen zu Schlegel (vgl. Spoerhase 2018, 502–511).
7 Zu einer sozialen Thoerie der Medien vgl. Thompson 1995.

allermeisten Arbeitsverhältnisse in der Frühen Neuzeit unterlagen, hat sich die Unterscheidung von Stücklohn und Zeitlohn als fruchtbar erwiesen (vgl. Schmiede und Schudlich 1981, 52–96).[8] Im Stücklohn fallen Produzent und Verkäufer in einer Person zusammen: Prototypisch wäre Stücklohn nämlich immer dann gegeben, wenn ein Produzent einem Konsumenten nicht Arbeitskraft und Lebenszeit, sondern sein Arbeitsprodukt als Ware selbst verkauft, ohne Vermittlung also durch Verleger. Der Stücklohn gilt deshalb als Ideal der selbstständigen Produktion in den Handwerkerzünften, als die regulative Fiktion ihrer moralischen Ökonomie.[9] Demgegenüber konnte sich die kapitalistische Ökonomie, in der die Arbeitskraft selbst Ware wird, erst auf der Basis des Zeitlohns entwickeln. Der Zeitlohn kommt der abstrakten Quantifizierbarkeit der Ware Arbeitskraft entgegen, schließlich ist die Arbeitszeit für das Kapital das Maß des Wertes und als solches ein „regelndes Naturgesetz" (Marx 1962, 89; 565–582).

Überträgt man diese Differenz von Stück- und Zeitlohn auf die Bedingungen des sich entwickelnden literarischen Felds, so fungiert das Bogenhonorar wenn überhaupt als Lohn, dann als Stücklohn. Zwar gilt das Stereotyp, nach dem humanistische Gelehrte ihre Texte in der Zeit der Frühdrucke nur zum Zweck des eigenen Ruhms drucken ließen und Honorare als unehrenhaft ablehnten, mittlerweile als überholt. Allerdings war die Entlohnung in der Regel gering und folgte häufig in Form von Freiexemplaren. Die Textproduktion musste so in der Regel Nebenverdienst bleiben. Dabei sind gleichwohl unterschiedliche Produktionskontexte zu unterscheiden: Hervorzuheben ist das illustrierte Flugblatt, dessen serienmäßige Produktion bei verlässlicher Zusammenarbeit mit Druckern und Kolporteuren durchaus einträglich sein konnte. Theaterautoren schrieben ebenfalls ‚Stücke', allerdings publizierten die umherziehenden Berufsschauspieler und Prinzipale ihre Spieltexte ganz bewusst nicht, sondern behielten sie als nicht-monetäre Kapitalreserve für sich und waren außerdem auf die obrigkeitliche Vergabe von Spielprivilegien angewiesen. Die Kasualdichtung, mit ihrer

---

8 In Kritik geraten ist die Theorie des „traditionellen Stücklohns" bei Reith 1999, 48–55.
9 Im neunzehnten Jahrhundert koexistierten Stücklohn und Zeitlohn als zwei Formen des industriellen Leistungslohns nebeneinander. Karl Marx bezeichnet den industriellen Stücklohn als „verwandelte Form des Zeitlohns" und betont, dass die „Formverschiedenheit in der Auszahlung des Arbeitslohns an seinem Wesen nichts ändert, obgleich die eine Form der Entwicklung der kapitalistischen Produktion günstiger sein mag als die andre" (Marx 1962, 574). Auf dem Produktionsniveau des neunzehnten Jahrhunderts war der Zeitlohn gegenüber dem Stücklohn unter Umständen sogar von Vorteil. In der längeren historischen Perspektive verhält es sich jedoch umgekehrt. Jedenfalls löste nicht nur die Lohnhöhe, sondern auch die Lohnform immer wieder Konflikte innerhalb der Handwerksbetriebe aus.

patrimonialen Honorierung durch Fürsten und Mäzene, folgte ohnehin einer Ökonomie des symbolischen und sozialen Kapitals, an denen sich auch die sogenannten Verehrungen orientierten, mit denen gleichwohl gerechnet wurde. In all diesen Bereichen erfolgte eine Honorierung einmalig und insofern in Stückform. Insofern Kontinuität unwahrscheinlich, zumindest nicht berechenbar war, blieb der Wert des Textes an sich gering bzw. eben an seine soziale Einbettung gebunden. Eine Ausnahme bildete lediglich die zeitlich auf ein Jahr berechenbare Honorierung von Kalendern, die bei solider Auftragslage ein regelmäßiges Einkommen garantieren konnte (vgl. Heßelmann 2011). So gibt es Beispiele für Zehn-Jahres-Verträge im Kalenderwesen, wo sich damit fast schon eine Form des Zeitlohns findet, nämlich des Jahreslohns. Ein bekanntes Beispiel ist hier der beim Nürnberger Verleger Wolfgang Endter (1593–1659) publizierende Kalenderschriftsteller Markus Freund (1603–1662) (vgl. Landwehr 2014, 24).

Eine besondere Position nimmt nun aber vor allem die Kompilationsliteratur ein, also alle Formen von Enzyklopädien und Kompendien, die im siebzehnten Jahrhundert nicht umsonst in Masse entstanden. Die Wiederverwertung, Umarbeitung und eklektische Neukombination von ‚Stoff' erhält unter den Bedingungen des Bogenhonorars und bei Abwesenheit von Urheberrechten einen besonderen Reiz.[10] Nun zeichnet sich der Roman, und der Barockroman bekanntlich besonders, gerade durch seinen enzyklopädischen Charakter aus (vgl. Kilcher 2013).[11] Der Roman, so Werner Röcke, stellt eine „Collage von Wissensformen und unterschiedlichen literarischen Traditionen" dar, die gegen Ende des sechzehnten Jahrhunderts aus der „Dialogisierung bislang unverbundener Wissensbereiche" (Röcke 2004, 463–464) den modernen Roman hervorbringt, wobei, wie mit Christian Meierhofer zu ergänzen wäre, in *copia* und *delectatio* die zentralen ästhetischen Kategorien zu erblicken sind, mit denen der Roman dies bewerkstelligt (vgl. Meierhofer 2016, 294–319). Der Roman ist jedoch nicht nur das ästhetische, sondern auch das produktionslogische Pendant zum Kompendium. Durch die Kanonisierung des Romans verlieren Kollektaneen um 1700 ihren zentralen Stellenwert, die Orientierung auf Enzyklopädik, Panoramatik und Überblick bleibt jedoch nach wie vor ein wichtiges ästhetisches Paradigma der modernen Literatur und kann, wie Andreas Kilcher

---

10 Dabei dürfte es fruchtbar sein, zum gesamten Bereich der sogenannten Buntschriftstellerei aus verlegerischer Perspektive auch die zahlreicher werdenden Werkausgaben zu zählen. Insofern darf man fragen, ob die gängige Unterscheidung der Herausgeberhonorare in der Frühzeit des Ducks von den späteren Verfasserhonoraren überhaupt sinnvoll ist.
11 Bereits Bachtins Begriff des Romans als „eine beinahe vollständige Enzyklopädie der Gattungen seiner Zeit" (Bachtin 1989, 267) galt nicht nur, aber ganz besonders für den Barockroman.

gezeigt hat, seit dem Barock geradezu als Apriori der Romangattung gelten: „In einem ganz wesentlichen Maße treibt genau diese zeitgebundene Orientierung dem Roman die Komplexität ein, derentwegen wir uns heute über ihn beugen und um Analyseverfahren bemühen, die seiner Perspektivenvielfalt gerecht werden können" (Kilcher 2013, 181).

Fraglos war das Druckergewerbe insgesamt also von Beginn an auf den Markt hin ausgerichtet (vgl. Bangert 2019) und fraglos wirkte sich dies in der einen oder anderen Form auch auf die Produktion dessen aus, was in der Frühen Neuzeit ‚Dichtkunst' hieß. Was lange Zeit jedoch fehlte, war eine für die Verwertung der Arbeit der Druckerpresse adäquate literarische Form. Diese Form stellte, auf der Grundlage des Bogenhonorars, erst der Roman bereit. Das Bogenhonorar verspricht dem Autor unabhängig vom Verkauf ein desto höheres Honorar, je größer der Umfang des Buches ist. Indem sie Anschlussoptionen für beliebiges Material herstellt, gelingt es der Romanform erstmals, das Bogenhonorar in einer Weise zu funktionalisieren, welche den Textumfang und so annäherungsweise auch die Arbeitszeit des Produzenten zum verlässlichen Maß seiner Entlohnung macht. Es ist die Romanform, die das Bogenhonorar von Stücklohn in Zeitlohn transformiert. Die Homogenisierung des Heterogenen und die Kontinuierung des Endlichen gehören dabei zur materiellen Logik seiner bogenförmigen Produktionsweise. Mit der Ausbildung des Urheberrechts und des erfolgsabhängigen Absatzhonorars – oder, wie Heinrich Bosse in seinem vielzitierten Aufsatz zum Thema schrieb, der „Synthese von Mitteilung und Honorar" (Bosse 1981, 64) – sollte sich die Konstellation im neunzehnten Jahrhundert ändern: Nun sind es nicht mehr die Anzahl der Bogen, sondern tatsächlich die Menge der Leser, für die der Autor bezahlt wird. Die Entstehung der modernen Romanform hat sich aber ohne Frage in den Jahrhunderten vor dieser Umstellung unter den Bedingungen des Bogenhonorars und des Verlagseigentumsrechts vollzogen.

4 Kleine Formate in der Frühen Neuzeit

Wie aber fügt sich das ökonomische Stück des Bogens in die Form des Buches und seines Formats? Spoerhase schreibt zum Zusammenhang von Form und Format: „Die poetische Form kann sich nur behaupten, wenn sie im materiellen Format standzuhalten vermag" (Spoerhase 2018, 46). Welche Formate aber haben sich in der Frühen Neuzeit entwickelt?

Präziser als im Fall der Form kann beim Format quantitativ zwischen klein und groß unterschieden werden: Die großen Folio- und Quartformate eignen sich besonders zur graphischen Ausgestaltung des sich ausdifferenzierenden Paratextes (vgl. Ammon et al. 2008) und zur Realisierung des politischen Repräsentationsanspruchs obrigkeitlicher Autoritäten: Die opulenten Folio-Formate haben darum dem Barock ein typographisches Gesicht verliehen, beispielhaft in Chroniken wie dem *Theatrum Europaeum* (1633–1738). Insbesondere die aufwendig gestalteten Titelseiten machen die Buchseite zur Landschaft, sie schaffen Überblick und tragen dabei zugleich der hierarchischen Sozialstruktur Rechnung. Die langen Titel haben dabei allerdings nicht nur repräsentative Funktion, sie erfüllen zugleich die Funktionen von Werbe- oder Klappentexten. Gelehrten Autoren boten die großen Formate zudem Raum für Marginalien. Gleichzeitig kommen die großen Formate aber auch der Text-Bild-Kombination zupass, die nicht nur zu Repräsentationszwecken gefragt, sondern auch für so viele populäre, das illiterate Publikum mitadressierende Gattungen der Frühen Neuzeit elementar war: Kalender oder Emblembücher erschienen oft im Quartformat, konnten je nach Druckqualität allerdings auch deutlich kleiner ausfallen. Auch die Andachtsliteratur sowie Schul- und Volksbücher wären hier zu nennen.

Dass die kleineren Formate gerade in der Frühzeit des Drucks noch seltener sind, könnte auch mit der Entwicklung der Schriften zusammenhängen, bürgerte es sich doch im sechzehnten Jahrhundert ein, vernakuläre Texte im Unterschied zu lateinischen nicht in Antiqua, sondern in der tendenziell raumgreifenderen Fraktur-Schrift zu setzen. Jedenfalls ist seit der Erfindung des Buchdrucks eine allmähliche Verkleinerung der Formate festzustellen (vgl. Bangert 2019, 207). Die Frage nach dem Verhältnis von Text und Bild scheint für das Format frühneuzeitlicher Drucke dabei von besonderer Bedeutung zu sein. Spezialisten gedruckter Kleinformate sind im siebzehnten Jahrhundert etwa Georg Philipp Harsdörffer (1607–1658) und sein Drucker Wolfgang Endter. Dem quer gebundenen Oktav der *Frauenzimmer Gesprechspiele* (1644–1657) gelingt es, auf kleinem Raum Text mit graphischen Darstellungen in unterhaltend-belehrender Absicht zu verbinden, während die fast kubischen Quader der drei Bände des *Poetischen Trichter* (1648–1653) im Kleinoktav bis heute aus der Überlieferung literarisch-gelehrter Texte visuell herausstechen. Zwar wurden offenbar auch noch kleinere Formate als Oktav und Duodez in Umlauf gebracht, wie die im siebzehnten Jahrhundert zur Anweisung von Setzern erschienenen Formatbücher zeigen, erhalten haben sich diese allerdings nur in Ausnahmefällen (vgl. Boghardt 2008, 86). Da Literatur jedoch gelesen werden wollte und mit der voranschreitenden Alphabetisierung der Bevölkerung auch ohne Bildbeigabe auskam, boten sich für Gedichtbände, Almanache, Erzählsammlungen oder Romane die kleineren Oktav- und Duodezformate an.

Das Format wirft insofern ein interessantes Licht auf die Frage, was Literatur eigentlich ist. Literatur findet seit der Frühen Neuzeit offenkundig im Zwischenbereich sehr kleiner und sehr großer Formate statt. Wo das Format zu groß oder zu klein wird, verliert sich ihre wesentliche Voraussetzung: die

Reproduzierbarkeit zwecks überregionaler Verbreitung, die Möglichkeit der Aufbewahrung und Tradierung von Wissen, und gleichzeitig die mußevolle Lesbarkeit des Texts. Dass der literarische Text langfristig eher den kleinen Formaten zuneigte, zeigt sich beim Blick auf den Buchmarkt am Ende des achtzehnten Jahrhunderts, als sich Sache und Begriff der Literatur normalisiert hatten. Während Autoren wie Klopstock, Winckelmann und Schiller nach wie vor am Quartformat hängen, erscheinen nun knapp 90 Prozent aller belletristischen Bücher in Kleinformaten wie Duodez, Sedez, insbesondere aber Oktav (vgl. Lühmann 1981, 48–60), und zwar nicht nur Liedersammlungen und Almanache, sondern gerade auch Romane. Teure Luxus- oder Prachtausgaben sind zwar unter den Autoren beliebt, nicht aber bei den Lesern. In Quart werden nur noch jene Bücher gedruckt, die „nicht sehr oft gelesen werden" (Täubel 1785, 257). Christian Gottlob Täubel hat dies in seinen Ausführungen zur Formatfrage Ende des achtzehnten Jahrhunderts im Kontext seines *Orthographischen Handbuchs* (1785) deutlich dargestellt. Wenn er dabei „kleine belletristische Werke" (Täubel 1785, 257) den großen wissenschaftlichen Enzyklopädien gegenüberstellt, so decken sich offenbar beide Attribute: klein und belletristisch. Ursächlich verantwortlich für die Kleinheit der Literatur ist ihr häufiger Gebrauch: „Witzige Schriften, Romane, Gedichte, Comödien, und andre schöngeisterische Bücher werden meistentheils im kleinsten Octav=Formate gedruckt, weil man solche manchmal beym Spatzierengehn, in Gärten, auf Reisen, u. s. w. bey sich zu führen pflegt" (Täubel 1785, 258).

Entscheidend für das hier entfaltete Argument ist aber der sich langsam auflösende Zusammenhang von Bogenform und Format. Eindrucksvoll offenbart sich dieser in der Frühen Neuzeit gerade an den Sprüchen, Tönen und Schwänken der Meistersinger: Nicht selten umfassen sie genau einen, gelegentlich zwei Bogen, oft deutlich weniger als sechzehn, selten mehr als 32 Seiten im Oktavformat. Ähnliches ist bei der Flugschriftenliteratur zu beobachten, deren kurze Form sich häufig dem Raum eines Bogens ergibt. Flugblätter wiederum erscheinen in der Regel auf einem halben Bogen Folio (vgl. Bellingradt 2011, 15). Auch die moralischen Wochenschriften – die publizistische Wiege der Aufklärung – umfassen in aller Regel genau einen halben oder einen Bogen in Quart oder Oktav (vgl. Martens 1968, 102). So kündigt auch gleich das erste Stück des *Spectator* an, wöchentlich genau einen Bogen voll Gedanken („a sheet-full of thoughts", Steele und Addison 1767, 10) mit dem Leser teilen zu wollen. Dass die Drucker in der Tat mit Bogen rechnen, zeigt sich daran, dass die leeren Seiten am Ende der Bücher schlicht mitgebunden werden. Dabei sind sie aufgrund der ständig steigenden Papierpreise eigentlich darum bemüht, keinen Platz zu verschwenden (vgl. Müller 2012, 191). Deshalb enthalten die Formatbücher auch Anleitungen zur optimalen Ausnutzung von Halb- oder Viertelbogen (vgl. Boghardt 2008, 87–88). In den kleinen Formaten gewinnen Texte Autonomie nicht nur gegenüber dem Bild, sondern vor allem gegenüber dem einzeln honorierten Bogenstück, indem Bogen- und Buchstück zunehmend entkoppelt werden und auf die beliebige Multiplikation der Bogen spekuliert wird. Dabei ergibt sich bereits zwischen Kalendern, Zeitungen und Wochenschriften eine Konstellation, in der Serialität zum ökonomisch vernünftigen Prinzip wird. Die Form, die von dieser Konstellation im Bereich der Fiktion geprägt wird, ist allerdings die des Romans.

5 Der Autor als Schreiber bei Grimmelshausen

Frithjof Lühmann hat den Wandel der Formate durch die Veränderung – die Verkleinerung – der literarischen Formen begründet (vgl. Lühmann 1981, 49; 58). Gefragt werden muss aber ebenso umgekehrt nach den Konsequenzen der Formatentwicklung für die literarische Form. Die Verkleinerung der Buchformate geht nämlich im Gegenteil mit der Vergrößerung der literarischen Form einher, denn gerade die Romanform emanzipiert auf der Grundlage des Bogenhonorars literarische Autorschaft vom einzelnen Bogenstück. Dies sei zuletzt noch einmal am Beispiel Grimmelshausen gezeigt.

Indizien dafür, dass der Simplicianische Zyklus die beschriebene Problemlage bereits reflektiert, finden sich bereits in den ersten Büchern des Zyklus.[12] Zum Referenzraum der Problematik gehört die Erzählung des Schermessers: Als Klopapier in „*Octav* von einem Bogen Pappier" (Grimmelshausen 1989, 612) erzählt es seinen Aufstieg vom Hanfsamen bis zum „rechtschaffene[n] Bogen Pappier", das in einem Kaufmannsjournal „die Stell zweyer Blätter" vertritt, also Element eines großen Folio-Formats ist, bevor es zu „Pack-Papier" (Grimmelshausen 1989, 621) zerrissen und schließlich zu Toilettenpapier verarbeitet wird. Zu denken wäre auch an die Art und Weise, in der Grimmelshausen den Romanzyklus 1666 in der Vorrede zum *Satyrischen Pilgram* (1667) als einen ankündigt, der sich quasi „ad infinitum" (Grimmelshausen 1667, A v^r) erstrecke. Der Zyklus ist nicht nur von Anfang an als eine Art Fortsetzungsroman konzipiert, sondern entsteht auch synchron mit den ersten in Zeitschriften erscheinenden Fortsetzungsromanen und verweist damit bereits auf die Erzählökonomie des neunzehnten Jahrhunderts voraus, ohne schon bei der des achtzehnten Jahrhunderts mit ihren Bildungs- und Wachstumsmodellen angekommen zu sein.

---

[12] Ausführlicher zu dem hier in Kurzform Dargestellten vgl. Widder 2020, 262–294.

Ganz explizit als Lohnfrage wird die Sache des Schreibens allerdings im achten Buch des Zyklus, dem *Springinsfeld*-Roman adressiert. Dort bewirbt sich der arbeitslose Hofschreiber Philarchus Grossus gleich zu Beginn vergeblich um einen Dienst am Hof. Stattdessen trifft er in einem Wirtshaus auf Simplicissimus und Springinsfeld und erhält für die Niederschrift der Lebensgeschichte des Springinsfeld von Simplicissimus wie schon von der Courasche einen „Schreiber-Lohn" (Grimmelshausen 1992, 186), der schließlich genau „6. Reichsthaler" (Grimmelshausen 1992, 294) beträgt. Die 260 Seiten Duodez (Vakatseiten mitgezählt) des tatsächlich erscheinenden *Springinsfeld* lassen auf einen Umfang von elf Bogen á 24 Seiten schließen, ebenso die bis zum Buchstaben L reichenden Bogenziffern, da zwischen I und J nicht unterschieden wird, der elfte Buchstabe des Alphabets. Die genannten sechs Reichstaler entsprechen dann ziemlich genau dem genannten, üblichen Bogenhonorar von einem halben Taler pro Bogen. Hier zeigt sich, dass der ständige Bezug auf den Buchmarkt und den „offenen" bzw. „offentlichen Truck" (Grimmelshausen 1992, 182; 212), der sich im Verlauf des Simplicanischen Zyklus häuft, von Grimmelshausen nicht allegorisch, sondern in dieser materiell konkreten Form realistisch konzipiert ist. Mit Philarchus Grossus mündet die Reflexion über das Problem der Beliebigkeit des Erzählten und Geschriebenen im Roman, das auch die Verknüpfung der einzelnen ‚Stuecke' betrifft, in eine eigene Figur, welche die autobiografische Autorschaft der Simplicissimus-Figur konterkariert. Ganz unmissverständlich wird hier der Autor zum gering entlohnten Schreiber degradiert, dem die Umständlichkeit und Länge der Erzählung des Springinsfeld aber gefallen muss.

Wenn die Romanform ein entscheidendes Medium für die Professionalisierung literarischer Autorschaft war, so geschah dies unter der materiellen Voraussetzung des Bogenhonorars, und es ist mehr als wahrscheinlich, dass dieses ihm auch seine eigene Form determiniert, vor allen Dingen aber ermöglicht hat. Dass die Blütezeit der Romanform nicht erst im neunzehnten Jahrhundert, sondern in der Frühen Neuzeit beginnt und mit der Epoche des Bogenhonorars zusammenfällt, während der Roman um 1900 – also gerade nach der endgültigen Durchsetzung des Urheberrechts und des Absatzhonorars – in die bekannte Krise gerät, wäre vor diesem Hintergrund neu zu bedenken. Blickt man auf den Autor als Produzent, so ist es die Orientierung an Stücklohn und sozialem Kapital in der städtischen Schwankproduktion ebenso wie in den mäzenatischen Netzwerken der Fürstenhäuser, welche die Grenze zum quantifizierenden Zeitlohn-Regime des Romans darstellt. Erst dieses ist imstande, die Arbeit des Autors und die Unterhaltung des Lesers systematisch aufeinander zu beziehen und zu verwerten.

Literaturverzeichnis

Primärliteratur

Anonym. *Lazarillo de Tormes / Klein Lazarus vom Tormes*. Übers. und hg. Hartmut Köhler. Stuttgart: Reclam, 2006.
Grimmelshausen, Hans Jakob Christoffel von. *Des abentheurlichen Simplicissimi satyrischer Pilgram/ das ist/ Kalt und warm/ Weiss und Schwartz/ Lob und Schand/ über guths und bösz/ Tugend und Laster/ auch Nutz und Schad vieler Ständ und Ding/ der Sichtbaren und Unsichtbaren/ der Zeitlichen und Ewigen Welt*. Leipzig: Fromann, 1667.
Grimmelshausen, Hans Jakob Christoffel von. *Werke I.1: Simplicissimus Teutsch*. Hg. Dieter Breuer. Frankfurt am Main: Deutscher Klassiker-Verlag, 1989.
Grimmelshausen, Hans Jakob Christoffel von. *Werke 1.2: Courasche / Springinsfeld / Wunderbarliches Vogelnest I und II / Rathstübel Plutonis*. Hg. Dieter Breuer. Frankfurt am Main: Deutscher Klassiker Verlag, 1992.
Grimmelshausen, Hans Jakob Christoffel von. *Werke II.: Grimmelshausens satirische Schriften. Verkehrte Welt, Gauckeltasche, Beernhäuter, Stoltzer Melcher, Bart-Krieg, Galgen-Männlin u. a. Historische und Legendenromane*. Hg. Dieter Breuer. Frankfurt am Main: Deutscher Klassiker-Verlag, 1997.

Sekundärliteratur

Addison, Joseph und Richard Steele. *The Spectator: In eight Volumes. Carefully Corrected*. Bd. 1. Glasgow: Duncan and Company, 1767.
Althaus, Thomas. „Des Teufels Konterfei. Das ‚Stücklein' vom Speckdiebstahl in Franciscis Lustiger Schau-Bühne und Grimmelshausens erzählerischer Konsequenz". *Grimmelshausen und Simplicissimus in Westfalen*. Hg. Peter Heßelmann. Bern u.a.: Lang, 2006. 169–189.
Ammon, Frieder von und Herfried Vögel (Hg.). *Die Pluralisierung des Paratextes in der Frühen Neuzeit: Theorie, Formen, Funktionen*. Berlin: Lit Verlag, 2008.
Amslinger, Julia et al. (Hg.). *Lose Leute. Figuren, Schauplätze und Künste des Vaganten in der Frühen Neuzeit*. Paderborn: Wilhelm Fink, 2019.
Boghardt, Martin. *Archäologie des gedruckten Buches*. Wiesbaden: Harrassowitz, 2008.
Bachtin, Michail. *Formen der Zeit im Roman. Untersuchungen zur historischen Poetik*. Frankfurt am Main: Suhrkamp, 1989.
Bangert, Julia. *Buchhandelssystem und Wissensraum in der Frühen Neuzeit*. Berlin und Bosten: de Gruyter Saur 2019.
Bellingradt, Daniel. *Flugpublizistik und Öffentlichkeit um 1700. Dynamiken, Akteure und Strukturen im urbanen Raum des Alten Reichs*. Stuttgart: Steiner, 2011.
Berns, Jörg Jochen. „Die ‚Zusammenfügung' der Simplicianischen Schriften. Bemerkungen zum Zyklus-Problem". *Simpliciana* 10 (1988). 301–325.
Bosse, Heinrich. *Autorschaft ist Werkherrschaft. Über die Entstehung des Urheberrechts aus dem Geist der Goethezeit*. Paderborn u. a.: Schöningh, 1981.

Härter, Andreas. *Digressionen. Studien zum Verhältnis von Ordnung und Abweichung in Rhetorik und Poetik. Quintilian – Opitz – Gottsched – Friedrich Schlegel.* München: Wilhelm Fink, 2000.
Heßelmann, Peter (Hg.). *Grimmelshausen als Kalenderschriftsteller und die zeitgenössische Kalenderliteratur.* Bern: Peter Lang, 2011.
Kilcher, Andreas. *Mathesis und poiesis. Enzyklopädik und Literatur 1600 bis 2000.* München: Wilhelm Fink, 2003.
Kilcher, Andreas. „Zentrifugen des Wissens – Zur Enzyklopädik des Barockromans". *Arcadia* 48 (2013). 282–303.
Krieg, Walter. *Materialien zu einer Entwicklungsgeschichte der Bücher-Preise und des Autoren-Honorars vom 15. bis zum 20. Jahrhundert. Nebst einem Anhange Kleine Notizen zur Auglagengeschichte der Bücher im 15. und 16. Jahrhundert.* Wien und Zürich: Stubenrauch, 1953.
Landwehr, Achim. *Die Geburt der Gegenwart. Eine Geschichte der Zeit im 17. Jahrhundert.* Frankfurt am Main: Fischer, 2014.
Lühmann, Frithjof. *Buchgestaltung in Deutschland. Buchgestaltung in Deutschland 1770–1880.* Diss. München, 1981.
Marx, Karl. *Marx-Engels-Werke.* Bd. 23: Das Kapital. Band 1: Kritik der politischen Ökonomie. Berlin: Dietz, 1962.
Martens, Wolfgang. *Die Botschaft der Tugend. Die Aufklärung im Spiegel der deutschen moralischen Wochenschriften.* Stuttgart: Metzler, 1968.
Meid, Volker. *Grimmelshausen. Leben, Werk, Wirkung.* Stuttgart: Reclam, 2011.
Meierhofer, Christian. „Die Fülle der Dinge. Überlegungen zum Zusammenspiel von *copia* und *delectatio* im frühneuzeitlichen Literatur- und Nachrichtendiskurs". *Artes populares: Theorie und Praxis populärer Unterhaltungskünste in der frühen Neuzeit.* Hg. Manuela Günter und Michael Homberg. Leiden: Brill Rodopi, 2016. 294–319.
Merzhäuser, Andreas. *Satyrische Selbstbehauptung. Innovation und Tradition in Grimmelshausens „Abentheurlichem Simplicissimus Teutsch".* Göttingen: Wallstein, 2002.
Michel, Paul und Rosemarie Zeller. „... auß andern Büchern extrahirt". Grimmelshausens Schwankvorlagen im Simplicissimus". *Wahrheit und Wort. Festschrift für Rolf Tarot zum 65. Geburtstag.* Hg. Gabriela Scherer. Bern u. a.: Lang, 1996. 307–322.
Müller, Lothar. *Weiße Magie. Die Epoche des Papiers.* München: Hanser, 2012.
Müller, Susanne. „Formatieren". *Historisches Wörterbuch des Mediengebrauchs.* Hg. Heiko Christians et al. Weimar u.a: Boehlau, 2015. 253–267.
Röcke, Werner. „Fiktionale Literatur und literarischer Markt. Schwankliteratur und Prosaroman". *Hansers Sozialgeschichte der deutschen Literatur.* Bd. 1: Die Literatur im Übergang vom Mittelalter zur Neuzeit. Hg. Werner Röcke und Martina Münkler. München u.a.: Hanser, 2004. 463–506.
Rötzer, Hans Gerd. *Picaro – Landstörtzer – Simplicius.* Darmstadt: Wissenschaftliche Buchgesellschaft, 1972.
Spoerhase, Carlos. *Das Format der Literatur. Praktiken materieller Textualität zwischen 1740 und 1830.* Göttingen: Wallstein, 2018.
Steiner, Harald. *Das Autorenhonorar – seine Entwicklungsgeschichte vom 17. bis ins 19. Jahrhundert.* Wiesbaden: Harrassowitz, 1998.
Sterne, Jonathan. *Mp3: The Meaning of the Format.* Durham und London: Duke University Press, 2012.

Täubel, Christian Gottlob. „Vorstellung der heutzutage üblichsten Bücher=Formate. Mit Anmerkungen über deren Gebrauch". *Orthographisches Handbuch*. Halle und Leipzig: Täubel, 1785. 253–261.

Thompson, John B. *The Media and Modernity. A Social Theory of the Media*. Cambridge: Polity Press, 1995.

Schmiede, Rudi und Erwin Schudlich. *Die Entwicklung der Leistungsentlohnung in Deutschland. Eine historisch-theoretische Untersuchung zum Verhältnis von Lohn und Leistung unter kapitalistischen Produktionsbedingungen*. 4. Aufl. Frankfurt am Main u. a.: Campus, 1981.

Reith, Reinhold. *Lohn und Leistung: Lohnformen im Gewerbe 1450 – 1900*. Stuttgart: Steiner, 1999.

van der Kooi, Jurjen. „Speckdieb". *Enzyklopädie des Märchens. Handwörterbuch zur historischen und vergleichenden Erzählforschung*. Bd 12. Hg. Rolf Wilhelm Brednich. Berlin und New York: de Gruyter, 2007. 959–961.

Wagener, Hans. „Simplex, Felix, Oskar und andere. Zur barocken Tradition im zeitgenössischen Schelmenroman". *Literarische Tradition heute. Deutschsprachige Gegenwartsliteratur in ihrem Verhältnis zur Tradition*. Amsterdam: Rodopi, 1988. 117–159.

Weydt, Günther. *Nachahmung und Schöpfung im Barock. Studien um Grimmelshausen*. Bern und München: Francke, 1968.

Widder, Roman. *Pöbel, Poet und Publikum. Figuren arbeitender Armut in der Frühen Neuzeit*. Konstanz: Konstanz University Press, 2020.

Jasper Schagerl
Die Operativität gelehrter Praxis: *Paper Technology* bei Georg Philipp Harsdörffer

Mitte des siebzehnten Jahrhunderts widmet sich Georg Philipp Harsdörffer in einem Text mit dem Titel *Von der Schreib= und Rechenkunst* der Frage „Wie die Register in die Bücher / ohne grosse Mühe / zu machen [sind]?". Da in der barocken Flut des Wissens,[1] wie er schreibt, „keiner der Zeit hat / alle und jede Bücher zu durchlesen", sei es notwendig, dass ein Buch auch ein Register beinhalte – und zwar nicht nur eines, sondern am besten gleich drei: Erstens ein „Ordnung=Register", das heißt ein Inhaltsverzeichnis „darinnen aller Capitel Titul und Obschrifft / nach der Ordnug [sic] / bemeldet wird". Zweitens ein „Register der Autoren", worunter ein Literaturverzeichnis zu verstehen ist, in dem die verwendete Literatur, inklusive dem Format des Buches, dem Erscheinungsjahr und dem Druckort angegeben werden soll. Drittens schließlich empfiehlt Harsdörffer ein „Inhaltsregister / nach dem Abc gerichtet" (Harsdörffer 1990 [1653], 57). Während die Anfertigung der beiden ersten Registerformen für ihn selbstverständlich zu sein scheint, hält er es bei der dritten für nötig, eine Anleitung zu geben.

Ausgehend von dieser Anleitung möchte ich unter Berücksichtigung jener „Praktiken der Materialisierung und Relevanzbildung, durch die sowohl die Intelligibilität als auch die Materialität konstituiert werden" (Barad 2012, 72), die Funktionsweisen eines barocken Buchregisters in den Blick nehmen. Den gemeinsamen Funktionszusammenhang der Registerherstellung werde ich dabei mit Harsdörffers *Grossem Schau=Platz jämmerlicher Mordgeschichte* beleuchten. Auf diese Weise lässt sich, so die Annahme, auch etwas über die Anlage und die Funktion des *Schau=Platzes* selbst herausfinden: Denn zwischen dem alphabetischen Register, der poetischen Form und dem Sammelinteresse entstehen Interdependenzen – ein Effekt, der aus einem Gefüge von Aktanten[2] emergiert, die bei der Fabrikation des Registers mit im Spiel sind. Den alphabetischen Registern möchte ich mich daher auf einer materialen Ebene nähern und zeigen, dass die barocken Papiertechnologien bei Harsdörffer nicht nur das Wissen der Texte komprimieren, sondern darüber hinaus den Lesern das Finden von Bausteinen für die eigene topisch-rhetorische Argumentation ermöglichen.

---

[1] Zu den nicht enden wollenden Klagen aufgrund der Bücherflut siehe Brendecke 2006.
[2] Zum Unterschied Akteur/Aktant siehe grundlegend Latour 2007.

https://doi.org/10.1515/9783110659634-003

Methodisch folgt meine Argumentation dem Leitgedanken, dass sich die barocke *ars combinatoria* ohne eine materiale, praxeologische wie mediengeschichtliche Ebene nicht in ihrer vollen Tragweite begreifen lässt. Damit ist keineswegs die Behauptung eines medialen Aprioris impliziert. Allerdings darf von den Medien und operativen Faktoren nicht abgesehen werden, die bei der Generierung von Wissen beteiligt sind. Medientechnologien sind, will man die operative Logik der gelehrten Praxis in den Blick nehmen, keine determinierenden Faktoren, sondern stets als nicht-isolierbare Elemente in Funktionszusammenhängen zu betrachten. Der Beitrag trifft also keine disjunktive Unterscheidung zwischen materiellen, medialen oder sozialen Verkettungen, sondern begreift das barocke Wissen gerade als Effekt entsprechender Verkettungen.[3]

1 Zettelkombinationen: Die Performanz der Dinge

Liest man Harsdörffers Ausführungen zur Registertechnik, dann wird deutlich, warum die Fabrikation eines Inhaltsregisters eine Verfahrensweise war, die im Gegensatz zu anderen Registerformen einer Anleitung bedurfte:

> [H]ierzu ist sehr dienstlich / daß man eine Schachtel mit 24 Fächern habe / deren jedes mit einem Buchstaben bezeichnet ist : Wann man nun das Register machen wil / so schreibet man den Inhalt / gehöriger Massen / auf ein Papyr / schneidet es in absonderliche Stücklein / und legt jedes in sein Buchstabenfach : von dar nimmt man sie zu letzt wieder heraus / ordnet einen Buchstaben nach dem andern / und klebet entweder die Papyrlein ordentlich auf / oder schreibet sie noch einmal. (Harsdörffer 1990 [1653], 57)

Die Praxis der Registererstellung ist bei Harsdörffer ein operatives Geschehen, das unterschiedliche Aktanten involviert und diverse Praktiken mit einander verkettet. Nicht nur wird mit der empfohlenen Schachtel eine neuartige Apparatur verwendet, sondern es kommen auch Schere und Klebstoff zum Einsatz: Zunächst wird der Inhalt eines Buches in verdichteter Form exzerpiert, dann das dafür verwendete Papier „in absonderliche Stücklein" geschnitten. Die so entstandenen „Papyrlein" sollen in das jeweilige Buchstabenfach der Schachtel gelegt und zum Schluss wieder herausgenommen und in alphabetischer Reihenfolge wieder untereinander geklebt werden.

Die Kulturtechniken des Exzerpierens, Schneidens und Klebens waren keineswegs nur bei Harsdörffer anzutreffen, sondern gehörten in der hier beschrie-

---

3 Zum Denken in (rekursiven) ‚Operationsketten' siehe Schüttpelz 2008 sowie Siegert 2017.

benen eigentümlichen Verkettung zum festen Repertoire der gelehrten Welt: Papiertechniken, technische Apparaturen sowie Lektüre- und Sammelpraktiken waren integraler Bestandteil der barocken Text- und Buchproduktion und der Generierung von Wissen in beinahe allen Disziplinen.[4] Dabei folgte das *Know-how* barocker Gelehrter gewissermaßen der praktischen Performanz (vgl. Latour 2014, 327) – schließlich weiß die Praxis in ihrer Operativität und Prozesshaftigkeit stets mehr, als die in sie involvierten Akteure (vgl. Müller 2015, 105–176).

Lässt sich der Beginn der Verzettelung als gelehrte Verfahrenspraxis bereits auf das sechzehnte Jahrhundert zurückführen,[5] so gesellt sich die von Harsdörffer erstmals erwähnte alphabetisch sortierte Schachtel als wirkmächtige Einheit zu jener Assemblage und führt zu einer ereignishaften Verkettung, deren Effekten ich im Folgenden auf die Spur kommen möchte.

Ohne die zum Einsatz kommenden *cut-and-paste*-Techniken wäre die Fabrikation eines Inhaltsregisters eine extrem aufwendige Operation gewesen. Gewährleisteten doch gerade die beweglichen Zettel, dass man die verdichteten Exzerpte leicht umgruppieren und schließlich unter einem Lemma des Registers bündeln konnte. Neben dem Hantieren mit der Schere war deshalb auch der richtige Klebstoff ein wichtiger Faktor – ein Klebstoff (das verschweigt der Text), der nicht nur die Haftung garantieren, sondern darüber hinaus auch löslich sein musste, um die materialen Einheiten, einmal aufgeklebt, gegebenenfalls neu arrangieren zu können. Die Registertechnik war insofern untrennbar mit einer „Kultur des Ausschnitts" (te Heesen 2006, 41) verwoben, in welcher der lose und bewegliche Zettel einen zentralen Platz einnahm: Schließlich öffnete der Schnitt und sodann das physische Hantieren mit Textschnipseln dem „barocken Aufschreibesystem" einen „kombinatorischen Raum" (Rieger 1997, 100).

Für einen Formatierungsvorgang, der das Gesammelte klein und flexibel macht, war das Medium und das Format des Zettels daher von nicht zu unterschätzender Bedeutung. In ihrer basalen Materialität sind Zettel „aufgeweitete Schnittstellen", deren Effekt eine Steigerung der „Konnektivität möglicher Anschlüsse" (Krajewski 2017, 67) ist. Da sie als Produkt der „Schere der Gelehr-

---

[4] Ich verwende den Begriff der *Paper Technology* im Anschluss an die Definition von Volker Hess und Andrew Mendelsohn, die darunter „die Summe aller Schreibverfahren (wie Listen, Formulare), Text- (wie Exzerpt, Index) und Papiertechniken (wie Karteikarten, Bandakten) und der damit verbundenen Werkzeuge (wie Stifte, Klebstoff, Schere) [verstehen], die (beabsichtigt wie unbeabsichtigt) beim Festhalten, Sammeln, Akkumulieren von (direkt oder vermittelt) Gesehenem und Bedachtem eingesetzt werden." (Hess und Mendelsohn 2013, 3).
[5] Zum Ur-Vater der gelehrten Verzettelung hat die Forschung einhellig Konrad Gesner deklariert. Zur Methode des Schweizer Polyhistors siehe Blair 2010, 212–225 und Krajewski 2017, 16–25.

samkeit" (te Heesen 2006, 30) größere Textmengen fragmentieren, sorgen sie zunächst für eine Dekontextualisierung der kleinen Wissenspartikel. Die auf diese Weise gewonnenen Wissenssegmente können nun beliebig kombiniert und immer wieder neu disponiert werden. Die freie Verschaltbarkeit der Wissenspartikel wird durch die Mobilität der losen Zettel, die nicht zuletzt in den materialen Eigenschaften der leichten „Papyrlein" begründet liegt, also allererst garantiert.

Eine alphabetisch sortierte Schachtel schließlich, wie sie Harsdörffer empfiehlt, erleichterte den Zugriff auf gespeicherte Daten. Bei der Anfertigung eines Registers diente dieses System als ein Zwischenspeicher. Da die Produktivkraft der alphabetischen Wissensordnung der Schachtel zu einer „plötzlichen Nachbarschaft beziehungsloser Dinge" (Foucault 2015, 18) führte, verfügte sie über eine eigene agentielle Kraft und über einen gewissen Eigensinn – denn die Besonderheit einer solchen Schachtel liegt darin, mehr Informationen verfügbar zu machen, „als jemals in der Form von Notizen gespeichert worden waren" (Luhmann 1992, 59–60). Der operative Sinn der Registererstellung überstieg also stets die originäre Intention der Gelehrten. Die überraschenden Verknüpfungen, die die Schachtel unter Mitwirkung von Papiertechnologien bereithielt, zeugen von einer Eigendynamik der Praxis.

Selbst wenn sie nicht in einem Zwischenspeicher wie der harsdörfferschen Schachtel landeten, sondern längerfristig in das individuelle Archiv des barocken Gelehrten überführt wurden,[6] waren Exzerpte daher keineswegs als Lesefrüchte zum Trocknen verdammt. Im Gegenteil: Eine Exzerpiertechnik, die auf die Beweglichkeit der Zettel setzte, diente „der Umpolung der verarbeiteten Datenströme in Produktionsenergien" (Müller 2014, 176). Die Zettel, deren potenzielle Kompatibilität untereinander niemand ernsthaft bezweifelte,[7] spuckten fortwährend ungeahnte Anschlüsse aus. Zudem war das Archiv des Wissens abseits ramistischer Systemzwänge nahezu beliebig erweiterbar. Wenn der Gelehrte also wusste, wie sich die neu eingespeisten Exzerpte „mit verständigem Fleiß" mit den Partikeln seines persönlichen Reservoirs „zusammen mischen"

---

6 Berns (2006) geht davon aus, dass der Kompilator Harsdörffer eine Schachtel, wie er sie in seiner Anleitung zur Registertechnik empfiehlt, auch für seine längerfristige Wissensverwaltung und seine Textproduktion verwendet hat. In seiner Anleitung empfiehlt er die Schachtel jedoch lediglich als einen Zwischenspeicher.
7 Schließlich stand für die barocken Kombinatoriker fest, dass der gesamte Bereich des Seienden eine analogische und kombinatorische Struktur aufweise. Die *ars combinatoria* beruhte – insofern die Kombinatorik das universale Ordnungsprinzip der Dinge war – somit gewissermaßen auf einem ontologischen Fundament. Siehe hierzu Leinkauf 2009, 195–210; Kilcher 2003, 357–378 sowie Schmidt-Biggemann 1983, 155–185.

ließen, dann öffnete diese Verknüpfungskunst unvorhergesehene Argumentationsmöglichkeiten und neue Bedeutungskonstellationen, weil, so Harsdörffer, „etwas anders daraus gemachet worden / als es gewesen" (Harsdörffer 1971 [1648–1653], Teil III, 54). Die neuartige Schachtel, die hier in einer Verkettung mit den Papiertechnologien der Frühen Neuzeit eine neue Assemblage einging, bot barocken Gelehrten deshalb nicht bloß eine Speichermöglichkeit unter anderen, sondern sie avancierte – etwa in Form eines Zettelkastens – schon bald zu einem flexiblen Wissensverwaltungssystem, das die *ars inveniendi* medientechnisch auf ein neues Level hob.

Welche Effekte eine solche Verkettung von Aktanten bei der Registertechnik auf der Ebene von Texten zeitigen konnte, lässt sich auf paradigmatische Weise an der eigenartigen Bauweise von Harsdörffers *Schau=Platz jämmerlicher Mordgeschichte* zeigen.

2 Interdependenzen: Registertechnik und poetische Form

Bei der *Jämmerlichen Mordgeschichte* handelt es sich um eine 1648 erstmals in Teilen erschienene Sammlung von zweihundert „traurigen Begebenheiten" (Harsdörffer 1975 [1656], Titelblatt). Harsdörffer erzählt hier im Medium des negativen *exemplums* Fälle devianter Verhaltensweisen, die alle nach demselben Muster gestrickt sind. Die auftretenden Figuren haben keine individuellen Züge, sondern stehen für diverse Lastertypen, die aufgrund ihres laster- oder sündhaften Verhaltens eine sich mit mechanischer Konsequenz entfaltende Kette in Gang setzen. Auf das Laster folgt die Sünde, auf diese dann das große Unglück, meist in Form von Mord oder Totschlag, und auf dieses wiederum die erbarmungslose Bestrafung durch Gott oder durch die Obrigkeit. „Eine böse That", schreibt Harsdörffer, „hat doch keinen guten Außgang" (Harsdörffer 1975 [1656], 68). Dieses Argumentationsmusters, das auf Abschreckung qua negativem *exemplum* zielt, bedient er sich in allen auf dem *Schau=Platz* versammelten Geschichten.

Die Beispielreihen sind allerdings nicht systematisch angeordnet, sondern die Sammlung gehorcht dem kasuistischen Prinzip der bunten Reihung: Die exemplarischen Geschichten werden, wie Harsdörffer einmal sagt, „ohne Ordnung / wie sie uns beyfallen" (Harsdörffer 1978 [1664], 357) erzählt. Der einzige Grad, an dem sich die serielle Ordnung bemessen lässt, ist die analogische Struktur der Fälle. Gerade für kasuistische Sammlungen waren Register daher unverzichtbar, wenn eine Ordnung zweiten Grades hergestellt werden sollte.

Kontingente Fallserien sind jedenfalls genau das, was Harsdörffer trotz aller ‚Buntschriftstellerei'[8] unter allen Umständen zu vermeiden versucht. Wohl auch aus diesem Grund hängt er dem *Schau=Platz* ein alphabetisches „Inhalts Register" der „Lehrsprüche und Geschichte / welche in diesem Wercklein zu finden" an, welches die gesammelten Geschichten anders strukturiert. Ein „Register nach dem Abc" (Harsdörffer 1990 [1653], 57) – so ließe sich eine erste Funktion bestimmen – ist für Harsdörffer zunächst einmal ein interner Mechanismus zum Schutz vor kontingenter Serienbildung.[9]

Bereits die einzelnen Geschichten hatte Harsdörffer in ihrer typographischen Anordnung auf die Herstellung eines Registers hin angelegt, denn die Fälle sind allesamt in Paragraphenblöcke zergliedert.[10] Das Register ist also weit mehr als ein bloßer Anhang: Es korreliert mit einem auf das Register hin strukturierten, und so allererst registrierbaren Text. Dem Register eignet daher keineswegs eine Nachträglichkeit, sondern es ist als Virtualität im zergliederten und nummerierten Text immer schon vorhanden.

Folgt man seinen Ausführungen zur Registertechnik, dann ging Harsdörffer für die Erstellung des Registers die so formatierten Geschichten Paragraph für Paragraph durch, ordnete diese in Form von moralischen Topoi[11] Schlagworten zu oder verdichtete den Inhalt der Paragraphen auf wenige Stichworte. Dies sei, wie es in der Vorrede zum *Schau=Platz Lust= und Lehrreicher Geschichte*, dem strukturgleichen Pendant zur *jämmerlichen Mordgeschichte*, heißt, unter anderem auch deshalb notwendig, weil sich auf den *Schau=Plätzen* „noch so viel absonderlicher Erzehlungen finden / die meinsten Theils wegen kurtzen Verlauffes / keine eigene Titel haben" – und daher „in dem vollständigen Innhaltes-Register ordentlich aufzusuchen seyn" (Harsdörffer 1978 [1664], Teil II, Vorrede, 371). Damit waren auch jene Fallminiaturen adressierbar, die sich in solchen Geschichten tummelten, die nicht bloß eine einzelne paradigmatische Erzählung syntagmatisch entfalteten, sondern in denen eine Serie von immer knapper berichteten analogen Fällen installiert war. Aber auch Geschichten, die sich nur um einen einzelnen Fall drehten, konnten sich im Zuge dieses

---

8 Zum buntschriftstellerischen Prinzip barocker Sammlungen siehe Schock 2012.
9 Vgl. zu dieser Funktion von Registern Rieger 1997, 24.
10 In der Regel hat jede Geschichte zwischen zwölf und vierzehn solcher Blöcke. Harsdörffer selbst erklärt dieses Verfahren unter Verweis auf die Proportionalität der Geschichten. „Zu mehrerer Gleichstimmigkeit dieses Wercklleins" habe er, wie er schreibt, „jede Geschichte mit 12. §. oder absetzen / die [. . .] bald lang / bald kurtz gefallen / verfasset." (Harsdörffer 1978 [1664], Teil II, Vorrede, 371).
11 In seiner *Ars Apophthegmatica* nennt er Moral- bzw. Tugendlehre und Register denn auch in einem Atemzug: „Den Inhalt aber / wo von jeder Tugend / oder Laster zu finden / weiset das Register" (Harsdörffer 1655, unpaginierte Vorrede, Nr. 10), heißt es dort kurz und bündig.

registrierenden Komprimierungsprozesses in mehrere Topoi aufspalten, welche in Form einer alphabetischen Liste schließlich das Register bildeten.

Soweit die harsdörffersche Praxis, wie sie sich aus seiner Anleitung und dem Register des *Schau=Platzes* rekonstruieren lässt. Aber wie erfüllt das Register nun die Funktion einer Strukturierung der Beispielreihen? Und wie funktioniert das Verweissystem? Blättert man im harsdörfferschen Register etwa zum Buchstaben ‚G', so stößt man auf ein in Bezug auf die Quantität der Topoi hervorstechendes Lemma: „Geitz", so heißt es dort, „urtheilt andre nach seinem Sinn LIX. 2. Geitz und Wollust mit Esau und Jacob verglichen / LXXXI. 2. seine art LXXXI. 2. 8. verursacht alles übel XCV. 8. wird beschrieben / XCIV. 2. fängt an wo er sol aufhören LXXIV. 3. ist niemals satt / 9. LI. 1. ist blind LXXXIX. 12" (Harsdörffer 1975 [1656], ‚Inhalts Register', o.p.). Das Lemma versammelt inhaltliche Substrate – Topoi, die aus den Erzählungen deduziert wurden und die die einzelnen Passagen verdichten. Die lateinischen Ziffern verweisen auf die jeweilige Geschichte, die arabischen auf den entsprechenden Paragraphen der Geschichte. Auf die Einheit der einzelnen Geschichten wird endgültig keine Rücksicht mehr genommen. Vielmehr entpuppt sich das Wissen der einzelnen *exempla* als immer schon fragmentiert. Die Fälle, einmal durch das Raster des Registers gefallen, zerfallen in adressierbare Einzelteile.

Aber mehr noch: Die Topoi haben auch eine Vernetzungsfunktion. Sie verketten die unzusammenhängenden Erzählungen miteinander und stiften damit ordnende Paradigmen. Denn die Nachbarschaftszonen des Registers führen, wie Stephan Manns (2013, 92) bemerkt hat, dazu, dass begriffliche Paradigmen nebeneinander überblickt werden können. Das betrifft nicht nur jene Zonen, die die einzelnen Lemmata ausbilden, sondern das betrifft auch und gerade jenes enzyklopädische Wissen, das das alphabetische Register in seiner Gesamtheit vom normativen Bereich vermittelt. Nicht nur werden auf diese Weise ungeahnte Anschlüsse sichtbar, sondern die Bündelung heterogener Aussagen kreiert darüber hinaus auch eine bestimmte Aussageformation. Deren Ursprung liegt allerdings in keinem Subjekt, sondern jede Aussage emergiert im Sinne der operativen Logik von Handlungsketten aus einer ereignishaften und intraaktiven Verkettung (vgl. Deleuze und Parnet 2019, 77; 101).

Das Register des *Schau=Platzes* steht dabei ganz im Dienst des originären Sammelinteresses. Jeder Fall ist für Harsdörffer ganz im Sinne des Neoplatonismus nur der individuierte Ausdruck eines allgemeinen Gesetzes.[12] Die Sammlung hatte sich deshalb auf die Suche nach der gemeinsamen Natur und der

---

12 Zu den neoplatonischen Einflüssen siehe Hess 2003; zum Verhältnis von Einzelfall und Allgemeinheit im Neoplatonismus Leinkauf 2009, 287–288.

innigen Verwandtschaft der einzelnen Fälle gemacht, das heißt nach einem identischen und kontinuierlichen Wirkungszusammenhang, mit dessen Hilfe kontingente Ereignisse als Teil einer typischen Struktur dechiffriert werden konnten. Wurde die Komplexität bestimmter Zusammenhänge im Zuge dieses Kalküls auf einfache Forme(l)n reduziert, so war es dafür nun möglich, im Medium des Typischen Verlaufsformen zu prognostizieren. Hortimetaphorisch gewendet konnte Harsdörffer daher „von dem Samen wol sagen / was er für eine Frucht hervor bringen werde" (Harsdörffer 1990 [1653], 626).

Durch das Nebeneinanderstellen von ähnlichen Begebenheiten hatte also bereits die Sammlung von Fällen devianter Verhaltensweisen gewissermaßen kriminelle Paradigmen produziert. Die *exempla* des *Schau=Platzes* hatten Verbrechen schließlich allesamt als das Produkt von Lasterketten vorgeführt.[13] Ist man einmal auf die falsche Bahn geraten, entwickelt sich ein Laster aus dem anderen und führt schließlich zum „Todschlag". Über dieses Gesetz der Lasterkette hatte Harsdörffer schon an einigen Stellen innerhalb der Sammlung versucht, Ähnlichkeitsrelationen zwischen den Geschichten herzustellen: „Wie in vorhergehender Erzehlung der Geitz einen Todschlag angerichtet", so leitet er etwa einen Fall ein, „also wird in folgenden zu ersehen seyn / wie die Lustseuche dergleichen übel stifftet" (Harsdörffer 1975 [1656], 140). Lag der implizite Fluchtpunkt der Sammlung damit in der Generierung einer paradigmatischen Topographie des Verbrechens, so wird dieser Fluchtpunkt durch die Bündelung von Aussagen unter einem Schlagwort auf einen Blick vor Augen gestellt. Dies allerdings in Form einer topologischen Ordnung zweiten Grades und damit in Form einer Ordnung, die nicht mehr zwingend mit derjenigen der Fallserien konvergiert, da sie gerade aus der Vernetzung disparater Aussagen emergiert.

3 Gebrauchsweisen: Blättern im Register

Mit einer Formulierung Stefan Riegers besteht die Logik des Registers „in der Beziehbarkeit beliebig verstreuter Wissenssegmente durch Korrelation von Buchstaben und Zahlen" (Rieger 1997, 81). Topoi wie „Geitz fängt an wo er sol aufhören" verweisen paragraphengenau auf die entsprechenden Textpassagen, in denen das für das Register eingefaltete Wissen entfaltet wird. Das Register ermöglicht den Benutzern einen pointierten Zugriff auf die gespeicherten Daten, denn über die paragraphengenaue Referenzierung kann man problemlos zu den indizierten

---

[13] Unter dem Lemma ‚Sünden' findet sich denn auch der Topos ‚Sündenketten'. Harsdörffer 1975 [1656], ‚Inhalts Register', o.p.

Textstellen springen. Als pragmatisch orientiertes Ordnungssystem dient das Register daher in seiner Vernetzung und Paradigmenbildung auch dem schnellen und effektiven Auffinden von Wissen.[14] Das alphabetische Register versieht die Sammlung mit Zugriffsrastern auf das in ihr enthaltene Wissen und ist deshalb, wie Harsdörffer schreibt, ein „sehr nohtwendiger Lehrmeister zu einem Buch", weil es „gleichsam mit dem Finger weiset / wo eines oder das ander zu finden" (Harsdörffer 1990 [1653], 57).

Interessierten sich also die Benutzer der Sammlung für die Auswirkungen des Geizes und stolperten, von diesem Interesse geleitet, schließlich über den Topos „Geitz fängt an wo er sol aufhören", so mussten sie nur zur LXXIV. Mordgeschichte mit dem Titel „Der verwegene Artzt" blättern, wo der verdichtete Topos, wie das Register ihnen nahegelegt hatte, im 3. Paragraphen entfaltet wird:

> Als er nun der Orten seine Mittel Marktschreierisch rühmte / und etliche mit mehr Glück als Kunst gesund machte / gelangt er in grossen Ruhm / und bereichert sich in kurtzer zeit mehr / als er zu Venetig nicht wünschen dörffen / daß er also sich wol hette können begnügen lassen / wann der Geitz nicht anfienge / wo er auf hören solte / und sich mehrten die Begierden zu haben / wie der Wasser süchtigen Durst in dem Trinken.
> (Harsdörffer 1975 [1656], 244)

Zieht man die zum Einsatz gekommenen Papiertechnologien in Betracht, so verweist der exzerpierte Topos als ein im wahrsten Sinne des Wortes *Ausschnitt* des Ausgangstextes auf einen mindestens zweifachen Kontext. Je nach Interessenlage konnte schon diese kleine Passage als Kontext den gewünschten Zweck erfüllen – etwa weil die Benutzer bloß auf der Suche nach einer Analogie waren und diese mit dem „süchtigen Durst in dem Trinken" bereits gefunden hatten. Vielleicht waren sie aber auch auf der Suche nach Beispielfällen und lasen deshalb den ganzen Fall. Dieser bettet den Paragraphen in einen größeren Kontext ein und erzählt folgendes: Ein venezianischer Quacksalber namens Zerbi zieht durch diverse Orte und betrügt die hilfesuchenden Menschen. Als ein reicher Mann unheilbar erkrankt, schickt er nach dem falschen Arzt, der selbstverständlich sofort zusagt, ihn gegen gutes Geld zu behandeln. Naturgemäß kann er ihn nicht heilen, aber er fordert trotzdem noch die volle Bezahlung. Weil er nicht von seinen Forderungen ablassen will, wird er schließlich – so endet der Fall – von den Erben des Verstorbenen erdrosselt.

Wollten die Benutzer zum Schluss der hier durchgespielten Suche noch etwas zum ‚blinden Geitz' erfahren, so mussten sie die LXXXIX. Geschichte

---

[14] Zu dieser Funktion von Registern siehe Zedelmaier 2015, 17–43.

aufschlagen. Dort stießen sie im 12. Paragraphen auf einen kurzen Merkvers: „Ein blindling ist der Geitz / ein blindling schneller Glaub / und beedes bringet Noth in Ehr- und Güter Raub. Fürsichtig ist der Mann der gleich den Blinden gehet / der tappet mit dem Stab bevor sein Fuß bestehet" (Harsdörffer 1975 [1656], 305).

Ein Register solcher Art, das wollte ich mit den vorgeführten Operationen zeigen, legt den Benutzern als Gebrauchsweise eine nicht-lineare, springende und blätternde Lektüre nahe (vgl. Schulz 2015, 57–61; Schmitz-Emans 2012, 7). Das harsdörffersche Register nimmt diesbezüglich Rücksicht auf jene bereits in der Vorrede adressierten Leser mit knappen Zeitressourcen und niedriger Aufmerksamkeitsspanne, die auf eine lineare und zeitraubende Lektüre schlichtweg keine Lust hatten.[15] Mithilfe des indexgestützten Verweissystems können sie – erleichtert durch die typographische Anordnung der Lemmata in Form einer Liste – durch die Sammlung navigieren und sich ihren persönlichen ‚Schauplatz' zusammenstellen (vgl. Ecsedy 2011, 143; Jakob 2011, 97). Folgt man der Verweisstruktur des Registers, öffnen sich neue Zusammenhänge und idiosynkratische Lesewege. Dabei stoßen die Benutzer, wenn sie sich – wie in diesem Fall – einen kurzen Überblick über die Variationen des Themas Geiz verschaffen wollen, auf eine ganze Reihe kleiner Formen, die dieses Phänomen auf ihre jeweils eigene Art und Weise behandeln, in ihrer Vernetzung jedoch zu Manifestationen eines begrifflichen Paradigmas werden. Schließlich zeigt die Bündelung von Aussagen unter einem Schlagwort das Identische im Heterogenen an.

Nicht nur macht das Register die vorgelagerte Topik sichtbar, die die Texte strukturiert, sondern die Geschichten sind ihrerseits schon auf den vom Register unterstützten kombinatorischen Gebrauch hin angelegt: Erstens sind die Beispielfälle selbst topisch gebaut, zweitens bedienen sich Harsdörffers Argumentationsgänge, wie das Beispiel des Merkverses zum blinden Geiz zeigt, nicht allein der Form des *exemplums*, sondern sie kombinieren die *exempla* mit anderen Kleinformen wie kurzen Merkversen, Sprichwörtern oder

---

15 Die Sammlung reagiert in ihrer gesamten Anlage auf eine Transformation der Kommunikations- und Informationsökonomie. Wer sich mit neuartigen Publikationsformaten wie periodisch erscheinenden Magazinen und Zeitschriften messen wollte, der musste den neu entfachten Zirkulationsprozessen Rechnung tragen und das Interesse seiner Leser berücksichtigen. Nun ging es darum, das Neue und Wissenswerte kompakt auf den volkssprachlichen Wissensmarkt zu tragen, um einen „Leser / welcher neue Sachen zu wisse begierig" (Harsdörffer 1975 [1656], unpaginierte ‚Vorrede', Nr. 20) nicht zu langweilen. Siehe hierzu mit Blick auf Harsdörffer Krebs 1988.

Apophthegmata.[16] Während das Register also einerseits eine eigene Poetik ausbildet, legt es den Benutzern zudem auch eine Lesehaltung nahe, die einen ‚plündernden' Gebrauch von der Sammlung macht. Der *Schau=Platz* wird zu einem Archiv oder einer Datenbank, die den barocken ‚Sachwaltern' iterierbare Argumentationspartikel und Textbausteine – materiale Topoi wie *exempla*, Sprichwörter, Tropen, Figuren, etc. – für das Verfertigen von Texten bereitstellt.[17] Er ist aus dieser Perspektive eine „Schaltstelle[] der Vermittlung, Aneignung und Überlieferung von Wissen" (Zedelmaier 2015, 48) und damit ein Instrument, mit dem eine topisch verfahrende *inventio* die *res* und die *verba* für die kombinatorische Textproduktion finden kann. Wie die humanistischen *loci communes*-Sammlungen zielt der *Schau=Platz* auf das Ideal der *copia*, auf eine Fülle an Argumentationspartikeln und Textbausteinen, auf die man bei der eigenen Schreibarbeit zurückgreifen kann (vgl. Moss 1996, 51–82). Das Register provoziert somit eine anti-hermeneutische Lektürepraktik, das heißt ein sammelndes Lesen, das – geleitet von einer „Metaphysik der Stellen" (Cahn 1991, 683) – die Sammlung nach wiederverwendbaren Elementen durchforstet.

In der Frühen Neuzeit wurde eine solche den Text in heterogene Partikel atomisierende Lektüre von erlernbaren Exzerpiertechniken geleitet.[18] Sie waren für barocke Gelehrte unverzichtbare geordnete Verfahrensweisen, die halfen, die gesammelten Lesefrüchte in ein brauchbares topisches Inventar zu verwandeln. Die Technik des Exzerpierens, die außerdem das Ordnen des Gelesenen umfasste, ermöglichte es, Wissen adäquat aufzubereiten und abrufbar zu halten. Dabei ging es weniger um eine (systematische) Neudisposition des auf diese Weise fragmentierten Wissens, sondern im Mittelpunkt der Bemühungen stand zunächst eine Registratur der Wissenspartikel.

Harsdörffers Sammlung war ihrerseits das Produkt einer solchen Lesehaltung und Exzerpiertechnik.[19] In ihrer Funktion als ein für die breite Öffentlichkeit aufbereitetes Hilfsmittel wurde sie im barocken Kreislauf des Wissens daher zum Ausgangspunkt für ein Exzerpieren zweiter Ordnung, das Exzerpte aus Exzerpten anfertigte. War sowohl die Form als auch das Wissen des *Schau=Platzes* ein Effekt der operativen Verwobenheit gelehrter Praktiken, so

---

16 Siehe hierzu ausführlich Manns (2013, 183–215; 249–258).
17 Für Stefan Manns (2013, 92), der in der Verfügbarmachung von Topoi das grundlegende Verfahren der *Schau=Pätze* sieht, sind die Register allein schon aus diesem Grund die „programmatische[n] Fluchtpunkte" der Sammlungen.
18 Siehe hierzu überblicksartig Décultot 2014.
19 Zu den Quellen siehe Ecsedy 2011.

wurde die Sammlung im Zuge des Gebrauchs nun ihrerseits zu einem nichtisolierbaren Element von Funktionszusammenhängen, die das barocke Wissen fortwährend – und wiederum: operativ – herstellten.

Literaturverzeichnis

Primärliteratur

Harsdörffer, Georg Philipp. *Poetischer Trichter. Die Teutsche Dicht- und Reimkunst, ohne Behuf der Lateinischen Sprache, in VI. Stunden einzugiessen*. Faks.-Nachdruck der Ausgabe Nürnberg 1648–1653. Hildesheim und New York: Georg Olms, 1971.
Harsdörffer, Georg Philipp. *Delitiae Mathematicae et Physicae. Der Philosophischen und Mathematischen Erquickstunden Dritter Teil*. Neudruck der Ausgabe Nürnberg 1653. Hg. Jörg Jochen Berns. Frankfurt am Main: Keip, 1990.
Harsdörffer, Georg Philipp. *Ars Apophthegmatica, Das ist: Kunstquellen Denckwürdiger Lehrsprüche und Ergötzlicher Hofreden [. . .]*. Nürnberg: Endtern, 1655.
Harsdörffer, Georg Philipp. *Der Grosse Schau=Platz jämmerlicher Mordgeschichte. Bestehend in CC. traurigen Begebenheiten*. Faks.-Nachdruck der 3. Aufl. von 1656. Hildesheim und New York: Georg Olms, 1975.
Harsdörffer, Georg Philipp. Der *Grosse Schau=Platz Lust= und Lehrreicher Geschichte*. Faks.-Nachdruck der 5. Aufl. von 1664. Hildesheim und New York: Georg Olms, 1978.

Sekundärliteratur

Barad, Karen. *Agentieller Realismus. Über die Bedeutung materiell-diskursiver Praktiken*. Übers. Jürgen Schröder. Berlin: Suhrkamp, 2012.
Berns, Jörg Jochen. „Kompilation und Kombinatorik. Zusammenhänge und Grenzen von Harsdörffers naturwissenschaftlichen und ästhetischen Interessen". *Harsdörffer-Studien. Mit einer Bibliografie der Forschungsliteratur von 1847 bis 2005*. Hg. Hans-Joachim Jakob und Hermann Korte. Frankfurt am Main u.a.: Lang, 2006. 55–83.
Blair, Ann. *Too Much to Know. Managing Scholarly Information before the Modern Age*. New Haven: Yale University Press, 2010.
Brendecke, Arndt. „Papierfluten. Anwachsende Schriftlichkeit als Pluralisierungsfaktor in der Frühen Neuzeit". *Mitteilungen des Sonderforschungsbereichs* 573.1 (2006). 21–30.
Cahn, Michael. „Das Schwanken zwischen Abfall und Wert. Zur kulturellen Hermeneutik des Sammlers". *Merkur. Deutsche Zeitschrift für europäisches Denken* 8.45 (1991). 674–690.
Décultot, Elisabeth. „Einleitung: Die Kunst des Exzerpierens. Geschichte, Probleme, Perspektiven". *Lesen, Kopieren, Schreiben. Lese- und Exzerpierkunst in der europäischen Literatur des 18. Jahrhunderts*. Hg. Elisabeth Décultot. Berlin: Ripperger & Kremers, 2014. 7–47.

Deleuze, Gilles und Claire Parnet. *Dialoge*. Übers. Bernd Schwibs. Hg. Daniela Voss. Berlin: August, 2019.
Ecsedy, Judit M. „Thesen zum Zusammenhang von Quellenverwertung und Kompilationsstrategie in Georg Philipp Harsdörffers Schau=Plätzen". *Georg Philipp Harsdörffers Universalität. Beiträge zu einem uomo universale des Barock*. Hg. Stefan Keppler-Tasaki und Ursula Kocher. Berlin und New York: de Gruyter, 2011. 115–146.
Foucault, Michel. *Die Ordnung der Dinge. Eine Archäologie der Humanwissenschaften*. Aus dem Französischen von Ulrich Köppen. 23. Aufl. Frankfurt am Main: Suhrkamp, 2015.
Hess, Peter. „Neoplatonismus und Bacon-Rezeption. Naturphilosophie bei Harsdörffer". *Morgen-Glantz* 13 (2003). 321–349.
Hess, Volker und Andrew Mendelsohn. „Paper Technology und Wissensgeschichte". *NTM. Zeitschrift für Geschichte der Wissenschaften, Technik und Medizin* 21 (2013). 1–10.
Jakob, Hans-Joachim. „Die Schauplatz- und Theater-Bildlichkeit in Georg Philipp Harsdörffers Grossem Schau=Platz jämmerlicher Mordgeschichte". *Georg Philipp Harsdörffers Universalität. Beiträge zu einem uomo universale des Barock*. Hg. Stefan Keppler-Tasaki und Ursula Kocher. Berlin und New York: de Gruyter, 2011. 83–114.
Kilcher, Andreas. *Mathesis und poiesis. Die Enzyklopädik der Literatur 1600 bis 2000*. München: Wilhelm Fink, 2003.
Krajewski, Markus. *ZettelWirtschaft. Die Geburt der Kartei aus dem Geiste der Bibliothek*. 2. Aufl. Berlin: Kadmos, 2017.
Krebs, Jean-Daniel. „Deutsche Barocknovelle zwischen Morallehre und Information. Georg Philipp Harsdörffer und Théophraste Renaudot". *MLN* 103.3 (1988). 478–503.
Latour, Bruno. *Eine neue Soziologie für eine neue Gesellschaft. Einführung in die Akteur-Netzwerk-Theorie*. Übers. Gustav Roßler. Frankfurt am Main: Suhrkamp, 2007.
Latour, Bruno. *Existenzweisen. Eine Anthropologie der Modernen*. Übers. Gustav Roßler. Berlin: Suhrkamp, 2014.
Leinkauf, Thomas. *Mundus combinatus. Studien zur Struktur der barocken Universalwissenschaft am Beispiel Athanasius Kirchers SJ (1602–1680)*. 2. Aufl. Berlin: Akademie Verlag, 2009.
Luhmann, Niklas. „Kommunikation mit Zettelkästen. Ein Erfahrungsbericht". *Niklas Luhmann. Universität als Milieu. Kleine Schriften*. Hg. André Kieserling. Bielefeld: Haux, 1992. 53–61.
Manns, Stefan. *Grenzen des Erzählens. Konzeption und Struktur des Erzählens in Georg Philipp Harsdörffers Schauplätzen*. Berlin und Boston: de Gruyter, 2013.
Moss, Ann. *Printed Commonplace-Books and the Structuring of Renaissance Thought*. Oxford u.a.: Clarendon Press, 1996.
Müller, Julian. *Bestimmbare Unbestimmtheiten. Skizze einer indeterministischen Soziologie*. Paderborn: Wilhelm Fink, 2015.
Müller, Lothar. *Weisse Magie. Die Epoche des Papiers*. München: dtv, 2014.
Rieger, Stefan. *Speichern/Merken. Die künstlichen Intelligenzen des Barock*. München: Wilhelm Fink, 1997.
Schmidt-Biggemann, Wilhelm. *Topica Universalis. Eine Modellgeschichte humanistischer und barocker Wissenschaft*. Hamburg: Meiner, 1983.
Schmitz-Emans, Monika. „Zur Einleitung: Das Alphabet als Ordnungsmuster – Enzyklopädistik als poetologisches Programm – Lexikographik als literarisches Verfahren". *Alphabet, Lexikographik und Enzyklopädistik. Historische Konzepte und literarisch-künstlerische Verfahren*. Hg. Kai Lars Fischer et al. Hildesheim u. a.: Georg Olms, 2012. 7–26.

Schock, Flemming. „Wissensliteratur und ‚Buntschriftstellerei' in der Frühen Neuzeit: Unordnung, Zeitkürzung, Konversation. Einführung". *Polyhistorismus und Buntschriftstellerei. Populäre Wissensformen und Wissenskultur in der Frühen Neuzeit.* Hg. Flemming Schock. Berlin und Boston: de Gruyter, 2012. 1–20.

Schulz, Christoph Benjamin. *Poetiken des Blätterns.* Hildesheim u.a.: Georg Olms, 2015.

Schüttpelz, Erhard. „Der Punkt des Archimedes. Einige Schwierigkeiten des Denkens in Operationsketten". *Bruno Latours Kollektive. Kontroversen zur Entgrenzung des Sozialen.* Hg. Georg Kneer et al. Frankfurt am Main: Suhrkamp, 2008. 234–260.

Siegert, Bernhard. „Öffnen, Schließen, Zerstreuen, Verdichten. Die operativen Ontologien der Kulturtechnik". *Zeitschrift für Medien- und Kulturforschung* 8.2 (2017). 95–113.

te Heesen, Anke. *Der Zeitungsausschnitt. Ein Papierobjekt der Moderne.* Frankfurt am Main: Fischer Taschenbuch, 2006.

Zedelmaier, Helmut. *Werkstätten des Wissens zwischen Renaissance und Aufklärung.* Tübingen: Mohr Siebeck, 2015.

Claudia Resch
„Kostbahre vnd schatzbahre Kleynodien":
Kleine Formen im Dienst barocker
Memento mori-Literatur

Literaturgeschichten sehen die Barockzeit als von Tod und Vergänglichkeit geprägt: „Ein besonderes Verhältnis zum Tode kennzeichnet den Barockmenschen. Er stand unter dem memento mori [. . .]; die Grauen des Krieges riefen die Vergänglichkeit des Irdischen ins Bewußtsein", liest man etwa bei Frenzel (1994, 118) und ähnlich in vielen anderen Überblicksdarstellungen. Tatsächlich kann die Literatur, die sich mit dem Thema beschäftigt und eine „sich über viele Jahrhunderte erstreckende Tradition" fortführt (van Ingen 1966, 58), bislang weder überblickt, noch typologisiert werden – so vielfältig sind die Formen, die sich im Kleinen wie im Großen dem barocken Memento mori zuordnen lassen: darunter Klage- und Totenlieder, Trauergesänge, Grab- oder Kirchhofsgedanken, Abdankungen, Todesandenken, Trauerschriften, Trauergerüste und Funeraldrucke, aber auch Streitgespräche mit dem Tod, Totentänze, Totenspiegel, Predigten und Ars moriendi-Literatur, um nur einige der gängigen Textzeugen zu nennen. In diesen Kleinformen, aber vor allem in Kleinstformen wie Mottos, Sentenzen, Sprüchen und Sprichwörtern erfährt die Reflexion über die Vergänglichkeit des Menschen und das damit verbundene Memento mori seine besondere Zuspitzung.

Zum Thema Tod und Vergänglichkeit sind zwar zahlreiche Quellen aus der Barockzeit überliefert, doch wird man sich fragen müssen, ob nicht eine beträchtliche Anzahl singulärer, auch handschriftlicher Kleinformen von Bedeutung möglicherweise heute verschollen ist, worauf Martin Opitz in seinem *Buch von der deutschen Poeterey* (1624) indirekt verweist. In der Klage über die mangelnde Qualität mancher Erzeugnisse ist einerseits die große Nachfrage anlassbezogener Dichtung (vor allem im Todesfall) angedeutet, andererseits aber befürchtet Opitz deren Kurzlebigkeit, indem er bekennt: „Es wird kein buch / keine hochzeit / kein begräbnüß ohn vns [d. i. ohne die Dichter] gemacht; vnd gleichsam als niemand köndte alleine sterben / gehen vnsere gedichte zuegleich mit jhnen vnter" (Opitz 1624, 18).

Abgesehen von der Vergänglichkeit der todesbezogenen Texte selbst scheint es eine besondere Verbindung zwischen dem Motiv des Memento mori und kleinen Formen zu geben, die nicht nur pragmatisch begründet ist, (indem diese Texte als beauftragte, anlassgebunden motivierte Produkte zu verstehen sind), sondern möglicherweise auch thematisch. Hierfür spricht, dass auch Opitz unter Verweis auf Horaz all das erwähnt, „was in ein kurtz getichte kan gebracht werden"; er nennt an dieser Stelle u. a. die „buhlerey", „schöne Menscher", das „lob der mässigkeit" und zuletzt auch die „nichtigkeit des todes", die sich für Kleinformen anbietet (Opitz 1624, 37). Die Tendenz zur Kürze zeigt sich nicht nur am geringen Umfang der jeweiligen Werke, sondern wird gelegentlich bereits in der Titelgebung oder einleitend reflektiert.[1]

Im vorliegenden Beitrag werden jene kleinen Formen untersucht, die in die geistliche Gebrauchsliteratur des populären Barfüßermönchs und Schriftstellers Abraham a Sancta Clara (1644–1709) eingebettet sind. Dabei soll einerseits nach der Funktion von Kleinformen wie Emblemen oder Verszeilen in Bezug auf den prosaischen Fließtext gefragt werden sowie andererseits nach wiederkehrenden ästhetischen Verfahren zu deren Integration. Dies ist auch durch eine Beobachtung Dirk Niefangers angeregt, der in einem Kapitel über „Lyrik und weitere poetische Kleinformen" festhält: „Genaue Untersuchungen [. . .] zur Einbindung lyrischer Texte in prosaische Kontexte" stünden bislang noch aus und werden daher unter den „Aufgaben" gelistet (vgl. Niefanger 2012, 97–150, 150). Vorliegende Studie möchte hierzu ein Anfang sein, indem sie exemplarisch zeigt, wie die oben genannten Kleinformen gerade im Verbund mit größeren Kontexten ihr bedeutsames Potenzial entfalten – insbesondere bei der Vermittlung und Verbreitung des barocken Memento mori.

1 Abraham a Sancta Clara und das Memento mori

Im Zentrum steht der Barockprediger und Schriftsteller Abraham a Sancta Clara,[2] dessen Produktivität im Hinblick auf Tod und Vergänglichkeit in der

---

1 So sind etwa für Andreas Gryphius *Kirchhoffs=Gedancken*, wie er in der (unpaginierten) Einleitung schreibt, „nicht mehr als ein <u>kurtzer entwurff</u> des Todes" und auch Abraham a Sancta Clara gelingt mit der *Todten Bruderschaft* ein „<u>kurtzer Entwurff</u> des sterblichen Lebens", wie es im Langtitel heißt, Hervh. C.R.
2 Hinweise zu Abraham a Sancta Clara finden sich u. a. bei Bautz 1990; Eybl 2008 sowie Eybl 2019.

literaturwissenschaftlichen Forschung – abgesehen von seinem Erfolgswerk *Mercks Wienn* (1680)[3] – bisher nur in Ausschnitten Beachtung gefunden hat. Nicht alle ihm zugeschriebenen Werke lassen sich auf ihn zurückführen, wie zu zeigen sein wird, doch gibt das Gelegenheit, auf weitere barocke „Kleynodien" hinzuweisen.

In Bezug auf die Einbindung lyrischer Texte hat Norbert Bachleitner in seiner Dissertation zu *Form und Funktion der Verseinlagen bei Abraham a Sancta Clara* (1985) wertvolle Arbeit geleistet, indem er unter anderem eine umfangreiche Materialsammlung angelegt hat, mit welcher er zur verstärkten Berücksichtigung dieser versifizierten Kleinformen anregt. Die Verse aus Abraham a Sancta Claras *Mercks Wienn* wurden darin allerdings nicht berücksichtigt, „da die enge, nicht auflösbare Verbindung von Wort und Bild in diesen Formen eine isolierte Betrachtung der Verse nicht sinnvoll erscheinen" ließ (Bachleitner 1985, 153) – tatsächlich empfiehlt es sich, Text und Illustration hier als eine Einheit zu betrachten:

Abraham legte sein *Mercks Wienn* – „dises wintzige Werckel", so der Verfasser in der unpaginierten Widmung, – im Winter 1679 zum Druck vor, worauf 1680 das Imprimatur für das „opusculum" gegeben wurde. Die Betonung der Kleinheit war einerseits der Bescheidenheit des Autors geschuldet, andererseits dem Duodezformat des Erstdrucks.[4] Sie stand in Kontrast zu dem großen Erfolg, der dem Augustiner Barfüßermönch durch das „kleine Tractätl" (ebenfalls ein Diminutiv aus der Widmung) beschieden war. Darin verarbeitete er die Pestkatastrophe, die Wien im Spätherbst heimgesucht hatte. Aus formgeschichtlicher Perspektive handelte es sich um eine „geglückte Verbindung von Pestbeschreibung, Totentanz und Predigt" (Welzig 1983, 14), für die er mehrere Genres kombinierte. Das Ergebnis des eilig verfassten Werkes war eine prosaische, „umbständige Beschreibung" der Pest, die mit mehreren, auch versifizierten Kleinformen angereichert wurde, darunter acht Embleme mit Text, die jeweils eine Seiteneinheit bildeten.

Das erste von acht Emblemen besteht aus der in der Bildunterschrift beschriebenen Vignette, darunter das lateinische Lemma „Omnes morimur". Irrtümlich wird in der Bibelstellenangabe auf „2. Reg. 42." verwiesen (vgl. Welzig

---

[3] Dieses erste, publizistische Erfolgswerk Abraham a Sancta Claras wurde 1983 unter Mitarbeit von Franz M. Eybl von Werner Welzig als Nachdruck bei Niemeyer herausgegeben und kommentiert. Seither wurde es auch digital ediert (vgl. Resch und Czeitschner 2015), abrufbar unter: https://acdh.oeaw.ac.at/abacus/get/abacus.1 (31. Juli 2019), und in mehrfacher Hinsicht untersucht vgl. u. a. Eybl 1992, Wunderlich 2012, Resch und Dressler 2016, Resch 2019.
[4] Die Angaben beziehen sich auf den von Eybl 1992 identifizierten Erstdruck.

Abbildung 1: Die Kupferstichvignette zeigt den Tod dargestellt als Skelett an der Orgel, auf deren großen wie kleinen Pfeifen (anstatt Schallbechern) die Kopfbedeckungen verschiedener Stände[5] zu sehen sind. Gerahmt wird diese „Ständeorgel", die der Tod spielt, in der unteren Bildhälfte von Schlangen, die auf den Schädel verweisen; weiter oben blasen zwei Engel als Zeichen der Vergänglichkeit eine Kerze aus.

1983, 13), eigentlich stammt der Vers aus dem 2. Buch Samuel 14,14, wo es in der lateinischen Vulgata heißt: „Omnes morimur, et quasi aquae dilabimur in terram, quae non revertuntur" – in der Einheitsübersetzung der Heiligen Schrift (vollständig durchgesehene und überarbeitete Ausgabe 2016): „Wir müssen alle sterben und sind wie das Wasser, das man auf die Erde schüttet und nicht wieder einsammeln kann." Darunter findet sich die folgende gereimte Subscriptio:

Gickes gackes bloder=Zung[6] /
Rede dannoch einmahl bescheyd /

---

5 Totentanzforscherin Uli Wunderlich erkennt an oberster Stelle in der Mitte die Papsttiara, flankiert von weltlichen Kronen, sowie das Barrett des Pfarrers und einen Federhut (vgl. Wunderlich 2012, 126–127).

6 „Gickesgackes", auch „gickgack" oder „gicksgacks" hat im Deutschen Wörterbuch von Jacob und Wilhelm Grimm (Onlineversion vom 31. Juli 2019) mehrere Bedeutungen und steht u. a. lautmalend für das Geschrei der Gänse oder für diese selbst (Kindersprache) beziehungsweise wird damit auch dummes, stumpfes Geschwätz bezeichnet. An dieser Stelle ist es am ehesten als unvernünftiges, albernes Gerede zu verstehen, insbesondere in Kombination mit der „bloder=Zung", wohl für eine Person, die gerne plaudert. Möglich, aber wenig wahrscheinlich wäre allerdings

> Sag sterben müssen alt und jung /
> Sterben müssen alle Leuth.
> Omnes quot quot orimur,
> Sag / omnes quoque Morimur,
> Es sey gleich morgen oder heut /
> Sterben müssen alle Leuth.
>
> (Abraham a Sancta Clara 1680, 13)

Das Ensemble dient gewissermaßen als Kapitelvorspann, wobei die Kupferstiche als Marker fungieren, die im Verbund mit den Bibelzitaten und Verszeilen neue Prosatextabschnitte einleiten und Kapiteleingänge vorbereiten. Da der Fließtext nur bedingt auf die Illustrationen Bezug nimmt, wirken die Embleme wie kleine, eigenständige Diskurseinschübe, die den Fließtext kontrastieren. Da die Verse die Vignette nicht näher ausdeuten, erscheinen sie als Kommentar und geben das Thema für das darauffolgende Kapitel vor (vgl. Bachleitner 1982, 54; Welzig 1979, 10).

Die wiederholte und in der letzten Zeile auch typographisch betonte Botschaft der Verse „Sterben müssen alle Leuth", ist eher eine freie alternative Entsprechung als eine wörtliche Übersetzung des biblischen Mottos „Omnes morimur". Diese mit Autorität ausgestattete Feststellung, über die auch aufgrund der Summe von Erfahrungen allgemeiner Konsens herrscht, wird im Text schließlich auf einzelne Stände bezogen und individuell ausgedeutet. Diese Ensembles in Bild und Text stützen die Argumentation und eröffnen auf diese Weise – gerade aufgrund ihrer wirkungsvollen Verknappung, die sowohl für die Illustrationen als auch für die Verse charakteristisch ist – neue Möglichkeiten der Reflexion; insbesondere die Embleme sind ergänzungsbedürftige Abbreviaturen, die bereits Bekanntes hervorrufen und trotz aller Komplexität neue Sinnzusammenhänge ermöglichen. Neben der erwähnten textstrukturierenden Funktion bewirken sie innerhalb des Prosatextes daher auch eine Steigerung des Reflexionsniveaus und reichern das Werk mit ergänzungsbedürftigen, aber sinnstiftenden (und sicher auch verkaufsfördernden) Details an.

Erst anhand der Nachdrucke wird offenbar, wie bedeutsam die Illustrationen sind, zumal diese nicht mehr an die Qualität des Erstdrucks heranreichen, und bereits 1680 ein erkennbarer Reduktionsprozess stattfindet, wie Franz Eybl (vgl. 1992, 261) bestätigt.

Zwar versuchen die ersten Drucke die Qualität der Darstellungen noch beizubehalten, allerdings werden diese immer schematischer und die Details, dazu geeignet, dem Betrachter beziehungsweise der Betrachterin thematische Bezüge zu eröffnen, verflachen allmählich, wie in Abbildung 2a und 2b erkenn-

---

auch, dass sich der Vers auf die gicksenden, d. h. schrillen, misslungenen Pfeifen- bzw. Zungentöne bezieht, die der Tod (Abbildung 1 gemäß) mit seinem Spiel an der Orgel produziert.

Abbildung 2a und 2b: Wiener Drucke aus dem Erscheinungsjahr 1680. (Digitalisierte Exemplare aus der Österreichischen Nationalbibliothek und der Staats- und Stadtbibliothek Augsburg).

bar. Durch den Holzschnitt erfährt die Bildmeditation als spezifische geistliche Leseweise eine deutliche Beeinträchtigung, und schließlich sind die Illustrationen in späteren Sammelausgaben gar nicht mehr vorhanden.

2 Der Prediger und sein „Poet"

In *Mercks Wienn* sind darüber hinaus noch weitere Paratexte, eine Widmung, ein Vorwort an den Leser, Anekdoten und Exempel sowie eine ganze Reihe von Sprichwörtern und Register zu finden, die in ihrer Kleinheit – gemessen am größeren Ganzen – in den Fließtext eingelagert sind. Bemerkenswert ist aber jenes Verfahren, das Abraham a Sancta Clara anwendet,[7] um insbesondere Verseinlagen außerhalb der Embleme einzuleiten. Nicht immer sind diese typographisch abgesetzt und auf den ersten Blick erkennbar. Der Übergang ist meist fließend, aber in vielen

---

7 Laut Bachleitner (1982, 60) war dies „bei den meisten Barockpredigern" ein gängiges Verfahren.

Fällen durch die Erwähnung eines (meist nicht genauer genannten) „Poeten" gekennzeichnet, auf den Abraham referenziert, wenn er Verse oder Liedstrophen in den Prosatext eingliedert – sowohl in *Mercks Wienn* als auch in anderen seiner Werke.[8]

Diesen Lektüreeindruck bestätigt eine systematische Abfrage, die die Autorin im *Austrian Baroque Corpus* (vgl. Resch und Czeitschner 2015) durchgeführt hat. Die digitale Sammlung enthält Memento mori-Literatur, die Abraham a Sancta Clara zugeschrieben wird, und ist seit 2015 online im annotierten Volltext durchsuchbar. So ergibt etwa die korpusbasierte Suche nach dem Lemma „Poet"[9] für *Mercks Wienn* insgesamt neun Treffer, wovon acht tatsächlich zu einer Kleinform überleiten,[10] wie in Abbildung 3 gezeigt wird:

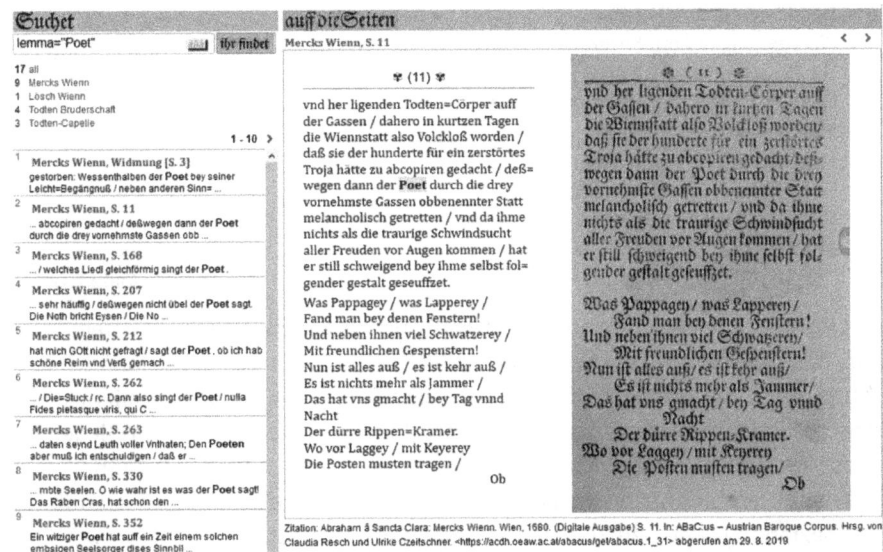

Abbildung 3: Links ist die Konkordanzansicht mit Belegstellenangabe und Keyword in context-Visualisierung (KWIC) des Lemmas „Poet" zu sehen, mittig der jeweilige ausgewählte Beleg im maschinenlesbaren Text und rechts das dazugehörige Bilddigitalisat.

---

8 Da nicht jede Verseinlage mit einem Zitat des Poeten in Verbindung steht und Abraham a Sancta Clara, wie Bachleitner (1985, 145) beobachtet, natürlich auch auf andere Einleitungsverfahren zurückgreift, kann dessen Erwähnung nicht als verlässlicher Indikator zum Auffinden von Verseinlagen herangezogen werden.

9 Der Begriff „Lemma" ist hier nicht emblematisch, sondern lexikographisch zu verstehen: Mit der Suche nach dem Lemma „Poet" (und nicht nach der Wortform) lassen sich im Korpus auch flektierte Formen finden, also etwa „Poeten" oder andere mögliche Schreibvarianten wie „Poët".

10 Nur ein einziges Mal einmal spricht Abraham in *Mercks Wienn* allgemeiner vom/n Poeten, ohne dass davor oder danach eine Verseinlage zu stehen kommt.

In Abrahams Pestbericht flaniert der „Poet" traurig durch die zum Teil verlassenen Straßen und Gassen Wiens. In einem strophischen Gedicht, das auch in obiger Abbildung zu sehen war, hat dieser beim Anblick der Stadt Folgendes bei sich gedacht und wehmütig geseufzt:

> Was Pappagey / was Lapperey /
> Fand man bey denen Fenstern!
> Und neben ihnen viel Schwatzerey /
> Mit freundlichen Gespenstern!
> Nun ist alles auß / es ist kehr auß /
> Es ist nichts mehr als Jammer /
> Das hat vns gmacht / bey Tag vnnd Nacht
> Der dürre Rippen=Kramer.
> Wo vor Laggey / mit Keyerey
> Die Posten musten tragen /
> Ob d' Polster=Katz noch wohl auff sey?
> Mit allen Umbständ fragen:
> Jetzt ist alls still / man siht nicht viel /
> Grün / Blau / oder Rothe /
> Man find darfür / früh vor der Thür /
> Nur Krancke oder Todte.
>
> (Abraham a Sancta Clara 1680, 11)

Ähnliche Referenzierungen wie in *Mercks Wienn* kommen auch in jenem Werk vor, das Abraham a Sancta Claras Erstlingserfolg schon im Jahr darauf folgen sollte: Auch die ihm zugeordnete, aber anonym erschienene und nicht illustrierte *Grosse Todten Bruderschaft,* die ein „kurtzer Entwurff Deß Sterblichen Lebens" ist und *Mercks Wienn* trotz ihrer Kürze in der Anlage als Ständerevue gleicht, zitiert mehrmals den Poeten, um die Einbettung von Versen anzukündigen beziehungsweise zu kommentieren. Mit dem Aufruf „Wische deine schläfferige Augen aus / damit du desto besser lesen kanst das jenige / was dir der Poet unter die Nasen reibt", leitet Abraham nahtlos zu den folgenden Liedstrophen[11] über, deren Anfang und Ende hier wiedergegeben werden:

> DJ / di / la / la / hi / hi / ha / ha.
> Kanst billich drüber lachen /
> Daß vns die Welt / so läpisch gefält /
> Seynd doch nur eytle Sachen /
> Als was gemacht / erdicht / erdacht /

---

[11] Diese Liedstrophen finden sich mit geringen Abweichungen und unter Wegfall der Strophenbezeichnungen bereits in Johannes von Khuens *Marianvm Epithalamivm* (1659). Eine direkte Entlehnung von ihm ist möglich, doch kämen auch andere Vermittlungswege in Frage (vgl. Bachleitner 1985, 155). Der Khuen-Forscher Bernd Genz (1957, 208) spricht „eher von einem

Auch von Apellis Handen /
Das wird zu Grund / in wenig Stund
Verderben / gehn zu Schanden.
[. . .]
Verstand vnd Sinn / weicht als darhin /
Gesetzt er wär zu gegen /
Wird dich groß Angst / in der du hangst /
Erst noch mehr Noth anlegen;
Du sihst den Feind / der dir erscheint /
Mit auffgesperrten Rachen:
Zeigt dir ein Stell / tieff in der Höll /
Das Hertz fangt an zu krachen.

(Abraham a Sancta Clara 1681, 5; 8)

Ein zweites und letztes Beispiel aus der *Grossen Todten Bruderschaft* zeigt, dass mit dieser oder einer ähnlichen Referenzierung auf den Poeten auch lateinische Verse verwendet und eingeflochten sind, die im Werk ausnahmsweise nicht für das Lesepublikum übersetzt[12] werden:

O wie recht sagt der Poet:
Cum fæx, cum fimus,
cum res vilissima simus,
Unde superbimus?
nescimus, quando perimus.

(Abraham a Sancta Clara 1681, 43)

Eine weitere Abfrage in anderen digital verfügbaren Texten Abrahams, die das Deutsche Textarchiv zur Verfügung stellt, bestätigt, dass die beobachtete Berufung auf den „Poeten" auch in anderen Werken wiederkehrt, beispielsweise

---

allgemeinen Einfluß des volkstümlichen süddeutschen geistlichen Liedes schlechthin." Seiner Ansicht nach sei „P. Abraham auf Grund seiner sprachlichen Naturbegabung sehr wohl imstande, auf der Basis des volkstümlichen geistlichen Liedes seine Versdichtung aus eigener Kraft zu entwickeln ohne feste Anbindung an ein konkretes dichterisches Vorbild." Dennoch stellt sich (aufgrund der nur sehr geringen Abweichungen) die Frage, weshalb nicht auch Abraham bereits bekanntes Liedgut verarbeiten hätte sollen, um es wieder in Umlauf zu bringen: Weder war diese Methode ungewöhnlich, noch urheberrechtlich bedenklich, sondern ein zeitsparendes Verfahren, wenn man bedenkt, in welcher Eile gerade die *Grosse Todten Bruderschaft* als Nachfolgeprodukt von *Mercks Wienn* auf den Markt gebracht worden ist.

12 Sinngemäß könnte eine deutsche Entsprechung lauten: Da wir Auswurf, Dreck und das Allergeringste sind, weshalb sind wir dann hochmütig? Wir wissen nicht, wann wir sterben. [Übersetzung: C.R.]

in der umfangreichen satirisch-moralisierenden Textsammlung *Judas Der Ertz-Schelm*, worin sich allein im ersten Band neunzehn Belegstellen finden lassen:

1: [santa_judas01_1686:123]	... Gifft verwandlet wird; wie recht hat der	Poet	den Neydigen entworffen mit folgenden Versen.
2: [santa_judas01_1686:153]	... schickt sich nichts besser/ als wann ein	Poet	den Mahler zum Gevattern bitt/ dann fingere ...
3: [santa_judas01_1686:153]	Dichten können nach Begnügen Alle Mahler vnd	Poeten	:
4: [santa_judas01_1686:170]	... hat: auch seye wahr/ was der	Poet	zu einem hinckenden geschnarcht hat.
5: [santa_judas01_1686:190]	... ist es von der Warheit/ was der	Poet	sagt.
6: [santa_judas01_1686:232]	... Geburt den Vndergang leyden muß/ welches der	Poet	besser vor Augen stelt mit der Beyschrifft/ ...
7: [santa_judas01_1686:285]	... ein Rad an einen Wagen/ deme der	Poent	dise wenige Wort beyfüget.
8: [santa_judas01_1686:286]	... oder Vnflat sich besudlen/ derentwegen ihme der	Poet	dises Lob schencket; potius mori, quam ...

Abbildung 4: Abfrage im Deutschen Textarchiv in *Judas Der Ertz-Schelm* Band 1, Salzburg 1686. Detail der Keyword in context-Ansicht (KWIC) beziehungsweise Konkordanz zum gesuchten Lemma „Poet".

Wertet man die Kotexte des Lemmas „Poet" in den untersuchten Werken in der Zusammenschau aus, zeigt sich, dass immer wieder sprechende, sagende oder singende Poeten z. B. „Dann also singt der Poet:" (Abraham a Sancta Clara 1680, 262) oder „welches Liedl gleichförmig singt der Poet:" (Abraham a Sancta Clara 1680, 168) auftreten, welchen deutsche oder lateinische Verseinlagen zugeschrieben und in den Mund gelegt werden. Nicht selten sind diese Bezüge durch ein Konjunktionaladverb eingeleitet, um den vorherigen Sachverhalt mit der folgenden oder abschließenden Aussage des Poeten in Kausalität zu setzen, etwa die Belege: „Dahero sagt der Poet:" (Abraham a Sancta Clara 1686, 570), „dahero spricht der Poët" (Abraham a Sancta Clara 1686, 702), „Darum spricht der Poet:" (Abraham a Sancta Clara 1692, 471) oder „deßwegen nicht übel der Poet sagt:" (Abraham a Sancta Clara 1680, 207). Sehr häufig wird die damit in Verbindung stehende Aussage des Poeten bestätigend kommentiert und die Wahrheit des Gesagten beteuert. Beispiele hierfür finden sich mehrere, etwa „O wie recht sagt der Poet:" (Abraham a Sancta Clara 1681, 43), „Recht hat der Poet gesagt:" (Abraham a Sancta Clara 1692, 227) oder „wie recht hat der Poët [. . .] mit folgenden Versen." (Abraham a Sancta Clara 1686, 87) beziehungsweise „O wie wahr ist es was der Poet sagt!" (Abraham a Sancta Clara 1680, 330) und als rhetorische Frage formuliert: „Gelt der Poet kan dir die Warheit sagen?" (Abraham a Sancta Clara 1681, 8, Hervh. C.R.)

Der häufig zitierte Poet bleibt in den untersuchten Textstellen immer anonym und kann als nicht näher genannte und dadurch unantastbare Figur, mit einer besonderen, fast überzeitlichen Autorität ausgestattet, in Erscheinung treten.[13] Ihm gesteht man vorbehaltlos zu, Dinge so darzustellen und zu verkürzen, wie sie sind.

Im Textgefüge scheint Abraham dem „Poeten" immer dann den Vorzug zu geben, wenn es darum geht, Verse einzubetten, die entweder nicht seinem eigenen Selbstverständnis als Prediger entsprechen (aber vermutlich dennoch von ihm stammen wie die ersten beiden Beispiele im Beitrag), oder bereits formuliert sind und einen bestimmten Sachverhalt – möglicherweise sogar besser – untermauern (vgl. etwa „[. . .] welches der Poët besser vor Augen stelt mit der Beyschrifft" (Abraham a Sancta Clara 1686, 196)). Hinzu kommt, dass Abraham den Poeten auch dann als weitere Instanz beizieht, wenn es unangenehme Botschaften zu vermitteln gilt, die das Lesepublikum aus dem Mund eines Poeten leichter akzeptieren kann (vgl. „damit du desto besser lesen kanst das jenige / was dir der Poet unter die Nasen reibt." (Abraham a Sancta Clara 1681, 5). Auch in der unpaginierten Vorrede zu seinem Werk *Huy! vnd Pfuy! Der Welt* (1707), in dem Abraham Fabeln ergänzt, spricht er davon, dass der Leser in literarischen Formen „desto lieber unter solchem Deck-Mantel möge die Wahrheit hervor suchen". Die „poetischen", auch unterhaltsamen Einschübe, die das Publikum erfreuen und dabei ihre intendierte Wirkung vermutlich selten verfehlen, bleiben der Erbauung und Erkenntnis untergeordnet (vgl. Bachleitner 1985, 74).

3 Kleine Formen im Dienst des Memento mori

Die ausgewählten Beispiele zeigen, dass die Verseinlagen innerhalb von Abraham a Sancta Claras Prosa mehr sind als „ein paar lyrische Schnörkel", wie Herbert Cysarz (1964, 85) formuliert. Die besondere Form trägt dazu bei, dass diese zentralen Textkomponenten aufmerksam wahrgenommen werden, indem sie deren Beachtung sichert. Bei der Vermittlung seiner Botschaften an ein breites Lesepublikum sucht Abraham Langeweile zu vermeiden und tendiert zur Kürze, wie er es auch im Vorwort[14] zu *Huy! vnd Pfuy! Der Welt* ausdrückt. Seine Prosa bietet daher

---

[13] Nur äußerst selten (und wenn, vor allem im Zusammenhang mit der Schelte anderer Berufsgruppen) wird Zweifelhaftes über „die Poeten" (dann meist im Plural) geschrieben.
[14] „WEil alles / was lang / gemeiniglich einen Verdruß oder Eckel verursachet / also hab ich dermahlen wollen mit Hundert Allerley aufwarten / welche zugleich klein und abgekürzt sind" (Abraham a Sancta Clara 1707, unpaginierte Vorrede).

zahlreiche Einsprengsel, die in ihrer Länge von zwei Zeilen bis zu mehr Strophen variieren und die Aussagen nicht nur beleben, sondern auch imstande sind, Sachverhalte anschaulich darzulegen und zuspitzend zu unterstreichen.

Gerade das für die Barockzeit charakteristische Motiv des Memento mori – mit Abrahams Worten: „Sterben müssen alle Leuth" – ist für den Prediger in mehreren seiner Schriften stets präsent und bedarf der besonderen Vermittlung. Was damit erklärt werden soll, ist nicht nur schwer vorstellbar, sondern wird damals wie heute ungern akzeptiert. Das Ziel des Predigers besteht darin, Lesenden den Vanitas-Gedanken so anschaulich zu vermitteln, dass diese idealerweise zu einem, aus Sicht des Predigers tugendhaften Lebenswandel angeregt werden. Die kleinen Formen wie Embleme, Verszeilen und Liedstrophen leisten dazu einen nicht unwesentlichen Beitrag, indem sie Rezipientinnen und Rezipienten ihre eigene Endlichkeit verknappt, aber umso überzeugender vor Augen führen. Insbesondere in Kombination mit den (ihrerseits Abbreviaturen enthaltenden) Kupferstichvignetten eröffnen sie dadurch weitere Identifikationsangebote: Als sich gegenseitig bestätigende, semiotische Partner helfen sie dem Lesepublikum, den Tod als ständigen Begleiter zu imaginieren und vor einem unvorbereiteten Ende gewarnt zu sein.

Um den RezipientInnen das Memento mori in Erinnerung zu rufen, nützen Abraham a Sancta Clara und andere Autoren sowohl Großformen als auch sämtliche Klein- und Kleinstformen: Während diese auf das Wesentliche verdichtet sind, können längere Prosatexte hingegen erläutern, unterweisen und – im Sinne barocker Ars moriendi – Handlungsanweisungen für den individuellen Erwerb von Seelenheil geben. Um den Rezipientinnen und Rezipienten aber ihre Vergänglichkeit ins Gedächtnis zu rufen, bedarf es oft nur eines Emblems, eines Verses, einer Subscriptio oder eines sogenannten „Letterngemäldes", in dem die Buchstabenfolge „HOMO" (lateinisch für „Mensch"), wie in Abbildung 5 zu sehen, themenbezogen arrangiert ist: „Sihe nur auff die Seyten / was das Lateinische Wörtl HOMO außdeut. * Was mehr? ein Rosen die bald verwelckt; was mehr? [. . .] vmb deiner Seeligkeit willen / mache dich auff" (Abraham a Sancta Clara 1687, 17).

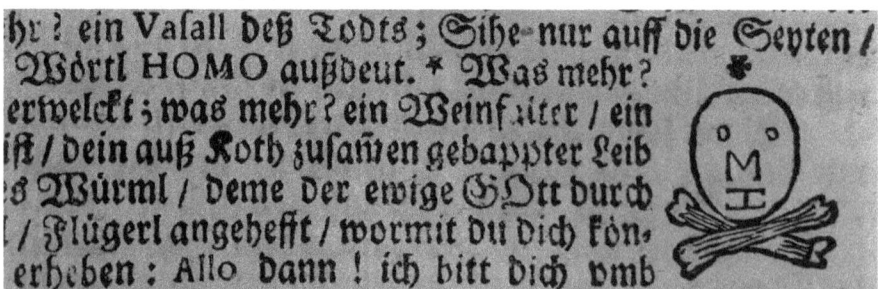

Abbildung 5: Letterngemälde.

Das kleine Insert, eine Kombination aus Buchstaben und Bild, liefert hier die abbrevierte Mahnung der Vergänglichkeit – der in unmittelbarer Nähe befindliche Text hingegen enthält eine eindringliche Bußaufforderung („mache dich auff"), die sich auf das erstrebenswerte Seelenheil bezieht, denn die Seele wird von Abraham als das eigentliche und wertvollste „Kleynod" bezeichnet: „[. . .] die Seel / dises kostbahre vnd schatzbahre Kleynod Gottes / die Seel / dise friedliche vnnd freundliche Schwester der Engeln / dise O Mensch! laß nicht sterben [. . .]" (Abraham a Sancta Clara 1680, 286). Hierin wird nochmals deutlich, was den schriftstellerisch tätigen Prediger vom nicht näher genannten „Poeten" unterscheidet: Es ist der Appell zur Rettung der Seele(n), der Abraham a Sancta Claras Schriften stets begleitet, wenn er sein Lesepublikum – unter Beihilfe wirkungsvoller, kleiner Formen – zur Umkehr ruft und vor einem unvorbereiteten, aus damaliger Sicht sündhaften Ende warnt.

Literaturverzeichnis

Primärliteratur

Abraham a Sancta Clara. *Mercks Wienn / Das ist Deß wütenden Todts ein vmbständige Beschreibung Jn Der berühmten Haubt vnd Kayserl. Residentz Statt in Oesterreich* [. . .]. Wienn: Peter Paul Vivian, 1680. Digitale Edition: Claudia Resch und Ulrike Czeitschner (Hg.). *ABaC: us– Austrian Baroque Corpus 2015.* https://acdh.oeaw.ac.at/abacus/get/abacus.1 (31. Juli 2019).

[Abraham a Sancta Clara]. *Grosse Todten Bruderschaft / Das ist Ein kurtzer Entwurff Deß Sterblichen Lebens* [. . .] o. O, 1681. Digitale Edition: Claudia Resch und Ulrike Czeitschner (Hg.). *ABaC: us– Austrian Baroque Corpus 2015.* https://acdh.oeaw.ac.at/abacus/get/abacus.7 (31. Juli 2019).

Abraham a Sancta Clara. *Judas Der Ertzschelm Für ehrliche Leuth* [. . .] Band 1, Saltzburg: Melchior Haan, 1686. Digitale Edition: Berlin-Brandenburgische Akademie der Wissenschaften (Hg.). *Deutsches Textarchiv 2019.* http://www.deutschestextarchiv.de/book/view/santa_judas01_1686 (31. Juli 2019).

Abraham a Sancta Clara. *Der glückliche Fisch=Zug In Anzbach* [. . .] Saltzburg: Melchior Haan, 1687.

Abraham a Sancta Clara. *Judas Der Ertzschelm Für ehrliche Leuth* [. . .] Band 3, Saltzburg: Melchior Haan, 1692. Digitale Edition: Berlin-Brandenburgische Akademie der Wissenschaften (Hg.). *Deutsches Textarchiv 2019.* http://www.deutschestextarchiv.de/book/show/santa_judas03_1692 (31. Juli 2019).

Abraham a Sancta Clara. *Huy! und Pfuy! Der Welt. Huy / Oder Anfrischung Zu allen schönen Tugenden: Pfuy Oder Abschreckung Von allen schändlichen Lastern* [. . .] Würzburg: Martin Frantz Hertz, 1707.

Gryphius, Andreas. *Deutscher Gedichte / Erster Teil.* Breßlaw: Johann Lischken, 1657.

Khuen, Johannes. *Marianvm Epithalamivm. TafelMusic / Ehren=Mahlzeit, Lust=Garten / vnd Bluemen=Feld, &c.* [. . .]. München: Johann Jäcklin, 1659.
Opitz, Martin. *Buch von der Deutschen Poeterey. In welchem alle jhre eigenschafft vnd zuegehör gründtlich erzehlet / vnd mit exempeln außgeführet wird.* Brieg und Breßlaw: Augustinus Gründer und David Müller, 1624.

Sekundärliteratur

Bautz, Wilhelm Friedrich. Art. „Abraham a Sancta Clara". *Biographisch-Bibliographisches Kirchenlexikon*. Bd. 1. Hg. Wilhelm Friedrich Bautz. Hamm: Traugott Bautz, 1990. 10–11.
Bachleitner, Norbert. „Die Autorität von Sentenzen und Gedichteinlagen bei Abraham a Sancta Clara". *Abraham a Sancta Clara. Eine Ausstellung der Badischen Landesbibliothek und der Wiener Stadt- und Landesbibliothek*. Karlsruhe: Badische Landesbibliothek, 1982. 57–66.
Bachleitner, Norbert. *Form und Funktion der Verseinlagen bei Abraham a Sancta Clara*. Frankfurt am Main, Bern und New York: Verlag Peter Lang, 1985.
Braungart, Georg. Art. „Barock". *Literaturwissenschaftliches Lexikon. Grundbegriffe der Germanistik*. 2. Aufl. Berlin: Erich Schmidt, 2006. 44–50.
Breuer, Dieter. *Oberdeutsche Literatur 1565–1650. Deutsche Literaturgeschichte und Territorialgeschichte in frühabsolutistischer Zeit*. München: C. H. Beck, 1979.
Cysarz, Herbert (Hg.). *Barocklyrik*. Bd. 1. Hildesheim: Georg Olms, 1964.
Eybl, Franz M. *Abraham a Sancta Clara. Vom Prediger zum Schriftsteller*. Tübingen: Niemeyer, 1992.
Eybl, Franz M. Art. „Abraham a Sancta Clara". *Killy Literaturlexikon*. Bd. 1. Hg. Wilhelm Kühlmann. Berlin und New York: de Gruyter, 2008. 10–14.
Eybl, Franz M. Art. „Abraham a Sancta Clara". *Verfasserlexikon – Frühe Neuzeit in Deutschland 1620–1720*. Bd. 1. Hg. Stefanie Arend et al. Berlin und Boston: de Gruyter, 2019.
Frenzel, Herbert A. und Elisabeth. *Daten deutscher Dichtung. Chronologischer Abriß der deutschen Literaturgeschichte*. Bd 1. 28. Aufl. München: dtv, 1994.
Genz, Bernd. *Johannes Khuen. Eine Untersuchung zur süddeutschen geistlichen Lieddichtung im 17. Jahrhundert*. Diss. Köln, 1957.
Knittel, Anton Philipp (Hg.). *Abraham a Sancta Clara. Vom barocken Kanzelstar zum populären Schriftsteller*. Eggingen: Edition Klaus Isele, 2012.
Kobelt-Groch, Marion und Cornelia Niekus Moore (Hg.). *Tod und Jenseits in der Schriftkultur der Frühen Neuzeit*. Wiesbaden: Harrassowitz, 2008.
Meid, Volker. *Barock-Themen. Eine Einführung in die deutsche Literatur des 17. Jahrhunderts*. Stuttgart: Reclam, 2015.
Niefanger, Dirk. *Barock*. 3. Aufl. Stuttgart und Weimar: Metzler, 2012.
Resch, Claudia und Wolfgang U. Dressler. „Zur Pragmatik der Diminutive in frühen Erbauungstexten Abraham a Sancta Claras. Eine korpusbasierte Studie". *Linguistische Pragmatik in historischen Bezügen*. Berlin und Boston: de Gruyter, 2016. 235–250.
Resch, Claudia. „,Etwas für alle' – Ausgewählte Texte von und mit Abraham a Sancta Clara digital". *Zeitschrift für digitale Geisteswissenschaften* 2017. http://www.zfdg.de/2016_005. (19.2.2020).

Resch, Claudia. „Linguistisch annotierte historische Texte stilistisch auswerten. Musterhaft vorkommende Wortverbindungen im Austrian Baroque Corpus". *Historische Korpuslinguistik*. Berlin und Boston: de Gruyter, 2019. 368–385.
Szyrocki, Marian. *Die deutsche Literatur des Barock. Eine Einführung*. Stuttgart: Reclam, 2010.
van Ingen, Ferdinand. *Vanitas und Memento mori in der deutschen Barocklyrik*. Groningen: J. B. Wolters, 1966.
Welzig, Werner. *Weheklagen in Wien. Abraham a Sancta Claras Beschreibung der Pest von 1679*. Wien: Verlag der Osterreichischen Akademie der Wissenschaften, 1979.
Welzig, Werner unter Mitarbeit von Franz M. Eybl. *Abraham a Sancta Clara: Mercks Wienn 1680*. Tübingen: Niemeyer 1983 (= Deutsche Neudrucke, Reihe Barock 31).
Wunderlich, Uli. „Überall Abraham – Totentänze von und nach Abraham a Sancta Clara vom 17. Jahrhundert bis heute". *Abraham a Sancta Clara. Vom barocken Kanzelstar zum populären Schriftsteller*. Hg. Anton Philipp Knittel. Eggingen: Edition Klaus Isele, 2012. 122–184.

Anna S. Brasch
Erzählen vom Kuriosen, erzählen vom Unerhörten

Erasmus Francisci – Sinold von Schütz – Johann Wolfgang Goethe

1 Einleitung

> Von dem *einfachen* Bericht eines *merkwürdigen* Ereignisses oder einer *sinnreich erfundenen abenteuerlichen Geschichte* hat sich die *Novelle* nach und nach zu der Form entwickelt, in welcher gerade die tiefsten und wichtigsten sittlichen Fragen zur Sprache kommen, weil in dieser bescheidenen dichterischen Gattung auch der Ausnahmefall, das höchst individuelle und allerpersönlichste Recht im Kampf der Pflichten, seine Geltung findet. (Heyse und Kurz 1871, XIV, Hervh. A.B.)

Dieses Konzentrat einer Entwicklungsgeschichte der deutschsprachigen Novelle[1] entstammt der Einleitung Paul Heyses und Hermann Kurz' zum ersten Band des *Deutschen Novellenschatzes*, den sie ab 1871 in insgesamt 24 Bänden herausgegeben haben. Heyse, der neben seiner umfassenden literarischen Produktivität sich in ebendieser Einleitung mit der sogenannten Falkentheorie auch gat-

---

1 Zwar hat, so Aust in seiner zum Standardwerk avancierten historischen und systematischen Gattungspoetik, die Novellenforschung im Laufe der Zeit „eine Art Grund- und Fachwortschatz der Novellenlehre entwickelt, der bis in die Gegenwart gebräuchlich ist und eine ebenso rasche wie treffsichere Verständigung über den Gegenstand der Novelle zu erlauben scheint" (Aust 2006, 7); zustande gekommen sei ein ‚Repertoire' prototypischer Bedeutungen, das sich zu verschiedenen Zwecken verwenden lasse (vgl. Aust 2006, 7). Zu den ‚Schlüsselwörtern', die Aust herauspräpariert, gehören die Erzählung mittlerer Länge, die Begebenheit mit den Eigenarten des Unerhörten, des Neuen, des Wahren sowie ihrer Einzahl, weiterhin die Kriterien der Konzentration und des Rahmens, das Erzählen nach Mustern und das Kriterium der Sammelbarkeit (vgl. Aust 2006, 7–18). Gerade Aust hat aber auch darauf hingewiesen, dass „die Novelle im 19. Jahrhundert nicht unbedingt jenes einheitliche, bewußt gewollte Formgebilde ist, als das man es ‚theorieseelt' hingestellt hat" (Aust 2006, XI). Zudem betont Aust im Einklang mit der jüngeren Forschung, dass die „vermeintlichen Novellenmerkmale weder einzeln noch zusammen eine brauchbare Novellendefinition begründen" könnten (Aust 2006, 7); aber „vielleicht tut man diesen ‚Merkmalen' auch Unrecht, indem man sie für etwas verantwortlich macht, was sie nicht zu bewirken beanspruchen. Denn eigentlich entscheidet sich ihre Güte nicht am isolierten Zustand begrifflicher Struktur, sondern an ihrem Gebrauch; und sie bloß bei der Entscheidung zu verwenden, ob eine Erzählung eine Novelle ist oder nicht, bezeichnet die am wenigsten interessante Seite der Gattungsgeschichte" (Aust 2006, 7).

https://doi.org/10.1515/9783110659634-005

tungstheoretisch einen Namen gemacht hat, und Kurz lenken das Augenmerk auf ein von der Forschung bislang zu wenig beachtetes, für die Transformation novellierenden Erzählens zwischen 1650 und 1850[2] ebenso wie für den hieraus erwachsenden Gattungsdiskurs zur Novelle[3] jedoch bedeutsames diskursives Umfeld: auf historische Semantik und Diskurs des ‚Curieusen'.[4]

Das ‚Kuriose' gehört neben dem ‚Galanten' und dem ‚Politischen' zur Trias der großen Modeschlagworte an der Wende vom siebzehnten zum achtzehnten Jahrhundert.[5] Hintergrund ist die Aufwertung der *Curiositas* als Geisteshaltung sowie die Ausweitung des ‚Curieusen' auf den Gegenstandsbereich[6] im Verlauf des siebzehnten Jahrhunderts. Zu dieser Zeit hat zudem nicht nur der Begriff

---

[2] Die Perspektive auf ein *novellierendes Erzählen* (‚novellieren' hier in weiter und bewusst loser Anlehnung an jene Wörter, die sich in der Gattungspoetik semantisch mit der Novelle verbinden) und seine Transformation in Abgrenzung zu einer traditionelleren gattungshistorischen Perspektive, die um 1800 und insbesondere mit Goethe und den *Unterhaltungen deutscher Ausgewanderten* einen Neubeginn der Novelle ansetzt. Auch wenn das *Reallexikon der deutschen Literaturwissenschaft* bereits im Jahr 2000 darauf verweist, dass der „Traditionsbruch zur Moderne überschätzt wird" (Thomé und Wehle 2000, 730), erscheinen doch weiter Überblicksdarstellungen, die die „Neuanfänge der deutschen Novelle um 1800" von Goethe und den *Unterhaltungen deutscher Ausgewanderten* aus darstellen (vgl. Meier 2014, 49–55).

[3] ‚Gattungsdiskurs' referiert hier auf poetologische Reflexionen innerhalb von Erzähltexten – etwa in Goethes *Unterhaltungen deutscher Ausgewanderten* – ebenso wie auf außerliterarische Gattungsreflexionen bzw. -theorien zur Novelle etwa bei Goethe, Tieck, Paul Ernst.

[4] Vgl. mit der These, dass „sich die Entwicklung der Novelle im 19. Jahrhundert entscheidend diskursiven Kontexten verdankt" jüngst auch Godel (2014, 126–127). Auch Godel weist im Übrigen darauf hin, dass die Umwertung der *curiositas* im Verlauf des siebzehnten Jahrhunderts zum diskursiven Umfeld der Konjunktur der Novelle gehört: „Welche sind nun neben den medienhistorischen die diskursiven Bedingungen, die die Evozierung von Neuheit und die mit ihr eng verknüpfte Konjunktur der Gattung Novelle befördern? Ich möchte hierzu zwei Thesen einführen: Zum ersten: Die Evozierung der ‚Neuheit' als Positivum ist epistemologisch an die breitenwirksame Umwertung der *curiositas* gebunden." (Godel 2014, 136). Er untersucht allerdings dann nur die ‚Neugier' und blendet damit die Bedeutungserweiterung auf den Gegenstandsbereich aus, die ihrerseits für die Ausbildung literarischer Kuriositätensammlungen und ihr Erzählen vom Kuriosen, was dann zu den Diskurskontexten der Novelle zählt, ebenso konstitutiv wie die Aufwertung der Geisteshaltung ist.

[5] Vgl. etwa Frühsorge 1974, 194 sowie bereits vor den großen begriffshistorischen Projekten zum Begriff des Kuriosen Pregel 1957, hier insb. 26.

[6] Vgl. Pregel 1957, 26–30, hier insb. 28: „Den wichtigsten Abschnitt in der Bedeutungsgeschichte stellt aber jener Umschlag der Bedeutung von der Geisteshaltung auf den von ihr erfaßten Gegenstand dar, der Umschlag von der Kuriosität als Wißbegier und Neugier des Menschen auf das merkwürdige Ding, mit dem der Geist sich beschäftigt. Während die subjektive Seite der Bedeutung noch bis ins 19. Jahrhundert erhalten bleibt, liegen bereits für die ersten Jahrzehnte des 17. Jahrhunderts Zeugnisse vor, die von der Verlagerung der Wortformen Curiosität und curiosisch auf das Objekt Kenntnis geben."

Konjunktur, es entsteht darüber hinaus ein ganzes Korpus an Texten, das mit dem Schlagwort der ‚Kuriosität' oder des ‚Kuriosen' versehen wird. Zu nennen wären insbesondere literarische Kuriositätensammlungen[7] wie Erasmus Franciscis *Die lustige Schau-Bühne von allerhand Curiositäten*, Philipp Balthasar Sinolds von Schütz *Courieuses Caffee-Haus zu Venedig* oder Eberhard Werner Happels *Relationes Curiosae*. Diese der ‚Buntschriftstellerei'[8] zuzuordnenden Texte, die – selbstredend im Rahmen der Textsammlung und damit der *Langform* – gerade *kurze* Textstücke kompilieren und insofern relational der ‚kleinen Prosa'[9] zuzuordnen sind, werden weder von kodifizierten Poetiken noch von traditionellen Gattungseinteilungen erfasst. Zugleich geht mit dem Anspruch auf Wissenspopularisierung im Kompilationswerk häufig auch die Verknappung und Verdichtung der präsentierten Inhalte im Vergleich zu den Originalquellen einher.[10] Gerade die kleinen Prosaformen der Frühen Neuzeit sind dann derjenige Ort, der sich „[i]m Zuge der sozialen und politischen, religiösen und epistemischen Krisen des 16. und 17. Jahrhunderts [. . .] zunehmend als

---

7 Dies im Anschluss an einen Aufsatz von Francesca Ferraris, die ein erstes Gattungsmodell des ‚literarischen Kuriositätenkabinetts' entwirft und dieses vom gelehrten Roman der Zeit abgrenzt. Methodologisch liege ihnen das Sammlerinteresse zugrunde, äußerliches Merkmal sind besonders umfangreiche Titel, die genaue Angaben über Inhalt und Gliederung des Werkes geben, Gegenstand der Kompilationswerke können Exempel ebenso wie historiographische oder geographische Aspekte sein. Ziele sind sowohl die Erbauung und Ergötzung des Lesers als auch seine Schulung in der Konversation; typisch sei auch infolge dessen die Gesprächsform. Vgl. Ferraris 1995. Flemming Schock hat zuletzt monographisch aufgearbeitet, wie sich Happels *Relationes Curiosae* als ‚Textkunstkammer' entwerfen (vgl. Schock 2011).
8 Vgl. hierzu etwa den von Flemming Schock 2012 herausgegebenen Sammelband *Polyhistorismus und Buntschriftstellerei. Populäre Wissensformen in der Frühen Neuzeit*.
9 Vgl. zur ‚Kleinen Prosa' Althaus et al. 2007, die in ihren Ausführungen zum „Standort Kleiner Prosa im Literatursystem der Moderne" auch auf ältere gattungsgeschichtliche Entwicklungen eingehen, hier am Beispiel von Johannes Paulis *Schimpf und Ernst* (vgl. Althaus et. al. 2007, hier insb. XII). Bei den vorliegenden Kuriositätensammlungen ist die Kleinform allerdings in die Konversation eingebettet; gleichwohl können und sollen die einzelnen ‚kleinen' Texte über das Register angesteuert werden und sind so auch als Einzeltexte lesbar. Es handelt sich insofern um ein spezifisches Verhältnis von Lang- und Kurzform. Die Bandbreite an kompilierten kurzen Textstücken in den literarischen Kuriositätensammlungen reicht dann vom Epigramm bis hin zu mehrseitigen Prosaerzählungen. Vor diesem Hintergrund geht der vorliegende Beitrag von einem eher weit gefassten Begriff der ‚kleinen Form' aus. – Grundsätzlich gilt: Eine glatte Zuordnung zu nur einer Gattung oder Form ist für diese frühneuzeitlichen Texte kaum möglich. Insofern lässt sich nicht nur wie im vorliegenden Aufsatz die Transponierung des Erzählens vom Kuriosen in die Novelle zeigen, sondern es können auch andere Entwicklungen wie etwa die Entstehung der Nachricht (vgl. Meierhofer 2010) von diesen Textsammlungen her verstanden werden.
10 Vgl. hierzu auch Brasch 2019.

textueller Explorationsraum [erweist]. Vermeintlich gesichertes Wissen kann hier mit Kontingenzerfahrungen konfrontiert werden." (Althaus et al. 2007, XII) Auch hinsichtlich des novellierenden Erzählens selbst können, so wird zu zeigen sein, die kleinen Prosaformen zu einem Erprobungs- und Entfaltungsraum neuer Formen werden.

Sinkt der Begriff des ‚Kuriosen' in den Jahren zwischen 1740 und 1780 im Zeichen der Aufklärung merklich ab, so erlebt die Wortverwendung ab 1780 einen zweiten Höhepunkt. Das gilt auch mit Blick auf erzählende Kuriositätensammlungen: Während in der Mitte des achtzehnten Jahrhunderts die Anzahl an literarischen Kuriositätenkabinetten rückläufig ist, lässt sich um 1800 ein vielleicht überraschendes neuerliches Aufleben textuell verfasster Kuriositätensammlungen nachweisen.[11] Schließlich gibt es Hinweise darauf, dass das ‚Kuriose' um 1800 seinen Ort in der Novelle findet.[12] Diese sind:

1. Der Rückgriff auf frühneuzeitliche ebenso wie zeitgenössische Kuriositätensammlungen als Stoffsammlungen: Goethe nutzt Francisci nachweislich mehr als einmal als Quelle, Eichendorff bearbeitet Happel.
2. Die inhaltliche Thematisierung von materiellen Kuriositätensammlungen in der Literatur insbesondere des poetischen Realismus, so etwa das Schatzkästlein der Züs Bünzlin in Gottfried Kellers *Die drei gerechten Kammmacher* oder auch die Kuriositätensammlung des Kunstliebhabers Abraham Weyland aus den Jahren 1660 bis 1680, die in Raabes Erzählung *Wunnigel* in Bücherstube und Haus des jungen Doktor Heinrich Weyland anzutreffen ist, um nur zwei Beispiele zu nennen.
3. Die formale Anlage der Texte: Am Beispiel Kellers etwa zeigt sich nicht nur, dass das ‚verschachtelte' Erzählen mit dem verschachtelten Kuriositätenkästlein der Züs Bünzlin korrespondiert, sondern auch, dass der Text selbst wiederum gerade in eine Novellen*sammlung* eingebettet ist, ja mehr noch, sich in dieser Form selbst als Kuriositätensammlung entwirft.[13] Auch der *Deutsche Novellenschatz* – um den Bogen zurück zu dessen Einleitung und der Bestimmung der Herkunft der Novelle aus der ‚merkwürdigen Erzäh-

---

11 Ins Feld geführt werden können etwa die *Neue Curiositäten-Sammlung* Hans Jessens (1780) oder die von Goethes Schwager Christian August Vulpius herausgegebenen *Curiositäten der physisch-literarisch-artistisch-historischen Vor- und Mittelwelt* (1811–1825). Diese neuerlichen Kuriositätensammlungen haben ihrerseits Sammlungscharakter, behandeln ‚kuriose' Gegenstände und können in der Grauzone zwischen Faktualem und Fiktionalem verorten werden. An Vulpius Zeitschrift haben auch Autoren wie Goethe und Jean Paul mitgearbeitet.
12 Vgl. hierzu bereits Oesterle 1990 sowie Arnold-de Simine 2009.
13 Vgl. hierzu im Detail Arnold-de Simine 2009.

lung' zu schlagen – ist nicht nur eine Text*sammlung*, sondern erhebt die Bezeichnung des ‚Schatzes' gerade zu einem titelgebenden Begriff.
4. Insbesondere die Erhebung des ‚Kuriosen' zur poetologischen Kategorie gerade in der Novelle um 1800.

Ausgehend von den skizzierten Beobachtungen möchte der vorliegende Aufsatz anhand von drei Primärtexten, Franciscis *Lustiger Schau-Bühne*, Sinolds von Schütz *Courieusem Caffee-Haus* und Goethes *Unterhaltungen deutscher Ausgewanderten*, erstens zeigen, wie um 1700 Formen novellierenden Erzählens in den literarischen Kuriositätensammlungen erprobt werden, sowie zweitens die Transponierung des ‚Erzählens vom Kuriosen' in die Novelle um und ab 1800 herauszuarbeiten.

2 Erzählen vom Kuriosen. Franciscis *Lustige Schau-Bühne von allerhand Curiositäten* und Sinolds von Schütz *Courieuses Caffee-Haus zu Venedig*

Sowohl Erasmus Franciscis *Lustige Schau-Bühne von allerhand Curiositäten*[14] als auch Philipp Balthasar Sinolds von Schütz *Courieuses Caffee-Haus zu Venedig*[15] erzählen zunächst vom Kuriosen, Sonderbaren, Merkwürdigen: In der *Lustigen Schau-Bühne* werden dem Titel zufolge unter anderem „[v]iel nachdenckliche Sachen/ sonderbare Erfindungen/ merckwürdige Geschichte [. . .]/ fürgestellt" (Francisci 1663, Titel); Sinolds von Schütz *Courieuses Caffee-Haus* kündigt ebenfalls bereits im Titel die „Einmischung verschiedener so wol zum Staat als gemeinem Leben gehörige Merckwürdigkeiten" an ([Sinold von Schütz] 1698a, Titel). Zwischen den Texten liegen 34 Jahre: Die *Lustige Schau-Bühne* erscheint Mitte des siebzehnten Jahrhunderts, das *Courieuse Caffee-Haus* an der Wende zum achtzehnten Jahrhundert. Auf den ersten Blick ist die Erzählanlage der beiden Texte recht ähnlich: Beide sind zunächst der Konversationsliteratur zuzuordnen. Bei genauerer Betrachtung gibt ihr Vergleich jedoch Aufschluss über die

---

[14] Vgl. zu Franciscis *Lustiger Schau-Bühne* bereits früh Sterzl 1951; daneben Dünnhaupt 1975 und 1977; Ferraris 1995; Meierhofer 2010 sowie Schock 2016.
[15] Vgl. zu Sinolds von Schütz *Courieusem Caffee-Haus* die wenigen Hinweise in Kirchner 1958, 36; Martens 1968, 84–85; Frühsorge 1974, 199–201; Böning 2002, 225 Fußnote 668; Gutsche 2014, 152–154.

Transformationsgeschichte der kleinen Prosaformen um 1700: Während die Binnenerzählungen in der *Lustigen Schaubühne* noch deutlich rhetorisch organisiert sind und vom Umfang her eher kurz ausfallen, sind diejenigen im *Courieusen Caffee-Haus* nicht nur wenigstens in Teilen deutlich umfangreicher, sondern weisen auch deutliche Züge novellistischen Erzählens auf.

Die Gesamtkonzeption von Franciscis *Lustiger Schau-Bühne* ist schnell skizziert: Sechs Freunde, genauer sechs Männer,[16] treffen sich einmal wöchentlich zu einem Gesprächskreis, im Wechsel jeweils bei einem der Teilnehmer. Der erste Band umfasst entsprechend sechs Versammlungen, die wiederum mit den sechs Kapiteln des Bandes korrespondieren. Eine kurze Passage vom Beginn des ersten Bandes vermittelt einen ersten Eindruck von der narrativen Anlage des Textes:

> Aber es währete nicht lang; da ward ihre wollautende Zusammenstimmung durch einen widerlichen mißlautenden Schall unterbrochen/ und gar sehr gehindert: denn deß Herrn Ehrenholds Papagey/ so am Fenster hing/ begunte sich vor einen Helffer anzubieten/ wolte ihnen nichts bevor geben/ sondern allen Instrumenten nachaffen. Bevorab/ als er die Pfeiffe schallen hören; machte ers so buntkraus/ und der Händel so viel/ daß man genöthigt wurde/ das Final zumachen/ und diesen erbaren Musicanten hinaus zuthun.
>
> Herr Neander kunte sich deß Lachens nicht erwehren/ und sagte: Es erinnert mich dieser merckticher Gesell/ an die wunderseltzame abentheurliche Music/ womit/ laut deß gelehrten Jesuitens *P. Caspari Scotens* Erzehlung/ der Hertzog von Florentz den berühmten *Athanasium Kircherum* bedienen lassen. Er ließ ihm ein paar Musicanten darstellen; nemlich einen Papagoi/ und einen Hund/ welcher *Director Chori* oder Cantor war. Dieser (der Hund) verschaffte/ daß das Clav-Cymbal anfieng zu erklingen; welches hernach von sich selbsten seine Melodey vollführte/ und immerfort spielte. Als diß geschehen/ fügte der Papagoi sich eilends hinbey/ legte die Ohren aus Clav-Cymbal/ gleich wolte er den Ton nehmen/ und fieng darauf an einen Gesang zu formiren/ wie ihm der Schnabel gewachsen. Hingegen hub der Hund der seine Augen steiff und unverwandt auf den Papagoien gerichtet hielt/ an zu bellen und heulen: Welches eine so lächerliche und extraordinar Harmoni gegeben/ daß die Zuhörende schier darüber entzuckt worden.
>
> Ich zweiffele nicht daran/ sprach Mons. Cronenthal/ es müsse lächerlich gnug anzuhören und zusehen sein. Die Natur hat diesen Vogel sehr wunderlich/ und mit einer trefflichen Phantasey/ zur Belustigung der Menschen/ verehrt. (Francisci 1663, 9–10)

Es handelt sich hier erkennbar um einen Text, der in der Tradition der Konversationsliteratur ebenso wie der Kompilationsliteratur steht. Zudem gibt ein kurioses Ereignis oder ein kurioser Gegenstand in der Rahmenhandlung, hier

---

16 Ina Timmermann (1999, insb. 28; 31) hat gezeigt, dass die personelle Konstellation mit einer Entfernung von der Gesprächspieltradition in der Nachfolge Harsdörffers steht. Darüber hinaus entfernt Francisci sich auch über die Gesprächsgegenstände ebenso wie über die Art und Weise der Gesprächsführung von dieser Tradition – es ist dies gerade eine nicht-höfische Gesprächsart.

der schreiende Papagei, den Anlass für eine Binnenerzählung, die recht kurz ist und deren Gegenstand eine Kuriosität darstellt. Letztere sind insofern eng mit den Ereignissen der Rahmenhandlung verknüpft. Auf die Erzählung selbst folgt in der *Lustigen Schau-Bühne* üblicherweise entweder in der Tradition der Rhetorik[17] eine Diskussion des Gehörten, oder aber die anderen Protagonisten ergänzen die erste Erzählung zum Thema durch weitere ähnliche Erzählungen. An der zitierten Stelle handelt es sich um eine Mischform. Es folgt auf die erste Papageiengeschichte nicht nur, wie der Auszug andeutet, eine Diskussion, sondern auch weitere Papageien-Erzählungen der anderen Gesprächsteilnehmer: Herrn Lilienthals Erzählung über einen Papageien, der das apostolische Glaubensbekenntnis spricht, Mons. Berrinthos Erzählung über den sprechenden Papageien Heinrichs VIII. usw. Die Anordnung der Binnenerzählungen folgt insofern einer Logik des Ähnlichen. Die Aufforderung an Mons. Gaston, der sich am Gespräch nicht beteiligt hat, expliziert diese Anordnungslogik: „Hat Monsieur nicht auch einen Papagoyen übrig/ den er uns mittheile?" (Francisci 1663, 15). Die inhaltliche Organisation über das Ähnliche geht insofern mit der Präferenz für bestimmte narrative Verfahren einher: Die Kompilationstexte folgen gerade einem *Verfahren des assoziativen und additiven Erzählens vom Ähnlichen*.[18] Realisiert wird dies über die als Gespräch angelegte fiktionale Rahmenhandlung, die es ermöglicht, über Kommentare die Verbindung zwischen ähnlichen Erzählinhalten zu schaffen. Beispiele wären Formulierungen wie „dabey mir aber einfält" (Francisci 1663, 10), „ich bemercke noch dieses darbey" ([Sinold von Schütz] 1698a, 13) oder „[d]ieser Verlauff/ sagte hierauf Herr Neander solte bey nahe übereintreffen mit jener Bayrischen Geschicht; wiewol es etwas reputierlicher zugangen" (Francisci 1663, 101).

Auch Sinolds von Schütz *Courieuses Caffee-Haus* steht zunächst in der Tradition der Gesprächsliteratur. Die Rahmenhandlung ist in einem Kaffeehaus in Venedig situiert, der Text umfasst drei als „Wasser-Debauchen"[19] betitelte Teile

---

17 Hier wie im Sammelschrifttum der Frühen Neuzeit generell im Sinne des auf Cicero zurückzuführenden Klassifikationsschemas der antiken Schulrhetorik, mit dem die *narratio* in *historia*, *argumentum* und *fabula* geschieden wird (vgl. Meierhofer 2010, 8). Das Sammelschrifttum der Neuzeit steht damit fest auf dem Fundament der Rhetorik, die Funktionsbestimmung der Prosa ist keine literarische, sondern ebenfalls der Rhetorik entnommen (vgl. Meierhofer 2010, 8).
18 Assoziation und Assoziationsverfahren spielen eine nicht zu unterschätzende Rolle in der Literatur des siebzehnten Jahrhunderts im Allgemeinen und in den literarischen Kuriositätensammlungen im Besonderen. Bereits in den 1970er Jahren hat Rosmarie Zeller (1974, 52–53, Fußnote 111) auf dieses Desiderat der Forschung hingewiesen. Vgl. daneben auch Brasch 2019.
19 Vgl. exemplarisch den vollständigen Titel des ersten der drei Teile: „Das Courieuse Caffee-Haus zu Venedig/ Darinnen die Mißbrauche und Eitelkeiten der Welt/ nebst Einmischung ver-

innerhalb derer jeweils von wechselnden Gesprächskreisen in den unterschiedlichen Räumen des Kaffee-Hauses erzählt wird. Die Gesprächsthemen reichen von zeitgenössischen Moden über Policey-Wesen und politische Themen bis hin zu einer Reihe am Porträt orientierter Binnenerzählungen in der „Dritten Wasser-Debauche". Gerade letztere sind für die hier interessierende Frage nach der Transformation kleiner Prosaformen aufschlussreich: War die Konversationsliteratur zunächst noch deutlich rhetorisch organisiert und wies nur kurze Binnenerzählungen auf, entwickelt sie sich hier hin zu einer Form, in der die Rhetorik als Bezugssystem zunehmend in den Hintergrund rückt und stattdessen ein Erzählen, das als novellistisch bezeichnet werden kann, entsteht. So handelt es sich bei diesen ‚Pourtraits' ([Sinold von Schütz] 1698b, 31) erstens um mehrere Seiten umfassende Erzählungen. Schon anhand der reinen Längenverhältnisse kann man im direkten Vergleich mit der *Lustigen Schaubühne* beobachten, dass hier der Gesprächszusammenhang gegenüber der Binnenerzählung an Bedeutung verliert. Zwar bleiben in dieser Passage Rahmenhandlung und Gesprächsform bestehen, die Form der Gesprächsführung verändert sich jedoch insofern, als gerade hier der Aspekt der Konversationsschulung an Bedeutung verliert. Zweitens kann man am Beispiel des Porträts einer sehr unsauberen Dame[20] sehen, dass diese Erzählung um eine Pointe in der Mitte herum organisiert ist, nämlich diejenige, dass sie „[n]ichts destoweniger [. . .] von nichts anderes [redete]/ als von der Reinigkeit/ und [sie] wendete vor/ sie könte in den Wirthshäusern nichts als ein frisch-gesottenes Ey geniessen/ weil sie nicht wüste/ ob man mit den übrigen Speisen sauber umgegangen wäre" ([Sinold von Schütz] 1698b, 30). Für den vorliegenden Zusammenhang ist die Organisation um diese Pointe herum deshalb interessant, weil der Wendepunkt als eines der Merkmale der Novelle gelten wird.[21] Drittens ist die Überleitung zur nächsten Erzählung aufschlussreich, da sie zeigt, dass hier eine Begebenheit erzählt wird, die mit der Rahmenhandlung inhaltlich kaum mehr verknüpft ist:

> So weit war Curiosus in seiner eckelhafften Erzehlung kommen/ als ihn Apertus bey der Hand nahm/ und zu ihm sagte: Ich werde ihm sehr verbunden seyn/ *mon cher Maitre*,

---

schiedener so wol zum Staat als gemeinem Leben gehörige Merckwürdigkeiten/ vermittelst einiger ergötzlicher Assembléen von allerhand Personen/ vorgestellet/ allen honetten und Tugendliebenden Gemüthern aber zu fernerem Nachsinnen übergeben worden. Die erste Wasser-Debauche" ([Sinold von Schütz] 1698a, Titel).
20 Vgl. [Sinold von Schütz] 1698b, 29–31.
21 So von Ludwig Tieck (1829, LXXXVII) unter anderem unter Rekurs auf Goethes *Unterhaltungen* formuliert. Die Rede vom ‚Wendepunkt' der Novelle ist ähnlich wirkmächtig wie Goethes kanonisch gewordene Novellen-Definition. Vgl. daneben zum Wendepunkt als Charakteristikum der frühen Novelle auch Thomé und Wehle 2000, 726.

wenn er in seinem säuischen Pourtrait nicht weiter fort fähret/ sonsten muß ich unserm Wirthe den getrunckenen Caffe ohne Zweiffel in einer unzertrennten Summe wieder geben; Dahero will ich/ mit desselben Erlaubniß/ zur Verfertigung des Pourtraits/ so ich in die Compagnie schuldig bin/ schreiten/ und hierzu wiederum einen Gelehrten auslesen/ anerwogen man unter denselben die meisten poßierlichen Köpffe findet.

([Sinold von Schütz] 1698b, 31)

Der bei Francisci noch starke inhaltliche Zusammenhang der Binnenerzählungen zu Ereignissen oder Gegenständen der Rahmenhandlung löst sich bei Sinold von Schütz insofern zunehmend auf. Auch die Rhetorik als Bezugssystem tritt an der Schwelle zum achtzehnten Jahrhundert zunehmend in den Hintergrund: Hier folgt keinerlei Diskussion des Erzählten in der Rahmenhandlung. Zudem ist die Überleitung extrem kurz gehalten. Das *Courieuse Caffee-Haus* weist insofern anders als Franciscis *Lustige Schau-Bühne* die Form einer Rahmenhandlung mit längeren Binnenerzählungen auf, wie sie für das novellistische Erzählen charakteristisch ist.[22] Nicht zuletzt lässt sich gerade für diese Binnenerzählung auch eine zunehmende Entlastung von der Zweckgebundenheit an die moralische Belehrung verzeichnen: „Damit wir aber in dem angefangenen Discours eine kleine Veränderung haben/ so soll ein jeder unter uns/ so ferne es ihnen beliebig/ das Pourtrait einer solchen Person vorstellen/ die ihm vor allen andern lachenswürdig zu seyn scheinet." ([Sinold von Schütz] 1698b, 21) Die Binnenerzählung dient hier in erster Linie der Unterhaltung.

3 Erzählen vom Unerhörten. Goethes *Unterhaltungen deutscher Ausgewanderten*

Der sogenannte Neubeginn der Novelle um 1800[23] wird gemeinhin mit dem Namen Goethes in Verbindung gebracht, mit seinen *Unterhaltungen deutscher Ausgewanderten*, seiner *Novelle* und nicht zuletzt mit seiner kanonisch gewordenen Bestimmung der Novelle als ‚eine sich ereignete unerhörte Begebenheit'.[24] Nun ist im deutschen Sprachraum das Kuriose eng mit „Vorstellungen des *Neuen* und *Unerhörten* verbunden" (Arnold-de Simine 2009, 162, Hervh. A.B.;

---

22 Vgl. mit einem ähnlichen Argument bereits Martens 1968, 84. Insgesamt behandelt Martens das *Courieuse Caffee-Haus* aber nur am Rande und vor allem mit Blick auf die Entwicklung der Moralischen Wochenschriften.
23 Vgl. Anm. 2.
24 Vgl. Aufzeichnung vom 29.01.1827 in Eckermann 1986, 203.

unter Bezugnahme auf Kenny 1998, 95). Schon Neil Kenny[25] zeigt in seiner bis heute einschlägigen Semantikstudie zu *Curiosity in Early Modern Europe* die enge Verbindung des ‚Kuriosen' mit der ‚Neuigkeit' und dem ‚Hören' am Beispiel der folgenden zwei Einträge in Gladovs *A la Mode-Sprach des Teutschen* (1728) auf: „Curieux, curiös, begierig etwas neues zu sehen und zu hören, fürwitzig" (Gladov 1728a, 174); „Curiosité, curiosität, Fürwitz zu wissen, Begierde nach neuen Sachen, ein Ding, das wohl wehrt ist, daß man es sehe oder vernehme. par. curiosité, aus Neugierigkeit" (Gladov 1728b, 174). Diese enge semantische Verbindung führt Kenny darauf zurück, dass „one of the ‚neue Sachen' to be frequently described in this period as a prime object of *Neugierigkeit* is news, and because news is heard rather than seen or touched" (Kenny 1998, 95). Neben der semantischen Nähe von ‚Kuriosem' und ‚Hören' einerseits lässt sich ergänzend zu Kennys primär auf die ‚*Curiosity*' ausgerichteter Semantikstudie auf Ebene der einschlägigen Sprach- ebenso wie Konversationslexika der Zeit die Bedeutung des ‚Kuriosen' mit der des ‚Unerhörten' abgleichen. So verzeichnet Zedlers *Universal-Lexikon*, das 1740 „Neugierigkeit, Curiosität" bereits als auf „neu[e] und ungewöhnlich[e] Sachen" gerichtet bestimmt (Zedler 1740, Sp. 172), das ‚Unerhörte' 1746 als Begriff des Rechts, als ‚noch nicht Gehörtes' sowie synonymisch zu ‚Ungewöhnlich':

> Ungewöhnlich, Ungewohnt, Ungebräuchlich, oder Unerhört, Lat. *Insolitus, Inconsuetus, Insuetus*, oder *Inauditus*, heißt in den Rechten, was eben nicht alle Tage, sondern nur sehr selten zu geschehen pflegt, oder dergleichen man noch niemahls gehöret hat; kurtz, was wider den gemeinen Lauf, Ordnung und Herkommen geschieht.
> (Zedler 1746, Sp. 1479)

1811 bucht Adelungs *Grammatisch-kritisches Wörterbuch der Hochdeutschen Mundart* „Unerhört" dann wie folgt:

> adj. et adv. der Gegensatz von erhört. 1) Eine Bitte ist unerhört, wenn sie nicht erhöret wird. 2) Von erhören, durch das Gehör erfahren, ist unerhört, davon man noch nichts gehört hat, doch am häufigsten in weiterer Bedeutung, für außerordentlich, ungewöhnlich. Das ist etwas unerhörtes. [. . .] (Adelung 1811, Sp. 845–846)

Die zweite Bedeutung verdeutlicht, wie eng ‚Hören', das ‚Neue' und das ‚Ungewöhnliche' um 1800 im Allgemeinen und im Begriff des ‚Unerhörten' im Besonderen miteinander verbunden sind. Die Zusammenschau aller angeführten Buchungen zum Begriffsfeld ‚Kurios'/‚Unerhört' legt schließlich die große semantische Nähe der beiden Wörter im achtzehnten und begin-

---

25 Vgl. Kenny 1998, 94–95.

nenden neunzehnten Jahrhundert und damit zur Zeit Goethes offen. Zugleich ist unstrittig, dass gerade die *Unterhaltungen deutscher Ausgewanderten* auch als Laboratorium des Erzählens gelesen werden können. Was sich an dieser Stelle andeutet, ist ein neuerlicher Zusammenhang zwischen kleinen Prosaformen und dem novellierenden Erzählen einerseits und dem Kuriosen andererseits, der sich nunmehr aber von einer bloßen Behandlung allerhand Merkwürdigkeiten hin zur gleichzeitigen Reflexion der frühneuzeitlichen kuriosen Erzählprosa als Archiv und Voraussetzung des eigenen Erzählens verschiebt.

Fragt man vor diesem Hintergrund in einem ersten Zugriff nach dem semantischen Feld des ‚Kuriosen' in den *Unterhaltungen deutscher Ausgewanderten*,[26] geraten bereits die einleitenden Bemerkungen des Erzählers in den Blick: „Und wirklich stellte sich bei unsern Flüchtlingen die gute Laune nicht selten ein, denn überraschende Vorfälle, neue Verhältnisse gaben den aufgespannten Gemütern manchen Stoff zu Scherz und Lachen." (Goethe 1988, 436) Die Kategorie des Neuen, des Überraschenden wird also vom Erzähler gleich zu Beginn des Textes etabliert. Und es sind gerade überraschende, neue, kuriose Ereignisse, die nachfolgend die Erzählanlässe des über Rahmenhandlung und Binnenerzählungen strukturierten Textes bieten. Goethes *Unterhaltungen* ähneln insofern auf den ersten Blick dem Erzählen der Kuriositätensammlungen Franciscis und Sinolds von Schütz.

Die Voraussetzung für die Übereinkunft über das Erzählen zu Beginn der *Unterhaltungen* ist dann eine gescheiterte Konversation, und zwar eine, die deswegen scheitert, weil das Politische mit Karl in die alte Form der geselligen Unterhaltung, für die der Geheimrat von S. einsteht, einbricht. Zugleich wird markiert, dass der Geheimrat für eine eigentlich nicht mehr zeitgemäße Form des Erzählens steht, ja dass er „in manchen Stücken" „wunderlich" (Goethe 1988, 446) sei, zugleich aber auch ein „unerschöpfliches *Archiv* von Menschen- und Welt-Kenntnis, von Begebenheiten und Verhältnissen mit sich führt, die er auf eine leichte, glückliche und angenehme Weise mitzuteilen versteht" (Goethe 1988, 446, Hervh. A.B.). Es ist also die Konfrontation von alten und neuen Formen der Konversation und des Erzählens, die die Voraussetzung für die Festsetzung von Konversationskonventionen durch die Baronesse von C. ist. Jene ‚Gesetze' der guten

---

26 Ein vollständiger Überblick über die Forschung zu Goethes *Unterhaltungen deutscher Ausgewanderten* kann an dieser Stelle aus Gründen, die auf der Hand liegen, nicht geleistet werden.

Unterhaltung entsprechen dann zunächst gerade den alten Konventionen geselliger Unterhaltung:

> Wie lange haben wir belehrende und aufmunternde Gespräche entbehrt, wie lange hast du uns, lieber Karl, nichts von fernen Landen und Reichen erzählt, von deren Beschaffenheit, Einwohnern, Sitten und Gebräuchen du so schöne Kenntnisse hast. Wie lange haben Sie (so redete sie den Hofmeister an) die alte und neue Geschichte, die Vergleichung der Jahrhunderte und einzelner Menschen schweigen lassen, wo sind die schönen und zierlichen Gedichte geblieben, die sonst so oft aus den Brieftaschen unsrer jungen Frauenzimmer, zur Freude der Gesellschaft, hervorkamen, wohin haben sich die unbefangenen philosophischen Betrachtungen verloren? Ist die Lust gänzlich verschwunden, mit der ihr, von euren Spaziergängen, einen merkwürdigen Stein, eine, uns wenigstens, unbekannte Pflanze, ein seltsames Insekt zurückbrachtet, und dadurch Gelegenheit gabt, über den großen Zusammenhang aller existierenden Geschöpfe wenigstens angenehm zu träumen? Laßt alle diese Unterhaltungen, die sich sonst so freiwillig darboten, durch eine Verabredung, durch Vorsatz, durch ein Gesetz wieder bei uns eintreten, bietet alle eure Kräfte auf, lehrreich, nützlich und besonders gesellig zu sein [. . .].
> (Goethe 1988, 450)

An dieser Stelle fallen drei Dinge auf. Erstens handelt es sich bei den Gegenständen der Unterhaltung um „einen merkwürdigen Stein, eine [. . .] unbekannte Pflanze, ein seltsames Insekt", sprich um Gegenstände, die rund einhundert Jahre zuvor noch Gegenstand von materiellen ebenso wie textuellen Kuriositätensammlungen gewesen sind. Zweitens hätten eben diese Gegenstände Erzählanlässe geboten. Was die Baronesse beschreibt ist also genau jene Form der Konversation, die die Kuriositätenliteratur um 1700 ausmachte, genauer jene Form, in der Gegenstände oder Ereignisse in der Rahmenhandlung insofern sie die Neugierde wecken zum erzählauslösenden Moment werden. Drittens schließlich fällt daran anschließend auf, dass diese Form der Konversation vor dem Hintergrund des Einbruchs der aktuellen politischen Ereignisse als der Vergangenheit zugehörig markiert wird. Die Festsetzung von Konversationsregeln, die an dieser Stelle nicht zufällig an die Konversationsliteratur der Frühen Neuzeit etwa in Franciscis *Lustiger Schau-Bühne* erinnert,[27] stellt demnach zunächst eine alte Ordnung des Erzählens wieder her.

Es folgen in den *Unterhaltungen deutscher Ausgewanderten* bekanntlich zwei Erzähltage: Der erste umfasst vier Binnenerzählungen, der folgende weitere zwei bevor das *Märchen* mit eigener Überschrift aus der Rahmenhandlung herausgelöst schließlich für sich selbst steht. Von Goethe frei erfunden sind dabei nur die beiden letzten Erzählungen, ‚Ferdinand-Novelle' und *Märchen*, die anderen kön-

---

27 Vgl. die Passage, in der der Gesprächskreis etabliert wird: Francisci 1663, 1–7.

nen auf verschiedene Quellen gerade der Unterhaltungsliteratur zurückgeführt werden.[28] Man könnte auch sagen: Goethe hat sie kompiliert. Die Erzählungen der beiden ersten Erzähltage und das Märchen unterscheiden sich nun nicht nur grundlegend, sie spiegeln zugleich, so die These, die Entwicklung des Erzählens vom Kuriosen, das in der Novelle mündet, selbst wider." So behandeln die ersten vier Erzählungen allesamt „seltsam[e] Phänomen[e]",[29] „merkwürdig[e]"[30] Begebenheiten, ‚rätselhafte' Ereignisse[31] und sonderbare Gegenstände.[32] Erinnert sei an den Knall in der ersten Erzählung, das rätselhafte Pochen in der zweiten, das rätselhafte Verschwinden des Mädchens in der dritten, die verschiedenen Gegenstände je nach Perspektive unklarer Herkunft in der Familie in der vierten Erzählung. Kurz: Erzählt wird vom ‚Kuriosen'.

Die beiden Binnenerzählungen des zweiten Erzähltags unterscheiden sich hingegen auf der Ebene des Inhalts grundlegend von den vorangegangenen Erzählungen: Das Kuriose hat hier keinen Platz mehr. Stattdessen verschiebt sich der Fokus auf Familie, Tugendbildung, Erziehung, auf den Gegensatz von Kultur und Natur, also auf genau jene Konzepte, die zum Kern der Aufklärung gehören. Die erste dieser beiden Erzählungen wird innerfiktional von den Zuhörern explizit als „moralisch[e] Erzählung" (Goethe 1988, 495) wahrgenommen, die zweite als „Familiengemälde" (Goethe 1988, 497) eingeleitet. Daneben werden in den poetologischen Reflexionen der Figuren in der Rahmenhandlung nun auch Formargumente geltend gemacht. Bevor der alte Geistliche an diesem zweiten Erzähltag zu seiner Erzählung ansetzen kann, flicht die Baronesse von C. ein:

> Jene Erzählungen machen mir keine Freude, bei welchen, nach Weise der Tausend und Einen Nacht, Eine Begebenheit in die andere eingeschachtelt, Ein Interesse durch das andere verdrängt wird. Wo sich der Erzähler genötigt sieht, die Neugierde, die er auf eine leichtsinnige Weise erregt hat, durch Unterbrechungen zu reizen, und die Aufmerksamkeit, anstatt sie durch eine vernünftige Folge zu befriedigen, nur durch seltsame und keineswegs lobenswürdige Kunstgriffe aufzuspannen. [. . .] Die Gegenstände Ihrer Erzählungen gebe ich Ihnen ganz frei, aber lassen Sie uns wenigstens an der Form sehen, daß

---

28 Goethe bedient sich für die ersten sechs Binnenerzählungen vorliegenden Stoffen der Unterhaltungsliteratur: Die „Geschichte von der Sängerin Antonelli" und „Die Geschichte vom ehrlichen Prokurator" entstammten der Mitte des fünfzehnten Jahrhunderts erschienenen Sammlung *Cent Nouvelle Nouvelles*; die Geschichte über die schöne Krämerin und die vom Schleier aus den Memoiren des Marschalls Bassompierre und die Geschichte vom rätselhaften Klopfen machte wohl zu Goethes Zeiten in Weimar die Runde. Vgl. Träger 1990, 145.
29 Vgl. Goethe 1988, 463.
30 Vgl. Goethe 1988, 465.
31 Vgl. Goethe 1988, 474.
32 Vgl. die Gegenstände in der Erzählung „Der Schleier" in Goethe 1988, 475.

> wir in guter Gesellschaft sind. Geben Sie uns zum Anfang eine Geschichte von wenig Personen und Begebenheiten, die gut erfunden und gedacht ist, wahr, natürlich und nicht gemein, so viel Handlung als unentbehrlich und so viel Gesinnung als nötig ist, die nicht still steht, sich nicht auf Einem Flecke zu langsam bewege, sich aber auch nicht übereile, in der die Menschen erscheinen, wie man sie gern mag, nicht vollkommen, aber gut, nicht außerordentlich, aber interessant und liebenswürdig. Ihre Geschichte sei unterhaltend, so lange wir sie hören, befriedigend, wenn sie zu Ende ist, und hinterlasse uns einen stillen Reiz, weiter nachzudenken. (Goethe 1988, 476–477)

Mit Blick auf die hier interessierende Frage nach dem Zusammenhang von Kuriosem und kleinen literarischen Erzählformen ist zunächst zu beobachten, dass explizit auf die ‚Neugierde' referiert wird. Unterschieden wird in den *Unterhaltungen deutscher Ausgewanderten* dann genauer zwischen einer negativ und einer positiv konnotierten Neugierde: Die Baronesse ist einerseits „sehr neugierig [. . .] zu hören, von welcher Art Ihre Geschichten sind" (Goethe 1988, 454), lehnt andererseits aber jene Erzählungen, die „die Neugierde [. . .] auf eine leichtsinnige Weise erreg[en]", ab (Goethe 1988, 476). Auch dies ist vor dem Hintergrund der semantischen Umcodierung der *curiositas* im siebzehnten Jahrhundert zu lesen.[33] Zweitens ist die Ablehnung der Erzählform von *Tausend und Einer Nacht*, die immerhin zu den Vorbildern der italienischen Novellistik gehört, zu vermerken. Es ist in diesem Zusammenhang kein Zufall, dass der erste Erzähltag auch eine Pesterzählung enthält: Intertextuell aufgerufen wird Boccaccios *Decamerone*. Die Forschung hat darauf hingewiesen, dass dieser Bezug zugleich einen „mehr als deutlichen Seitenhieb gegen den italienischen Novellendichter" (Lubkoll 2008, 393) enthalte. Während die Baronesse am zweiten Erzähltag die Erzählform von *Tausend und Einer Nacht* also ablehnt, inkludieren ihre anschließend positiv formulierten Anforderungen an die Erzählung („Geschichte von wenig Personen und Begebenheiten [. . .]" usw.) erkennbar die Aspekte des *prodesse et delectare* – erinnert sei noch einmal daran, dass am zweiten Erzähltag eine ‚moralische Erzählung' und ein ‚Familiengemälde' als Binnenerzählungen präsentiert werden.

Anders schließlich Karls Ausführungen im Kontext seiner Bitte um ein Märchen am Ende der *Unterhaltungen*:

> Wissen Sie nicht, sagte Karl zum Alten, uns irgend ein Märchen zu erzählen? Die Einbildungskraft ist ein schönes Vermögen, nur mag ich nicht gern, wenn sie das was wirklich geschehen ist, verarbeiten will; die luftigen Gestalten, die sie erschafft, sind uns als Wesen einer eigenen Gattung sehr willkommen, verbunden mit der Wahrheit bringt sie meist nur Ungeheuer hervor und scheint mir alsdann gewöhnlich mit dem Verstand und der Vernunft im Widerspruche zu stehen. Sie muß sich, deucht mich, an keinen Gegenstand hängen, sie muß uns keinen Gegenstand aufdringen wollen, sie soll, wenn sie

---

[33] Das hat Godel (2014, 136–137) gezeigt.

Kunstwerke hervorbringt, nur wie eine Musik auf uns selbst spielen, uns in uns selbst bewegen und zwar so daß wir vergessen, daß etwas außer uns sei, das diese Bewegung hervorbringt. (Goethe 1988, 517)

Was innerfiktional eingefordert wird, ist eine Erzählung, die im Gegensatz zu den Erzählungen der beiden ersten Tage nun nicht mehr einem Erzählen im Sinne jenes älteren, rhetorisch fundierten Textverständnisses, sondern eines modernen Literaturverständnisses entspricht.[34] Insofern ist es denn auch folgerichtig, dass das Kunstmärchen am Ende durch eine Überschrift abgesetzt wird und so für sich steht.

Der erste Erzähltag entspricht also älteren Formen des mündlichen wie schriftlichen Erzählens sowohl mit Blick auf die deutschsprachige Konversations- und Kuriositätenliteratur als auch auf die romanische Tradition des Novellierens, die beide zum Archiv gehören, auf das die deutschsprachige Novelle um 1800 zurückgreift.[35] Der zweite Erzähltag zeigt nicht nur, wie sich die deutschsprachige Prosaerzählung in der Mitte des Jahrhunderts weiterentwickelt, sondern auch, dass das Kuriose im Zeichen der Aufklärung, der Vernunft gerade aus der Prosaerzählung ausgeschieden wird. Der Text mündet schließlich im Kunstmärchen. Die Abfolge der Binnenerzählungen sowie die sie ergänzenden poetologischen Reflexionen in der Rahmenhandlung bilden insofern die Transformation der kleinen Erzählform seit der Frühen Neuzeit ab, wie sie oben am Beispiel der sukzessiven Ausdehnung des novellierenden Erzählens vor dem Hintergrund der Auflösung der Rhetorik als Bezugssystem in der zweiten Hälfte des siebzehnten Jahrhunderts am Beispiel von Francisci und Sinold von Schütz aufgezeigt wurde.[36]

Insofern das Kuriose von der Baronesse nun aber einer vergangenen Konversationsform zugeordnet wird, verschiebt der Text dieses auf der Ebene dessen, *wovon* erzählt wird, zunächst ins Historische. Vor diesem Hintergrund gilt

---

34 In der Forschung sind die Entwicklungen der Erzählungen in den *Unterhaltungen deutscher Ausgewanderten* auch als Entwicklung von einem ‚physischen' über das ‚moralische' hin zum ‚ästhetischen' Erzählen gelesen worden (vgl. Tölzer 2018, 25). An dieser Stelle entstehen Berührungspunkte zur langjährigen Forschungsdebatte um die Beziehung zwischen Goethes *Unterhaltungen deutscher Ausgewanderten*, den *Horen* und den Briefen *Über die ästhetische Erziehung des Menschen*. Vgl. hierzu zuletzt etwa Tölzer 2018. Hier auch ein Überblick über die drei wesentlichen Forschungspositionen.
35 Mit Blick auf das im vorliegenden Beitrag adressierte komplexe Geflecht deutschsprachiger und fremdsprachiger, insbesondere romanischer, Erzählmuster und des deutschsprachigen novellierenden Erzählens müsste auch die Frage nach Übersetzungen und Vermittlungswegen in der Frühen Neuzeit mitgedacht werden.
36 Darauf, dass der Text die Geschichte der Gattung mitskizziert, hat Krings (2011, 231–251) hingewiesen ohne jedoch auf das Kuriose als poetische Kategorie einzugehen.

es, noch einmal genauer in den Blick zu nehmen, *wie* Goethes Text selbst erzählt. Die *Unterhaltungen deutscher Ausgewanderten* erzählen vom Erzählen im Kreis der Familie der Baronesse (Rahmenhandlung). Die Binnenerzählungen handeln dann von kuriosen Begebenheiten. Als auslösendes Moment des Erzählens in der Rahmenhandlung werden wie dargelegt vom extradiegetischen Erzähler ‚neue', ‚unerhörte', ‚kuriose' Begebenheiten in der Rahmenhandlung selbst genannt. Damit aber lassen sich die *Unterhaltungen deutscher Ausgewanderten* in letzter Instanz selbst als ein Erzählen von unerhörten, von kuriosen Begebenheiten (jener Ereignisse auf der Ebene der Rahmenhandlung) lesen – und damit gerade als Novelle nach der Goethe'schen Bestimmung. Anders formuliert: Münden die *Unterhaltungen* auf der Ebene des Inhalts in der neuen literarischen Form des Kunstmärchens, entsprechen sie selbst jener Form des novellenhaften Erzählens, an dessen Weiterentwicklung sie gleichermaßen beteiligt sind wie sie diese auf der Ebene des Inhalts zugleich historisch verorten. Der Text führt insofern die Kategorie des Kuriosen nicht nur auf der Ebene des Inhalts als Offenlegung der Voraussetzungen und des Archivs des eigenen Erzählens mit, das Kuriose wird so um 1800 selbst zu einer poetologischen Kategorie, die hier neuerlich im Kontext der Erprobung neuer narrativer Formen produktiv gemacht wird.[37]

Literaturverzeichnis

Primärliteratur

Adelung, Johann Christoph. Art. „Unerhört". *Grammatisch-kritisches Wörterbuch der Hochdeutschen Mundart, mit beständiger Vergleichung der übrigen Mundarten, besonders aber der Oberdeutschen*. Bd. 4: Seb – Z. Wien: B. Ph. Bauer, 1811. Sp. 845–846.
Eckermann, Johann Peter. *Johann Wolfgang Goethe. Sämtliche Werke nach Epochen seines Schaffens*. Bd. 19: Gespräche mit Goethe in den letzten Jahren seines Lebens. Hg. Heinz Schlaffer. München und Wien: Hanser, 1986.
Francisci, Erasmus. *Die lustige Schau-Bühne von allerhand Curiositäten: darauf Viel nachdenckliche Sachen/ sonderbare Erfindungen/ merckwürdige Geschichte/ Sinn- und Lehr-reiche Discursen/ auch zuweilen anmuthige Schertz-Reden und Erzehlungen/ fürgestellt werden. Bey Freundlicher Sprachhaltung aufgerichtet und erbauet/ von Etlichen vertrauten guten Freunden: und beschrieben durch E. F. Samt beygefügtem*

---

[37] Der vorliegende Aufsatz geht auf einen Vortrag, den ich ihm Rahmen des Workshops „Barock ‚en miniature'. Literarische Kleinformen des Barock und ihr Nachleben" an der HU Berlin gehalten habe, zurück und wurde für die Publikation im Rahmen eines Forschungsaufenthaltes an der Herzog August Bibliothek in Wolfenbüttel umfassend überarbeitet.

Register. Nürnberg: Joh. Andreas Endter und Wolffgang deß Jüngern S. Erben, 1663. [HAB: A: 55.18 Eth.]

Gladov, Friedrich. Art. „Curieux, curiös". *A la Mode-Sprach der Teutschen, Oder Compendieuses Hand-Lexicon: Jn welchem die meisten aus fremden Sprachen entlehnte Wörter und Redens-Arten, So in denen Zeitungen, Briefen und täglichen Conversationen vorkommen, Klar und deutlich erkläret werden. Nach Alphabetischer Ordnung / mit Fleiß zusammen getragen von Sperander [i. e. Friedrich Gladov].* Nürnberg: Buggel und Seitz, 1728a. 174. [Digitalisat der Universitäts- und Landesbibliothek Sachsen-Anhalt, urn: nbn: de:gbv:3:1-247825].

Gladov, Friedrich. Art. „Curiosité, curiosität". *A la Mode-Sprach der Teutschen, Oder Compendieuses Hand-Lexicon: Jn welchem die meisten aus fremden Sprachen entlehnte Wörter und Redens-Arten, So in denen Zeitungen, Briefen und täglichen Conversationen vorkommen, Klar und deutlich erkläret werden. Nach Alphabetischer Ordnung / mit Fleiß zusammen getragen von Sperander [i. e. Friedrich Gladov].* Nürnberg: Buggel und Seitz, 1728b. 174. [Digitalisat der Universitäts- und Landesbibliothek Sachsen-Anhalt, urn: nbn: de:gbv:3:1-247825].

Goethe, Johann Wolfgang. „Unterhaltungen deutscher Ausgewanderten". *Johann Wolfgang Goethe. Sämtliche Werke nach Epochen seines Schaffens.* Münchner Ausgabe. Hg. Karl Richter. In Zusammenarbeit mit Herbert G. Göpfert, Norbert Miller, Gerhard Sauder. Bd. 4.1: Wirkungen der Französischen Revolution 1791–1797 I. Hg. Reiner Wild. München und Wien: Hanser, 1988. 436–550.

Heyse, Paul und Hermann Kurz. „Einleitung". *Deutscher Novellenschatz.* Bd 1. Hg. Paul Heyse und Hermann Kurz. München: Rudolph Oldenbourg, 1871. V–XXIV.

[Sinold von Schütz, Philipp Balthasar]. *Das Courieuse Caffee-Haus zu Venedig/ Darinnen die Mißbräuche und Eitelkeiten der Welt/ nebst Einmischung verschiedener so wol zum Staat als gemeinem Leben gehörige Merckwürdigkeiten/ vermittelst einiger ergötzlicher Assembléen von allerhand Personen/ vorgestellet/ allen honetten und Tugendliebenden Gemüthern aber zu fernerem Nachsinnen übergeben worden. Die erste Wasser-Debauche.* Freyburg/ zu finden bey Johann Georg Wahrmund, 1698a. [HAB: Xb 2810 (1.1)]

[Sinold von Schütz, Philipp Balthasar]. *Das Courieuse Caffee-Haus zu Venedig/ Darinnen die Mißbräuche und Eitelkeiten der Welt/ nebst Einmischung verschiedener so wol zum Staat als gemeinem Leben gehörige Merckwürdigkeiten/ vermittelst einiger ergötzlicher Assembléen von allerhand Personen/ vorgestellet/ allen honetten und Tugendliebenden Gemüthern aber zu fernerem Nachsinnen übergeben worden. Die dritte Wasser-Debauche.* Freyburg/ zu finden bey Johann Georg Wahrmund, 1698b. [HAB: Xb 2810 (1.3)]

Tieck, Ludwig. „Vorbericht zur dritten Lieferung". *Ludwig Tieck's Schriften.* Bd 11. Berlin: G. Reimer, 1829: VII–XC.

Zedler, Johann Heinrich. Art. „Neugierigkeit, Curiosität". *Grosses vollständiges Universal-Lexicon Aller Wissenschafften und Künste, Welche beishero durch menschlichen Verstand und Witz erfunden und verbessert worden. [. . .].* Bd. 24: Neun – Nz. Leipzig und Halle: Verlegts Johann Heinrich Zedler, 1740. Sp. 172–174.

Zedler, Johann Heinrich. Art. „Ungewöhnlich, Ungewohnt, Ungebräuchlich, oder Unerhört". *Grosses vollständiges Universal-Lexicon Aller Wissenschafften und Künste, Welche beishero durch menschlichen Verstand und Witz erfunden und verbessert worden. [. . .].* Bd. 49: Vit – Vn. Leipzig und Halle: Verlegts Johann Heinrich Zedler, 1746. Sp. 1479–1480.

Sekundärliteratur

Althaus, Thomas et al. „Ränder, Schwellen, Zwischenräume. Zum Standort Kleiner Prosa im Literatursystem der Moderne". *Kleine Prosa. Theorie und Geschichte eines Textfeldes im Literatursystem der Moderne*. Hg. Thomas Althaus et al. Tübingen: Niemeyer, 2007. IX–XXVII.

Arnold-de Simine, Silke. „Die Novelle als literarisches Kuriositätenkabinett am Beispiel von Gottfried Kellers *Die drei gerechten Kammacher*". *Oxford German Studies* 38.2 (2009). 159–174.

Aust, Hugo. *Novelle*. Stuttgart: Metzler 2006.

Böning, Holger. *Welteroberung durch ein neues Publikum. Die deutsche Presse und der Weg zur Aufklärung. Hamburg und Altona als Beispiel*. Bremen: Ed. Lumière, 2002.

Brasch, Anna S.: „‚[D]aß von dem rechten Kern nicht das geringste sol außgelaßen werden'. Formen ‚prägnanten' Erzählens im Sammelschrifttum der Frühen Neuzeit". *Prägnantes Erzählen*. Hg. Friedrich Michael Dimpel und Silvan Wagner. Oldenburg: BIS, 2019. 527–555.

Dünnhaupt, Gerhard. „Erasmus Francisci, ein Nürnberger Polyhistor des siebzehnten Jahrhunderts. Biographie und Bibliographie". *Philobiblon. Eine Vierteljahresschrift für Buch- und Graphiksammler* 29.1 (1975). 272–303.

Dünnhaupt, Gerhard. „Das Oevre des Erasmus Francisci (1627–1694) und sein Einfluß auf die Deutsche Literatur". *Daphnis. Zeitschrift für Mittlere Deutsche Literatur* 6.4 (1977). 359–364.

Ferraris, Francesca. „Neue Welt und literarische Kuriositätensammlungen des 17. Jahrhunderts. Erasmus Francisci (1627–1694) und Eberhard Werner Happel (1647–1690)". *Von der Weltkarte zum Kuriositätenkabinett. Amerika im deutschen Barock*. Hg. Karl Kohut. Frankfurt am Main: Vervuert, 1995. 93–107.

Frühsorge, Gotthardt. *Der politische Körper. Zum Begriff des Politischen im 17. Jahrhundert und in den Romanen Christian Weises*. Stuttgart: Metzler, 1974.

Godel, Rainer. „Die Novelle – eine autarke Gattung? Zur Relevanz medienhistorischer, anthropologischer und epistemologischer Kontexte für die Gattungskonstitution im 19. Jahrhundert". *Wissenstexturen. Literarische Gattungen als Organisationsformen von Wissen*. Hg. Gunhild Berg. Frankfurt am Main: Peter Lang, 2014. 125–143.

Gutsche, Victoria Luise. *Zwischen Abgrenzung und Annäherung. Konstruktionen des Jüdischen in der Literatur des 17. Jahrhunderts*. Berlin und Boston: de Gruyter, 2014.

Kenny, Neil. *Curiosity in Early Modern Europe. Word Histories*. Wiesbaden: Harrassowitz, 1998.

Kirchner, Joachim. *Das Deutsche Zeitschriftenwesen. Teil I*. Wiesbaden: Harrassowitz, 1958.

Krings, Marcel. „‚Versuche auf Geister'. Zur Akustik der Gespenstergeschichten in Goethes *Unterhaltungen deutscher Ausgewanderten* und Kleists *Bettelweib von Locarno*". *Phono-Graphien. Akustische Wahrnehmung in der deutschsprachigen Literatur von 1800 bis zur Gegenwart*. Hg. Marcel Krings. Würzburg: Königshausen & Neumann, 2011. 231–251.

Lubkoll, Christine. „Fingierte Mündlichkeit – inszenierte Interaktion. Die Novelle als Erzählmodell". *Zeitschrift für Germanistische Linguistik* 36.3 (2008). 381–402.

Martens, Wolfgang. *Die Botschaft der Tugend. Die Aufklärung im Spiegel der deutschen Moralischen Wochenschriften*. Stuttgart: Metzler, 1968.

Meier, Albert: *Novelle. Eine Einführung*. Unter Mitarbeit von Simone Vrckovski. Berlin: Erich Schmidt, 2014.

Meierhofer, Christian. *Alles neu unter der Sonne. Das Sammelschrifttum der Frühen Neuzeit und die Entstehung der Nachricht.* Würzburg: Königshausen & Neumann, 2010.
Meyer, Reinhart. *Novelle und Journal. Titel und Normen. Untersuchungen zur Terminologie der Journalprosa, zu ihren Tendenzen, Verhältnissen und Bedingungen.* Stuttgart: Franz Steiner 1987.
Oesterle, Günter. „Eingedenken und Erinnern des Überholten und Vergessenen. Kuriositäten und Raritäten in Werken Goethes, Brentanos, Mörikes und Raabes". *Literatur und Geschichte 1788–1988.* Hg. Gerhard Schulz und Tim Mehigan. Unter Mitarbeit von Marion Adams. Bern u.a.: Lang, 1990. 81–111.
Pregel, Dietrich. *Das Kuriose als Kategorie dichterischer Gestaltung.* Diss. Göttingen, 1957.
Schock, Flemming. *Die Textkunstkammer. Populäre Wissenssammlungen des Barock am Beispiel der „Relationes Curiosae" von E. W. Happel.* Köln u. a.: Böhlau, 2011.
Schock, Flemming (Hg.). *Polyhistorismus und Buntschriftstellerei. Populäre Wissensformen in der Frühen Neuzeit.* Berlin und Boston: de Gruyter, 2012.
Schock, Flemming. „Gespräch und Zerstreuung. Mechanismen barocken Unterhaltungswissens am Beispiel Erasmus Franciscis (1624–1697)". *Daphnis. Zeitschrift für Mittlere Deutsche Literatur* 44 (2016). 320–339.
Sterzl, Helmut Maximilian. *Leben und Werk des Erasmus Francisci (1627–1694).* Diss. Erlangen, 1951.
Thomé, Horst und Winfried Wehle. Art. „Novelle". *Reallexikon der deutschen Literaturwissenschaft.* Bd. 2. Hg. Harald Fricke et al. Berlin und New York: de Gruyter, 2000. 725–731.
Timmermann, Ina. „‚löbliche Conversation' als ‚Einübung ins Räsonnement'. Das Gespräch als Ziel und Funktion barocker Erzählsammlungen am Beispiel der *Lustigen Schau-Bühne von allerhand Curiositäten* des Erasmus Francisci (1627–1694)". *Simpliciana. Schriften der Grimmelshausen-Gesellschaft* 21 (1999). 15–40.
Tölzer, Marius. „‚Wissen sie nicht [. . .] uns irgendein Märchen zu erzählen?' Betrachtungen zur Struktur von Goethes ‚Unterhaltungen deutscher Ausgewanderten' hinsichtlich Schillers Briefen ‚Über die ästhetische Erziehung des Menschen'". *DVjs* 92 (2018). 15–30.
Träger, Christine. „Goethes ‚Unterhaltungen deutscher Ausgewanderten' als Ausdruck eines novellistischen Zeitbewusstseins". *Goethe-Jahrbuch* 107 (1990). 144–157.
Zeller, Rosmarie. *Spiel und Konversation im Barock. Untersuchungen zu Harsdörffers „Gesprächspielen".* Berlin und New York: de Gruyter, 1974.

Teil 2: **Barocke Poetiken des Kleinen**

Patrick Hohlweck
Abstäublein: Flüchtigkeit der Grabschrift

Als im Oktober 1798 die erste Auflage ihrer *Lyrical Ballads* erscheint, befinden sich Samuel Taylor Coleridge und William Wordsworth auf einer Bildungsreise nach Deutschland. Nachdem sie in Hamburg den in die Jahre gekommenen Klopstock besucht haben, trennen sich ihre Wege: Während sich Coleridge zunächst in Ratzeburg und später in der, wenn auch ebenfalls etwas in die Jahre gekommenen, Universitätsstadt Göttingen vergnügt, müssen Wordsworth und seine Schwester Dorothy aus Kostengründen mit einer bescheidenen Unterkunft in Goslar Vorlieb nehmen. Sie hatten sich die Reise anders vorgestellt: Sie leiden in diesem Winter, der als der kälteste des Jahrhunderts beschrieben werden wird, an der Provinzialität der Stadt und ihrer Bewohner und leben in beinahe völliger Isolierung. „As I have had no books I have been obliged to write in self-defence" (Wordsworth 1967, 236) – so der berühmte Kommentar Wordsworths an Coleridge aus dem Dezember 1798; und in der Tat ist der Goslar-Aufenthalt eine Phase intensiver Produktivität: Wordsworth beginnt hier die Arbeit an dem semi-autobiographischen, in Blankvers gehaltenen *Poem (title not yet fixed upon) to Coleridge*, das 1850 posthum als *The Prelude* veröffentlicht werden wird. Beinahe alles, was Wordsworth in diesem fürchterlichen Winter *reimt*, handelt indes vom Tod (vgl. Butler 2006, 43).

Diese Parallelität von biographischem und nekrologischem Diskurs ist jedoch allenfalls am Rande mit den widrigen Bedingungen in Goslar zu erklären. Denn die Prominenz des Mortalismus bei Wordsworth rekurriert auf ein konkretes textuelles Modell, das für sein gesamtes Werk in besonderer Weise bestimmend ist: das Modell des Epitaphs.[1] Wordsworth legt in seinen umfangreichen *Essays upon Epitaphs* (1810) eine Poetik des Epitaphs vor,[2] die mindestens für den englischsprachigen Raum beispiellos ist. Wordsworths Position erlaubt jedoch auch, in ihr und ihrem Rückspiegel die Konturen eines grabschriftlichen Diskurses auszumachen, der in besonderer Weise die zeitliche sowie räumliche Situationsgebundenheit der Epitaphien reflektiert. Worauf ich diese Skizze davon ausgehend fokussieren will, ist

---

[1] Stellvertretend für die umfangreiche Literatur, die Wordsworths Verhältnis zu Epitaphien beleuchtet, vgl. Bernhardt-Kabisch 1965; Hartman 1987 [1965]; Ferguson 1977, 155–172; Devlin 1981; de Man 1979; Miller 1985, 59–113; Sánchez-Eppler 1988; Scodel 1991, 384–407; Fosso 2004, 127–162 und passim; Lacey 2014.

[2] Bernhardt-Kabisch (1967, 144) verweist darauf, dass „[the epitaph] virtually disappeared soon after 1810."

die doppelte: nämlich *poetische* und *materielle* Phänomenalität der Grabschrift, die enggeführt ist in barocken Schreibweisen, deren organisatorisches Kalkül eine zeitgenössische Physik der Atome oder ‚Abstäublein' zu beschreiben hilft.

1 Friedhof (Wordsworth)

Während ein ‚epitaphischer Modus' vielfach für Wordsworths lyrisches Werk reklamiert worden ist,[3] findet sich darin nur ein einziger Text, der als Epitaph ausgezeichnet ist. Er entsteht in Goslar:

> A POET'S EPITAPH
> Art thou a Statesman, in the van
> Of public business train'd and bred,
> – First learn to love one living man;
> *Then* may'st thou think upon the dead.
>
> A Lawyer art thou? – draw not nigh;
> Go, carry to some other place
> The hardness of thy coward eye,
> The falshood of thy sallow face.
>   (Wordsworth 2008 [1800], V. 1–8)

Insgesamt neun Strophen verzeichnen Lesertypen, die nicht in der Lage sind, die Grabschrift in angemessener Weise wahrzunehmen. Neben dem ‚statesman' und ‚lawyer' sind das etwa ein Arzt, Philosoph oder „Moralist" (Wordsworth 2008 [1800], V. 25): Von gesellschaftlicher Differenzierung und Spezialisierung gezeichnet, sind sie alle entfremdet von der zärtlichen Gemeinschaft der Lesenden, die Wordsworth als „community of the living and the dead" (Wordsworth 1974a [1810], 56) insbesondere im Umfeld ländlicher Pfarrkirchen ausmacht. Auf den Friedhöfen dieser Kirchen, so Wordsworth in den *Essays*, werde ordnungsgemäß gelesen: „the stooping old man cons the engraven record like a second horn-book; – the child is proud that he can read it; – and the stranger is introduced through its mediation to the company of a friend: it is concerning all, and for all" (Wordsworth 1974a [1810], 59). Der Greis, das Kind und der Fremde sind empfänglich für die Ehrung der Toten – und die *einfache* Lektüre, die hiermit verbunden ist, ist Teil einer anthropologischen Konfiguration: „[W]ithout the consciousness of a principle of immortality in the human

---

[3] Vgl. zu dem Begriff Ferguson 1977, 155.

soul, Man could never have awakened in him the desire to live in the remembrance of his fellows: mere love, of the yearning of kind towards kind could not have produced it" (Wordsworth 1974a [1810], 50).

Wordsworth geht davon aus, dass sich die „social affections" eines mit Voraussicht und Vernunft ausgestatteten Wesens nicht hätten entfalten können, sofern der Mensch die Unsterblichkeit geleugnet hätte:

> The individual dying could not have had a desire to survive in the remembrance of his fellows, nor on their side could they have felt a wish to preserve for future times vestiges of the departed; it follows [. . .] that without the belief in Immortality [. . .] neither monuments nor epitaphs, in affectionate or laudatory commemoration of the Deceased, could have existed in the world. (Wordsworth 1974a [1810], 52)

Damit ist nicht zuletzt eine religiöse Zweckbestimmung der Epitaphien relativiert. Stattdessen wirkt das Epitaph als soziales Adhäsiv, sei es familiärer Art, als „local attachment" oder auch als „tap-root of the tree of Patriotism" (Wordsworth 1974c [1810], 93).

In den finalen sechs Strophen von *A Poet's Epitaph* tritt schließlich eine Figur „with modest looks,/ And clad in homely russet brown" (Wordsworth 2008 [1800], V. 37–38) auf, deren Annäherung an den fiktiven Grabstein erfolgversprechender ist. Diese Figur, einen Mann in ländlicher Kleidung, fordert Wordsworth die Lesenden zu lieben auf: „And you must love him" (Wordsworth 2008 [1800], V. 43); parallel zu der konditionalen Bestimmung, die eingangs noch dem ‚statesman' zugekommen war: ‚First learn to love one living man'. Diese in sich verdoppelte *Leseszene*, die zugleich den für das Epitaph entscheidenden Modus der Ansprache spiegelt, versieht zugleich die Figur des Mannes vom Lande mit einem eigentümlich unsicheren Vitalstatus bzw. einer „half-aliveness" (Johnson 1987, 97): Einerseits wird deutlich, dass dieser Leser, intim vertraut mit den „outward shews of sky and earth,/ Of hill and valley" (Wordsworth 2008 [1800], V. 45–46), nicht nur über eine besondere Aufmerksamkeit für „common things that round us lie" (Wordsworth 2008 [1800], V. 49), und das heißt auch: die tatsächlich eingegrabenen menschlichen Überreste, verfügt und so selbst nicht zwischen dem Toten und dem Lebendigen unterscheidet. Andererseits ist die ihm zukommende Bestimmung des Gedichtes, die ihn als Double des Begrabenen bzw. als dessen „living embodiment" (Scodel 1991, 390) erkennt, ganz zuletzt: „Here stretch thy body at full length;/ Or build thy house upon this grave. –" (Wordsworth 2008 [1800], V 59–60) Beide Möglichkeiten fallen zurück auf die Leser von *A Poet's Epitaph*: Von Wordsworth ländlichem Leser lesen zu lernen bedeutet, ihn auch nicht von den Toten zu unterscheiden.

Das „perfect Epitaph" erschöpft sich für Wordsworth nicht darin, „an epitomized biography" wiederzugeben: Vielmehr gehe es darum, „what was peculiar to the individual" demjenigen unterzuordnen, „what he had in common with the species" (Wordsworth 1974c [1810], 89). Auch das *Poet's Epitaph* bietet keinerlei Informationen über den begrabenen Dichter; und entsprechend wird die rezeptive Gewichtung, die die Prägung der Epitaphien als Medien sozialer Prozesse prägt, voll zur Geltung gebracht. Wordsworth selbst beschreibt in den *Essays* eine besonders eindrückliche Leseerfahrung:

> In an obscure corner of a Country Church-yard I once espied, half-overgrown with Hemlock and Nettles, a very small Stone laid upon the ground, bearing nothing more than the name of the Deceased with the date of birth and death, importing that it was an Infant which had been born one day and died the following. I know not how far the Reader may be in sympathy with me, but more awful thoughts of rights conferred, of hopes awakened, of remembrances stealing away or vanishing were imparted to my mind by that Inscription there before my eyes than by any other that it has ever been my lot to meet with upon a Tomb-stone. (Wordsworth 1974c [1810], 93)

Mit der Betonung der durch die Beiläufigkeit der Entdeckung amplifizierten Kleinheit des Grabsteins korrespondiert die Forderung der Aufmerksamkeit für die ‚common things that round us lie'. Damit ist zum einen festzuhalten, dass die imaginierte Rückkehr in eine Gemeinschaft, die in der Lage sein sollte, die Grabschriften angemessen zu lesen, ihm allein auf dem Wege der Poetizität, als der Einübung in ein auszutarierendes Verhältnis der Bewegtheit, zugänglich ist: Die andernorts geäußerte Forderung, dass „the writer who would excite sympathy is bound [. . .] to give proof that he himself has been moved" (Wordsworth 1974a [1810], 59), steht hier zwar einer Unsicherheit gegenüber (‚I know not how far the Reader may be in sympathy with me'), wird aber thematisch aufrecht erhalten. Andererseits ist allerdings die Distanz augenfällig, die das von Wordsworth theoretisierte Epitaph von dem *Poet's Epitaph* allein längenmäßig auszeichnet: Fünfzehn Strophen stark, ist es ausgeschlossen, dass sein Epitaph als Grabinschrift fungieren könnte. Angesichts der Pathosamplitude, die Wordsworths Überlegungen organisiert, wird weiterhin deutlich, dass nicht die poetische Ausführung – oder gar: deren Qualität – einer Grabschrift entscheidend für deren bewegende Wirkung ist, sondern allein das Zusammentreffen eines ordnungsgemäßen Verhältnisses der Lesenden mit der materialen Phänomenalität des Steins: Wordsworths *Essays upon Epitaphs* verabschieden sich an dieser Stelle von den Epitaphien als lyrischer Form, deren Wirkideal sich in ihrer Abwesenheit realisiert.

Während Wordsworths *Essays upon Epitaphs* diese zuletzt also allenfalls als ein Medium ihnen ausgelagerter, sozialer Prozessformen ernstnimmt, lassen sich aus seiner Beschäftigung mit diesem Medium doch einige Merkmale einer historischen Poetik der Epitaphien entwickeln. Nicht zuletzt deshalb ist die Verabschiedung der poetischen Faktur, auf die Wordsworths zuläuft, lesbar als

Anhaltspunkt für seine Profilierung der Epitaphien als historische, zeitdiagnostische Medien. Seine eigene Fassung der Epitaphien partizipiert einerseits an der, spätestens seit Joseph Addisons (1987 [1711], 108) Bericht von der „Gloominess" der Westminster Abbey in Nummer 26 des *Spectator* 1711, zunehmend auch den epitaphischen Diskurs prägenden Empfindsamkeit oder des *sentimentalism*,[4] der sich für das Grab als „Stätte der endgültigen Transfiguration des Körpers" (Koschorke 1999, 146) in neuer Weise interessiert. Vor diesem Hintergrund ist es wenig überraschend, dass Wordsworth andererseits einigen Aufwand betreibt, um die Wortspiele und Kalauer zu rehabilitieren, die sich insbesondere in Epitaphien in der zweiten Hälfte des siebzehnten Jahrhunderts großer Beliebtheit erfreuten, „which at this" – sentimental gestimmten – „time we can but feebly sympathize with" (Wordsworth 1974b [1810], 69). Mit dem Grabstein des Staatssekretärs Karls I., Sir George Vane,[5] führt Wordsworth ein ausgesprochen zahmes Beispiel an, dessen *consolatio* über die Parallelisierung der weltlichen und geistlichen Ehre des Verstorbenen in einem, auch typographisch abgesetzten, Wortspiel funktioniert:

> His Honour wonne i'th' field lies here in dust,
> His Honour got by grace shall never rust:
> The former fades, the latter shall fade never
> For why? He was Sr George once but St George ever.
> (Wordsworth 1974b [1810], 69)

Diese Lizensierung des epitaphischen Modus, von Wordsworth mit dem Kriterium der historisch variablen, auktorialen Aufrichtigkeit erklärt, ist entscheidend für die Geschichte der Grabschrift.

2 „Hic iacet" (Hoffmannswaldau)

Wenn, besonders für den deutschsprachigen Raum, vielfach festgestellt worden ist, dass die Gattung der Epitaphien „[n]ach dem Barock [. . .] weitgehend an Bedeutung" (Meid 1999, 144) verlor, ist damit in erster Linie ihre erhebliche Verbreitung und gattungsspezifische Komplexität im Barock angesprochen. Im Zusammenhang mit dem gattungs- und textsortenübergreifenden Anstieg von Individualzeugnissen seit 1500 gewinnen unterschiedliche Schriftformen der Totenklage im Rückgriff auf antike Formrepertoire an Bedeutung, wenngleich

---
4 Vgl. Guthke 2006, 65–66.
5 Vgl. dazu auch Guthke 2006, 207–206.

noch in der neulateinischen Regelpoetik die begrifflichen Unterscheidungen zwischen unterschiedlichen Formen der Sepulchralpoesie weit schwanken und etwa zwischen Elegie und Epitaph kaum belastbar unterschieden wird:[6] Noch Thomas Nelsons *Epitaph* auf Francis Walsingham bringt es 1590 auf achtzig vierzehnzeilige Strophen (vgl. Newstok 2009, 13). Innerhalb kurzer Zeit etabliert sich im europäischen Raum, im Rahmen eines verstärkten Interesses an der Form des Epigramms, auch ein weitreichendes Interesse an deren Urform, den Epitaphien; sowohl in Bezug auf Grabinschriften als historischen Quellen[7] als auch auf deren literarisierte *imitatio*, die sich im siebzehnten Jahrhundert zu einem „populäre[n] Lesestoff" (Segebrecht 1987, 129), einer „Modeerscheinung" (Weisz 1979, 95) bzw. zu einem „höfische[n] Gesellschaftsspiel" (Guthke 2006, 186) entwickelt.

Begünstigt wird diese Entwicklung eines epitaphischen Diskurses grundlegend von den zunehmend ausladenden, protestantischen Begräbniszeremonien, die im Zeichen der Würdigung eines konkreten, individuellen Lebenslaufes eine Form des Totenlobs darstellen, die sich von den exegetischen und eher am Rande an weltlichen Ereignissen orientierten Leichenpredigten unterscheiden: Als Teil der barocken Trauerkultur, deren „Scheinsal" und „geprång" (Moscherosch 1650, 69) bereits zeitgenössisch vielfach aufs Korn genommen wird, ist die Grabschrift Teil des umfangreichen nekrologischen *paperwork* des Barock, d. h. der häufig in umfangreichen Gedenkausgaben[8] versammelten Exequien wie Leichenpredigten oder Parentationen,[9] Gedenkreden, Leichabdankungen, Biographien, Totenlieder, Epicedien,[10] Aufbahrungs- und Leichenzugsdarstellungen oder Nachlassverzeichnissen. Die Grabschriften sind dabei häufig am Schluss von Trauergedichten platziert, die in ‚vorschlagsförmigen'[11] Epitaphien auf ein epigraphisches Fazit zulaufen, das eine *reductio* der geschilderten Eigenschaften der Person auf einen Kern leistet. Zu verstehen ist diese Neujustierung vor dem Hintergrund der veränderten Rolle, die der Tod in der protestantischen Kultur des siebzehnten Jahrhunderts einnimmt:[12] Die reformatorische Zurückweisung der Vorstellung des Fegefeuers hat zur Folge, dass das Totengedenken

---

6 Vgl. dazu Hardison 1962, 113.
7 Vgl. etwa die von Janus Gruter (1602; 1603) herausgegebenen Sammlungen römischer Inschriften.
8 Vgl. dazu exemplarisch die präzise Analyse der Gedenkausgabe für Mariane von Popschitz bei Kaminski 2016.
9 Zur Differenzierung zwischen Leichenpredigten und Parentationen vgl. Bogner 2006, 156–163 u.ö.
10 Vgl. dazu grundlegend Krummacher 1974.
11 Vgl. zu dieser Bestimmung zentral Segebrecht 1978.
12 Vgl. dazu ausführlich Marshall 2002.

nicht mehr auf die Erlösung der Verstorbenen abzielt, sondern deren Gedenken sich auf die Parallelität von Nachleben und Vergänglichkeitsmahnung richtet, weshalb die Epitaphien so zunehmend als „Gedächtnüs=Maale" der Verstorbenen wahrgenommen werden, die „fürnemlich die Lebenden wol anweisen" (Lohenstein 1973 [1689/90], 1422).

In diesem Zusammenhang ist, trotz der hartnäckigen Differenz zwischen steinernen Grabschriften und ihren poetisierten oder literarisierten Pendants, als *Epitaph* oder „Steinschriften"[13] immer zugleich eine poetische Form und eine soziale bzw. rituelle Praxisform des Gedenkens adressiert: Beide stellen sich der Aufgabe, eine materiale, haptische, weltliche Dimension der Inschriften in sich mit der unsagbaren Außerweltlichkeit des Nachlebens zu vermitteln. Häufig auch im Druckbild der Formatierung des *stilus lapidaris* folgend, demzufolge die metrische Lyrifizierung der *inscriptio* zugunsten um die Mittelachse zentrierter Prosaverse aufgegeben wird, ist die Standardsituation der Grabschriftlichkeit die des *sta viator*, der Apostrophe an einen vorüberziehenden Wanderer. Georg Rodolf Weckherlins (1648, 639) Grabschrift *Des Redlichen F. von B.* kann als ein typisches Beispiel gelten:

> DU Mensch/ der du mit wenig mûh
> Wilt sehen/ wer begraben hie/
> Gedenck daß du/ wie ich/ von Erden/
> Und mag das nechste Grab dein werden.

Die Konstellation eines vorbeiziehenden Wanderers und der *hic-iacet*-Immobilität des Grabsteins erscheint in Grabschriften diesen Typs, von denen zumindest nicht auszuschließen ist, dass sie auch tatsächliche Grabsteine schmücken könnten, leicht vermittelbar als Konvention: Anders stellt es sich im weitaus größeren Teil der Grabschriftenproduktion des siebzehnten Jahrhunderts dar, der sich in einem weit verzweigten Geflecht von Übersetzungen und Appropriationen über den gesamten Kontinent verbreitete.

Entsprechend Thomas Althaus' (1996, 26) Feststellung, dass sich „die Literatur und das literarische Sprechen" zwischen 1620 und 1700 „maßgeblich an Versuchen, Epigramme zu schreiben, konstituieren", sind auch für die sich ausbildenden grabschriftlichen Schreibweisen die epigrammatischen Säulen der *argutia*, der *brevitas* und des *acumen* entscheidend. Das Epigramm, von dem gilt, dass „die kürtze [...] seine eigenschafft/ vnd die spitzfindigkeit gleichsam

---

[13] Vgl. Birken 1679, 155: „Hierbei ist nicht zu übergehen/ die der zeit in gebrauch gekommene Stein-SchreibArt/ Stilus Lapidarius[!] genannt: da aus großen und kleinen Zeilen/ in ungebundener Rede/ nach weise der Alten Inscriptionen oder Steinschriften/ eine Rede verfasset wird." Vgl. auch Braungart 1997, 428.

seine seele vnd gestallt" ist, wird von Opitz (1978 [1624], 366) im *Buch von der Deutschen Poeterey* zwar als „aller sachen vnnd wörter fähig" beschrieben; allerdings bereits mit dem Vermerk, dass die „vberschrifften der begräbniße" zu seinen bevorzugten Einsatzbereichen gehöre. Für die Etablierung der ‚scherzhaften', d. h. oft in erster Linie fiktionalen bzw. fiktiven, Grabschriften als selbständiger Textsorte ist dann die flächendeckende Verbreitung von Anthologien verantwortlich, für die das italienische *epitaffio giocoso* modellbildend ist. Wie die von dem belgischen Gelehrten François Sweerts zusammengestellten *Epitaphia ioco-seria* (1623), die Scherzgrabschriften in lateinischer und in den romanischen Volkssprachen versammeln und noch in der späthumanistischen Tradition der Gattung stehen (wenngleich sie einen Fundus bilden, aus dem sich in zahlreichen weiteren Anthologien bedient wurde),[14] ist auch die von Opitz selbst 1639 veröffentlichte Übersetzung einer Sammlung antiker Epigramme, das *Florilegium variorum epigrammatum* – darunter auch die ersten *epitaphia iocosa* in deutscher Sprache – noch davon entfernt, eine genuin *barocke* Prägung vorzuweisen.

Die spezifische Konfiguration von Kürze, Scharfsinn und Schlussorientierung mit einer barocken Bildwelt nimmt mit Giovanni Francesco Loredanos *Il Cimiterio. Epitafij Giocosi* (1634/39) Gestalt an:[15] Die hieran anschließend[16] bereits seit 1643 unter Breslauer Patriziern zirkulierenden, jedoch erst 1662,[17] ohne Zustimmung des Verfassers,[18] erscheinenden *Centuria Epitaphiorum: Sive JOCO-SERIA* des Christian Hoffmann von Hoffmannswaldau, die in den folgenden Jahren zahlreiche weitere Raubdrucke erfahren, sorgen für eine erhebliche Konjunktur und Ausdifferenzierung der poetischen Grabschriften als Gattung.[19]

Die *poetische* Dislozierung ihrer ursprünglichen funktionalen Einbindung eröffnet multiple Lizenzen der Form, darunter nicht zuletzt einen „Artikulationsraum für erotisch-obszönes Sprechen" (Wesche 2004, 113). Hoffmannswaldaus Epitaphien verwenden die Kleinform zur Ausbreitung eines weltgeschichtlichen Tableaus durch die aneinandergereihten Grabschriften, das von „Adam unser aller Vatter" über „*Ciceronis*" und „*Erasmi* Grabschrifft" bis zu „*Elisabethæ* Königin in Engelland" reicht sowie einer Reihe Grabschriften von teilweise sehr spezifisch typisierender Funktion, etwa in der Grabschrift „Eines Polnischen

---

14 Vgl. Battafarano 1990a; 1990b.
15 Vgl. Battafarano, 1990a, 30; Althaus 1996, 286.
16 Vgl. dazu Ettlinger 1891, 116.
17 Zu dieser verschiedentlich angezweifelten Datierung vgl. Hoffmannswaldau 1993 [1662], [457].
18 Vgl. dazu Noack 1989.
19 Vgl. dazu die exzellente Diskussion bei Althaus 1996, 285–312.

Schifferknechts" (Hoffmannswaldau 1993, [460]; [465]; [467]; [477]). Die hier ausgestellte Exemplarizität, auch der in die Grabschriften reduzierten Lebensläufe historischer Figuren, verweist einerseits auf die Disponibilität und Mobilität der Form, sowie andererseits auf ihren Gebrauchscharakter, den etwa 1677, und damit noch drei Jahre vor der autorisierten Veröffentlichung von Hoffmannswaldaus paradigmatischen Grabschriften,[20] *Corydons auß Arcadien Vießsirrliche und gar erbarliche Narrenbossen/ oder Spanneue Grabschrifften* satirisch bedenken, wenn davon die Rede ist, der geneigte Leser möge sich bereits „bey Leben eine eigne Grabschrifft darin aufsuchen".[21]

„Alexandri deß grossen", „General Wallensteins", „Eines unwissenden Artztes" (Hoffmannswaldau 1993 [1662], [461]; [463]; [469]): Die grammatikalische Einrichtung der Titel der Hoffmannswaldau'schen Epitaphien verweisen auf die komplizierte Referentialität der Grabschriftlichkeit, die auch dem Pseudonym des *Fliegenden Wandersmannes*, als den sich der anonyme Herausgeber des ersten Raubdruckes der Hoffmannswaldau'schen Grabschriften ausgibt,[22] eingetragen ist: Denn die Funktion des vorübergehenden bzw. -fliegenden *viator* ist es, die simulierte Rede einer Person zu protokollieren,[23] und zwar, wie sie sich am Schauplatz des *Hic iacet* der Grabschrift bereits als Niedergelegte ausgibt. Wer spricht hier? Es ist überzeugend dargelegt worden, dass die situative Poetik der Grabschrift in dieser Weise Schauplatz einer theatralen Konfiguration ist, die die einzunehmenden Rollen, „stets vor dem Hintergrund einer vorausgesetzten (fiktiven) oder tatsächlichen Situation (aus Zeit, Ort, Personen und Handlung) [...], in die das Publikum versetzt wird oder in der es sich ohnehin befindet" (Segebrecht 1978, 466), zuweist. Der deiktische Einsatz der Grabschrift, so ließe sich ergänzen, wäre dann zweifach designiert: Als Referenz *der* und *auf die* Sprache, die einerseits zu erkennen gibt, dass *etwas* (nämlich Leben und

---

20 „Wer recht *argute* und nette *Epigrammata* will machen lernen/ der lerne/ wie er die Grab-Schrifften des Hofmannswaldau wohl *imitire*" (Neumeister 1707, 250).
21 Zit. nach Braungart 1997, 451. Dort belegt als: „Corydons auß Arcadien Vießsirrliche und gar erbarliche Narrenbossen/ oder Spanneue Grabschrifften, zweite Seite des Vorworts".
22 Der volle Titel dieser ohne Orts- und Jahresangabe publizierten Ausgabe lautet: „Centuria Epitaphiorum: Sive JOCO-SERIA Das ist: Hundert auserlesene und Sinnreiche Grabschrifften/ von Anfang der Welt/ biß auff nochlauffenden *Seculum*, von so wohl Tapfern als Untapfern Helden und Heldinen entworffen/ und in zierlich gevierte Reimen verfasst: Mit beygefügten anderen/ ernsthafften/ lustigen Gedenckschrifften/ Jedermännig zur Gemůths=Belustigung/ Vom Fliegenden Wandersmann/ Zeit seiner Wanderschafft *colligiret* und gesammlet, Gantz Neu heraus gegeben". Vgl. das Titelkupfer in Hoffmannswaldau 1993 [1662], [459].
23 Vgl. Battafarano 1990a, 23.

Ableben der monumentalisierten Person) stattgefunden hat – sowie, dass Sprache selbst etwas ist, das *statt-* und das bedeutet: einen Ort findet (vgl. Godzich 1986, XVI). Nicht zufällig setzt Paul de Mans Lektüre von Wordsworths *Essays upon Epitaphs* hier an: Das Problem der Autobiographie, für die das Epitaph angesichts des in ihn eingravierten Namens und der ihm dadurch verliehenen Stimme einsteht, wird von de Man in die Rhetorizität der Sprache selbst verlegt. Figuration und Defiguration fallen in einer simultanen Operation zusammen, da die Figur der Prosopopoia, die die Sichtbarmachung des Unsichtbaren verantwortet, zugleich „silent" ist: „mute as pictures are mute". „Death" erscheint so als

> a displaced name for a linguistic predicament, and the restoration of mortality by autobiography (the prosopopeia of the voice and the name) deprives and disfigures to the precise extent that it restores. Autobiography veils a defacement of the mind of which it is itself the cause. (de Man 1979, 30)[24]

Damit ist die Differenz zwischen Grabinschriften und der Form der poetischen Epitaphien, zwischen Inschriftlichkeit und Schriftlichkeit, eingeebnet. Zugleich ist gerade darin auch auf den Umstand verwiesen, dass der *Komplex* des Epitaphs[25] – d. h. auch seine poetische Form – an unterschiedlichen Relationen des Nachlebens teilhat, denen heuristisch eine unterschiedliche Dimensionalität zu unterstellen wäre: einerseits an der sprachlichen bzw. textuellen Form von Totengedenken, die angesichts der Mobilisierung der Grabimmobilie in das Buch die Epitaphien in Richtung ihrer bzw. einer temporalen Verlaufsform aufspannt. Andererseits partizipiert das Epitaph jedoch ebenso an Traditionen einer materialbasierten bzw. materiellen Verarbeitung des Todes. In dieser materialen Praxis des Nachlebens stellt sich das Grundproblem des Epitaphs, nämlich „to monumentalise both time and the transcendence of time" (Thøfner 2009, 182), in anderer Weise; und die Grabschriftlichkeit, der das „Inszenatorische [. . .] zum Sinn des Textes" (Althaus 1996, 288) wird, wird zum Schauplatz von etwas, das man mit Gilles Deleuze (2000, 66) als ein „Theater der Materien" bezeichnen könnte.

---

24 Vgl. dazu auch Ferguson 1977 und Jay 1982.
25 Ich gebe, mit anderen Worten, die in seinem Fragezusammenhang sinnvolle begriffliche Unterscheidung zwischen Epitaphium und Grabschrift, die Braungart (1997, 433–434, Anm. 36) einführt, zugunsten der vorliegenden Vorüberlegungen zu einer „‚ganzheitlichen' Epitaphtheorie" auf. Vgl. dazu auch den Logau-Herausgeber Gotthold Ephraim Lessing 1973, 423: „Die eigentliche Aufschrift ist ohne das, worauf sie steht, oder stehen könnte, nicht zu denken. Beides also zusammen macht das Ganze, von welchem der Eindruck entstehet, den wir, der gewöhnlichen Art zu reden nach, der Aufschrift allein zuschreiben."

3 Nebel (Lukrez)

„Deß *Copernici* Meinung ist *moraliter* zu behaubten; denn alles irrdische ist beweglich/ vergånglich und flůchtig/ das himmlische hingegen unbeweglich/ unverånderlich und ewig."²⁶ Was in Georg Philipp Harsdörffers Apophthegma anklingt, ist die Korrespondenz barocker *vanitas*-Vorstellungen mit derjenigen neuen Philosophie, die das kopernikanische Weltbild mit der Einführung der atomistischen Physik seit der ersten Hälfte des siebzehnten Jahrhunderts verbindet. Die komplizierte, nur teilweise mit dem antiken Atomismus übereinstimmende und vor allem an die Überwindung der Scholastik gebundene (vgl. Kuhn 1957, 237–238), Renaissance einer Physik der Atome im siebzehnten Jahrhundert sichert zumindest subkutan das Bewusstsein einer Welt ab, die als „in sich selbst in tausend tausend Stůkken" (Hoffmannswaldau 1984 [1700], [708]) zerfallend wahrgenommen wird.²⁷ Die Nichtig- oder Eitelkeit des menschlichen Lebens in barocker Perspektive korrespondiert dabei mit wissenschaftlichen Vorstellungen davon, wie es, so der Titel eines Meditationstraktats Justus Georg Schottels, dem Menschen *Kurtz vor dem Tode/ In dem Tode/ und nach dem Tode* ergeht:

> Wan nun der Leichnam verscharret und begraben ist/ so wird er zu einem **nicht=mehr= verhanden=seyn**/ zu einem **nichtes**/ und vergehet: wie dann die Erfahrung giebt/ daß/ obwol die Knochen/ wann sie an der Luft bleiben/ geraume Jahre hindauren/ welches an verhandenen Reliquien und sonst nicht zuleugnen; Dennoch ein/ in die Erde verscharreter Cőrper/ wann eben die Stelle nach 20. oder 30. Jahren aufgegraben wird/ ist oft ganz vergangen/ das geringste davon ist nicht mehr verhanden/ und also dem eusserlichen Ansehen und Entpfindung nach/ zu einem nichts worden. Nicht zwar/ daß unsere todte Leiber in ein gantzes eigentliches **nichts** sollten kőnnen resolvirt werden; Dann unser

---

26 Harsdörffer 1655, 161. Vgl. Althaus 1996, 223.
27 1601 wurde an der Sorbonne eine neue Studienordnung eingesetzt, die zum Zwecke einer Purifikation der aristotelischen Physik eine Prüfung der Einwände vorsah, die Aristoteles gegenüber den alten Physikern vorgebracht hatte und damit das Studium des Atomismus zum Pflichtfach erhob. Als 1624 dann allerdings an der Universität öffentlich Thesen disputiert werden sollten, die nicht nur die Grundsätze der peripatetischen Physik in Frage stellten, sondern auf ein Plädoyer für den Atomismus zuliefen, wurden diese von der theologischen Fakultät als „*falsa, temeraria et in fide erronea*" (,falsch, vorschnell und glaubenswidrig') bezeichnet und ihre Urheber, Jean Bitault, Antoine Villon und Etienne de Claves, aus Paris verbannt. Vgl. dazu ausführlich Lasswitz 1890, 483–485. Vgl. allgemein zur historischen Situation Stones 1928, 460 sowie Boas Hall 1963; zum vorliegenden Zusammenhang vgl. den „Exkurs" in Althaus 1996, 219–242. Zu einem spezifischen Epikureismus in der Frühen Neuzeit vgl. sehr hilfreich Jones 1989. Stellvertretend für die zahlreichen (englischsprachigen) Beiträge in jüngerer Zeit vgl. Wilson 2008; Greenblatt 2011; Passannante 2011; Lezra und Blake 2016; Norbrook et al. 2016; Goldstein 2017.

> Staub und Asche bleibt an seinem Orte in GOttes Hand/ und wird bis zum Jüngsten Tage/ da unser Leib mit unserem gehabten Fleisch/ Haut/ Blut und Gebeinn soll hinwieder erneuert/ und zur Ewigkeit auserwekket seyn/ behalten und wiedergesamlet und zusammen gebracht werden. (Schottel 1675, 54)

Die Konfiguration des verwesenden menschlichen Körpers mit seinem Nachleben fordert vielfach Verhandlungen der materiellen und imaginativen Grenzwerte um den Nullpunkt heraus, wie auch in Hoffmannswaldaus Begräbnisgedicht *Betrachtung menschlicher Eitelkeit*: „Baum/ Steine/ Såulen/ Sieges=Zeichen", heißt es hier, „Greift Feuer/ Sturm und Fåulnůß an". Mit Blick auf menschliche Körper wird hingegen versichert: „Es wird der Leib nicht gantz verschwinden/ Und ewig in dem Grabe stehn [. . .]/ Der Menschen Asch ist mehr als Sand/ Sie wird verwahrt durch Gottes Hand/ Es kann sich nichts davon verlieren [. . .]." (Hoffmannswaldau 1984 [1700], [706–707]) Die Auseinandersetzungen mit dieser kritischen Grenze kreisen um die Interpretationen der Atome bzw. ‚Abstäublein': „Es heisset auch sonst/ *atomus est nihilum*, ein Abståublein ist nichts; nemlich/ weil mans nicht sehen noch begreiffen oder betrachten kann" (Schottel 1675, 47–48). Die Einsicht in die Vergänglichkeit menschlichen Lebens verbindet sich mit dieser feinstofflichen Naturinterpretation, etwa in den Werken Daniel Sennerts, Pierre Gassendis oder Christian Huyghens, „epigonal" (Althaus 1996, 234, Anm. 40) bei Schottel oder Erasmus Francisci referiert, auch in der Modellierung der topischen Opposition zwischen „Der schnellen zeit/ Vergänglichkeit" (Hoffmannswaldau 1961 [1697], 466) und der Ewigkeit: „Die gantze Wåhrungs=Zeit dieser Welt/ von ihrer ersten Erschaffung an/ biß zu ihrer Wiederauflösung/ ist/ von der Ewigkeit/ vorn und hinten besetzt/ und hat gegen derselben/ kein so grosses Maß/ als wie ein Abståublein (*Atomus*) gegen Himmel und Erden" (Francisci 1683, 110).

Damit sind die Atome zweifach als *flüchtig* bestimmt: Einerseits in einem temporalen Sinn, andererseits als die unausgesetzt umherschwirrenden *minima naturalia* bzw. die *materia prima*, die als *Atomi*, (Ab-)Ståublein, „Spiritus oder Geisterlein"[28] die Imagination nicht kleiner Teile des Jahrhunderts bevölkern. In der Bestimmung der sinnlichen Wahrnehmung fallen beide Bestimmungen zusammen: „Das Liecht ist ein dermassen subtiles Feuer", schreibt Erasmus Francisci mit Bezug auf den Eklektizismus Kenelm Digbys,

> welches sich mit unglaublicher Schnelligkeit/ (massen dessen gůldne Stral=Pfeilen zur Stunde/ und im fast unersinnlich=schnellem Augenblick/ so bald die Sonne über uns-

---

28 Francisci 1674, 641. Zum induktiven, gewissermaßen ‚heuristischen' Charakter des atomistischen Diskurses in literarischem Angang vgl. Althaus 1996, 221–225.

ren Horizont aufgeht/ von einer so erschrecklichen fernen Abgelegenheit gemeldter Sonnen herunter ins Gesicht fallen) erstreckt/ und/ wenn es einen gegenstossenden Cörper antrifft/ nothwendig demselben etliche wiewol allersubtilste Wunden oder Löchlein eindruckt: Und/ weil die behende von dem Gantzen abgeschnittene und gesonderte Theil=lose Ståublein; (Atomi) ebenmåssig/ wie alle andre Körper/ so in dem ordentlichem Welt=Gebåu befindlich/ aus vier Elementen zusammen gesetzt sind: bleibt ein warmer Theil deß Liechts an denen feuchten/ und klebrichten Particuln/ mehr gedachter Atomorum oder Staub=Půnctlein/ behangen und führt solche/ durch die Ferne und weiten Raum/ mit sich. (Francisci 1674, 639–640)

Damit sind einige zentrale Teile der Teilchentheorie benannt, die in Lukrez' *De rerum natura* nicht nur für physikalische, sondern auch für *semiotische* Prozesse in den Dienst genommen wird. Die Wirkung der ‚Staub=Půnctlein' in Lukrez' Fassung ist dabei dezidiert nicht auf Bewußtseinsvorgänge beschränkt. Sie bewegen sich vielmehr von den Dingen zu den Sinnesorganen: Es handelt sich um „Abbilder (*simulacra*) [. . .],/ die wie Häutchen (*quasi membranae*), die ganz von der Oberfläche der Dinge/ los sich gerissen, hierhin fliegen und dorthin im Luftraum" (Lukrez 1973, 4.30–33). Mit komplizierten Beispielen, wie etwa Spiegelungen oder Spiegelungseffekten, erläutert Lukrez im vierten Buch von *De rerum natura* die Bewegungen der Atome, die von den Dingen „ständig verströmen" und stets von den Körpern „fallend sich scheiden", um sich „leicht und rasch" (Lukrez 1973, 4.143–146) durch die Luft zu bewegen. Alle Dinge der Welt werden, wie es bei Friedrich von Logau (1654, 45) heißt, „zu Sonnen=Staube":

> Ich weiß nicht, ob die Welt kan långer stehn und halten/
> Weil da und dort ihr Baw nimt Brůche/ Risse, Spalten?
> Gott scheidet sich von uns/ wir scheiden uns von Gott/
> Die Wolfahrt reumt das Land, und bleibt uns nichts als Not.
> Die Tugend fleucht seitab/ die alten Laster weichen
> Der neuen Teuffeley. [. . .]
> Das macht/ daß man zum theil dem *Epicurus* glåubt
> Die Welt werd ehstes das/ was in der Sonne ståubt.

In der Vorstellung der Desintegration treffen sich Epikureismus und barocke Apokalyptik, die damit zugleich die Vorstellung einer naturanalogen Sprache informiert, die ihr Vorkommen in „Schriftatomen"[29] hat und etwa dank Johann Heinrich Alsteds *Panacea Philosophica* (1610) oder

---

[29] Benjamin 1974 [1925], 351. Vgl. dazu auch Benz 1936.

Athanasius Kirchers *Ars magna sive combinatoria* (1669) auf ein umfangreiches lullistisches Fundament zurückgreifen kann.[30] Was sich damit einerseits in eine tendenziell unendliche Kombinatorik auffächern kann, ist andererseits auf spezifische Wirkzusammenhänge angewiesen. Wie Lukrez ausführt,

> ist [es] von Belang in unsern Versen ja selber,
> wie – mit welchen und welcher Ordnung – die Buchstaben liegen.
> Denn dieselben bezeichnen den Himmel, das Meer und die Länder,
> Flüsse und Sonne, dieselben die Frucht, die Bäume und Wesen;
> [. . .] durch Lage jedoch sind die Dinge verschieden.
> So müssen, auch wenn inmitten der Dinge selber des Stoffes
> [Zwischenräume und Bahnen, Verbindung, Gewicht und Schläge,]
> Prall, Bewegung, Ordnung, Gestalt und Lage geändert
> werden, auch die Dinge selber im Wesen sich ändern.
> (Lukrez 1973, 2.1013–1022)

Die Einsicht, dass auch poetische Texte ihr operatives Kalkül aus einer Physik der Atome beziehen, bestimmt einerseits sprachliche Zeichen – weil grundsätzlich: Zeichenhaftigkeit – als fundamental körperliche Angelegenheit; und versteht andererseits, noch allgemeiner, Körperlichkeit als notwendig zeichenhaft.[31] Damit ist eine Komplikation eingeführt in die Unterscheidung zwischen einer vermeintlich natürlichen Sprachauffassung und dem Verständnis einer irreduziblen Rhetorizität der Sprache, das davon ausgeht, dass diese immer „not the thing itself but the representation" (de Man 1979, 930) ist. Übertragen auf die Sache der Grabschrift und deren Spreizung zwischen Material und Textur ist diese Komplikation folgenreich. Denn die theatrale Konfiguration der Grabschriftlektüre – insbesondere in ihrer Transformation eines rituellen Zusammenhangs in einen monumentalen, in dem der Text *szenisch* auf eine fiktive Situation verweist (vgl. Chartier 1999, 4–5) – ist damit in die Richtung ihres Materials geneigt; mithin auf die materiellen, feinstofflichen Umstände ihres *Statt-Findens* oder die konkreten Umstände der Lektüre, auch in ihrer fiktionalen Form.

Vor diesem Hintergrund werden zum einen die vielfachen Hinweise auf die *Bedingungen* der Lektüre selbst neu lesbar. Erschien den barocken Epikureern der „herum schweiffende Wind" als nichts „anders/ als ein

---

30 Zum Lullismus und seinen Kontexten vgl. Traninger 2001.
31 Vgl. hierzu und zum Folgenden die brillante Diskussion bei Goldstein 2017, 101–124.

gewaltiger Fluß vieler *Atomorum*",[32] ist der flüchtige Nebel als Medium der Wahrnehmung in die Grabschriftenlektüre integriert:

> Ich war/ ich weiß nicht wo/ ich schaut/ ich weiß nicht was/
> Ein Nebel überspan mir schleunig das Gesichte/
> Und ließ mir doch so viel noch übrig von dem Lichte/
> Daß ich durch dikke Lufft die Trauer-Wörter laß [. . .].
> (Hoffmannswaldau 1984 [1700], [707])

Zum anderen wird die rhetorische oder *poetische* Funktion der Sprache[33] als Teil der Grabschriftlichkeit ihrem Trägermedium nebengeordnet. Nicht der Tod als Sonderfall zeichenhafter Kommunikation wird dann in der Grabschrift thematisch, sondern das Lebenszeugnis und dessen Wahrnehmung, als das Ensemble der Lektüre, partizipieren am Prozess des Nachlebens als Leben; an der dekompositorisch-figuralen Funktionalität von Grabschrift und ihrem Gegenstand: In dieser Funktion fallen die vermeintlich auseinanderklaffenden Aspekte der Grabschriftlichkeit, nämlich als „Paradigma lyrischer Möglichkeiten überhaupt"[34] sowie als Medium eines konkreten, *spezifischen* Totengedenken, in eins. Die Monumentalisierung des vergänglichen Lebens im Stein ist in dieser Perspektive nicht Ausdruck der erlegenen Versuchung „to borrow [. . .] the temporal stability that it lacks from nature" (de Man 1983 [1969], 197), sondern vielmehr, im Gegenteil, die Inszenierung ihrer Flüchtigkeit:

> *Auf eine von der Zeit verlesche Grabschrifft.*
> Vor wurd'/ durch diese Schrifft/ die hier die Zeit zerstört/
> Daß alles auf der Welt vergänglich sey/ gelehrt;
> Und nun/ man sie nicht lesen kan.

---

[32] Francisci 1674, 641. Vgl. Weckherlin 1641, 192:

> *Leben/Nebel.*
> Mensch/ bist du klug/
> Und willst recht wissen was den Leben;
> So merck das wörtlein *Leben* eben/
> Da hast du gnug;
> Liß es zu ruck/ so wirst du sehen/
> Was es vnd wie es thut vergehen.

[33] Vgl. Jakobson 1993, 92–93: „Indem sie [die poetische Funktion der Sprache, Anm. P.H.] das Augenmerk auf die Spürbarkeit der Zeichen richtet, vertieft diese Funktion die fundamentale Dichotomie der Zeichen und Objekte."
[34] Segebrecht 1978, 465. Vgl. dazu ausführlich Mills-Courts 1990.

So zeigt sie es noch klärer an:
Kein grösser Zeugnüß kan man haben/
Die Grabschrifft selbst liegt hier begraben.
(Wernicke 1701, 79)

Ausgehend von der parallelen Ausrichtung der ontologischen Grenzfiguren *Grabschrift* und *Abstäublein* hinsichtlich ihrer temporalen Situierung, wäre zuletzt nach der Kombinatorik von Grabschriften zu fragen, die, wie zurecht bemerkt wurde, „Gesellschaft suchen" (Ritter 2018, 3:58). „The character of a deceased friend or beloved kinsman is not seen, no–nor ought to be seen, otherwise than as a tree through a tender haze or a luminous mist, that spiritualises and beautifies it" (Wordsworth 1974a [1810], 58). Wordsworths aus dem friedhöflichen Nebel gegebenen Hinweise auf die ‚community of the living and the dead', die sich in der Lektüre der Grabschriften herzustellen hat, hebt nicht zufällig auf eine „*close connection with the bodily remains of the deceased*" (Wordsworth 1974a [1810], 53) ab: Denn die Affektivität der Lektüre ist sowohl räumlich als auch zeitlich an ihre Situation gebunden. Eine Grabschrift, die es versäumt, ihren Gegenstand augenblicklich zu vermitteln, gilt Wordsworth als „unaffecting and profitless" (Wordsworth 1974a [1810], 59): Die Grabschriften werden, mit anderen Worten, selbst flüchtig gelesen, und umso bedeutender ist ihre Konfiguration, die die flottierenden, kleinen Formen zu temporären, größeren Formen verwandelt. Zu den materialen Bedingungen dieser Zusammensetzungen zählt auch die Affizierbarkeit der Lesenden. Wie Lukrez in *De rerum natura* ausführt, bestehen besonders harte Substanzen (*dura ac spissa*) aus Atomen mit ‚Haken' (*hamata*; Lukrez 1973, 2.444–445), die aufgrund dieser Eigenschaft in der Lage sind, sich in Sinnesorganen festzumachen. Diese Bestimmung übernimmt auch Wordsworth implizit. Unter den ungeeigneten Lesern der Epitaphien befindet sich auch ein „intellectual": „One to whose smooth-rubb'd soul can cling/ Nor form, nor feeling, great nor small" (Wordsworth 2008 [1800], V. 29–32).

Literaturverzeichnis

Primärliteratur

Addison, Joseph. „No. 26. Friday, March 30, 1711". *The Spectator*. Bd. 1. Hg. Donald F. Bond. Oxford: Oxford University Press, 1987. 108–111.

Birken, Sigmund von. *Teutsche Rede-bind- und Dicht-kunst/ oder Kurze Anweisung zur Teutschen Poesy/ mit Geistlichen Exempeln [. . .]/ Samt dem Schauspiel Psyche und Einem Hirten-Gedichte*. Nürnberg: Riegel, 1679.

Francisci, Erasmus. *Die lustige Schau=Bühne von allerhand Curiositäten: darauf Viel nachdenckliche Sachen/ sonderbare Erfindungen/ merckwürdige Geschichte/ Sinn=und Lehr=reiche Discursen/ auch zuweilen anmuthige Schertz=Reden und Erzehlungen/ fürgestellet werden* [. . .]. Bd. 1. Nürnberg: Johann Andreas Endter und Wolffgang deß Jüngern Sel. Erben, 1674.

Francisci, Erasmus. *Das Ehr=und Freuden=reiche Wol der Ewigkeit/ für die Veråchter der Eitelkeit/ In zwey und fünfftzig Bedencken der ewigen/ über alle Masse wigtigen/ und lieblichen Herzlichkeit des Triumph=Reichs JEsu Christi/ und seiner Mit=Erben/ erwogen* [. . .]. Nürnberg: Johann Andreas Endters Sel. Söhne, 1683.

[Logau, Friedrich von] Salomon von Golaw. *Deutscher Sinn=Getichte Drey Tausend*. Breslau: Caspar Kloßmann, 1654.

Gruter, Janus. *Inscriptiones Antiquæ Totius orbis Romani in corpus absolutißimum redacta* [. . .]. Heidelberg: Commelin, 1602.

Gruter, Janus. *Inscriptionum Antiquarum Appendix* [. . .]. Heidelberg: Commelin, 1603.

Harsdörffer, Georg Philipp. *Ars Apophthegmatica, Das ist: Kunstquellen Denckwürdiger Lehrsprüche und Ergötzlicher Hofreden; Wie solche Nachsinnig zu suchen/ erfreulich zu finden/ anståndig zu gebrauchen und schicklich zu beantworten* [. . .], Nürnberg: Wolffgangs deß Jüng. und Johann Andreas Endtern, 1655.

Hoffmannswaldau, Christian Hoffmann von. „Vergänglichkeit". *Herrn von Hoffmannswaldau und andrer Deutschen auserlesener und bißher ungedruckter Gedichte erster theil*. Hg. Benjamin Neukirch et al. Tübingen: Niemeyer, 1961. 466–468.

Hoffmannswaldau, Christian Hoffmann von. *Begråbnüß Gedichte* [1700]. *Gesammelte Werke*. Bd. 1.2: Deutsche Übersetzungen und Getichte. Hg. Franz Heiduk. Hildesheim u. a.: Georg Olms, 1984. [697]–[764].

Hoffmannswaldau, Christian Hoffmann von. *Centuria Epitaphiorum: Sive JOCO-SERIA Das ist: Hundert auserlesene und Sinnreiche Grabschrifften/ von Anfang der Welt/ biß auff nochlauffenden Seculum, von so wohl Tapfern als Untapfern Helden und Heldinen entworffen/ und in zierlich gevierte Reimen verfasst: Mit beygefügten anderen/ ernsthafften/ lustigen Gedenckschrifften/ Jedermännig zur Gemüths=Belustigung/ Vom Fliegenden Wandersmann/ Zeit seiner Wanderschafft colligiret und gesammlet, Gantz Neu heraus gegeben*, o.O., o.J. [1662]. *Gesammelte Werke*. Bd. 2: Curriculum studiorum und andere gedruckte Werke. Hg. Franz Heiduk. Hildesheim u. a.: Georg Olms, 1993. [457]–[489].

Lohenstein, Daniel Casper von. *Grossmüthiger Feldherr Arminius*. Faksimiledruck nach der Ausgabe Leipzig 1689/90. Hg. Elida Maria Szarota. 2 Bde. Bern und Frankfurt am Main: Lang, 1973.

Lukrez [d.i. Titus Lucretius Carus]. *De rerum natura. Welt aus Atomen*. Lateinisch/deutsch. Übers. und Hg. Karl Büchner. Stuttgart: Reclam, 1973.

Moscherosch, Johann Michael. *Wunderliche und warhafftige Gesichte Philanders von Sittewald/ Das ist Straff=Schrifften Hanß=Michael Moscherosch von Wilstådt* [. . .] *Erster Theil*. Straßburg: Städel, 1650.

[Neumeister, Erdmann]. *Die Allerneueste Art/ Zur Reinen und Galanten Poesie zu gelangen. Allen Edlen und dieser Wissenschafft geneigten Gemühtern/ Zum Vollkommenen Unterricht/ Mit überaus deutlichen Regeln/ und angenehmen Exempeln ans Licht gestellet/ Von Menantes*. Hamburg: Johann Wolfgang Fickweiler, 1707.

Opitz, Martin. „Buch von der Deutschen Poeterey" [1624]. *Gesammelte Werke*. Bd. 2.1: Die Werke von 1616 bis 1626. Hg. George Schulz-Behrend. Stuttgart: Anton Hiersemann, 1978. 331–416.

Schottel, Justus Georg. *Sonderbare Vorstellung/ Wie es mit Leib und Seel Des Menschen werde Kurtz vor dem Tode/ In dem Tode/ und nach dem Tode bewandt seyn*. Braunschweig: Zilliger, 1675.

Sweerts, Pierre François. *Epitaphia ioco-seria, Latina/ Gallica/ Italica/ Hispanica/ Lvsitanica/ Belgica/ Franciscvs Svvertivs/ Antuerp. posteritati & vrbanitati collegit* [. . .]. Köln: Gualtheri, 1623.

Weckherlin, Georg-Rodolf. *Gaistliche vnd Weltliche Gedichte*. Amsterdam: Jansson, 1641.

Weckherlin, Georg Rodolf. *Gaistliche und Weltliche Gedichte*. Amsterdam: Jansson, 1648.

[Wernicke, Christian]. *Uberschrifte Oder Epigrammata In acht Büchern/ Nebst einem Anhang von etlichen Schåffer=Gedichten/ Theils aus Liebe zur Poësie, theils aus Haß des Müssiggangs geschrieben*. Hamburg: Hertel, 1701.

Wordsworth, William. „A Poet's Epitaph" [1800]. *Lyrical Ballads: 1798 and 1800. Samuel Taylor Coleridge & William Wordsworth*. Hg. Michael Gamer und Dahlia Porter. Peterborough: Broadview Press, 2008. 369–370.

Wordsworth, William. „Essays upon Epitaphs, I" [1810]. *The Prose Works of William Wordsworth*. Bd. 2. Hg. Warwick Jack Burgoyne Owen und Jane Worthington Smyser. Oxford: Clarendon, 1974a. 49–62.

Wordsworth, William. „Essays upon Epitaphs, II" [1810]. *The Prose Works of William Wordsworth*. Bd. 2. Hg. Warwick Jack Burgoyne Owen und Jane Worthington Smyser. Oxford: Clarendon, 1974b. 63–79.

Wordsworth, William. „Essays upon Epitaphs, III" [1810]. *The Prose Works of William Wordsworth*. Bd. 2, Hg. Warwick Jack Burgoyne Owen und Jane Worthington Smyser. Oxford: Clarendon, 1974c. 80–96.

Wordsworth, William und Dorothy. *Letters of William and Dorothy Wordsworth*. Bd. 1: The Early Years 1787–1805. Hg. Ernest de Selincourt. 2. Aufl. überarb. von Chester L. Shaver. Oxford: Clarendon, 1967.

Sekundärliteratur

Althaus, Thomas. *Epigrammatisches Barock*. Berlin und New York: de Gruyter, 1996.

Battafarano, Italo Michele. „(Scherz-)Grabschriften bei Opitz". *Opitz und seine Welt. Festschrift für George Schulz-Behrend zum 12. Februar 1988*. Hg. Barbara Becker-Cantarino und Jörg-Ulrich Fechner. Amsterdam: Rodopi, 1990a. 21–36.

Battafarano, Italo Michele. „Epitaphia ioco-seria: Loredano und Hallmann". *Beiträge zur Aufnahme der italienischen und spanischen Literatur in Deutschland im 16. und 17. Jahrhundert*. Hg. Alberto Martino. Amsterdam: Rodopi, 1990b. 133–150.

Benjamin, Walter. „Der Ursprung des deutschen Trauerspiels" [1925]. *Gesammelte Schriften*. Bd. 1.1. Hg. Rolf Tiedemann und Hermann Schweppenhäuser. Frankfurt am Main: Suhrkamp, 1974. 203–430.

Benz, Ernst. „Zur Sprachalchimie der deutschen Barockmystik". *Dichtung und Volkstum* 37 (1936). 482–498.

Bernhardt-Kabisch, Ernest. „Wordsworth: The Monumental Poet". *Philological Quarterly* 44 (1965). 503–518.

Bernhardt-Kabisch, Ernest. „The Epitaph and the Romantic Poets: A Survey". *Huntington Library Quarterly* 30 (1967). 113–146.
Boas Hall, Marie. „Matter in Seventeenth Century Science". *The Concept of Matter in Modern Philosophy*. Hg. Ernan McMullin. Notre Dame: University of Notre Dame Press, 1963. 344–367.
Bogner, Ralf Georg. *Der Autor im Nachruf. Formen und Funktionen der literarischen Memorialkultur von der Reformation bis zum Vormärz*. Tübingen: Niemeyer, 2006.
Braungart, Georg. „Barocke Grabschriften: Zu Begriff und Typologie". *Studien zur Literatur des 17. Jahrhunderts. Gedenkschrift für Gerhard Spellerberg (1937–1996)*. Hg. Hans Feger. Amsterdam: Rodopi, 1997. 425–487.
Butler, James. „Poetry 1798–1807: Lyrical Ballads and Poems". *The Cambridge Companion to Wordsworth*. Hg. Stephen Gill. Cambridge: Cambridge University Press, 2006. 38–54.
Chartier, Roger. „Text as Performance", *Publishing Drama in Early Modern Europe: The Panizzi Lectures*, London: The British Library, 1999. 1–27.
de Man, Paul. „Autobiography as De-facement". *Modern Language Notes* 94 (1979). 919–930.
de Man, Paul. „The Rhetoric of Temporality" [1969]. *Blindness and Insight. Essays in the Rhetoric of Contemporary Criticism*. Hg. Wlad Godzich. 2. Aufl. London und New York: Routledge, 1983. 187–228.
Deleuze, Gilles. *Die Falte. Leibniz und der Barock*. Frankfurt am Main: Suhrkamp, 2000.
Devlin, D.D. *Wordsworth and the Poetry of Epitaphs*. Totowa: Barnes Noble Books, 1981.
Ettlinger, Josef. *Christian Hofman von Hofmanswaldau. Ein Beitrag zur Literaturgeschichte des Siebzehnten Jahrhunderts*. Halle: Max Niemeyer, 1891.
Ferguson, Frances. *Wordsworth: Language as Counter-Spirit*. New Haven: Yale University Press 1977.
Fosso, Kurt. *Buried Communities: Wordsworth and the Bonds of Mourning*. Albany: State University of New York Press, 2004.
Godzich, Wlad. „Foreword: The Tiger on the Paper Mat". *Paul de Man, The Resistance to Theory*. Minneapolis: University of Minnesota Press, 1986. IX–XVIII.
Goldstein, Amanda Jo. *Sweet Science: Romantic Materialism and the New Logics of Life*. Chicago: University of Chicago Press, 2017.
Guthke, Karl S. *Sprechende Steine. Eine Kulturgeschichte der Grabschrift*. Göttingen: Wallstein, 2006.
Greenblatt, Stephen. *The Swerve: How the World Became Modern*. New York: W.W. Norton & Co., 2011.
Hardison Jr., O.B. *The Enduring Monument. A Study of the Idea of Praise in Renaissance. Literary Theory and Practice*. Chapel Hill: University of North Carolina Press, 1962.
Hartman, Geoffrey. „Inscriptions and Nature Poetry" [1965]. *The Unremarkable Wordsworth*. Minneapolis: University of Minnesota Press, 1987. 31–46.
Jakobson, Roman. „Linguistik und Poetik". *Poetik. Ausgewählte Aufsätze 1921–1971*. Hg. Elmar Holenstein und Tarcisius Schelbert. 3. Aufl. Frankfurt am Main: Suhrkamp, 1993. 83–121.
Jay, Paul L. „Autobiography and the Problem of the Subject". *Modern Language Notes* 97 (1982). 1045–1063.
Johnson, Barbara. „Strange Fits: Poe and Wordsworth on the Nature of Poetic Language". *A World of Difference*. Baltimore und London: Johns Hopkins University Press, 1987. 89–99.
Jones, Howard. *The Epicurean Tradition*. London, New York: Routledge, 1989.

Kaminski, Nicola. Art. „Magnetische Verbindung und Letztes Ehren-Gedächtnüß aus der Perspektive der Gedenkausgabe". *Gryphius-Handbuch*. Hg. Nicola Kaminski und Robert Schütze. Berlin und Boston: de Gruyter, 2016. 460–471.

Koschorke, Albrecht. *Körperströme und Schriftverkehr. Mediologie des 18. Jahrhunderts*. München: Wilhelm Fink, 1999.

Krummacher, Hans-Henrik. „Das barocke Epicedium: Rhetorische Tradition und deutsche Gelegenheitsdichtung im 17. Jahrhundert". *Jahrbuch der deutschen Schillergesellschaft* 18 (1974). 89–147.

Kuhn, Thomas. *The Copernican Revolution: Planetary Astronomy in the Development of Western Thought*. Cambridge und London: Harvard University Press, 1957.

Lacey, Andrew. „The Epitaphic Poetry of Crabbe and Wordsworth ". *Romanticism* 20 (2014). 151–161.

Lasswitz, Kurd. *Geschichte der Atomistik vom Mittelalter bis Newton*. Bd. 1: Die Erneuerung der Korspuskulartheorie. Hamburg und Leipzig: Leopold Voss, 1890.

Lessing, Gotthold Ephraim. „Zerstreute Anmerkungen über das Epigramm und einige der vornehmsten Epigrammatisten". *Werke*. Bd. 5: Literaturkritik. Poetik und Philologie. Hg. Jörg Schönert. München: Hanser, 1973. 420–529.

Lezra, Jacques und Liza Blake (Hg.). *Lucretius and Modernity: Epicurean Encounters Across Time and Disciplines*. New York: Palgrave Macmillan, 2016.

Marshall, Peter. *Beliefs and the Dead in Reformation England*. Oxford: Oxford University Press, 2002.

Meid, Volker. *Sachwörterbuch zur deutschen Literatur*. Stuttgart: Reclam, 1999.

Miller, J. Hillis. *The Linguistic Moment: From Wordsworth to Stevens*. Princeton: Princeton University Press, 1985.

Mills-Courts, Karen. *Poetry as Epitaph: Representation and Poetic Language*. Baton Rouge und London: Louisiana State University Press, 1990.

Newstok, Scott L. *Quoting Death in Early Modern England. The Poetics of Epitaphs Beyond the Tomb*. Basingstoke: Palgrave Macmillan, 2009.

Noack, Lothar. „Christian Hoffmann von Hoffmannswaldaus ‚Poetische Grab=Schriften' von 1643, ihre Raubdrucke und spätere Umarbeitungen". *Germanica Wratislaviensia* 85 (1989). 195–222.

Norbrook, David et al. (Hg.). *Lucretius and the Early Modern*. Oxford: Oxford University Press, 2016.

Passannante, Gerard. *The Lucretian Renaissance: Philology and the Afterlife of Tradition*. Chicago: University of Chicago Press, 2011.

Ritter, Nils. „Epitaph". *Enzyklopädie der kleinen Formen*. http://www.kleine-formen.de/enzyklopaedie-epitaph. Berlin: Audio-Enzyklopädie des Podcasts microform, 2018 (11.10.2019).

Sánchez-Eppler, Karen. „Decomposing: Wordsworth's Poetry of Epitaph and English Burial Reform". *Nineteenth-Century Literature* 42 (1988). 415–431.

Scodel, Joshua. *The English Poetic Epitaph: Commemoration and Conflict from Jonson to Wordsworth*. Ithaca: Cornell University Press, 1991.

Segebrecht, Wulf. „Steh, Leser, still! Prolegomena zu einer situationsbezogenen Poetik der Lyrik, entwickelt am Beispiel von poetischen Grabschriften und Grabschriftenvorschlagen in Leichencarmina des 17. und 18. Jahrhunderts". *DVjs* 52.3 (1978). 430–468.

Segebrecht, Wulf. „Über Poetische Grabschriften". *Poetische Grabschriften*. Hg. Wulf Segebrecht. Mit zehn Radierungen von Christoph Meckel. Frankfurt am Main: Insel, 1987. 129–136.

Stones, G.B. „The Atomic View of Matter in the XVth, XVIth, and XVIIth Centuries". *Isis* 10 (1928). 445–465.
Thøfner, Margit. „Material Time. The Art of Mourning in Early Modern Europe". *Daphnis* 38 (2009). 181–215.
Traninger, Anita. *Mühelose Wissenschaft. Lullismus und Rhetorik in den deutschsprachigen Ländern der Frühen Neuzeit.* München: Wilhelm Fink, 2001.
Weisz, Jutta. *Das deutsche Epigramm des 17. Jahrhundert.* Stuttgart: Metzler, 1979.
Wesche, Jörg. *Literarische Diversität. Abweichungen, Lizenzen und Spielräume in der deutschen Poesie und Poetik der Barockzeit.* Tübingen: Niemeyer, 2004.
Wilson, Catherine. *Epicureanism at the Origins of Modernity.* Oxford: Oxford University Press, 2008.

Clemens Özelt
Allegorien des Anfangens

Die Raum- und Zeitentfaltung barocker Trauerspielprologe
(Gryphius, Haugwitz, Lohenstein, Hallmann)

Prologe wirken auf die Nachwelt barock. Der *Prolog im Himmel* aus Johann Wolfgang Goethes *Faust* ist wohl der bekannteste deutschsprachige Text, der diese Vorstellung aufruft und weiter festigt. „Mit dem ‚Prolog'", so Richard Alewyn, „ist das Thema des barocken Weltspiels gestellt und sein Raum eröffnet" (Alewyn 1972, 136). So zielsicher Alewyn im *Faust* ein Epochenzitat identifiziert, so wenig stößt man in der Barockzeit auf ein unmittelbares Vorbild der Exposition. Jakob Bidermanns Drama *Cenodoxus*, das zahlreiche Parallelen zur *Faust*-Handlung aufweist, oder Pedro Calderón de la Barcas *El gran teatro del mundo*, das Goethe beeinflusst hat (vgl. Schmidt 2001, 56), beginnen wie die meisten kanonischen Barockdramen deutscher Sprache ohne Prolog. Das ist vermutlich auch der Grund, warum das nur vereinzelt eingesetzte Formelement noch nicht im Epochenzusammenhang untersucht wurde. Die Forschung hat sich bislang auf die textimmanente Lektüre von Prologen prominenter Stücke wie Andreas Gryphius' *Catharina von Georgien* konzentriert und sich mit knappen Hinweisen auf Rezeptionsspuren oder strukturelle Ähnlichkeiten in anderen Dramen begnügt.[1]

Die bisher wahrgenommenen intertextuellen Relationen, in deren Zentrum der Prolog der Ewigkeit aus *Catharina von Georgien* steht, führen geradewegs auf ein Dramenkorpus, das es erlaubt, die Poetik barocker Trauerspielprologe am Beispiel der schlesischen Dramatiker genauer zu untersuchen. So tritt in August Adolph von Haugwitz' *Schuldige Unschuld oder Maria Stuarda* genauso wie bei Gryphius zu Beginn die Ewigkeit auf. Daniel Caspar von Lohensteins *Ibrahim (Bassa)* zitiert den *Catharina*-Prolog in der Eingangsrede, die von einer Personifikation Asiens gesprochen wird, also einer ähnlichen Figur wie dem Thracischen Bosphorus in Lohensteins *Ibrahim Sultan* und dem Berg Sion in Johann Christian Hallmanns *Mariamne*. Gemeinsam ist den fünf Barockprologen, dass die Sprechinstanzen Raum- und Zeitpersonifikationen sind. Hierin heben sie sich bereits von ihren literaturhistorischen Vorgängerinnen wie

---

[1] Vgl. Tschachtli 2017, 195–201; Wild 2013, 101–105; Berndt 1999; Schings 1980 – Gryphius 1991, 927; Lohenstein 2008, 908–909, Lohenstein 2012, 861; Béhar 1988, 1:88, 150; Just 1961, 99–106; Stachel 1907, 312, 331; Haugwitz 1974, 61; Kipka 1907, 173; Alt 1995, 233, 290; Meid 2009, 434.

Nachfolgerinnen ab – von den Götterfiguren der griechischen Antike genauso wie von den Herolden des Fastnachtsspiels oder den Spielleitern des Epischen Theaters.

Die Raum- und Zeitpersonifikationen knüpfen an eine grundlegende, in unterschiedlichen Epochen beobachtbare Funktion von Prologen an, Dramen räumlich und zeitlich zu verorten. Diese Vergleichbarkeit lässt zugleich die funktionalen Unterschiede hervortreten. Denn das Bestimmende der fünf barocken Personifikationen besteht darin, dass die verkörperten Größen die Raum- und Zeitmaße der Theaterbühne übersteigen. Sie führen nicht auf Ereignisse und Zusammenhänge hin, von denen aus sich die Dramenhandlungen entspinnen, sondern sie machen die Grenzen des Theaters kenntlich und durchbrechen sie. Dieses transgressive Moment – so soll in weiterer Folge gezeigt werden – dient dazu, im schmalen Übergangsraum des Prologs verschiedene dramatische, irdische und überirdische Größenverhältnisse zu entfalten und in Beziehung zueinander zu setzen.

Die Sprechinstanzen der fünf Prologe werden in der Forschung meist als allegorische Figuren oder als Personifizierungsallegorien bezeichnet (vgl. Alt 1995, 233; 247; 290). Sie dienen aber nicht in gleicher Weise dazu, „Abstrakta zu illustrieren" (Alt 1995, 165) wie Weisheit und Schönheit bei Calderón, Eigenliebe und Gleisnerei bei Bidermann oder wie die „Vorredner, vorstellend ein Laster/ oder eine Tugend/ auf welchen das gantze Spiel zielet" (Harsdörffer 1648, 96), die Georg Philipp Harsdörffer für die Komödie empfiehlt. Die Ewigkeit, Asien, der Bosporus und der Berg Sion zeichnen sich dadurch aus, dass sie die Wahrnehmungsmöglichkeiten der Zusehenden im Theater und – in unterschiedlichen Schattierungen – auch die des Menschen schlechthin übersteigen. Sie sind aber nicht per se abstrakt. Um dem Publikum die „Überschwelligkeit" (Anders 1956, 262–263) von Raum und Zeit näherzubringen, nehmen die Personifizierungsallegorien immer wieder auf die sinnliche Anschauung im Theaterraum Bezug, führen mit ihren semiotischen Möglichkeiten über die Wahrnehmungsgrenze hinaus und wieder zurück. Aus diesem Grund machen sie stärker als andere Allegorien die Mittel, die dem Theater zur Verfügung stehen, bewusst und sie verweisen damit auch auf die Schwelle, an der sie sich als Vorrednerinnen und Vorredner befinden. Sie sind Allegorien des Anfangens.

Der Übergang zwischen Theater und Theatrum mundi ist in einer literaturhistorischen Phase, die Welt und Bühne gleichermaßen als Transitorium wahrnimmt (vgl. Kindermann 1959, 14), geradezu prädestiniert, diese epochentypische Vorläufigkeit auszustellen, aber auch um Auswege aus der Endlichkeit vorzuzeichnen. Die fünf Prologe führen deshalb nicht nur Koordinatensysteme ein, sondern rücken die Raum- und Zeitgrößen in zeitgenössische Wahrnehmungshorizonte ein, die maßgeblich der Gegensatz von Vergänglichkeit und Unvergänglichkeit bestimmt. Dabei weisen die Prologe ein größeres Gestaltungsspektrum auf, als man vielleicht vermutet. Dieser Spielraum lässt sich anhand zweier Prologe zu Übersetzungen von Gryphius und Lohenstein andeuten, die unterschiedliche Einflusssphären und Modellierungen sichtbar machen und so auf Eigentümlichkeiten der nachfolgenden fünf Texte hinführen.

Gryphius hat während seines Studiums in Leiden das niederländische Theater kennengelernt und später Joost van den Vondels *Gebroeders* übersetzt (Vgl. Kuhn 2016, Plard 1968, Flemming 1928–29). Dieser Übersetzung fügte Gryphius einen eigenen Prolog hinzu. Er führt in die Vorgeschichte der Handlung ein und wird vom „Geist Sauls" (Gryphius 1966, 75) gesprochen, also jenem Vorfahren, dessen Schuld seine Nachkommen im Stück büßen müssen. Die Exposition erinnert an den Auftritt der „Tantali umbra" (Seneca 2002, 10), die zu Beginn von Senecas *Thyestes* Schatten auf die Nachfahren wirft, und sie macht so einen weiteren wichtigen Einfluss auf Gryphius und die neostoizistische Dramatik seiner Zeit sichtbar (vgl. Arend 2016, Lefèvre 1978, Stachel 1907). Die Sprechposition der aus der Zeit und dem Leben herausgetretenen Figuren (Saul, Tantalus) radikalisiert die Allegorie der Ewigkeit, die sich nicht der Vorgeschichte widmet und in keinem Verwandtschaftsverhältnis zu den Akteuren steht. Sie transzendiert vielmehr programmatisch die Lebenszeit von dramatischen Figuren und historischen Personen.

Lohenstein führt in eine ganz andere dramatische Welt als die Vondels und Senecas. Er übersetzte den Prolog aus Giovanni Battista Guarinis *Il pastor fido*, der in der Übersetzung von Christian Hoffmann von Hoffmannswaldau fehlte (vgl. Lohenstein 1680, 126–130; Rotermund 1963, 20). Der Vorredner ist der Fluss Alpheus, den die Kraft der Liebe wie den Bosporus in Lohensteins *Ibrahim Sultan* in eine andere Weltgegend versetzt – den griechischen Fluss nach Italien, die türkische Meerenge nach Österreich. Beide beginnen mit einer Klage über die Region, die sie verlassen haben, und münden in ein Herrscherinnen- und Herrscherlob, wobei in beiden Fällen eine Vermählung zum Anbruch einer neuen Ära stilisiert wird: hier von Karl Emanuel von Savoyen mit Katharina Michaela von Spanien, dort von Kaiser Leopold I. mit Claudia Felizitas von Österreich-Tirol. Alpheus und Bosporus öffnen so den Raum der europäischen Politik.

Die Unterschiede zwischen Guarinis Schäferdichtung und Vondels Dramatisierung eines biblischen Stoffes, die Senecas Tragödien verpflichtet ist, machen sich in ähnlicher Weise in Gryphius' und Lohensteins Prologen zu eigenen Dramen bemerkbar. So deuten sich aus Sicht der Übersetzungen unterschiedliche Gestaltungsmöglichkeiten der Personifizierungsallegorien an. Zugleich führen sie auf eine gattungspoetische Gemeinsamkeit hin. Der Prolog, den Gryphius seiner eigenen Übersetzung hinzufügte, und der Prolog von Lohenstein, der in spätere Ausgaben von Hoffmannswaldaus *Der getreue Schäfer* aufgenommen wurde, zeigen ihre relative Eigenständigkeit als Textform, die sich auch in den Figurenkonstellationen der Prologe widerspiegelt. Diese Indizien sprechen genauso wie die eingangs erwähnte intertextuelle Vernetzung und die gemeinsamen Strukturmerkmale der Vorreden dafür, dass es sich bei den Prologen – trotz der Anbindung an die große Trauerspielform – um kleine Barockformen handelt.

1 Prolog der Ewigkeit (Gryphius: *Catharina von Georgien*)

Die Allegorie der Ewigkeit nutzt bei ihrem Auftritt in Gryphius' *Catharina von Georgien. Oder Bewehrete Beständigkeit* spektakulär die Bewegungsmöglichkeiten barocker Vertikalbühnen. Sie steigt vom Himmel herab und durchmisst, noch bevor sie ein Wort spricht, drei Raumordnungen, die die berühmte erste Regieanweisung des Stücks festhält:

> *Der Schauplatz liget voll Leichen / Bilder / Cronen / Zepter / Schwerdter etc. Vber dem Schau-Platz öffnet sich der Himmel / unter dem Schau-Platz die Helle. Die Ewikeit kommet von dem Himmel / und bleibet auff dem Schau-Platz stehen.* (Gryphius 1991, 125)

Vor der ersten Bewegung zeigt sich dem Publikum ein Herrschaftsraum, der durch die in horizontaler Richtung sich ausbreitenden Trümmer der Macht angedeutet wird und an geographische Gebiete wie das titelgebende Georgien denken lässt. In vertikaler Richtung öffnet sich dann ein zweiter, überirdischer Raum, der sich in Himmel und Hölle teilt und aus dem die Ewigkeit heraustritt. Ihr Stehenbleiben lässt schließlich das Spiel auf dem „Schau-Platz" beginnen, also jenem Bühnenraum, auf dem die weiteren dramatischen Handlungen zu sehen sein werden.

Diese drei Räume, auf die der Nebentext mit je einem Satz eingeht, führt die Ewigkeit in ihrer Vorrede erst nach und nach ein. Vergleichsweise spät, erst im letzten Viertel des Prologs, nimmt sie auf die Insignien und die Leichen Bezug: „Vor mir ligt Printz und Crone / Jch trett' auff Zepter und auff Stab und steh auff Vater und dem Sohne" (V. 67–68). Der objekthaft evozierte Herrschaftsraum verbindet sich im Paarreim (Crone/Sohne) mit einer genealogischen Zeitordnung, die trotz ihrer vermeintlich langen Dauer der Superiorität der Ewigkeit untersteht. Diese übergeordnete, zweigeteilte Raum- und Zeitordnung bringt dem Publikum kurz darauf ein Verweis auf Himmel und Hölle in

Form eines Parallelismus näher: „Hir über euch / ist diß was ewig lacht; / Hir unter euch / was ewig brennt und kracht." (V. 71–72) Die symbolisch repräsentierten Räume werden so exemplarisch durch versprachlichte Zeigebewegungen vorgestellt.

Der „Schau-Platz" wird dagegen nicht über Objekte, sondern verbal über die Tätigkeit des Schauens eingeführt. Insbesondere die Publikumsansprachen der Ewigkeit machen im performativen Sinn die Bühne zu einem Ort des Sehens. Das beginnt mit der ersten binnenreimenden Anrede „Jhr Blinden! Ach! wo denckt ihr mich zu finden!" (V. 5), die auf die Bühnentrümmer verweist, und reicht bis zu den vierfach auffordernden „Schaut"-Anaphern am Ende (V. 75–78), die den Blick auf Himmel und Hölle lenken. Dass das Theater ein besonderer „Schau-Platz" ist, der sich von der Alltagswahrnehmung abhebt, markiert der zu Beginn gesetzte Nullpunkt des Sehens („Jhr Blinden"), den auch die Lichtregie stützt. „Das Trauerspill beginnet vor Auffgang der Sonnen" (Gryphius 1991, 124), lautet die Angabe zur Zeit des Stücks, und zu Beginn des ersten Akts heißt es: „Das grosse Licht der Welt die edle Sonn erwacht." (Gryphius 1991, 131) Die Lichtmetaphorik des Prologs gestaltet Bewegungsrichtungen innerhalb der skizzierten Raumordnung. „Jrrlicht" (V. 9) und „Sonne" (V. 77) werden zu Orientierungspunkten in der Dunkelheit, die in die Horizontale bzw. in die Vertikale führen und so mit der Unterscheidung von Herrschaftsgebiet und Himmelreich korrelieren. Wie schon zuvor verbindet sich mit der vertikalen Raumachse das Attribut der Unvergänglichkeit, mit der horizontalen das der Vergänglichkeit; die Blinden werden wenig später auch als „Sterbliche" (V. 9) angesprochen.

Die Lichtmetaphorik verdeutlicht, dass der Prolog eine Schule des Sehens ist, die dazu anleitet, verschiedene Raum- und Zeitmaße zu unterscheiden. Die Vorrede erfüllt dabei zwei Funktionen. Sie wiederholt einerseits in sprachlichen Zeigebewegungen, was das Publikum bereits gesehen hat, und schafft so unter Hinweis auf die Bühnenobjekte Evidenz. Andererseits rekurriert die Ewigkeit nicht nur auf bereits Unterschiedenes, sondern trifft auch selbst Unterscheidungen und fordert das Publikum auf, in gleicher Weise zu sehen – vor allem das, was nicht unmittelbar sichtbar ist. Die Sprache vollzieht so mit verschiedenen rhetorischen Mitteln (Reim, Parallelismus, Metapher, Allegorie) Wahrnehmungssprünge, die im Wechsel von erstem Sehen, sprachlich gesetzter Blindheit und neuem von der Ewigkeit angeleiteten Sehen pointiert zum Ausdruck kommen. Die Sichtbarkeit im Theater wird so an entscheidenden Stellen erweitert.

Die Wahrnehmungssprünge begegnen dem Problem, dass die Vorrednerin das, was sie verkörpert, nicht mimetisch zur Darstellung bringen kann: Ewigkeit. Der dritte Vers lenkt deshalb die Aufmerksamkeit programmatisch dorthin, „Wo sich Eu'r ichts / in nichts verkehrt" (V. 4). Die Annäherung an die Ewigkeit erfolgt *ex negativo* über Vergängliches. Diese Strategie motiviert auch die Zeitökonomie des Prologs und letztlich seine Form. Die allegorische Figur versucht nicht mittels zeitlicher Ausdehnung einen Eindruck von Ewigkeit zu erwecken, sondern durch Kürze, in der Kleinform der Vorrede. Die verschiedenen Untergangsszenarien, die der Prolog in weiterer Folge und mit wenigen Worten skizziert, konzentrieren sich darauf, wie Weltliches „Jn einem Nu" (V. 18) dahinschwindet. Diese Umsprungbilder und -szenarien vermitteln Momente konzentrierter Flüchtigkeit. Sie nehmen zudem die Handlung vorweg, sodass auch in der Spannung von Prolog und durchgeführter Tragödie die Endlichkeit politischer Macht dramatisch erfahrbar wird.

Die zahlreichen Publikumsansprachen der Ewigkeit spielen für diese Zeiterfahrung eine genauso zentrale Rolle. Sie dienen nicht wie später im Epischen Theater Bertolt Brechts der Desillusionierung, sondern der Vergegenwärtigung von Momenten im Angesprochenwerden. Diese Zuwendungen der Ewigkeit ließen sich nicht nur als bewusste Erfahrungen der Flüchtigkeit, sondern auch als Ahnungen des Unvergänglichen interpretieren. Der Strategie, sich der Ewigkeit über Augenblicke anzunähern, begegnet man zum Beispiel in Gryphius' bekanntem Epigramm *Betrachtung der Zeit*: „Der Augenblick ist mein / und nehm' ich den in acht / So ist der mein / der Jahr und Ewigkeit gemacht." (Gryphius 1964, 183) Der hier artikulierte und durch die Kreuzstellung gebahnte Weg vom Augenblick zur Ewigkeit findet sich aber im Prolog nicht in gleicher Weise wieder. Es werden zwar Raum- und Zeitordnungen verbunden – der Himmel ist der Raum der Ewigkeit, die Welt der Raum der verfließenden Zeit und der Prolog ein Raum des Augenblicks –, rhetorisch dominiert jedoch die Zurückweisung linearer Zeitlichkeit wie in der Frage: „Wer Jahre zehlt; denckt der wol je an mich?" (V. 53)

Die Thematisierung von Räumen bestimmt ein vergleichbares Muster, weltliche Kürze anschaulich zu machen und zu überwinden. Die Ewigkeit führt das Publikum von „Lånder[n]" (V. 17) über „Palåste" (V. 28) und „Schlösser" (V. 31) auf ein „enges Hauß" (V. 33) hin, das am Ende jedes Lebens wartet und für den Sarg steht, der seinerseits sofort metaphorisch gedeutet wird: „Ein Sarg! der recht entdeckt wie kurtz der Menschen Långe." (V. 34) Die Ewigkeit durchschreitet so erneut unterschiedliche Räume, die sich den Dimensionen der Bühne zunehmend annähern und über die Haus-Metapher auf das weitere Geschehen vorausweisen – Catharina von Georgien wird in „des Tyrannen Hauß" (Gryphius 1991, 148), dem „Angsthauß" (Gryphius 1991, 213), den Tod finden. Im Moment der Annäherung kommt es wieder zum Umschlag. Der überschaubar gewordene Raum wird zu einer Metapher der Zeit, einer Metapher der äußersten Kürze, die dem in die Enge getriebenen Publikum nahelegt, einen

Ausweg aus dem „Folter-Hauß" (V. 66) der vergänglichen Welt in vertikaler Richtung zu suchen. Der Prolog lenkt so den Fokus auf eine Überwindung von Kürze, die seiner eigenen Stellung entspricht: als Durchgangsraum von Welt und Theater, der zur Ewigkeit führen kann.

2 Prolog der Ewigkeit (Haugwitz: *Schuldige Unschuld oder Maria Stuarda*)

Der Prolog in August Adolph von Haugwitz' Drama *Schuldige Unschuld oder Maria Stuarda, Königin von Schottland* weist derart zahlreiche Überschneidungen mit dem Prolog in *Catharina von Georgien* auf, dass er immer wieder als Beleg für das Epigonentum des Autors herangezogen wurde (vgl. Alt 1995, 233; Mannack 1968, 75; Kipka 1907, 173). Die Ewigkeit steigt in Haugwitz' Märtyrerdrama genauso vom Himmel herab, verweist auf Insignien der Vergänglichkeit wie „Cron und Scepter" (Haugwitz 1683, 17, V. 101) und warnt vor falschem Glanz wie dem „Irrwisch" (V. 19). Doch schon die erste Regieanweisung zeigt, dass die Ewigkeit hier einen anderen Raum betritt: „Der Schau = Platz stehet gantz leer/ über selbigen öffnet sich der Himmel/ aus welchem die Ewigkeit herunter kŏmmt/ und auff dem Schau = Platz stehen bleibt." (Haugwitz 1683, 13) Im Vergleich zu Gryphius wirkt der Auftritt in doppelter Weise reduziert. Es fehlen in der Vertikalen die Hölle, die Drohung der ewigen Verdammnis, und in der Horizontalen die Trümmer der weltlichen Macht, die Bühne ist „gantz leer".

Diese Reduktion ist Programm bei Haugwitz. Bühne und allegorische Figur bieten nicht Objekte auf, um sie in ihrer Nichtigkeit vorzuführen, sondern es gibt von Beginn an nichts als die Ewigkeit, die unvermittelt zu den Sterblichen im Zuschauerraum herabsteigt. Die Zuspitzung auf den Gegensatz zwischen Himmel und Bühne, Hohem und Niedrigem, setzt sich in der ersten Publikumsansprache fort. Die Ewigkeit wendet sich performativ an die Gruppe der Hochmütigen, nicht an ein Kollektiv von Blinden:

> Ihr die Ihr Euch groß zumachen
> Über andre/ meistens tracht!
> Ihr die Ihr deß Pŏsels Sachen
> (Lachens wŭrdige) verlacht! (V. 1–4)

Die metaphorische Gewichtsverlagerung vom Licht zur Höhe lenkt die Aufmerksamkeit von Fragen der Epistemologie hin zu Fragen der Macht und des sozialen Verhaltens. Damit hängt die exklusivere Anredestruktur zusammen. Die

Hochmütigen werden zweifach abgegrenzt (andere, Pöbel) und zugleich zweimal verdoppelt angesprochen („Ihr die Ihr"). Es steht nicht die unwissende Menschheit, sondern eine raumeinnehmende, nach Macht und Geltung strebende Gruppe im Fokus. Die selektive Anrede fordert das Publikum stärker dazu auf, über die Zugehörigkeit zu dieser Gruppe zu entscheiden. So verschiebt sich ein Differenzierungsprozess von der Bühne in den Zuschauerraum, von den wahrnehmbaren Objekten zu den angesprochenen Subjekten.

Diesen ersten Eindruck bestätigt die Rezeptionsanweisung am Ende des Prologs, wenn die Ewigkeit verkündet: „Dieses Spiel das soll euch rauben / Den so hoch getrotzten Geist / [. . .] Ich wil euch weit mehr erhöhen / Wann ihr folget einig mir." (V. 98–99; 103–104) Die Stelle zählt zugleich zu den wenigen Passagen, die die Rolle der Ewigkeit beleuchten. Die Figur hat sich zuvor nicht als Personifizierungsallegorie vorgestellt, vom Ewigen gesprochen oder versucht dem Publikum eine andere Zeitordnung nahezubringen. Die Zusehenden können sie deshalb nur bedingt als Zeitallegorie wahrnehmen, schließlich ist sie nur über die räumliche Transgression zu fassen („weit mehr erhöhen"). Diese Transgression ist am Ende ein Versprechen, das nicht weiter befragt wird. Der Fokus liegt auch hier auf der Beschränkung der Hochmütigen. So ist bereits bei Haugwitz die Tendenz zu erkennen, dass die Verräumlichung der Allegorie mit einer Aufwertung des Sozialen und Politischen verbunden ist, die bei Lohenstein noch stärker ausgeprägt ist.

Die Affirmation der Beschränkung, die an die Stelle einer Negation von Kürze tritt, führt nicht nur zu Verschiebungen zwischen den Bildbereichen Licht und Höhe, sondern auch zu Veränderungen ihrer Bedeutungsstruktur. Die bei Gryphius beobachtete Metaphorik verkehrt sich in Haugwitz' Hinführung auf die Gefangenensituation sogar ins Gegenteil, was die poetischen Eigenheiten des Prologs nochmals deutlicher zutage treten lässt:

> Der dem von der Wiegen an
> Hat deß Kerckers Last umbfangen /
> Trågt nicht nach der Freyheits Pracht
> Ein so sehnliches Verlangen /
> Die der Cimmerischen Nacht
> Schon bißhero angewehnet /
> Achten nicht der Sonnen Schein /
> Nach dem sich ein andrer sehnet. (V. 32–39)

In der Passage erscheinen Freiheit und Sehnsucht als Antriebskräfte des Hochmuts, die die Vorrede einzuschränken versucht. Der Kerker ist deshalb kein „enges Hauß", das es zu überwinden gilt und an den „Kercker des Verderbens" (Gryphius 1991, V. 76) gemahnt, wie die Hölle bei Gryphius genannt wird, sondern ein Ort, der Demut lehrt. Die Sonne ist auch kein göttlicher Orientierungspunkt, sondern ein genauso verführerischer Glanz wie das Irrlicht. Der Prolog wird so zu einer Schule der Selbstbeschränkung, nicht des Sehens. Flehter, der Thum-Dechant von Petersburg, bringt diese Einsicht am Ende des Dramas nochmals schematisch auf den Punkt:

> Der / den der Purpur ziehrt / der Cron und Scepter trägt /
> Weiß weniger als der / den man in Fessel schlägt (Haugwitz 1683, 68)

Die Kataphern („Der / den", „der", „der / den") rufen wie schon in der Publikumsansprache Typen auf – hier den/die Herrscher/in und die/den Gefangene/n –, die durch die zweischenkeligen Alexandriner besonders zur Geltung kommen. Die komparative Struktur des Prologs setzt sich fort und kehrt erneut die evozierten Vorstellungen von Hohem und Niederem um. Im Kontrast der beiden letzten Zitate, also der vierhebigen Prolog- und der sechshebigen Dramenverse, zeigt sich zudem, dass der Prolog auch in metrischer Hinsicht eine kleine, in sich geschlossene Form ist, die auf die Beschränkung einstimmt.

3 Prolog Asiens (Lohenstein: *Ibrahim*)

Die Vorrednerin in *Maria Stuarda*, die mehr als Personifikation der Höhe denn als Personifikation der Ewigkeit agiert, nähert sich bereits den Raumallegorien an, wie sie für Lohensteins sogenannte *Türkische Trauerspiele* charakteristisch sind. In *Ibrahim (Bassa)* spricht Asien „in gestalt einer Frauen von den Lastern angefässelt" (Lohenstein 2008, 13) den Prolog. Ihre Fesseln sind keine Zeichen der weisen Beschränkung wie bei Haugwitz, sondern des Vergehens. Die Vorrede ist die Selbstanklage eines ganzen Kulturraums. Die Figur beginnt sie mit den Worten: „WEh weh! Mir Asien/ ach! weh!" (V. 1) und fügt wenig später, Gryphius' Prolog der Ewigkeit zitierend, hinzu: „Entthrônte Kônigin! entzepterte Beherscherin der Welt! / Gestůrtztes Asien! aus Jchts in Nichts und Staub verstobens Land!" (V. 11–12) Der nicht objekthaft evozierte, sondern nun personifizierte Herrschaftsraum ist wie in *Catharina von Georgien* ein Raum der Vergänglichkeit, der im Modus der Negation sprachlich aufgerufen wird.

Allerdings bleibt die Anklage bei Lohenstein völlig auf sich selbst bezogen. Die Kommunikationssituation erscheint selbst gegenüber Haugwitz nochmals reduziert. Nur in den letzten beiden Versen wendet sich der Blick kurz dem Himmel zu, wenn um Beistand gegen den Tyrannen Soliman gefleht wird:

> Blitzet ach! blitzet ach! Wolkken und machet von den umbfäßelnden Lastern mich loß!
> Donner ach! Donner! zerschlag und zersplitter ides in einen zerdrůmerten Klos.
>
> (V. 95–96)

Blitz und Donner ersetzen hier die Sonne; der Himmel straft am Ende, aber orientiert nicht. Der Prolog ist kein Wegweiser, sondern Warnung vor einer Sackgasse. Diese Funktionsveränderungen zeigen sich auch im Verhältnis von Prolog und Drama. In *Catharina von Georgien* überträgt sich die Lichtmetaphorik des Prologs auf die Protagonistin; schon im dritten Vers des ersten Akts heißt es, Catharina sei die „Sonn' Jberiens" (Gryphius 1991, 128). Soliman, der in *Ibrahim (Bassa)* als erster das Wort ergreift, wird von Asien dagegen als Sohn wider Willen eingeführt: „Ertz = Mörder! Ach hab Jch / dich Tigerthier dich Wurm mit meiner Milch gesogen" (V. 89–90). Gryphius bereitet dem Vorbild, Lohenstein der Abschreckung die Bahn.

Die Selbstbezüglichkeit von Asiens Sprechen macht sich auch in horizontaler Richtung bemerkbar. Der Dialog mit den Zusehenden ist wie der mit dem Himmel auf ein Minimum reduziert, sodass sich der Prolog nicht zu einer Schule des richtigen Sehens, Unterscheidens und Verhaltens entwickelt. Das europäische Publikum kann nur mit undifferenzierter Abscheu auf die asiatischen Gräuel reagieren. Die unterbleibende Interaktion wie die Reglosigkeit der Figur korrespondieren mit der rhetorischen Statik der fortgesetzten Selbstanklage, die nur von einer genauso selbstbezogenen Erinnerung an die einstige Größe unterbrochen wird. „Stund iemand auf dem Schau = Saal dieser Erden / So hoch gepflantzt zur Ehren höh?" (V. 59), fragt Asien, niedergefesselt auf dem Schauplatz des Theaters, um den Kontrast zwischen Gegenwart und Vergangenheit, realer Größe und dargestellter Kleinheit augenfällig zu machen. Von der einstigen Glorie des Kontinents zeugen nur mehr Spuren:

> Luft Himmel/ Erde Meer/ Glut/ Felder/ Wälder/ Klippen wissen
> Mit stummer Zunge noch zu språchen/
> Das sie gesåhn die Sonne stehn/
> Gewölkte Feuer = Såulen gehen
>
> (V. 52–55)

Die Feuersäule und die stillstehende Sonne beziehen sich, wie Lothar Mundt in seinem Kommentar nachweist, auf Zeichen Gottes in den Büchern Exodus und Josua (Lohenstein 2008, 913). Solche göttliche Orientierung durch Licht sei in Asien nur in der Vergangenheit zu finden. Das paradoxe Sprechen mit „stummer Zunge", das die gesamte Natur durchdringt, unterstreicht die suggerierte Selbstevidenz der gefallenen Größe.

Die Erinnerung unterbricht wenig später wieder ein Vers des Jammers: „Weh. weh. mir Asien/ ach weh." (V. 58) Die Vorrede wird so selbst zu einem Sprechen mit ‚stummer Zunge', einem aus Worten und Klagelauten zusammengesetzten Lamento. Die von Interjektionen geradezu zerklüftete Sprache reicht, wie die obigen Zitate belegen, vom ersten bis zum letzten Vers, sie begleitet Asiens Selbstreflexionen und Erinnerungen, die Einführung von Figuren wie Soliman bis zur abschließenden Anrufung des Himmels. Diese Akkumulation des Jammers konzentriert sich im berühmten „ach des Achs!", das einem Aufsatz von Hubert Fichte den Titel gegeben hat (vgl. Fichte 1987). Im Wechsel von „ach" zu „Ach", von der Interjektion zum Substantiv, offenbart sich eine aus Schuld und verzweifelter Klage entstandene Sprache, die sich am Ende nur dem Jüngsten Gericht und der Auslöschung übergeben kann. Die Statik des Prologs figuriert so einen unverhohlen orientalistischen Zustand der Niedrigkeit und der ungesühnten Schuld, der den Schluss des Trauerspiels antizipiert und so das Ende an den Anfang stellt.

4 Prolog des Bosporus (Lohenstein: *Ibrahim Sultan*)

Das selbstbezogene Sprechen Asiens im Prolog zu *Ibrahim (Bassa)* bringt die räumliche und zeitliche Dynamik auf der Bühne fast völlig zum Stillstand: Regungslosigkeit weicht der Bewegung, Wiederholung der Sukzession. Die Vorrede des Bosporus aus Lohensteins zweitem türkischen Trauerspiel *Ibrahim Sultan* knüpft an die Rhetorik der Klage im vorangegangenen Stück an. Aber schon die erste Regieanweisung öffnet wieder einen spannungsreicheren Bühnenraum: „Der Schauplatz stellet auf einer Seite die Gegend der Kåyserlichen Haupt = Stadt Wien/ nebst dem Donau = Strome/ und auf der andern eine Meer = |Enge fůr" (Lohenstein 2012, 19). Anders als bei Gryphius und Haugwitz fungiert nun die Horizontale als primäre Raumachse. Sie führt auf einen Konflikt zwischen Herrschaftsgebieten und Kulturkreisen hin, der in allen bisher diskutierten Dramen eine Rolle gespielt hat, aber nun zum ersten Mal durch die zweigeteilte Kulisse in den Vordergrund gerückt wird.

Das Nebeneinander von geographisch weit auseinanderliegenden Orten auf der Bühne signalisiert dem Publikum, dass die Irritation ein zentrales Mittel des Prologs ist, um einen *mundus perversus* darzustellen. Der nach Wien geflüchtete Bosporus fragt zu Beginn rhetorisch nach, ob seine Dislokation diese Wirkung hervorrufe:

> BEfrembdet euch/ ihr Völcker holder Sitten/
> Daß des erzürnten Bosphors Schlund/
> Den Strand verlåsst/ wo Thrax und Türcke wütten/
> Für des unwirthbar'n Meeres Mund
> Der Donau süsse Lipp' und grüne Flut zu küssen? (V. 1–5)

Der Befremdungseffekt zielt darauf ab, dass die Vermischung von Räumen die Verkehrtheit Asiens ausstellt. Die kontinentalen Spannungslinien des Konflikts ruft schon die Anrede im ersten Vers auf, die nicht wie bei Haugwitz einen Teil des Publikums anspricht, sondern das Publikum als Teil einer größeren Gruppe. Es gehöre zu den „Völcker[n] holder Sitten", die sich nur unrein auf „wo Thrax und Türcke wütten" reimen. Die Klangfiguren wie hier Alliteration („Thrax und Türcke"), Assonanz („Türcke wütten", „Völcker holder") und unreiner Reim gestalten kulturelle Gruppenbildungen, die zueinander in Opposition stehen, so auch wenig später, wenn der ungastliche und alliterierende „Meeres Mund" (x́xx́) von der verdoppelten, assonierenden Lautfolge „süsse Lipp'" (x́xx́) und „grüne Flut" (x́xx́) überboten wird.

Das selbstbezogene Sprechen Asiens, das Oppositionen vielfach nur implizit artikuliert, weicht einem zwiegespaltenen Sprechen des Bosporus. Diese Zwischenposition verkörpert die Meeresenge durch ihre Gestalt, sie gilt auch schon seit der griechischen Antike als Grenze zwischen Europa und Asien, und sie wird bei Lohenstein zu einer beweglichen Figur stilisiert, die in der historischen Gegenwart aus dem Osmanischen Reich ins Heilige Römische Reich flüchtet. Der Bosporus spricht so mit dem Okzident über den Orient. Das kulturelle Zusammengehörigkeitsgefühl des Theaterpublikums kann die Personifikation besonders stärken, weil sich die Feindbilder als Botenberichte von jenseits der Grenze ausgeben. Die Anklage ist im Unterschied zu *Ibrahim (Bassa)* auch viel eindeutiger kulturvergleichend:

> Die Mutter und den Sohn blutschåndend seyn vermischt;
> Und bey gekochtem Kind' ein Hencker-Vater tischt:
> So gehen doch der Türcken Greuel=Thaten
> Der Welt und Vorwelt Sünden für. (V. 39–42)

Der „Türcken Greuel=Thaten" überträfen sogar basale Tabus der europäischen Kultur wie Inzest und Kannibalismus. Die Rückgriffe auf literarische Traditionen sind dabei deutlicher als zuvor ausgeprägt, mit Anspielungen auf Senecas *Thyes-*

tes, das Gryphius als Vorbild dient, und Sophokles' *König Ödipus*. Die Prologe der beiden Dramen – also nach aristotelischer Bestimmung der „Teil der Tragödie vor dem Einzug des Chors" (Aristoteles 2003, 37) – sind dialogisch und werden von den Ahnherren zweier Unglücksgeschlechter begonnen: von Ödipus und Tantalus. Die Vorrednerin Asien ist in ähnlicher Weise eine Mutter des Unheils. Der Bosporus ist dagegen wie der Fluss Alpheus in Guarinis *Il pastor fido*, auf den gleichfalls angespielt wird (V. 11), keine statische, fatalistische Figur, sondern wird als bewegliche und agierende Figur vorgestellt, die sich der „Greuel = Thaten" entziehen kann, mit denen sie in metonymischem Kontakt steht.

Diese Beweglichkeit verändert die Klagestruktur. So wie das Bühnenbild räumlich zweigeteilt ist und die Publikumsansprache konsequent auf binären Oppositionen aufbaut, setzt sich die Vorrede in ihrem zeitlichen Ablauf aus zwei unterschiedlichen Hälften zusammen. In der Mitte des Textes, in Vers 52 von 104, wird aus der Klage eine Huldigung: „Doch zeucht so sehr mich nicht diß Grauen / Als ein die gantze Welt durchdringend Liebes = Blitz" (V. 51–52). Die Abscheu vorm „Gestanck der schwartzen Unzucht = Kertzen" (V. 45) sei also geringer als die Anziehungskraft und die Freude über die Verehelichung von Kaiser Leopold I. mit Claudia Felizitas von Österreich-Tirol, die in der zweiten Hälfte gepriesen wird. Die beiden fungieren am Ende des Prologs als positive Gegenbilder der Realhistorie zu den im Stück dargestellten Gräueln. Der Bosporus verharrt also nicht in der Anklage, sondern plausibilisiert durch die Umkehr der verkehrten Welt ein politisches Heilsversprechen.

Das zeigt auch der Schlussvers, der zwei Vereinigungsmodelle einander gegenüberstellt: „Denn keusche Liebe baut die Thron'/ unkeusche reisst sie ein." (V. 104) Der Vers rekurriert nochmals auf den Prolog aus *Catharina von Georgien*, wo es heißt: „Was dieser baut: bricht jener Morgen ein!" (Gryphius 1991, 126). Lohenstein schichtet den zitierten Vers sowohl metrisch als semantisch um. Die mit drei Hebungen bedachte Zerstörung dominiert bei Gryphius die zwei Hebungen des Bauens, sodass die Vergänglichkeit alles Irdischen die Oberhand behält. Bei Lohenstein überwindet dagegen die gedeihliche keusche Liebe ihr Antonym mit vier gegenüber drei Hebungen. Der Prolog zu *Ibrahim Sultan* verbindet so die vernichtende Anklage eines Kulturraums mit einem politischen Plädoyer, das das Publikum nicht ins Himmelreich, sondern ins Heilige Römische Reich versetzt.

5 Prolog des Berg Sion (Hallmann: *Mariamne*)

Die Huldigung von Kaiser Leopold I., mit der der Bosporus seinen Prolog beschließt, wiederholt sich am Ende von *Ibrahim (Bassa)* und in ähnlicher Weise auch in Johann Christian Hallmanns Trauerspiel *Mariamne*. Während das Finale von *Ibrahim (Bassa)* einen Blick in die weltlich-dynastische Zukunft wirft und metaphorisch den Kontakt zum Boden nicht verliert – „Und unsers LEOPOLDS sein Haus / Wird sich in hundert Zweig' und Aeste breiten auß" (Lohenstein 2012, 201) –, erhebt *Mariamne* den Kaiser auf der Hinterbühne ins göttliche Jenseits. „*Der innere Schau = Platz stellet in einem hell = leuchtenden Himmel vor das Bildnůß Unsers Aller = Gnådigsten LEOPOLDI*" (Hallmann 1975, 347), lautet die letzte Regieanweisung. Der Prolog zur *Mariamne*, der wieder von einer geologischen Formation aus Asien gesprochen wird, bahnt der Protagonistin des Dramas diesen Weg. Der Berg Sion beginnt seine Vorrede auch mit einer vernichtenden Anklage, die in der Schlusswendung nicht aus dem Orient in den Okzident, sondern direkt in den Himmel führt.

Die Personifizierungsallegorie bedient sich wie Asien bei ihrer Klage eines zusätzlichen akustischen Kanals: „DER BERG SION / *als Vorredner / singet in die dazu gespielte Violen di Braccio und di Gamba*" (Hallmann 1975, 211). Die Vorrede wird hier nicht von Klagelauten unterbrochen, sondern sie wird gesungen und von Musik begleitet, die die Worte in ein anderes Medium taucht und so auf die jenseitige Sphäre einstimmt. Die Vortragsweise geht mit einer eigenen Form der Sprachverwendung einher, die gleich zu Beginn thematisiert wird. Wie der Bosporus konfrontiert der Berg Sion das Publikum mit dem Befremdungseffekt, den seine Rede hervorrufen soll:

> NJcht wundert euch / jhr Geister kluger Lippen /
> Daß Berg und Thal auch Mund und Zunge rührt /
> Daß Sand und Stein der Sinnen=losen Klippen
> Gantz wider die Natur vernůnfft'ge Reden fůhrt.
> Diß Werck ist klar und klårer als man meinet /
> So bald die Sonne nur bewehrter Deutung scheinet. (V. 1–6)

Der weitere Prolog legt dar, dass die Natur gegen die Untaten der Kultur die Stimme erhebt und mit ‚stummer Zunge' spricht: „Herodes! ach! ach! ach! / Dein Wüten / Blut = Hund / macht / daß Berg' auch můssen schreyen" (V. 49–50). Bereits der erste Vers der Vorrede markiert eine Akzentverschiebung gegenüber Lohenstein. Nicht „Vőlcker holder Sitten" werden adressiert, sondern „Geister kluger Lippen". Die Enallage („Geister kluger Lippen" statt „Lippen kluger Geister") stellt eine Verbindung zwischen Sprache und Materie her. Sion appelliert so an eine Instanz, die hinter den sichtbaren Sprechwerkzeugen liegt und die den

Sinn der leblosen, aber sprechenden Materie erkennen soll. Das ist möglich, sobald das Dahinterliegende richtig erhellt wird wie später das Bildnis von Leopold I. auf der Hinterbühne. Das dafür nötige, metaphorische Licht, so klärt der Berg Sion das Publikum auf, meint ein Deutungsmuster, was den Prolog wieder zu einer Schule des Sehens macht.

Unter perzeptiver und hermeneutischer Anleitung des Vorredners sieht man eine verkehrte Welt und erkennt ihre Ursachen – die vergängliche Tyrannei von Herodes. Auf das Moment der Verkehrung lenkt der Berg Sion auch begrifflich die Aufmerksamkeit: „Die Harffe / so numehr in grause Mord-Trompeten / (Ach leider!) ist verkehrt!" (V. 39–40), „Seht! wie sich schon mein grünes Kleid verkehrt!" (V. 77). Es ist von zentraler Bedeutung für die Schlusswendung, die das Verkehrte wieder umkehrt und so über das Sichtbare hinausführt:

> „Aber schönste MARIAMNE zeuch getrost von dieser Erden /
> „Vor Tyrannen werden künfftig Engel deine Buhler werden.   (V. 79–80)

Der Chiasmus der beiden Schlussverse stellt eine Verbindung zwischen der Erde und ihren Tyrannen sowie zwischen Mariamne und ihren Engeln her. Es gibt also nicht Bild und Gegenbild zweier Kulturkreise und Liebesmodelle wie bei Lohenstein, sondern am Gipfel der Verkehrtheit schlägt die sündhafte weltliche Liebe in keusche göttliche Liebe um. Diese transzendente Erhöhung übersteigt selbst die vom Berg Sion verkörperte Größe. Der Prolog zur *Mariamne* nähert sich dadurch dem Prolog zur *Catharina von Georgien* an. Im Unterschied zur abstrakt bleibenden Negation der Zeitallegorie ist die konkrete Negation eines Kulturraums zur Zeit der europäischen Türkenkriege, die die Regentschaft von Leopold I. prägen, aber wieder von unmittelbar politischer Bedeutung.

*

Die Raum- und Zeitallegorien der schlesischen Trauerspielprologe weisen, wie die vergleichende Analyse zeigt, rekurrente poetische Muster auf, die in einer erstaunlichen Variationsbreite eingesetzt werden. Sie machen dominante, aber je unterschiedlich realisierte Spannungsverhältnisse sichtbar: von Kürze und Dauer, Enge und Weite, Darstellung und Dargestelltem, Immanenz und Transzendenz, weltlicher und göttlicher Ordnung, Anklage und Affirmation, Didaktik und Befremden, Anfang und Ende. Die barocken Prologe sind dabei den nachfolgenden Dramen nicht funktional untergeordnet und beschränken sich nicht auf ihre Exposition, sondern sie schreiten „in dem engen Bretterhaus / Den ganzen Kreis der Schöpfung aus" (Goethe 1987, 15). Tatsächlich kennt die Geschichte des Prologs keine zweite Phase, in der diese kleinen Formen so enorme Dimensionen eröffnen und vernichten. Der neuralgische Bereich zwischen Theater und Welt wird zu einem Übergangsraum, unterschiedliche Größenverhältnisse in Beziehung zu setzen, und zugleich zu einem Durchgangsraum, der Flüchtigkeit und Vergänglichkeit zu Bewusstsein führt. Fallen, Vergehen und Erhöhen erfolgen in den Prologen schließlich genauso rasch wie die Wechsel zwischen den Sphären, man „wandelt mit bedächt'ger Schnelle / Vom Himmel durch die Welt zur Hölle" (Goethe 1987, 15) – und zurück.

Literaturverzeichnis

Primärliteratur

Goethe, Johann Wolfgang. *Faust. Der Tragödie erster und zweiter Teil. Urfaust.* Hg. Erich Trunz. München: C. H. Beck, 1987.
Gryphius, Andreas. *Oden und Epigramme.* Hg. Marian Szyrocki. Tübingen: Niemeyer, 1964.
Gryphius, Andreas. *Trauerspiele III.* Hg. Hugh Powell. Tübingen: Niemeyer, 1966.
Gryphius, Andreas. *Dramen.* Hg. Eberhard Mannack. Frankfurt am Main: Deutscher Klassiker-Verlag, 1991.
Hallmann, Johann Christian. *Trauerspiele I.* Hg. Gerhard Spellerberg. Berlin und New York: de Gruyter, 1975.
Harsdörffer, Georg Philipp. *Poetischen Trichters zweyter Theil.* Nürnberg: Endter, 1648.
Haugwitz, August Adolph von. *Schuldige Unschuld/ Oder Maria Stuarda. Königin von Schottland.* Dresden: Bergen, 1683.
Haugwitz, August Adolf von. *Schuldige Unschuld oder Maria Stuarda.* Hg. Robert R. Heitner. Bern: Lang, 1974.
Lohenstein, Daniel Casper von. *Sophonisbe, Trauerspiel.* Breßlau: Fellgibel, 1680.
Lohenstein, Daniel Casper von. *Ibrahim (Bassa). Cleopatra (Erst- und Zweitfassung).* Hg. Lothar Mundt. Berlin, New York: de Gruyter, 2008.
Lohenstein, Daniel Casper von. *Ibrahim Sultan. Sophonisbe.* Hg. Lothar Mundt. Berlin und Boston: de Gruyter, 2012.
Seneca. *Thyestes.* Aus dem Lat. Durs Grünbein. Hg. Bernd Seidensticker. Frankfurt am Main: Insel, 2002.

Sekundärliteratur

Alewyn, Richard. „Goethe und das Barock". *Goethe und die Tradition.* Hg. Hans Reiss. Frankfurt am Main: Athenäum, 1972. 130–137.
Alt, Peter-André. *Begriffsbilder. Studien zur literarischen Allegorie zwischen Opitz und Schiller.* Tübingen: Niemeyer, 1995.
Anders, Günther. *Die Antiquiertheit des Menschen. Über die Seele im Zeitalter der zweiten industriellen Revolution.* München: C. H. Beck, 1956.

Arend, Stefanie. Art. „Neustoizismus". *Gryphius-Handbuch*. Hg. Nicola Kaminski. Berlin und Boston: de Gruyter, 2016. 682–691.
Aristoteles. *Poetik*. Übers. und Hg. Manfred Fuhrmann. Stuttgart: Reclam, 2003.
Béhar, Pierre. *Silesia tragica. Épanouissement et fin de l'école dramatique silésienne dans l'œuvre tragique de Daniel Casper von Lohenstein (1635–1683)*. 2 Bde. Wiesbaden: Harrassowitz, 1988.
Berndt, Frauke. „,So hab ich sie gesehen'. Repräsentationslogik und Ikonographie der Unbeständigkeit in Andreas Gryphius' Catharina von Georgien. Oder Bewehrete Beständigkeit". *Frühneuzeit-Info 10* (1999). 231–256.
Fichte, Hubert. „Ach des Achs! Anmerkungen zu Daniel Casper von Lohensteins Türkischem Trauerspiel Ibrahim Bassa". *Homosexualität und Literatur 1. Polemiken*. Hg. Torsten Teichert. Frankfurt am Main: Fischer, 1987. 193–246.
Flemming, Willi. „Vondels Einfluß auf die Trauerspiele des Andreas Gryphius, zugleich eine methodologische Besinnung". *Neophilologus* 13 (1928). 266–280; 14 (1929). 107–120, 184–196.
Just, Klaus Günther. *Die Trauerspiele Lohensteins. Versuch einer Interpretation*. Berlin: Schmidt, 1961.
Kindermann, Heinz. *Theatergeschichte Europas*. Bd. 3: *Das Theater der Barockzeit*. Salzburg: Müller, 1959.
Kipka, Karl. *Maria Stuart im Drama der Weltliteratur, vornehmlich des 17. und 18. Jahrhunderts. Ein Beitrag zur vergleichenden Literaturgeschichte*. Leipzig: Max Hesse, 1907.
Kuhn, Hans. Art. „Die Gibeoniter". *Gryphius-Handbuch*. Hg. Nicola Kaminski. Berlin und Boston: de Gruyter, 2016. 289–299.
Lefèvre, Eckard (Hg.). *Der Einfluss Senecas auf das europäische Drama*. Darmstadt: Wissenschaftliche Buchgesellschaft, 1978.
Mannack, Eberhard. *Andreas Gryphius*. Stuttgart: Metzler, 1968.
Meid, Volker. *Die deutsche Literatur im Zeitalter des Barock. Vom Späthumanismus zur Frühaufklärung, 1570–1740*. München: C. H. Beck, 2009.
Plard, Henri. „Die sieben Brüder/ Oder Die Gibeoniter". *Die Dramen des Andreas Gryphius. Eine Sammlung von Einzelinterpretationen*. Hg. Gerhard Kaiser. Stuttgart: Metzler, 1968. 305–317.
Rotermund, Erwin. *Christian Hofmann von Hofmannswaldau*. Stuttgart: Metzler, 1963.
Schings, Hans-Jürgen. „Consolatio Tragoediae. Zur Theorie des barocken Trauerspiels". *Deutsche Dramentheorien I. Beiträge zu einer historischen Poetik des Dramas in Deutschland*. Wiesbaden: Athenaion, 1980. 19–55.
Schmidt, Jochen. *Goethes Faust, erster und zweiter Teil. Grundlagen – Werk – Wirkung*. München: C. H. Beck, 2001.
Stachel, Paul. *Seneca und das deutsche Renaissancedrama. Studien zur Literatur- und Stilgeschichte des 16. und 17. Jahrhunderts*. Berlin: Mayer und Müller, 1907.
Tschachtli, Sarina. *Körper- und Sinngrenzen. Zur Sprachbildlichkeit in Dramen von Andreas Gryphius*. Paderborn: Wilhelm Fink, 2017.
Wild, Christopher. „,They have their exits and their entrances'. Überlegungen zu zwei Grundoperationen im theatrum mundi". *Theatrum Mundi. Die Metapher des Welttheaters von Shakespeare bis Beckett*. Hg. Björn Quiring. Berlin: August, 2013. 89–136.

Jonas Hock
Argutia und *brevitas*: Überlegungen zu zwei Aspekten barocker Herrschaftssprache

1 *Brevitas* zwischen arguter Poetik und politischer Rhetorik

Kürze ist in der Frühen Neuzeit eine Anforderung an Herrschaftssprache. Die Spannung zwischen Knappheit des Gesagten und Bedeutsamkeit des Gemeinten soll beim Zuhörer eine Wirkung entfalten, die die Souveränität des Herrschers unterstreicht. Justus Lipsius gilt als Erster, der diesen Zusammenhang in seinen Politicorum sive civilis doctrinae libri sex (1586) reflektiert. Das Argument ist ein doppeltes: Je sparsamer mit Worten umgegangen wird, desto bedeutsamer ist ihr Sinn, desto ‚befehlsmäßiger'[1] aber auch – Länge wird mit untertäniger Bitthaltung assoziiert. Wie dieser „Imperativ stilistischer Kürze" (Kühlmann 2007, 90) sich im siebzehnten Jahrhundert vom flämischen Löwen aus europaweit durchsetzte, hat Wilhelm Kühlmann (1982, 1987, 2007) mehrfach untersucht. Auf seine Arbeiten stützt sich meine Annahme, dass neben der Traditionslinie des lipsianischen Lakonismus eine weitere zum *brevitas*-Ideal politischer Rhetorik führt, nämlich die der barocken *argutia*-Theorien. Dieser Prämisse folgend, gälte für die *brevitas*-Empfehlung der Herrschaftssprache, dass erst das Zusammenfallen der Effektivität von Knappheit und der Wirksamkeit von scharfsinnigem Ingenium die gewünschte überwältigende Wirkung zeitigt.

Die zumeist mediale Mündlichkeit von Herrschaftssprache macht es schwer, unmittelbar umfassende Belege für die vermutete Präsenz scharfsinniger Kürze zu finden, nicht zuletzt da Verschriftlichungen – etwa in Form

---

[1] Eine andere Funktion hat die *brevitas* im militärischen Bereich, wo Kürze und Deutlichkeit des Befehls nicht zuletzt den Schlachtenlärm übertönen müssen. In den berühmten *Aforismi dell'Arte Bellica* Raimondo Montecuccolis heißt es etwa: „Die Befehlsworte sollen kurz, klar, nicht mehrdeutig sein" – „Le parole di comandamento siano brevi, chiare, non ambigue"; und in einer Fußnote wird noch präzisiert: „Es geht darum, in ihnen Klarheit des Sinns, Kürze des Ausdrucks, Höhe der Lautstärke und Schnelligkeit der Aussprache zu verbinden" – „Si tratta di combinare in esse chiarezza di senso, brevità di espressione, larghezza di suono e celerità di pronunzia" (1852 [1668], 97). Die Übersetzungen sind hier – wie im Folgenden –, sofern nicht anders angegeben, von mir, J. H.

von Briefen, gedruckten Reden oder Verträgen – eigenen Logiken unterworfen sind.[2] Dennoch lassen sich einzelne Spuren herrschaftlicher Kürze finden. So ist etwa von den französischen Königen eine Neigung zur *brevitas* in der Praxis dokumentiert. Gemeinhin wird Henri IV als Begründer der Vorliebe der Bourbonen für lakonische Kürze angeführt. Von ihm ist beispielsweise die Eröffnung der Notablenversammlung am 4. November 1596 in Rouen überliefert, die er mit den Worten begann: „würde ich mir den Titel eines Redners verdienen wollen, hätte ich eine schöne und lange Ansprache auswendig gelernt"[3] – woraufhin er unmittelbar zu den Themen des Tages überging. Wie Roger Zuber in einem Artikel zur *brevitas*-Affinität des ersten Bourbonen-Königs ausführt, sind dessen sparsame Worte gleichsam als Sinn-Kerne angelegt, die entfaltet werden wollen:

> Seine Aussagen sind dazu bestimmt, erweitert zu werden, wenn sie verbreitet werden. Wie jede reichhaltige Kürze enthalten sie den Keim einer möglichen Überfülle. Sie eignen sich für eine rednerische Orchestrierung, um die sich autorisierte Interpreten kümmern [. . .].[4]

In einem Brief von Hugo Grotius wird die Vorliebe für Kürze schon als typischer Zug der französischen Könige dokumentiert. So schreibt Grotius in Funktion eines Botschafters am französischen Hof an den schwedischen Kanzler über Louis XIII: „Ich schicke eine kurze Rede, mit der ich den diesen Monat aus dem Krieg zurückgekehrten König begrüßt habe, was die Könige lieben, besonders die französischen."[5] Hier wird eine weitere Dimension der *brevitas* am Hofe angedeutet: Nicht nur die Rede des Herrschers soll – zum Zwecke der Wirksamkeit – kurz sein, sondern auch die der anderen. Der Grund ist, davon soll im Folgenden noch die Rede sein, schlicht die begrenzte Zeit, die gerade Fürsten und Königen zur Verfügung steht.

Weniger an zeitökonomischer Effizienz denn an ästhetischer Effektivität ausgerichtet ist die *brevitas*-Anforderung barocker *argutia*- oder *concetto*-Theo-

---

2 Braungart stellt nach einem Überblick über die ihm bekannten Redepublikationen des siebzehnten und achtzehnten Jahrhunderts fest, „daß Reden dort verhältnismäßig selten erscheinen, und [. . .] daß mündliche Reden nur selten den Status von offiziellen Archivalien erlangten." (1988, 15).
3 „Si je voulais acquérir le titre d'Orateur, j'aurais appris quelque belle et longue harangue" (zit. n. Zuber 1984, 74).
4 „Ses propos sont destinés à l'amplification, lorsqu'ils seront diffusés. Comme toute briéveté riche, ils contiennent le germe d'une abondance possible. Ils se prêtent à une orchestration oratoire dont se chargent des interprètes autorisés [. . .]." (Zuber 1984, 77).
5 „Mitto orationem, qua regem a bello reducem salutavi mensis hujus, brevem, quod amant reges, Franci praesertim." (Grotius 1969 [1636], 531).

rien. Stellvertretend sei hier auf Emanuele Tesauros *Cannochiale aristotelico* (1654) verwiesen. Kern dieser umfassenden und in ganz Europa einflussreichen Abhandlung ist eine Konzeption der Metapher als verkürzte bzw. verkürzende Überblendung: Durch die Verbindung sprachlich fernliegender Begriffe bzw. Gegenstände wird laut Tesauro etwas Neues geschaffen, das nicht dem Erkennen eines Bestehenden dient, sondern in der Kombination gleichsam selbst eine neue Realität darstellt. Dieses neue Sprachgebilde verkörpert dann ein *concetto* – kein bereits bekanntes begriffliches Konzept, sondern eine gänzlich neue Erkenntnisdimension. Zentrales Mittel ist dabei die Metapher; sie ist „Madre di ogni ARGUTEZZA" (1654, 352), also Mutter aller Scharfsinnigkeiten, und „piú alto colmo delle *Figure Ingegnose*" (336), Höhepunkt der Ingeniösen Figuren. Im Begriff „argutezza" lässt Tesauro die antiken Begriffe *acutus* (scharfsinnig, pointiert) und *argutus* (geistreich, witzig) zusammenfallen, während mit Ingenium die erlernbare Fähigkeit gemeint ist, argute Metaphern, also *concetti* bewusst hervorzubringen. Die Aufwertung des Sprachhandelns zu einer „demiurgo-metaphorische[n] Kompetenz des Ingeniums" (Nicolosi 2003, 221) zeigt, dass Tesauro keine bloße Rhetorik oder Poetik schreibt; seine Theorie hat einen grundsätzlichen epistemologischen Anspruch.[6] An der ‚klassischen' Ästhetik der Renaissance ausgerichtete Romanisten stellen Tesauro nicht umsonst unter die Überschrift „Barocker Extremismus" (Buck et al. 1972, Kap. B.VII).

Die Schaffung und nicht die Auffindung einer neuen Erkenntnis und damit auch Realität, ob sie nun intellektuell oder sinnlich-ästhetisch ist, durch Sprache, die Annahme also einer ‚Faktizität des *concetto*' ist der Kern dieses konzeptistischen Sprach- und Textverständnisses. Über die sprachliche Verdichtung in ihrem wesentlichen Grundelement, der Metapher, ist die *argutia*-Theorie wiederum mit der *brevitas*-Forderung verknüpft. Ein häufig zitiertes Beispiel aus dem *Cannocchiale aristotelico* führt das vor:

> [. . .] [E]rfreulicher noch als alle anderen Ingeniösen Figuren ist die Metapher, die, indem sie unseren Verstand im Flug von einem Gegenstand zum anderen trägt, uns in einem einzelnen Wort mehr als einen Gegenstand sehen lässt. Wenn du nämlich sagst, *die Wiesen sind lieblich*, dann stelle ich mir nichts anderes vor als das *Grünen* der Wiesen: Aber wenn du sagen würdest, *die Wiesen lachen*, dann würdest du mich die Erde als *belebten Menschen* sehen lassen; die Wiese wäre das *Antlitz*, die Lieblichkeit das *fröhliche Lachen*. Sodass in einem kleinen Wort all diese Begriffe verschiedener Art

---

6 Vergleichbar mit Tesauro ist Baltasar Gracián mit seiner *Agudeza y arte de ingenio* (1648); vgl. zu diesem gesamten Komplex die umfangreiche Studie von Mercedes Blanco (1992), die die hauptsächlichen Protagonisten – Tesauro, Gracián, Peregrini, Sforza Pallavicino –, und deren europäische Rezeption behandelt; zur Tesauro-Rezeption in Deutschland vgl. Fullenwider (1986).

erscheinen: *Erde, Wiese, Lieblichkeit, Mensch, Seele, Lachen, Fröhlichkeit*. Und umgekehrt beobachte ich äußerst schnell im *menschlichen Antlitz* die Eigenschaften der *Wiesen* und alle Bezüge zwischen diesem und jenen, die ich bisher nicht bemerkt habe. Und das ist jene so schnelle und leichte Lehre, aus der wir Genuss ziehen: Indem es dem Verstand dessen, der vernimmt, so vorkommt, dass er in einem einzigen Wort ein ganzes Theater an Wundern sieht.[7]

Die hier veranschaulichte Konzentration des Vielen im einzelnen, knappen Ausdruck zeugt von der Bedeutung der *brevitas* für die konzeptistische Auffassung von der Metapher – sie ist ihr eine innere Notwendigkeit. Bezüglich der äußeren Form ist der arguten Metapher ob des universellen Anspruchs der Theorie keine Grenze gesetzt, wenn auch Kleinformen äußerster Konzentration wie die Inscriptio (vgl. Neukirchen 1999) oder auch Gedichtformen besonders geeignet sind, die neuen sprachlich geschaffenen Realitäten zu fassen.

Tesauro weist in dem zitierten Abschnitt bereits auf „insegnamento" und „diletto" als Wirkungsabsichten der arguten Metapher hin, aktualisiert also die alte Formel des *prodesse et delectare*; im Folgenden soll es – immer unter dem Zeichen der *brevitas* – um die Engführung der aus dem Literarischen rührenden Poetik mit der Rhetorik der Politik, des *regnare* und *imparare* gehen. Von der Wirkung des sprachlichen Ausdrucks her betrachtet, so meine Ausgangsüberlegung, fallen das *brevitas*-Diktat der Herrschaftssprache und das der arguten Metapherntheorie zusammen. Ist dieses zusammenfallen nun auch in der Frühen Neuzeit konzeptualisiert worden? Öffnete Tesauros „riabilitazione etica della poesia arguta" (Frare 1999, 335) ihrer politischen Wendung die Tür? Die Kreuzung der beiden Linien lässt sich etwa in der italienischen Hofmannstraktatistik (vgl. Hinz 1992, Kap. VII.5) bereits um einige Jahre vordatieren; doch schon beim Lipsius-Anhänger Erycius Puteanus, der wie sein Meister Professor im spanisch-habsburgischen Löwen war, kann die Verbindung von Kürze mit

---

[7] „[. . .] [P]iù dilettevole di tutte l'altre Ingegnose Figure sarà la Metafora; che portando à volo la nostra mente da un genere all'altro: ci fa travedere in una sola parola più di un'obieto. Percioche se tu di, *Prata* AMOENA SUNT: altro non mi rappresenti che il *Verdeggiar* de'prati: Ma se tu dirai, *Prata* RIDENT: tu mi farai (come dissi) veder la Terra essere un'*Huomo animato*: il prato esser la *Faccia:* l'Amenità il *Riso lieto*. Talche in una paroletta transpaiono tutte queste Notioni di Generi differenti, *Terra, Prato, Amenità, Huomo, Anima, Riso, Letitia*. Et reciprocamente, con veloce tragitto osservo nella *faccia humana* le Notioni de'*prati*: e tutte le proportioni, che passano fra queste & quelle, da me altra volta non osservate. Et questo è quel veloce & facile insegnamento da cui ci nasce il diletto: parendo alla mente di chi ode, vedere in un Vocabulo solo, un pien teatro di maraviglie." (Tesauro 1654, 337–338).

Scharfsinnig-Ingeniösem im Mund des Herrschers nachgewiesen werden, so in seiner *Diatriba de Laconismo*

> Auch Könige und Fürsten, die, Gott am nächsten, Gott auf Erden repräsentieren, empfehlen, sparsam, aber scharfsinnig in ihrer Sprache, ihre Majestät durch Lakonismus, die Krone durch ein Apophthegma: man könnte glauben, daß auch die Sprache durch denselben Stirnreif gebunden ist, der das Haupt umgibt. Sie ragen unter den Menschen, ja über die Menschen empor – sicherlich auch aus dem Grund, daß sie die Geschwätzigkeit an das schmutzige Volk verweisen und stattdessen in Sentenzen verschlossene Orakel aussprechen.[8]

An dieser dichten Textstelle ist bemerkenswert, dass mit dem Stirnreif bzw. der Krone selbst eine scharfsinnige Metapher, ein *concetto* ganz im Sinne Tesauros bemüht wird: Der Gekrönte weist sich als solcher aus, indem er in Sentenzen spricht, die es wert sind, als Apophthegmata tradiert zu werden.

2 Apophthegmensammlungen als Breviers für Herrscher

Tatsächlich sind Sammlungen von Apophthegmata privilegierte Quellen für die Suche nach Spuren der Verwandtschaft des herrschaftssprachlichen *brevitas*-Imperativs mit dem rhetorisch-literarischen der *argutia*-Theorien. Die Kürze ist dem Apophthegma ebenso genuines Formprinzip wie die *argutia* (vgl. Verweyen 1970, Kap. A.III). Und die scharfsinnigen Sprüche früherer Herrscher übernehmen eine Vorbildfunktion für Handeln und Reden der zeitgenössischen. Viele Sammlungen können in die Nähe von Fürstenspiegeln gerückt werden – einige sind explizit heranwachsenden Prinzen zugeeignet,[9] teils reflektieren vorangestellte Widmungsschreiben Funktion und Nutzen

---

8 Die Übersetzung ist von Kühlmann (2007, 91); der Originalwortlaut ist: „Etiam Reges Principesque, qui Deo Proximi, in Terris Deum repraesentant, sermone parci, sed arguti, majestatem suam Laconismo commendant, Apophtegmate Diadema: putes eadem fascia quae caput ambit, linguam quoque vinctam. Eminent inter homines, imo supra homines, hac paene de caussa, quod polylogia ad sordes populi relegata, sententiis conclusa oracula loquantur." (Puteanus 1615, 393).
9 Tesauro selbst hat für den Prinzen Giuseppe Emanuel di Savoia, dessen Präzeptor er war, zwar keine Apophthegmensammlung zusammengestellt, aber eine Fabelsammlung übersetzt (Tesauro 1990 [1646]), die „glücklich das Ideal einer prosaischen, schnellen, aber äußerst lebhaften *brevitas* verwirklicht" – „realizzando felicemente l'ideale di une *brevitas* prosastica rapida ma vivacissima" (Bondi 2016, 335); es handelt sich um eine Übertragung der *Fables d'Esope phrygien* von Jean Baudoin (1631).

dieser spezifischen Kleinform für den Herrscher oder den, der einmal einer werden wird. Ein früher Nachweis einer solchen Selbstreflexion findet sich bei Erasmus, und zwar in einem Brief an den damals jugendlichen Herzog Wilhelm von Cleve, der dem *Apophthegmatum opus* (1531) vorangestellt ist:

> Die beste Art der Apophthegmata ist die, die mit wenigen Worten einen nicht alltäglichen Sinn eher andeutet als ausdrückt, [. . .] und welche um so mehr erfreut je näher und länger man sie betrachtet. Diese gesamte Art aber, die Sprichwörter, Sentenzen und ausgezeichnete Sprüche und Taten umfasst, ist für Prinzen überaus angemessen, die wegen der Staatsgeschäfte keine Zeit haben, einen großen Teil ihres Lebens mit der Lektüre von Büchern zuzubringen.[10]

Das bereits einleitend angesprochene Problem der Knappheit von Aufmerksamkeitsressourcen wird bei Erasmus zu einem zentralen Argument für die konkrete Textform der Inhalte, die er dem jungen Prinzen vermitteln möchte.

In der ersten bedeutsamen deutschsprachigen Apophthegmensammlung zieht Julius Wilhelm Zincgref in seiner Vorrede zwar keine ingeniöse Metapher, aber gleich zwei Vergleiche heran und verallgemeinert so zunächst die dichte Rede zur Tugend der Knappheit:

> Gleich wie der vernünfftige Mensch die unvernünfftige Thier mit reden/ also ubertrifft ein Mensch den anders mit Wohlrede. Es bestehet aber ein solches Wohlreden eben nit in menge der wort/ sondern/ wie von natur deß Menschen gedancken kurz gebunde und schwind sein/ also ist auch die gröste Kunst/ dieselben zum aller kürzeste fassen/ und zum allerschwindesten/ ehe sie sich verlauffen/ außsprechen können. Dann gleich wie die geschmeidigkeit eines Edelgestiens der grösse eines Maursteins weit vorgezogen wird:

---

10 Hier in der Übersetzung von Heribert Philips (Erasmus 2001 [1531], 22). Im Original: „Optimum apophthegmatis genus est, quod paucis verbis sensum non vulgarem significat potiusquam exprimit, [. . .] quo propius ac diutius contemplere, hoc magis ac magis delectat. Universum autem hoc genus quod proverbia, sententias, insigniter dicta factaq; complectitur, accommodatissimum est principibus viris, quibus ob reipublicae negocia non vacat magna vitae partem libris impendere." (Erasmus 1531, 9) Aufmerksam geworden auf dieses zentrale Zitat bin ich durch Maren Jäger (2017, 36); Lediglich ergänzend sei erwähnt, dass das ‚Herrschen-Lernen' aus Sammlungen mit kurzen politischen Sinnsprüchen – ob nun Fabeln oder Apophthegmata – auch noch für Erwachsene und nicht nur für Fürsten galt; so lobte der oben erwähnte Jean Baudoin in der Widmung der vierten Auflage seiner Fabelsammlung an den Venezianischen Botschafter die Mitglieder des Senats der Venezianischen Republik für ihre „Kunst, die Völker zu regieren; was sie gewiss entweder durch Erfahrung erlernt haben oder durch die Lektüre guter Bücher, wie diesem, das dafür auf ingeniöse Weise die Prinzipien liefert" – „l'Art de gouverner les Peuples; Ce qu'assurement ils ont appris, ou de l'Experience, ou de la lecture des bons Livres, tels que celui-cy, qui en donne ingenieusement les preceptes" (Baudoin 1660 [1631], [o. S.]).

> also und billich soll auch der jenige den vorpreiß haben/ der mit wenig worten viel sagt/ vor einem andern/ der mit vielen worten wenig vorbringt. (Zincgref 1626, [o. S.])

Wenige Zeilen weiter nimmt Zincgrefs Argumentation eine interessante Wendung, die einen neuen Aspekt fürstlichen Sprechens einführt, legt er doch dar,

> das eines Menschen Tugenden und laster/ ja sein sinn und gemüth manchmal besser auß einem geringen wort oder scherz erlernet werden könne/ als auß grossen thaten/ Schlachten und Kriegen/ zuvorderst grosser Fürsten und Herrn: als deren innerliche neigungen und anarth/ sonderlich durch die rede sich an tag gebe. (Zincgref 1626, [o. S.])

Als dritter Aspekt der *brevitas*- und *argutia*-Anforderung an Herrschaftssprache wird hier – neben dem der Wirksamkeit sowie der Zeit- bzw. Aufmerksamkeitsressourcen – die innere Disposition des Herrschers angeführt, von der nicht ganz klar wird, ob eine Form von Authentizität gemeint ist oder nicht vielmehr eine Art inneres Bild, das sich nach außen gerade der sprachlichen Fingierung und Verschleierung anbietet. Bemerkenswert ist jedoch, dass die ‚innerlichen Neigungen der großen Männer' aus dem ‚geringen Wort' viel eher ablesbar sein sollen als aus ‚großen Taten': Ersterem wird so zumindest in der Perspektive auf das Herrscherindividuum der Primat über Letztere zugesprochen – eine nicht geringe Adelung der Sprache und somit zugleich eine Selbstlegitimation des vorliegenden Sprachwerkes.

Im Gegensatz zu Zincgref werden die herrschaftliche Tat bzw. der Entschluss zu ihr und die kurze Rede von Georg Philipp Harsdörffer (wenngleich nicht in seiner *Ars Apophthegmatica*) im dritten Band seines *Poetischen Trichters* weitgehend in Eins gesetzt:

> Ferners ist die Kürtze der Rede eine sondre und bey Fürsten und Herren nohtwendige Zier/ dardurch das Gedächtniß/ sonder Belästigung/ gerühret und nachdrucklichst belustiget wird. Wie sich bald und wol entschliessen eine Königliche Tugend ist; also ist auch kurtz und wol reden eine Prob eines verständigen Hofmanns: Wann man nemlich nicht mehr Wort/ als die Sache von nöhten hat/ gebrauchet/ selbe aber mit gebührlicher Schicklichkeit und sondrem Nachdruck zu Werke bringet. (Harsdörffer 1653, 67)

Der Grat ist schmal zwischen Belästigung und Belustigung. Das zeigt auch ein französisches Beispiel, die *Apophtegmes des anciens* von Nicolas Perrot d'Ablancourt. In der dem Hauptteil vorangestellten „Epistre au roy", in diesem Fall an Louis XIV, warnt der Autor vor der berauschenden Wirkung der gesammelten Sprüche, die durch ihre verdichtete Fülle eine Sogwirkung entfalten:

> Die Ausdrücke sind vornehm und kühn; die Gedanken stark und edelmütig; der Stil kurz und gedrängt, wie jener der Herrscher, die weder gerne lange Reden halten noch hören.

> Wenn es also irgendeinen Makel gibt, dann dass die Schönheiten darin allzu sehr zusammengedrängt sind und dass man sich beim Lesen zurückhalten muss, um sich nicht an allzu nahrhaftem Fleisch zu berauschen.[11]

Der hier betonten ästhetischen und der zuvor besprochenen pädagogischen Dimension des Apophthegmas muss eine weitere hinzugefügt werden. Es handelt sich um die „historische Verbürgtheit" seines Inhalts; diese sei, so Maren Jäger, „eine entscheidende Qualität, die die Apophthegmata von der Diskussion um Faktualität oder Fiktionalität (vorgeblich) befreit" (2017, 36). Sie ist entscheidend für eine im siebzehnten Jahrhundert einsetzende Verschiebung im Anspruch an diese Kleinform und an die *brevitas* im Rahmen frühneuzeitlicher Rhetorik überhaupt. Jäger weist nach, dass sich am Apophthegma „sinnfällig [zeigt], wie sich der Status des Wissens in der ersten Hälfte des 17. Jahrhunderts modifiziert – von *ordo*-Gewissheit hin zu einem auf Erfahrung gründenden Wissen" (45). Kürze wird in den Dienst des Faktums gestellt (vgl. Firges 2017): hier wird im spezifischen Bereich der Apophthegmata eine globalere Entwicklung sichtbar, die bis zur Barockkritik des achtzehnten Jahrhunderts führt. Im Aufklärungszeitalter werden *brevitas* und *argutia* in Herrschaftssprache und literarischer Form grundlegend verdächtig. Knappheit wird in ersterem Fall mit dem herrschaftlichen Befehlston des Absolutismus, *arguter* Metaphernreichtum in zweiterem mit überflüssigem Schwulst assoziiert. Hinzu kommt eine funktionale Verschiebung des *brevitas*-Anspruches.

3 Barockkritik: Metapher, Lüge und neuer Anspruch an die *brevitas*

An der Schwulstkritik der frühaufklärerischen Klassizisten und deren Rückbindung an ein *brevitas*-Ideal zeigt sich, dass Kürze – als Stilideal und literarische Form – im Rahmen unterschiedlicher epistemologischer Systeme bzw. Epochen je ganz andere Funktionen erfüllt (vgl. Barner 1970, Kap. II.2 und III.4; Windfuhr 1966, Kap. III.3). Vor diesem Hintergrund gäbe es nicht die

---

11 „Les expressions en sont nobles & hardies ; les pensées fortes & généreuses ; le stile court & pressé, tel que celuy des Souverains, qui n'aiment ni à faire de longs discours, ni à les entendre. S'il y a donc quelque defaut, c'est que les beautez s'y trouvent trop entassees, & qu'il se faut mènager dans la lecture, pour ne se point souler d'une viande trop nourissante." (Perrot d'Ablancourt 1664, [o. S.]); vgl. zu Perrot d'Ablancourts Apophthegmata und ihrer Ästhetik auch Dominique Bertrand (2014).

eine Herrschaftssprache, sondern, um es überspitzt zu formulieren, eine barocke, die sich am Ideal arguter Knappheit messen lassen muss, und eine klassische, die der nüchternen Klarheit verschrieben ist. Selbstverständlich ist diese Unterteilung zu grob, um der Komplexität der historischen Zusammenhänge gerecht zu werden. Einerseits gestalten sich die Verschiebungen langsamer und fließend, andererseits reproduziert die Annahme einer solchen Dichotomie unmittelbar die Konzeptualisierung der zeitgenössischen deutschsprachigen Barockkritik, die einen dunkel-opulenten, vernebelnden Sprachstil der einen und einen an Repräsentation und Verständnis des Faktums ausgerichteten der anderen Seite zuschreibt.

Ein frühes Beispiel für die Schärfe solcher Kritik ist Daniel Georg Morhofs *Unterricht von der Teutschen Sprache und Poesie* (1682), worin er den „Mißbrauch in den Metaphoris" kritisiert und dessen Herkunft eindeutig verortet:

> Die Italiäner haben uns diese Zierlichkeit/ die die Heßlichkeit zur Mutter hat/ zu ihrer ewigen Schande erstlich auff die Bahn gebracht/ und haben hernach einige in Franckreich an dieser Mißgebuhrt einen gefallen gehabt. Ein gelehrter Mann nennet dergleichen Carmina nicht unbillig *excrementa Pegasi*. (Morhof 1682, 673–674)

Morhof hatte als erster deutschsprachiger Nicht-Katholik Tesauros *Cannochiale* systematisch studiert und bereits 1674 in Kiel Vorlesungen darüber unter dem Titel *De arguta dictione* gehalten, die posthum mehrfach, 1705 schließlich als *De Arguta Dictione Tractatus* veröffentlicht wurden (vgl. Fullenwider 1986, 28). Das erklärt vielleicht, warum Gottsched, der in seiner *Ausführlichen Redekunst* von 1736 Tesauro gleichsam als Kern allen barocken Übels ausmacht, einen zumindest aus dessen Feder unbekannten Titel anführt:

> Endlich giebt es noch eine Gattung der pedantischen Schreibart, die man die spielende oder kindische nennen kan. Es sucht dieselbe alle ihre Zierlichkeiten, in läppischen Gegensätzen (...), in frostigen Anspielungen, in verwerflichen Wortfiguren, und andern dergleichen Schnörkelchen, die einfältigen Schulknaben zu gefallen pflegen. [...] [D]er Italiener Emanuel Thesaurus [kan sich] in dem Tr. *de dictione arguta* für den Urheber und Erfinder dieser sogenannten scharfsinnigen, oder vielmehr spitzfindigen Schreibart ausgeben [...]. (Gottsched 1736, 305–306)

Die Wortwahl zeigt, dass hier nicht allein literarische Positionen verhandelt werden. Wenn die argute Sprache des Barock nun als eine für ‚einfältige Schulknaben' angesehen wird, hat das durchaus eine politische Dimension. An anderer Stelle wird das deutlicher. Gottscheds Preis Ciceros in der Einleitung zur *Akademischen Redekunst* (1759) muss auch als politische Stellungnahme gelesen werden; wie überhaupt jedes frühneuzeitliche Schreiben über die lateinischen Rhetoriker auch eine Auseinandersetzung mit der Gegenwart ist:

> Unter tyrannischen Kaisern verfiel die Beredsamkeit noch mehr. Die ganze Gelehrsamkeit ward in keinem Werthe gehalten. Man dorfte nicht mehr mit Freyheit denken und öffentlich reden. Ein Machtspruch des Kaisers, ja bisweilen eines Lieblings entschied alles. Die Römer nahmen sclavische Neigungen an; und machten den Kaisern knechtische Schmäuchleyen. Die Schreibart ward schwülstig: und der metaphorische Ausdruck vertrieb fast alle Vernunft aus ihren Reden und Schriften.
>
> (Gottsched 1759, 9)

Gottsched deutet hier an, dass die argut-knappe Sprache des Herrschers ihren Widerpart in der schwülstigen Weitschweifigkeit der Panegyrik findet. Zentral ist die Feststellung, dass die Metapher die Vernunft vertreibt. Hier wäre die größtmögliche Distanz zu Tesauro und zum Konzeptismus erreicht. Anhand der Metaphernkonzeption werden zwei grundlegende Oppositionen sichtbar: Die der sprachontologischen Grundannahmen und der moralischen bzw. politischen Bewertung. Für Gottsched ist die Metapher Redeschmuck, der auf eine ‚Eigentlichkeit' des Begriffs (*conceptus*) ausgerichtet bleibt; er *kann* die konzeptistische Auffassung Tesauros von der Metapher als *concetto* (≠ *conceptus*) nicht anerkennen, da dort die Relationalität sprachlicher Elemente in der Bildfigur nie ihre eindeutige Zentrierung im Begriff findet. Das hinter dem Streit um die Metapher stehende Denken der (literarischen – aber nicht nur) Sprache – ist sie uneinholbar tropisch oder transparent begrifflich? – ist so grundlegend, dass es unmittelbar auf das Denken der Politik durchschlagen muss.[12] Denn wenn an die metaphorische Sprache der Maßstab einer figurativen statt einer begrifflichen Erkenntnis gesetzt wird (vgl. Poppenberg 2009), ist die Metapher, zumal aus dem Munde des ‚Tyrannen', nicht einmal mehr Schein oder Lüge, da sie von Vornherein einer solchen Wertung entzogen wäre. Ein ‚klassischer' Romanist wie Hugo Friedrich hat genau dafür ein feines Gespür und findet in einem Kapitel zu Tesauro Formulierungen, in denen Gottscheds Position noch nachhallt:

> Ist der extrem artistische Geist – *ingegno* – entbunden von Rücksichten auf Wahrheit und Logik, so ist er auch ermächtigt zum Erfinden des absolut Imaginären, Unwahrscheinlichen und Widersinnigen, sowohl im gegenständlichen und metaphorischen Bereich, wie auch in den Begriffsspielen der *concetti*. (1964, 633)

---

[12] Vgl. zu Gottscheds politischem Dilemma, das sich aus diesem Komplex ergibt, das Kapitel „Gottscheds Trennung der politischen Rede vom ‚vernunftmäßigen' Ausbildungsprogramm" bei Schwind (1977, 270–276).

Und etwas weiter:

> Mit der Ermächtigung der Lüge treibt die barocke Poetik den künstlerischen Subjektivismus auf die Spitze. [. . .] In jeder echten Dichtung gibt es Erfundenes, an das wir zu glauben vermögen, weil es diejenige Wahrheit öffnet, die im Wirklichen nie sichtbar wird: so lautet der große, klassische Gedanke seit den Alten bis zur Renaissance. Er konnte sich sogar mittels des moralfreien Begriffs der Lüge ausdrücken. Nun aber, nach barockem Wunsch, weicht das Erfundene der Lüge als dem Erlogenen, der Phantastik des Falschen, an das niemand zu glauben braucht, weil es unverhohlen auf die Unglaubwürdigkeit eingerichtet ist. (636)

Die Aufklärung kann, kurz gesagt, die argute Metapher nicht zulassen, da sie eine Gefährdung der im Begrifflich-Logischen operierenden Vernunft darstellt – im Literarischen wie im Politischen. Scharfsinnige Kürze muss so verdächtig werden und die „Konjunktur des Faktums" (Firges 2017, 47) verlangt die Knüpfung der *brevitas* sowie der kleinen Form an das objektive ‚Faktum' und nicht an das individuelle Ingenium. Dieser Übergang vom barocken *brevitas*-Ideal zum klassizistischen bzw. frühaufklärerischen lässt sich schwer an Herrschaftssprache ‚an sich' aufzeigen. Der hier gewählte Umweg über die spezifische Kleinform des Apophthegmas war nicht allein aufgrund der schwierigen Quellenlage notwendig geworden. Es sollte auch gezeigt werden, dass von einer wesentlichen epistemologischen Verquicktheit der vorromantischen ‚Literatur' der Frühen Neuzeit mit dem Politischen ausgegangen werden kann. So scheint am Ende des Versuchs, anhand der Apophthegmensammlungen den Zusammenhang von *brevitas* und *argutia* in Herrschaftssprache und Literatur zu skizzieren, die Frage nach dem größeren Rahmen dieser Versuchsanordnung auf. Das wäre die nach dem Verhältnis des Politischen (in Theorie und Praxis) und der literarischen Formen.

Literaturverzeichnis

Primärliteratur

Baudoin, Jean. *Les Fables d'Esope Phrygien*. Roüen: Jean & David Berthelin, 1660 [1631].
Erasmus, Desiderius. *Apophthegmatum, sive scite dictorum Libri Sex*, Lugdunum: Gryphius, 1531.
Erasmus von Rotterdam. *Apophthegmata. Spruchweisheiten*. Hg. und Übers. Heribert Philips. Würzburg: Königshausen & Neumann, 2001 [1531].
Harsdörffer, Georg Philipp. *Prob und Lob der Teutschen Wolredenheit. Das ist: deß Poetischen Trichters Dritter Theil*. Nürnberg: Endter, 1653.
Gottsched, Johann Christoph. *Ausführliche Redekunst*. Leipzig: Breitkopf, 1736.
Gottsched, Johann Christoph. *Akademische Redekunst*. Leipzig: Breitkopf, 1759.

Grotius, Hugo. „1636 november 28. Aan A. Oxenstierna". *Briefwisseling van Hugo Grotius.* Bd. 7. Hg. Bernard L. Meulenbroek. Den Haag: Martinus Nijhoff, 1969. 531–532.
Montecuccoli, Raimondo. *Aforismi dell'Arte Bellica.* Hg. Ugo Foscolo und Giuseppe Grassi. Turin: Tipografia economica, 1852 [1668].
Morhof, Daniel Georg. *Unterricht Von Der Teutschen Sprache und Poesie, deren Uhrsprung, Fortgang und Lehrsätzen.* Kiel: Reumann, 1682.
Perrot d'Ablancourt, Nicolas. *Les Apophtegmes des anciens, tirés de Plutarque, de Diogène Laërce, d'Élien, d'Athénée, de Stobée, de Macrobe et de quelques autres.* Paris: Billaine, 1664.
Puteanus, Erycius. *Diatriba VII. de Laconismo.* In: *Amoenitatum Humanarum Diatribae XII.* Löwen: Flavius und Frankfurt: Elzevir, 1615. 367–449.
Tesauro, Emanuele. *La politica di Esopo frigio.* Hg. Denise Aricò. Rom: Salerno, 1990 [1646].
Tesauro, Emanuele. *Il cannocchiale aristotelico.* Torino: Sinibaldo, 1654.
Zincgref, Julius Wilhelm. *Der Teutschen Scharpfsinnige Kluge Sprüch, Apophthegmata genannt.* Straßburg: Rihel, 1626.

Sekundärliteratur

Barner, Wilfried. *Barockrhetorik. Untersuchungen zu ihren geschichtlichen Grundlagen.* Tübingen: Niemeyer, 1970.
Bertrand, Dominique. „L'esthétique de l'apophtegme selon Perrot d'Ablancourt: entre urbanité et pédagogie cynique?". *Littératures classiques* 84.2 (2014): 161–176.
Blanco, Mercedes. *Les Rhétoriques de la Pointe. Baltasar Gracián et le conceptisme en Europe.* Genf: Slatkine, 1992.
Bondi, Fabrizio. *Il principe per emblemi. Letteratura e immagini del politico tra Cinquecento e Seicento.* Bologna: Il mulino, 2016.
Braungart, Georg. *Hofberedsamkeit. Studien zur Praxis höfisch-politischer Rede im deutschen Territorialismus.* Tübingen: Niemeyer, 1988.
Buck, August, Klaus Heitmann und Walter Mettmann (Hg.). *Dichtungslehren der Romania aus der Zeit der Renaissance und des Barock.* Frankfurt am Main: Athänäum, 1972.
Firges, Janine. „Erzählen als ‚bloß andeutender Fingerzeig'. *Brevitas*, Sprachverknappung und die Logik des Bildlichen in Karl Philipp Moritz' *Signatur des Schönen*". *Kurz & Knapp. Zur Mediengeschichte kleiner Formen vom 17. Jahrhundert bis zur Gegenwart.* Hg. Michael Gamper und Ruth Mayer. Bielefeld: transcript, 2017. 47–66.
Frare, Pierantonio. „Il vero attraverso il velo. Metafora (di equivoco) e menzogna in Emanuele Tesauro". *Figures à l'italienne. Métaphore, équivoques et pointes dans la littérature maniériste et baroque.* Hg. Danielle Boillet und Alain Godard. Paris: Centre Censier, 1999. 307–335.
Friedrich, Hugo. *Epochen der italienischen Lyrik.* Frankfurt am Main: Klostermann, 1964.
Fullenwider, Henry F. „Tesauro in Germany". *Arcadia* 21.1 (1986): 23–40.
Hinz, Manfred. *Rhetorische Strategien des Hofmannes. Studien zu den italienischen Hofmannstraktaten des 16. und 17. Jahrhunderts.* Stuttgart: Metzler, 1992.
Jäger, Maren. „Wechselwirkungen von Erzählen und Wissen in kurzen Prosaformen der Frühen Neuzeit am Beispiel des Apophthegmas". *Kurz & Knapp. Zur Mediengeschichte kleiner*

Formen vom 17. Jahrhundert bis zur Gegenwart. Hg. Michael Gamper und Ruth Mayer. Bielefeld: transcript, 2017. 23–46.

Kühlmann, Wilhelm. *Gelehrtenrepublik und Fürstenstaat. Entwicklung und Kritik des deutschen Späthumanismus in der Literatur des Barockzeitalters*. Tübingen: Niemeyer, 1982.

Kühlmann, Wilhelm. „Geschichte als Gegenwart. Formen der politischen Reflexion im deutschen ‚Tacitismus' des 17. Jahrhunderts". *Respublica litteraria. Institutionen der Gelehrsamkeit in der frühen Neuzeit*. Bd. 1. Hg. Sebastian Neumeister und Conrad Widemann. Wiesbaden: Harrassowitz, 1987. 325–348.

Kühlmann, Wilhelm. „Brevitas und politische Rhetorik. Anmerkungen zur stilistischen Pragmatik des 17. Jahrhunderts". *Sprachliche Kürze. Konzeptuelle, strukturelle und pragmatische Aspekte*. Hg. Jochen A. Bär, Thorsten Roelcke und Anja Steinhauer. Berlin und New York: de Gruyter, 2007. 89–101.

Neukirchen, Thomas. *Inscriptio. Rhetorik und Poetik der Scharfsinnigen Inschrift im Zeitalter des Barock*. Tübingen: Niemeyer, 1999.

Nicolosi, Riccardo. „Vom Finden und Erfinden. Emanuele Tesauro, Athanasius Kircher und die Ambivalenz rhetorischer inventio im Concettismus des 17. Jahrhunderts". *Homo inveniens. Heuristik und Anthropologie am Modell der Rhetorik*. Hg. Stefan Metzger und Wolfgang Rapp. Tübingen: Narr, 2003, 219–236.

Poppenberg, Gerhard. „Vom Pathos zum Logos. Überlegungen zu einer Theorie figurativer Erkenntnis". *Was ist eine philologische Frage?* Hg. Jürgen Paul Schwindt. Frankfurt am Main: Suhrkamp, 2009, 160–191.

Schwind, Peter. *Schwulst-Stil. Historische Grundlagen von Produktion und Rezeption manieristischer Sprachformen in Deutschland 1624–1738*. Bonn: Bouvier, 1977.

Verweyen, Theodor. *Apophthegma und Scherzrede. Die Geschichte einer einfachen Gattungsform und ihrer Entfaltung im 17. Jahrhundert*. Bad Homburg v. d. H. u. a.: Gehlen, 1970.

Windfuhr, Manfred. *Die barocke Bildlichkeit und ihre Kritiker. Stilhaltungen in der deutschen Literatur des 17. und 18. Jahrhunderts*. Stuttgart: Metzler, 1966.

Zuber, Roger. „La brièveté d'Henri IV: sa nature, ses objectifs". *Les formes brèves de la prose et le discours discontinu (XVIe–XVIIe siècles)*. Hg. Jean Lafond. Paris: Vrin, 1984. 73–83.

Christiane Frey
Kleinformate und Monadologie: Leibniz, Benjamin

Ce n'est pas cette universalité de connoissances, que vous m'attribués [. . .] par une pure grace de vostre liberalité, qui m'empeche de satisfaire à mon inclination [. . .]; mais une infinité de petites choses qui me detournent. (Leibniz [1693] 1850, 227)

Auftakt: Zettelwirtschaft versus System

1779 schreibt ein gewisser Christoph Gottlieb von Murr über den „Herrn von Leibnitz", dass dieser regelmäßig „[w]as ihm theils beim Durchlesen vieler Bücher, theils bei dem Meditiren, auf Reisen, beym Spazierengehen etc. einfiel, [. . .] auf Zettel" notierte, nicht selten auf dafür vorgesehene „Excerptenzettel" (Murr 1779, 210). Diese habe er dann nach der Methode von Vincentius Placcius' *De arte excerpendi* (1689) in einem Schrank, dem „so genannten Leibnitzische[n] *Excerpir*-Schrank" (Murr 1779, 210) aufbewahrt. Ein Blick in das Leibniz-Archiv freilich vermittelt weniger den Eindruck einer durchgeplanten Karteikasten-Ordnung als vielmehr den eines unübersichtlichen Sammelsuriums von Zetteln und Notizen. Und das keinesfalls nur deshalb, weil allem Anschein nach – wie auf einem Blog zum Thema Note-Taking nachzulesen – „these notes were dropped on the floor after Leibniz's death and now present just an unsorted jumble of ‚miscellaneous' notes".[1] Leibniz verfügt nicht nur über eine immens vielfältige und unbedingt auch unsystematische Form des Exzerpierens, Kompilierens, Notizenmachens und Sammelns, sondern auch über ein ausgeprägtes Interesse an Kleinigkeiten, seinerzeit die viel beschworenen *minutiae*, Details und Singularien, Miszellen und Minima, Kuriositäten und Marginalia, die in keine vorgegebene Ordnung der Dinge pas-

---

[1] http://takingnotenow.blogspot.com/2009/04/harrison-placcius-leibniz-and-arc-of.html [eingesehen am 1. Dezember 2019]. Vgl. allgemeiner zum ‚Problem der Ordnung' mit Blick auf die Frühe Neuzeit, zumal wenn es um das Exzerpieren sowie das Sammeln und Ordnen von Zetteln und das Anlegen von Zettelkästen geht Ong 1976; Blair 1992; Chartier 1992; Zedelmaier 1992; Meinel 1995; Moss 1996; Zedelmaier 2002; Krajewski 2002; Blair 2003; Rosenberg 2003; Cevolini 2004; Brendecke 2006; Cevolini 2006; Blair 2010; Décultot 2014; Zedelmaier 2015; Malcom 2016.

sen wollen. Leibniz selbst notiert auf einem inzwischen vielfach angeführten Zettel:

> Il me vient quelques fois tant de pensées le matin dans une heure pendant que je suis encor au lit, que j'ay besoin d'employer toute la matinée et par fois toute la journée et au de là, pour les mettre distinctement par écrit.² (nach Bodemann 1895, 388)
>
> Mir kommen mitunter so viele Gedanken während einer Stunde am Morgen, in der ich mich noch im Bett befinde, dass ich den gesamten Vormittag und manchesmal den ganzen Tag und noch darüber hinaus benötige, um sie in deutliche Schriftform zu bringen.³

Bedenkt man, dass Leibniz ebendiese Meta-Ideen-Notiz auf die Rückseite eines (bislang nicht datierten) Briefes von fremder Hand kritzelt und dann abreißt, kann man sich eine ungefähre Vorstellung von Leibniz' Schnipselwirtschaft machen. Auch verfährt Leibniz beim Exzerpieren – eine Form der Aneignung, die bei ihm häufig mit extensivem Selbstglossieren einhergeht – mitunter so assoziativ, dass sich eher die Vorstellung eines chaotischen Gewimmels aufdrängt.

Das zeigt sich nicht nur an Leibniz' Verfahren des Exzerpierens und Selbstglossierens,⁴ sondern auch an den unzähligen offenbar unabhängigen Papierschnipseln, auf denen Leibniz Sentenzen und Liedstrophen, Apophthegmata, Anekdoten und Aphorismen in schlichtweg keiner erkennbaren Ordnung notiert. So finden sich beispielsweise unter Leibniz' Exzerpten Sprüche wie: „Il faut se defier du derriere d'une mule, du devant d'une femme, et d'un moine de tous

---

2 Es handelt sich um Handschrift LH XLI 10 Bl. 2, erstmals beschrieben und zitiert in Bodemann 1895. Inzwischen verfügbar über https://jahresthema.bbaw.de/2015_2016/objekt_des_monats/dezember-2016-leibniz-ueber-leibniz [eingesehen am 1. Dezember 2019]. Sämtliche Zitate sind hier und im Folgenden von den jeweiligen Zetteln und Leibniz-Ausgaben mit allen vorhandenen und nicht vorhandenen Zeichen unverändert übernommen.
3 Übersetzung C. F.
4 Ein in digitaler Form vielzirkulierender Papierschnipsel aus dem Leibniz-Archiv führt die genannte Verfahrensweise besonders gut vor: Es handelt sich um ein Exzerpt aus Mariottes Buch über die Stoßgesetze, dem *Traité de la percussion ou chocq de corps* (Paris 1673). Nicht nur das Exzerpt selbst ist bereits in unübersichtlicher und überaus gedrängter Form geschrieben; hinzu kommt, dass Leibniz den linken Rand des Blattes für Kommentare sowie weitere Überlegungen und eigene Rechnungen nutzt. Vgl. https://jahresthema.bbaw.de/2015_2016/objekt_des_monats/dezember-2016-leibniz-ueber-leibniz [eingesehen am 1. Dezember 2019]. Dieses Blatt kann als exemplarisch gelten für Leibniz' Exzerpier-Methode im Umgang mit diversen Textformen, die häufig sowohl einer vorgegebenen *ars excerpendi* folgt als auch einem idiosynkratischen Modus der das Angeeignete weiterentwickelnden Lektüre, Glossierung und Selbstkommentierung.

costez", angegeben als Teil eines Exzerpts aus *Le Moine secularisé à Cologne* von 1676 – um nur eines von sehr vielen Beispielen zu nennen (AA IV Nachträge, 35).[5]

Nun ist Leibniz allerdings, wie wohl kein anderer Denker vor ihm, nicht nur als *philosophe de système* in die Geschichte der Philosophie eingegangen, sondern auch als einer der letzten Universalgelehrten, dessen Ambitionen sich maßgeblich auf nichts Geringeres als eine künftig aufzubauende *scientia universalis* richteten.[6] Wie nun aber verhält sich das unüberschaubare Vielerlei, die chaotische Zettel- und Schnipselwirtschaft zu dem, wofür Leibniz eigentlich bekannt ist, für das metaphysische System, für das universale Gesamtwissen? In welcher Beziehung steht das Sammelsurium von Kleinigkeiten und kleinen und kleinsten Formen, die ausufernde Kompilation gleichsam von ‚allem Möglichen' zu der vielbeschworenen Leibniz'schen Repräsentation des Ganzen im Kleinen, der vollkommenen Ordnung, der Harmonie von Mikro- und Makrokosmos? Bedenkt man, dass von Leibniz' zahlreichen Schriften im frühen achtzehnten Jahrhundert, neben einigen kleineren Texten, hauptsächlich die *Theodicee* und die *Monadologie* gelesen und rezipiert wurden – die *Theodicee* wurde immerhin 1710, die *Monadologie* 1720, also vier Jahre nach Leibniz' Tod, in einer deutschen Übersetzung, veröffentlicht –, so lässt sich leicht einsehen, warum Leibniz vor allem als *philosophe de système* rezipiert wurde.[7] Wenn sich das Bild von Leibniz durch

---

5 Das Exzerpt ist schwer zu datieren. Vgl. AA IV Nachträge, die im Vordruck verfügbar sind über http://leibniz-potsdam.bbaw.de/edition-und-hilfsmittel/edition-und-hilfsmittel#N [eingesehen am 1. Dezember 2019].

6 Als erste umfassende Abhandlung, die den Versuch unternimmt, das *système* ‚Leibniz' in seinem gesamten Bau, seiner Anlage im Großen und Kleinen mit seinen multiplen Zugängen und Binnenbezügen zu rekonstruieren und einsichtig zu machen, kann Michel Serres' *Le Système de Leibniz et ses modèles mathématiques* von 1968 gelten. Gerade Serres' Ansatz ist in der Folge allerdings dafür kritisiert worden, dass er dem System-Charakter des Leibniz'schen Denkens nicht gerecht werde und stattdessen von rhizomartigen Bezügen ausgehe, so etwa Dumoncel 1983. Dass Leibniz selbst den Begriff *système* überhaupt erst einführt im Sinne eines Ganzen, in dem alle Teile ihren Ort haben, ist vielfach behauptet worden. Vgl. zusammenfassend Rescher 2013. Zum Begriff der Universalwissenschaft im siebzehnten und frühen achtzehnten Jahrhundert unter Berücksichtigung auch von Leibniz vgl. etwa Vasoli 1978; Schmidt-Biggemann 1983; Tega 1991.

7 Die *Essais De Théodicée Sur La Bonté De Dieu, La Liberté De L'Homme, Et L'Origine Du Mal* werden 1710 in Amsterdam veröffentlicht; die seit der deutschen Übersetzung sogenannte *Monadologie*, von Leibniz ursprünglich ebenfalls in französischer Sprache verfasst, erscheint 1720 zum ersten Mal auf Deutsch unter dem Titel *Lehr-Sätze über die Monadologie, ingleichen von Gott und seiner Existentz, seinen Eigenschafften und von der Seele des Menschen etc. wie auch Dessen letzte Vertheidigung seines Systematis Harmoniae praestabilitae wider die Einwürffe des Herrn Bayle* in Übersetzung einer unveröffentlichten Vorlage von Heinrich Köhler, bei Johann Meyer. Im folgenden Jahr erscheint eine lateinische Übersetzung unter dem Titel „Principia philosophiae" im Supplementband der *Acta Eruditorum*. Eine französische Fassung wird erst-

die unermüdliche Arbeit der Leibniz-Archivare in den letzten Jahrzehnten noch einmal verändert hat, so steht die Frage, wie sich der Zettel-Leibniz zum System-Leibniz verhält, erneut im Raum.[8] So wenig sich diese Frage im kleinen Rahmen umfassend behandeln lässt, so nötig scheint es doch zugleich, die Parameter abzustecken, innerhalb derer sie überhaupt sinnvoll zur Diskussion gestellt werden kann. Die folgenden Ausführungen möchten dazu einen Beitrag leisten. Der Ausgangspunkt ist bescheiden: Es soll zunächst anhand einer Lektüre von Leibniz' *Monadologie* im Sinne eines Mikroformats ein erster Zugang gewonnen werden, der das Verhältnis von systematischer Philosophie und monadischer Denk- und Schreibform erhellen kann. Diese ersten Einsichten – die auch Leibnizkenner an Wesentliches erinnern können – werden erst in einem zweiten Schritt auf Leibniz' Auffassung von kleinster Wissenseinheit und großem Zusammenhang bezogen. Diese Bezüge werden sich dann am Ende des Beitrags in Walter Benjamins „Entwendungen" (Johannßen 2019) von Leibniz' monadologischen Verfahren und Formaten spiegeln.[9]

1 Barock en miniature I: Das Kleine im Ganzen?

Wenn also die folgenden Ausführungen erste Einsichten in das Verhältnis von Zettel- und Weltordnung, kleiner Schreibform und großem Denksystem bei Leibniz erlauben sollen, so führt dies unmittelbar zum Thema des vorliegenden Bandes, zum „Barock en miniature". Denn es ist der Schauplatz des Kleinen und Minimalen selbst, von dem aus sich beobachten lässt, wie sich die vielen verstreuten Papierschnipsel, die disparaten und dispergierenden Singularien, die zahllosen Marginalia und Details zu der großen Ordnung – des Ganzen oder

---

mals 1840 veröffentlicht. Die *Nouveaux Essais sur l'entendement humain* werden zum ersten Mal 1765 publiziert.

8 Auch wenn sie bereits im Zusammenhang früherer Beobachtungen zu Leibniz' kleinen Schreibformen aufkommt, wie etwa bei Gilles Deleuze: "Bien sûr comme tous les philosophes il fait de gros livres; mais, presque à la limite, on pourrait dire que ces gros livres ne sont pas l'essentiel de son œuvre car l'essentiel de son œuvre est dans la correspondance et dans de tout petits mémoires. Les grands textes de Leibniz, c'est très souvent des textes de quatre ou cinq pages, dix pages, ou bien des lettres." Mitschrift Deleuze, "Sur Leibniz", Seminar Vincennes 15. April 1980, verfügbar über https://www.webdeleuze.com/textes/48 [eingesehen 3. Dezember 2019]; das Seminar wurde 1998 in englischer Übersetzung veröffentlicht als "Vincennes Session of April 15, 1980: Leibniz Seminar", hier 77.

9 Mit dem Begriff „Entwendungen" in diesem Zusammenhang sei Johannßen 2019 nicht nur zitiert, sondern als beispielhaft für eine besonders instruktive Umgangsweise mit späteren Rekursen auf Leibniz angeführt.

eines vorgestellten Ganzen – verhalten. Und so wird sich auch erweisen, dass sich mit diesem Beitrag zugleich *en miniature* über das Barock Aufschluss gewinnen lässt – oder zumindest über jenes Haus des Barock, zu dem spätestens seit Gilles Deleuzes *Die Falte* über Leibniz ein Zugang möglich geworden ist.[10] Und es lässt sich hier wie dort, im Rahmen dieses Bandes wie auch bei Deleuze, bereits über das Attribut *en miniature* ein Fensterblick in das Haus des Barock werfen. Zugleich wiederholt sich in dem Begriff *en miniature* die eingangs aufgestellte Opposition.

Was allerdings kann mit dem Ausdruck *en miniature* im Zusammenhang mit Leibniz' monadologischer Philosophie – und später in ihrer Wiederaufnahme bei Benjamin – überhaupt gemeint sein? Leibniz selbst verwendet zumal den Ausdruck „en petit" recht häufig – ein Ausdruck, der in englischen Übersetzungen nicht selten mit „in miniature" wiedergegeben wird.[11] So erklärt Leibniz etwa in seinen *Considérations sur les principes de vie* von 1705, dass die lebenden Tiere und Pflanzen in den Samen bereits existieren, nämlich „en petit" (GS VI, 543).[12] Im Kleinformat, in Miniatur. Bevor sie die Gestalt annehmen, in der sie beobachtbar werden, sind sie also in ganz klein, mit ihren künftigen Erscheiungsformen, präformiert. Für Leibniz hängt dies zusammen mit der Theorie, dass die Mechanismen der Natur Wirkungen bis in die kleinsten Teile sind: Denn in den größeren lebenden ‚Maschinen' hausen und wirken allenthalben kleinere und immer kleinere lebende Maschinen *ad infinitum*; so Leibniz, in diesen und ähnlichen Worten, immer wieder.[13]

Es liegt nun nahe, und so ließe sich die attributive Bestimmung *en miniature* verstehen, das Verhältnis der kleinsten Lebewesen und Dinge zur Ordnung im Ganzen als eine Miniaturisierung des Großen, eine Abbildung im Kleinen zu fassen: so als seien die kleinen Wesen die Welt durch ein Verkleinerungsglas betrachtet oder in einem Konvexspiegel bloß diminuiert. Das große Ganze im ganz Kleinen. Der Makrokosmos gespiegelt im Mikrokosmos. In der Tat scheint Leibniz just in diesem Sinne gedacht zu haben, heißt es doch an prominenter Stelle in seiner *Monadologie*, die Monaden seien „un miroir vivant perpetuel de

---

10 Deleuzes *Le Pli. Leibniz et le Baroque* erscheint 1988 bei *Minuit*. In deutscher Übersetzung erscheint das Buch mit dem Titel *Die Falte. Leibniz und der Barock* 1995 bei Suhrkamp. Von einem einheitlichen Epochenbegriff des ‚Barock' wird in diesem Beitrag allerdings bewusst abgesehen. Zur Geschichte von Begriff und Epochenzuschreibung vgl. Lepper 2006; Lepper 2007 sowie in diesem Zusammenhang besonders hilfreich Johnson 2016. Zu einer in diesem Zusammenhang aufschlussreichen Lektüre von Deleuzes Falte(n) vgl. Lærke 2015.
11 Vgl. etwa, auch für weitere Textnachweise Mates 1986, 37.
12 Vgl. einschlägig Wilson 1997.
13 In besonders ansprechender Form lässt sich das etwa bei Schmidt 2003 nachlesen; vgl. weiterführend und mit zahlreichen weiteren Belegstellen Rescher 1991; Smith 2011.

l'univers", also „ein [. . .] lebendiger, immerwährender Spiegel des Universums" (Leibniz 2002, 132–133). Aber nicht nur seien die Monaden Spiegel des Universums, sondern es gelte zudem, so Leibniz ausdrücklich, dass „chaque Monade creée represente tout l'univers", also „jede geschaffene Monade das ganze Universum vorstellt" (Leibniz 2002, 136–137). Und weiter heißt es, im 63. Paragraphen, dass „jede Monade [. . .] ein Spiegel des Universums ist, das in vollkommener Ordnung geregelt ist", woraus folgt, dass es auch „in dem Vorstellenden" eine entsprechende „Ordnung" geben muss (Leibniz 2002, 136–137). Und so sehr die Welt auch ins Unendliche teilbar sei und in jeder kleinsten Pflanze immer noch kleinere Lebewesen ihr Unwesen oder Wesen treiben, auch wenn „d'une subtilité à nous imperceptible", von „unmerklicher Feinheit" (Leibniz 2002, 140–141), so wenig bedeute das, dass es irgendwo Chaos gebe. Daher „gibt es nichts Unkultiviertes, Unfruchtbares oder Totes im Universum, kein Chaos und keine Undeutlichkeit" (Leibniz 2002, 141). Hinzu kommt, dass Leibniz von unbedingt harmonischen Entsprechungsverhältnissen ausgeht, welche die vollkommene Ordnung des Universums genauso beschreiben wie die nicht minder harmonisch aufeinander abgestimmten Verhältnisse von Mikro- und Makrokosmos. So heißt es sogar ausdrücklich im 61. Paragraphen, dass die „composés" mit den „simples" in einem symbolischen Verhältnis stehen, sie also, wie es im Französischen heißt, „symbolisent" (Leibniz 2002, 136–137). Gegen Ende der *Monadologie* geht Leibniz schließlich so weit zu behaupten, dass die „gewöhnlichen Seelen" (also die einfachen Monaden) „Abbilder des Universums der Geschöpfe seien", die Geister (also vor allem die Monade Mensch) aber

> [. . .] zudem noch Bilder der Gottheit selbst oder des Urhebers der Natur, fähig, das System des Universums zu erkennen und davon etwas in architektonischen Proben nachzuahmen, indem jeder Geist in seinem Bereich wie eine kleine Gottheit ist.[14]
>
> (Leibniz 2002, 147)

Es ließen sich zahlreiche weitere Stellen anführen, die Ähnliches zum Ausdruck bringen, aus der *Théodicée*, den *Nouveaux Essais*, aber auch aus den zahllosen Briefen und kleineren bis kleinsten Texten, die Leibniz im Laufe seiner Karriere verfasst hat. Unmissverständlich scheint das Zitierte darauf hinzudeuten, dass sich für Leibniz das Universum im Kleinen spiegelt und abbildet, die Monade also das Ganze im Kleinen darstellt. Wäre

---

14 Im Französischen heißt es: „[. . .] mais que les Esprits sont encore des images de la Divinité même, ou de l'Auteur même de la nature; capables de connoître le Systeme de l'univers et d'en imiter quelque chose par des échantillons architectoniques; chaque Esprit étant comme une petite divinité dans son departement." (Leibniz 2002, 146).

ein Barock *en miniature* im Sinne von Leibniz dann nicht ein Barock, in dem jede Partikularität, jedes noch so kleine Ding, jeder Ideensplitter und jede Kleinsteinheit des Wissens nicht nur in der Ordnung des Ganzen aufgehoben ist, sondern je in sich das Ganze spiegelt oder sogar *in nuce* enthält?[15]

Es steht außer Frage, dass Leibniz zumal im ausgehenden achtzehnten Jahrhundert mitunter in dieser Weise rezipiert wurde. Nicht nur etwa Friedrich von Blanckenburg, ein Leibnizianer *sui generis*, entwickelt in seinem *Versuch über den Roman* von 1774 die Vorstellung, dass ein Roman die unendliche Vielfalt der großen ganzen Welt im Kleinformat, gleichsam im Konzentrat wiedergebe,[16] sondern auch Karl Philip Moritz' ästhetische Theorie bringt die Auffassung zur Geltung, um Jürgen Fohrmann zu zitieren, „daß dieses Isolieren [der Kunst] nicht zu einer Atomisierung, nicht zum Partikularen führ[t] [. . .], sondern zur Totalität *en miniature*" (Fohrmann 1998, 85).[17] Das große Ganze verliert sich dann nicht in vielen kleinen Extrakten oder in einem Aggregat von Partikularien; vielmehr tritt es durch die Kunst, wie in einer „Probe", um es genauer mit Moritz zu formulieren, im Kleinformat in Erscheinung.[18]

2 Barock en miniature II: Das Ganze ist nicht im Kleinen

Was sich im Folgenden erweisen soll, ist gleichwohl, um es ohne Umschweife aber etwas überspitzt zu formulieren, nachgerade das Gegenteil. Eine Monade stellt bei Leibniz *nicht ,das Ganze en miniature'* dar, und dieses tritt in seiner Totalität auch nicht in Erscheinung. Und auch Papierschnipsel und Wissenseinheiten figurieren bei Leibniz nicht als kleinste Teile eines geordneten großen Ganzen; und schließlich stellt auch die *Monadologie* als kurzgefasstes *système*,

---

[15] Studien wie etwa die von Lovejoy (1936, 144–182) zur "great chain of being" legen bei aller Differenziertheit und so sehr sie auch im Einzelnen zutreffende Ergebnisse liefern mögen solche und verwandte Lektüren von Leibniz nahe, die nach wie vor, allerdings vor allem unabhängig von der eigentlichen Leibniz-Forschung, in Arbeiten zur Rezeption von Leibniz kursieren. Vgl. zu einer Auseinandersetzung mit Lovejoy pertinent Goad und Goodin 1997.
[16] Blanckenburg 1774, etwa 208–210. Vgl. weiterführend Blanckenburgs Theorie der Verkleinerung eine leicht andere Deutung gebend Frey 2017.
[17] Herv. C. F. Vgl. zur Kritik an Moritz' „Hang zum großen Ganzen" auch Schneider 1998, hier 92.
[18] Zu Logik und Poetik der ‚Probe' bei Moritz vgl. Martyn 2015, 172–175.

streng genommen, kein ‚Ganzes im Kleinen' dar.[19] Das heisst nun weder, dass die Rede von Monaden und Kleinformaten als Sinnbilder des Barocken aufzugeben wäre, noch, dass sich bei Leibniz nicht eine Ontologie, Epistemologie und zumal Praxis der Verkleinerung und der Abbreviation – einer „*monde en raccourci*" – findet.[20] Aber dass Leibniz von der Vorstellung einer Totalität *en miniature* ausgegangen wäre: das soll mit diesem Beitrag in Abrede gestellt werden.

Um einen einfachen Einstieg zu finden, der das *en miniature* im Verzicht auf den „geile[n] Drang aufs große Ganze" denkt (GS III, 286),[21] seien die oben kurz angeführten und notorisch vielzitierten Stellen aus der *Monadologie* noch einmal im Zusammenhang gelesen und entfaltet. Denn tatsächlich hat Leibniz seine *Monadologie* als eine Art *compendium* seines ganzen Denksystems verstanden. Der Begriff *compendium* kommt aus der Mathematik und meint eine Abbreviation, meist als Formel oder als kurzes Zeichen, in dem übersprungene Herleitungen oder Nachzeichnungen des Rechenwegs oder der Beweisführung zusammengefasst werden.[22] Die *Monadologie* lässt sich als eine solche Abbreviation auffassen – so dass sie selbst durchaus als Kleinformat und als Spiegel des Leibniz'schen Gedankengebäudes zu denken wäre. Doch finden wir uns bereits in dieser einfachen Analogie mit der ersten schwierigen Metapher bei Leibniz konfrontiert: dem Spiegel (auf das *compendium* wird noch zu kommen sein). Der entsprechende Paragraph der *Monadologie*, aus dem oben nur ein Satz extrahiert wurde, lautet vollständig:

> 56. Nun bewirkt diese *Verbindung* oder diese Anpassung aller geschaffenen Dinge untereinander und eines jeden mit allen anderen, daß jede einfache Substanz Bezüge hat, welche alle anderen ausdrücken, und daß sie also ein lebendiger, immerwährender Spiegel des Universums ist. (Leibniz 2002, 133)

Es handelt sich zumindest in deutschsprachigen Kontexten um eine der meistzitierten Stellen aus der *Monadologie*. Selten allerdings wird das französische

---

19 Damit ist Bezug genommen auf den Titel des Vortrags „Monadologie – das Ganze im Kleinen" von Niklaus Largier, wie er für den 6. Dezember 2018 am Leibniz-Zentrum für Literatur- und Kulturforschung angekündigt war, mithin für ebenden Tag, an dem vorliegender Beitrag als Keynote im Rahmen der Tagung *Barock en miniature* an der Humboldt-Universität zu Berlin gehalten wurde.
20 Zu dem treffenden Ausdruck „*monde en raccourci*" vgl. auch die weiteren Ausführungen bei Schepers 2014, 250.
21 Benjamin selbst scheint freilich das Monadisch mitunter gerade im Zusammenhang mit diesem ‚Drang aufs große Ganze' zu sehen. Dazu unten mehr.
22 Dazu ausführlich Breger 2008; Frey 2017.

Original noch einmal in seinem genauen Wortlaut zu Rate gezogen und kontextualisiert. Denn im Französischen heißt es:

> 56. Or cette *Liaison* ou cet accommodement de toutes les choses creées à chacune et de chacune à toutes les autres, fait que chaque substance simple a des rapports qui expriment toutes les autres, et qu'elle est par conséquent un miroir vivant perpetuel de l'univers. (Leibniz 2002, 132)

Wie das bei vielen Paragraphen der *Monadologie* der Fall ist – sie lassen sich bei aller scheinbaren Gegensätzlichkeit durchaus wie die Aphorismen in Bacon's *Novum Organum* lesen –, so erscheint die *liaison* zum voranstehenden Paragraphen nicht sofort einsichtig, oder anders: Es ließen sich auch eine Reihe anderer Verbindungen zu früheren und späteren Paragraphen herstellen. Die in der Tat recht kurze Abhandlung umfasst insgesamt nur neunzig solcher Paragraphen, die allesamt mehrfache Binnenbezüge eingehen. In der Reihenfolge der numerischen Anordnung folgt Paragraph 56 auf den Passus über die beste aller möglichen Welten. Bezeichnend ging es in diesem Paragraphen darum, zu statuieren und zu erklären, warum die Welt nur *als Ganze* die Beste sei: weil es gelte, die größtmögliche Mannigfaltigkeit mit der größtmöglichen Ordnung zu vereinbaren, und genau das leiste die göttliche Schöpfung, und das heißt auch, die Wahl jener Welt, die die beste aller möglichen sei. Da für Leibniz alles mit allem zusammenhängt, und da „jede einfache Substanz" – also jede Monade – „Beziehungen enthält", die die anderen alle mit ausdrückt („*toutes* les autres" immerhin), muss alles aufeinander abgestimmt sein, so dass einzig in dieser allgemeinen und vollständigen Hyper-Vernetzung alles seine Ordnung haben kann. Auch wenn dies in seinen vielfältigen Implikationen kaum entfaltet werden kann, so genügt an dieser Stelle die schlichte Einsicht, dass daraus noch nicht folgt, die Monade stelle die Totalität des Ganzen im Kleinen dar. Denn keineswegs ist hier die Rede davon, dass die einzelnen Monaden das ganze Universum in seiner Ganzheit an sich vollkommen spiegeln. Vielmehr und entscheidend ist hier von Verbindungen und Verknüpfungen – von „liaison" und „rapports" – von allem mit allem die Rede. Genau gesagt liegt auch der Ausdruck von „alle[n] anderen" (so dass insgesamt in der Tat eine Ganzheit durchaus imaginiert wird) eben in diesen „rapports". Weil und *nur* weil dem so ist („par conséquent"), kann davon die Rede sein, dass jede „substance simple" ein „lebendiger Spiegel" des „Universums" ist. Die Metapher des Spiegels mag irreführen, dazu wäre viel zu sagen; es muss an dieser Stelle die Erinnerung an die Tatsache genügen, dass der Spiegel noch im siebzehnten Jahrhundert vielfach auch als ‚dunkler Spiegel' gedacht wird, in Anlehnung an die Stelle aus 1. Korinther 13, 12:

> Wir sehen jetzt durch einen Spiegel in einem dunklen Bild; dann aber von Angesicht zu Angesicht. Jetzt erkenne ich stückweise; dann aber werde ich erkennen, gleichwie ich erkannt bin. (Luther 2017)

In Augustinus' *Enarrationes in Psalmos* wird daraus die vielzitierte Formel des „speculum scripturae", in welchem sich die ersehnte Erkenntnis verdunkelt, weil der Mensch in seiner Endlichkeit und Beschränkung nicht anders als verstellt und unklar verstehen kann.[23] Ist damit noch wenig gesagt, so erhellt spätestens die folgende Erklärung bei Leibniz, wie die Analogie tatsächlich gemeint ist. Denn in Paragraph 57 heißt es:

> 57. Und wie dieselbe Stadt von unterschiedlichen Seiten betrachtet als eine andere erscheint und wie perspektivisch vervielfältigt ist, so geschieht es auch durch die unendliche Vielheit der einfachen Substanzen, daß es ebenso viele unterschiedliche Universen gibt, die gleichwohl nur die Perspektiven eines einzigen sind, je nach den verschiedenen Gesichtspunkten jeder Monade. (Leibniz 2002, 135)

> 57. Et comme une même ville regardée de differens cotés paraît toute autre, et est comme multipliée perspectivement; il arrive de même, que par la multitude infinie des substances simples, il y a comme autant de differens univers, qui ne sont pourtant que les perspectives d'un seul selon les differens points de veüe de chaque Monade. (Leibniz 2002, 134)

Findet sich in zahlreichen anderen Übersetzungen – wohl aufgrund der eigentümlichen Pluralform – an dieser Stelle der Ausdruck „viele unterschiedliche Welten",[24] so gilt es hier, sich, gemäß der zitierten Übersetzung, noch einmal auf das französische „differens univers" zu besinnen. Denn mit „univers" ist genau der Begriff, den Leibniz auch im 56. Paragraphen verwendet hatte, wieder aufgegriffen. Die Spiegelung ist mithin auch hier stückweise, weil perspektivisch, und das bedeutet: *sub specie mortalitatis* kann jeder Spiegel nur *eine* Sicht reflektieren – und darum wird mit jedem Spiegel auch ein je *anderes* Universum wiedergeben. Das „univers" ist aber genau wie die „monade" ein *unum*: es ist an sich Eines – in seinen Erscheinungsformen allerdings *vers*, und das heißt auch: gewendet. Das bedeutet, dass das Eine, irdisch betrachtet, ausschließlich im Plural, immer nur „differen[t]" vorkommt. Zu der räumlichen Perspektivierung kommt eine zeitliche: Der Ausdruck „lebendig" deutet darauf hin, dass die Ansichten auch dem Wandel der Zeit unterworfen sind. Weil aber bei Leibniz zugleich alles mit allem vernetzt ist, *in* allen Zeiten und *durch* alle

---

23 Augustinus 2011, die Kommentare zu Pslam 103. Vgl. weiterführend Van Fleteren 1992.
24 Siehe die Angaben im Literaturverzeichnis; über die klassischen Übersetzungen hinaus vgl. aber auch bspw. Schepers 2014, 250.

Zeiten, hat jede Monade ein (wenn auch in vielem ganz dumpfes und unmerkliches) Wissen oder eine Form der inneren Wahrnehmung von allem. Keinesfalls aber spiegelt sich eine zu sich kommende Totalität des Ganzen im Kleinformat in einer jeden Monade.[25]

Als besonders bemerkenswert kann in diesem Zusammenhang gelten, dass in einigen deutschen Übersetzungen des Paragraphen 56 der *Monadologie* Hinzufügungen für nötig gehalten wurden, die Leibniz' expliziter Pluralisierung eine Ganzheit unterlegen. So heißt es etwa in der klassischen Übersetzung von Arthur Buchenau, dass „jede einfache Substanz Beziehungen enthält, welche die *Gesamtheit* der anderen zum Ausdruck bringen, und daß sie infolgedessen ein lebendiger, immerwährender Spiegel des Universums" (Leibniz 1982, 103) seien.[26] Das Wort „Gesamtheit" hat im französischen Original keine direkte Entsprechung. Aus dem pluralisierenden „toutes", das schlicht mit „alle" übersetzt werden sollte, ist bei Buchenau ein Begriff geworden, der buchstäblich aufs Ganze geht. Was bei Leibniz mithin nur in der Monade Gott als totale Gesamtheit vorkommt, wird durch diese Übersetzung allerdings auch allen anderen Monaden zugesprochen. Dieses Problem reicht historisch weit zurück. Bereits dem ersten deutschen Übersetzer der *Monadologie* von 1720, nämlich dem Naturrechtler Heinrich Köhler – derjenige, der dem Traktat im Deutschen allererst den Titel *Monadologie* gibt – schien der französische Text ohne Referenz auf eine gedachte Ganzheit keinen Sinn zu ergeben, eben weil auch dieser offenbar eine *representatio totalis* der Ordnung des Weltganzen in der Monade unterstellt. So übersetzt er den in der Tat etwas überraschenden Auftakt des genannten Paragraphen (in dieser Ausgabe handelt es sich nach einer anderen Zählung um § 57)[27] auf eigenwillige Weise und setzt an die Stelle von ‚Verknüpfung' den Ausdruck ‚eingerichtet'. Vollständig lautet der Paragraph in dieser ersten deutschen Übersetzung wie folgt:

> Daß er [Gott] nun alle erschaffene Dinge nach einem iedweden / und ein iedwedes nach allen andern eingerichtet und verfasset hat / solches verursacht / daß eine iede einfache Substanz gewisse Relationen / durch welche alle die anderen Substantzen ausgedrucket und abgebildet werden / und daß sie folglich ein beständiger lebender Spiegel des gantzen grossen Welt-Gebäudes sey. (Leibniz 1720, 27)

---

25 Ob sich der monadische Spiegel als „minimal kleine spiegelnde Kugel" begreifen lässt, der „die Vielheit in sich konzentriert", würde dann fraglich. Vgl. Schepers 2014, 250. Tatsächlich geht es in vorliegendem Beitrag nicht zuletzt darum, bestimmte Analogien und Metaphern in der Beschreibung von Leibniz' monadologischem Denken genauer zu kontrollieren, um irreführende Assoziationen zu vermeiden.
26 Herv. C. F.
27 Vgl. zu der möglichen Vorlage von Köhler etwa Strickland 2014, 9–11.

Nun ist die Ansicht, Leibniz sei von einer göttlichen Schöpfung ausgegangen, in der alles aufeinander abgestimmt ist – dafür stehen in Köhlers Übersetzung vor allem die Begriffe ‚eingerichtet' und ‚verfasset' –, natürlich Leibniz' Vorstellung vollkommen gemäß. Dass an dieser Stelle allerdings in der ersten Übersetzung der entscheidende Ausdruck *liaison* übergangen wird – ein Ausdruck immerhin, der seinerseits die Verbindung zu verschiedenen vorausgehenden und nachfolgenden Paragraphen herstellt – und stattdessen wieder an den göttlichen Akt der Schöfpung erinnert wird, ist so irreführend wie bezeichnend. Ganz offenbar geht es Leibniz in diesem Paragraphen hauptsächlich um die Behauptung, dass alles mit allem verbunden und eben auch *deshalb* jede einfache Substanz, jede Monade, ein Spiegel des Universums sei. Dies jedoch, wie deutlich wird, auf unhintergehbar perspektivische Weise – und darum buchstäblich als Stückwerk. Es geht folglich um den Modus des Wiedervorkommens von allem in allem, und eben dies denkt Leibniz in Form von unendlich vielen *liaisons* oder *rapports*. Das geht auch nicht anders, denn die Monaden sind einfach; einfach wiederum sind sie, weil sie Substanzen sind. Substanzen zeichnen sich spätestens seit Platon und Aristoteles nicht zuletzt eben dadurch aus, dass sie einfach sind.[28] Leibniz' System geht nun bekanntlich von der Vorstellung einer maximalen Vielfalt bei absoluter Einfachheit aus. Um so entscheidender ist die Tatsache, dass das Wiedervorkommen von allem in allem sich nicht über eine Logik des ‚Ganzen im Kleinen', sondern über die von *liasons* und *rapports* ergibt. Leibniz setzt an ähnlichen Stellen, wenngleich in je unterschiedlicher Absicht, mitunter *connexion* oder *nexus*.[29] Auch der Begriff *vinculum* wird in vergleichbaren Zusammenhängen bei dem späten Leibniz eine wesentliche Rolle spielen.[30] Es finden sich, zumal im Französischen, zudem eine Reihe benachbarter Begriffe, wie

---

28 Es versteht sich, dass Leibniz weder die Substanz noch das Einfache im Sinne von Aristoteles oder Platon denkt. Dennoch steht sein Begriff der Monade in einer langen auf die Antike zurückgehenden philosophischen Tradition. Vgl. u.v.a. Leinkauf 1999; Bonk 2003; Murdoch 2001.
29 Die Semantik der *connexion* spielt bei Leibniz im Zusammenhang der Gedankenassoziationen eine entscheidene Rolle. Der Begriff *nexus* im Zusammenhang mit kausalen Verkettungen, einer bei Leibniz entscheidend variierten Fassung der Idee der Serie und der Kette der Seinswesen, vgl. dazu aufschlussreich Favaretti Camposampiero 2014.
30 Den Begriff *vinculum* führt der späte Leibniz ein, um mit ihm zu erklären, was sich zwischen der Perzeption der Monade und der Außenwelt abspielt. Vgl. Frémont 1999, 33–45. Serres erklärt in seinem Vorwort zu Frémont, dass mit ihrem Ansatz – die Ontologie der Relation betreffend – eine von ihm nicht beachtete Dimension des Leibniz'schen Systems zum Vorschein komme.

etwa: *jonction, association, contiguité, assemblage.*³¹ Warum genau eine solche *assemblage* (so unterschiedlich der Begriff je nach Kontext auch gebraucht wird) bei Leibniz keine Totalität im Kleinen meint, führt die nächste eingangs zitierte Textstelle vor, in der es hieß, dass das „Zusammengesetzte [. . .] das Einfache symbolisch" darstelle („symbolisent") (Leibniz 1982, 54–55).³² Diese Erläuterung entstammt, wie oben ausgeführt, dem Paragraphen 61, der noch einmal statuiert, dass „die ganze Materie in Verknüpfung" steht, so dass „jeder Körper alles, was in der Welt geschieht, spürt", um mit der Erklärung zu enden:

> Eine Seele [also geschaffene höhere Monade] aber vermag in sich selbst nur das zu lesen, was in ihr deutlich vorgestellt ist; sie kann alle ihre Falten nicht auf einen Schlag entfalten, denn diese reichen ins Unendliche. (Leibniz 1982, 55)

Im Französischen lautet diese Stelle: „Mais une Ame ne peut lire en elle-même que ce qui est represénté distinctement, elle ne sauroit developper tout d'un coup tous ses replis, car ils vont à l'infini" (Leibniz 1982, 54). Wenn es spätestens an dieser Stelle buchstäblich kompliziert wird, dann deshalb, weil Leibniz eine beeindruckende Summe zuvor genannter Voraussetzungen seines Systems zusammenführt und auf diese kurze Formel bringt – eine Formel, die in ihren Implikationen ihrerseits ins Unendliche geht. Dennoch lässt sich das Entscheidende kurz benennen. Denn es gilt spätestens an dieser Stelle, einen scheinbaren Widerspruch zu konfrontieren: Wie kann es sein, dass Leibniz einerseits die Monade als einfache Substanz konzipiert, andererseits jedoch postuliert, dass eine Entfaltung ihrer ganzen mannigfaltigen Verknüpfungen nicht möglich wäre, weil sie ins Unendliche ginge? Entweder ist die Monade einfach – oder aber sie ist unendlich entfaltbar; ist sie unendlich entfaltbar, muss sie, so möchte man meinen, auch teilbar sein; dann jedoch könnte sie nicht zugleich einfache Substanz sein. Nun heißt es aber ausdrücklich im ersten Paragraphen der Monadologie, die Monade sei „nichts anderes als eine einfache Substanz" (Leibniz 1982, 27). Gleichzeitig, wie zitiert und von Leibniz immer wieder betont, gehen ihre „Falten" bis „ins Unendliche" (Leibniz 1982, 55).

Um zu verstehen, wie sich Leibniz' System des Monadologischen strukturiert und wie sich dieses wiederum zu dem Vielerlei seiner Wissens- und

---

31 Vgl. zur *assemblage* bei Leibniz mehrfach Deleuze 2000.
32 Aufgrund der an dieser und den folgenden Stellen stärkeren Nähe zum Französischen wird hier zitiert nach der Übersetzung von Buchenau.

Zettelsammlungen verhält, lohnt sich mithin eine genauere Auseinandersetzung mit Leibniz' Begriff der Monade und ihrer Voraussetzungen. Dabei ist es entscheidend, sich in Erinnerung zu rufen, dass für Leibniz die Materie unendlich teilbar ist. Infolgedessen gibt es auch keine nicht mehr teilbaren Kleinstteilchen, keine A-tome, kein substantielles Minimum, wie das etwa bei Giordano Bruno der Fall war – in einer Begrifflichkeit, die Leibniz dennoch teilweise übernimmt.[33] Deshalb ist auch die Monade bei Leibniz keine einfache Einheit im Sinne eines substantiell kleinsten Teilchens.[34] Vielmehr ist die Monade buchstäblich Ein*heit*, ein nominalisiertes *Eins*, eine Beschaffenheit, die mit ihrem Einssein gleichbedeutend ist. Die deutsche Endung *-heit* entspricht der lateinischen *-tas*, die von *talum* (so beschaffen) stammt. In diesem Sinne, so ließe sich sagen, schafft die Monade Einheit. Sie garantiert das Prinzip des einheitlichen Soseins. Teilchen der Materie wären bloße, unzusammenhängende Haufen, wenn es nicht ein Prinzip gäbe, das die Aggregate zusammenhält. Diese Funktion erfüllt die Monade. Sie kann deshalb nicht zugleich selbst jenes kleinste Teilchen sein, das am Ende einer langen Kette von Teilungen stünde als jenes letzte ‚Ding', das sich nicht mehr teilen lässt. Vielmehr ist die Monade bei Leibniz gedacht als Punkt, der als Indifferenzmoment fungiert zwischen Teilung und Nicht-Teilung, Materie und Nicht-Materie.[35] Weder dinghaftes Etwas noch Nichts ist sie ein aktives und individuelles Wesen: sie zeichnet sich durch Perzeption und Strebung aus. Alle Monaden, auch die der Pflanzen, sind auf diese Weise ausgezeichnet. Jene Monaden, die Leibniz auch Seelen nennt, haben außerdem *deutliche* Perzeption und Erinnerung. Weder die einen noch die anderen sind jedoch räumlich. Was nicht bedeutet, dass sie ‚körperlos' sind: ihre Körper oder die verschiedenen Körper, die sie in bestimmten Phasen entwickeln, sind sogar präformiert, bereits *en miniature* – in dem hier verstandenen Sinne – im Kern vorhanden. In gewisser Weise geben sie die an sich raumlose Information der Körper ab. Die Monade als solche aber ist, ohne deshalb ein letztes Kleinstelement zu sein, nicht teilbar. Warum allerdings ist die Monade Leibniz zufolge dennoch *unendlich* entfaltbar?

---

[33] Was immer wieder zu Missverständnissen der Leibniz'schen Monade führt, so etwa, um eine rezentere Veröffentlichung zu nennen bei Jacobsen 2005, 28. Zu Giordano Brunos Begrifflichkeit vgl. Bruno 1991.
[34] Zu den instruktivsten Einführungen in die vielfältigen Implikationen von Leibniz' Philosophie des Monadischen gehören nach wie vor Busche 1997; Garber 2009.
[35] Dass der ‚Punkt' selbst eine Geschichte hat und von Leibniz eine eigene Bestimmung erfährt, zeigt Schäffner 2003. Vgl. weiterführend, allerdings ohne maßgebliche Referenz auf Leibniz Gremske 2019.

In Leibniz' Denken kommen Logik und Begriff des Unendlichen an entscheidenden Schaltstellen seines Systems zum Einsatz. Zunächst in seiner mathematischen Theorie und der Methode seines Differential- und Integralkalküls. Anders als mitunter angenommen, bleibt Leibniz ganz im Sinne etwa von Kepler oder Pascal bei der Auffassung, dass jede beliebige Größe stets noch einmal geteilt werden kann, *ad infinitum*. Jede noch so geringe Quantität kann immer noch einmal halbiert werden, von jeder noch so kleinen Menge kann, solange oder insofern sie theoretisch quantifizierbar ist, immer noch etwas abgezogen werden. Mathematisch betrachtet ist die mögliche Teilung endlos. Ein Ende des Prozesses kann zwar jederzeit willkürlich gedacht und vollzogen werden, keinesfalls aber ließe sich die dann erscheinende letzte und kleinste Größe als eine mathematisch notwendige oder nicht mehr dividierbare bestimmen. Darum gibt es bei Leibniz, strenggenommen, auch weder Indivisibilien noch Infinitesimale, wenn darunter unendlich kleine Größen verstanden werden. Eine Größe, die unendlich klein wäre, wäre keine Größe – oder sie wäre nicht *unendlich* klein. Allein der Ausdruck ‚unendlich klein' ist darum für Leibniz bereits eine *contradictio in adiecto*. Was Leibniz in seinem Differentialkalkül entwickelt – er kommt darauf immer wieder zurück – ist darum auch kein Kalkül mit unendlich kleinen Größen, sondern ein Kalkül mit *fiktiven* Größen.[36] Insofern Mathematik und Metaphysik für Leibniz konvergieren, bleibt es dabei, dass es keine infinitesimal kleinen Größen gibt, sondern vielmehr alles als unendlich teilbar gelten muss.

Als Leibniz im Jahr 1676 sein Differenzialkalkül zu Papier bringt, auf seiner Rückreise von Paris nach Hannover, besucht er den seinerzeit bekanntesten Mikroskopisten: Antoni van Leeuwenhoek – und findet seine mathematische Theorie auch in der Natur bestätigt.[37] Im ausgehenden siebzehnten Jahrhundert galten die Mikroskope von Leeuwenhoek mit ihrer ungewöhnlich hohen Vergrößerungsstärke als besonders fortgeschritten. Leibniz scheint derart beeindruckt von dem, was er durch die Linsen des Naturforschers meint erkennen zu können, dass er an einer Übertragung der mathematischen Teilbarkeit auf die Materie nicht mehr zweifelt: In

---

36 So erklärt sich Leibniz ausdrücklich etwa in seinem Brief an Des Bosses von 1706 (Leibniz 1990, 231) oder in einem Brief an Christian Wolff (Leibniz 1860, 187). Vgl. Krämer 1991, etwa 155; Frey 2017.
37 Dazu nach wie vor einschlägig Wilson 1995; Ruestow 1996.

jedem noch so kleinen Wassertropfen finden sich unzählige viele kleine und immer kleinere Wesen.[38] Entsprechend erklärt Leibniz:

> Nun muss man vor allem wissen, daß alle Geschöpfe einen Stempel der göttlichen Unendlichkeit in sich tragen, und daß dieser der Ursprung der vielen wundersamen Dinge ist, die den menschlichen Geist in Staunen setzen. So gibt es z. B. keinen noch so winzigen materiellen Teil, in dem nicht eine Welt unendlich vieler Geschöpfe vorhanden wäre [. . .].[39] (HGP, 499)

Jede weitere Vergrößerung bringt in jedem Kleinstwesen immer noch weitere kleinere Wesen zum Vorschein, seinerzeit die sogenannten *animalcula*: Leibniz zufolge setzt sich auch diese Einfaltung des Kleinstseins bis ins Unendliche fort.

Und schließlich gelten Leibniz auch bestimmte Wahrheiten als unendlich. Auf einem seiner vielen Papiere, das sich als Nummer 326 unter dem Titel *De libertate, contingentia et serie causarum* in der Akademieausgabe findet, aufgrund des Wasserzeichens auf das Jahr 1689 datiert wurde und erstmals 1940 bei Madame Prenant in die *Oeuvres choisies* aufgenommen worden war, erklärt Leibniz: „Sed in veritatibus contingentibus [. . .] resolutio procedit in infinitum" (AA VI, 4, 1655). Im Unterschied zu den notwendingen Wahrheiten, also den *a priori* Wahrheiten, gibt es mithin auch jene, die Leibniz „contingentes", also „zufällige" nennt: bei diesen schreite die Analyse ins Unendliche fort, „procedit in infinitum" (AA VI, 4, 1656). „Deo solo vidente non quidem finem resolutionis, qui nullus est, sed tamen connexionem terminorum [. . .] quia ipse videt quicquid seriei inest" (AA VI, 4, 1656). Gott allein sieht – nicht das Ende der Analyse oder die Resolution, denn sie hat kein Ende – sondern die Verknüpfung der Begriffe, denn er erkennt und erschaut, was auch immer die Serie umfasst, „welchen Inhalt diese Reihe [. . .] in sich birgt" (HGP, 2, 500). Die Serie oder Reihe ist mithin unendlich, darum muss auch eine Auflösung und Auflistung dessen, was in ihr enthalten ist, unendlich sein. Gott sieht diese ganzen infiniten *connexionem* oder Verknüpfungen alle auf einmal. Gott ist mithin Leibniz zufolge die einzige Monade, in der alle Erkenntnisse vollständig, synchron und gleichermaßen deutlich sind. Alle anderen Monaden, auch die höheren Seelen, haben neben deutlichen auch und vor allem „eine große Vielzahl kleiner Perzpetionen" (Leibniz 2002, 119), wie es auch in der *Monadologie* heißt. Und so viele deutliche Erkenntnisse die Seelen-Monaden auch haben, so gilt für diese dennoch, dass sie eben nur „auf undeutliche Weise ins Unendliche,

---

38 Vgl. Duchesneau 2010.
39 Der lateinische Text findet sich als B 326 in AA VI, 4, 1655. Hier zit. Nach der Übersetzung von Buchenau; Leibniz 1906. Vgl. zu dieser Textstelle besonders aufschlussreich auch Bredekamp 2004, 104.

zum Ganzen" gehen, während sie zugleich „begrenzt und unterschieden" sind „durch die Grade der deutlichen Perzeptionen" (Leibniz 2002, 135). Anders gesagt sind es gerade die undeutlichen und kleinen Perzeptionen, die *petites perceptions*, über die auch die Seelen-Monade Anteil an der Unendlichkeit, den unendlich vielen und unendlich vielfältigen Konnexionen von allem mit allem hat. Aber eben nur über die vielen kleinen und unmerklichen Perzeptionen – und eben nur Anteil. Das meiste bleibt dunkel, wozu nicht zuletzt der Begriff der Unendlichkeit selbst gehört. Eine vollkommene göttliche Erkenntnis ist *sub specie mortalitatis* mithin weder vorgesehen noch möglich. Es ließe sich sogar sagen, da die Unendlichkeit keine Grade kennt, dass selbst die enzyklopädisch gebildeteste und klarsichtigste Monade als höhere aber geschaffene Seele immer noch *unendlich weit* von einer deutlichen Erkenntnis der Gesamtheit allen Wissens und von der Gesamtheit aller Verknüpfungen entfernt ist und bei allem Fortschritt der Erkenntnis und der Wissensanhäufung auch bleibt. Hierin liegt der Grund für Leibniz' Auffassung, dass keine Seele „alle ihre Falten", die „ins Unendliche" gehen, je „auf einen Schlag entfalten" (Leibniz 2002, 135) kann.

Ungeklärt bleibt nichtsdestoweniger oder um so mehr, warum nun Leibniz behaupten kann, dass das „Zusammengesetzte" das „Einfache" auf „*symbolische*" Weise darstelle, heißt es doch im Französischen wörtlich: „les composés *symbolisent* en cela avec les simples" (Leibniz 2002, 136–137).[40] Die barocke Logik der Repräsentation, ihre Ästhetik und Epistemologie werden spätestens seit Benjamin mit dem Allegorischen in Zusammenhang gebracht. Benjamin meint nicht umsonst: „Das Symbol ist die Identität von Besonderem und Allgemeinem", „die Allegorie" hingegen „markiert ihre Differenz" (GS I 1987, 352). Das Symbol mithin ist auf Identität, Präsenz und Ganzheit angelegt, während die Allegorie durch ihren „Verzicht auf die Idee der harmonischen Totalität" (GS V.I, 416) bestimmt ist.[41] Wäre also nicht spätestens mit Leibniz' Symbol-Begriff ein Identitäts- und Totalitätsverhältnis von Kleinem und Großem oder gar von Besonderem und Allgemeinem vorausgesetzt? Supponiert nicht zudem Leibniz' kaum zufälliger Gebrauch des „avec" (denn es hieß ja wörtlich, dass das Zusammengesetzte *mit* dem Einfachen ‚symbolisiere') eine Abbild- oder sogar Präsenzbeziehung von *composés* und *simples*?

Dass nun Leibniz einen eigenen Begriff des Symbolischen entwickelt, ist bekannt und vielfach besprochen worden.[42] Dennoch bleibt die Frage, wie genau sich sein Symbol-Begriff zu der in der *Monadologie* postulierten ‚symbo-

---

40 Hvh. C. F.
41 Vgl. zur Bestimmung von Benjamins Allegoriebegriff Steinhagen 1979; Menninghaus 1980, 95–178; Cowan 1981; Kahl 1992; ebenfalls hilfreich Johnson 2016.
42 Vgl. etwa Knecht 1981; Krämer 1992; Krämer 2002; Meier Oeser 1997.

lischen' Beziehung zwischen Zusammengesetztem und Einfachem verhält. Es dürfte mithin von einigem Nutzen sein, sich zu erinnern, dass Leibniz die Form des Denkens, in der nur *dunkel* perzipiert wird, auch ‚symbolisches Denken' nennt – ein kognitiver Verarbeitungsmodus, der für Leibniz unter die *cognitio caeca* fällt. Dabei kann es sich auch um jene Denkoperation handeln, in der die mannigfaltigen Einzelheiten, die zwar auf die eine oder andere Weise gewusst werden, aber nicht alle, geschweige denn gleichzeitig, klar erfasst werden können, in diskreten Zeichen gleichsam zusammengefasst werden. Leibniz selbst nennt diese Zeichen entsprechend nicht nur immer wieder Symbole, sondern auch Abkürzungen. Denn für Leibniz ist das Symbol maßgeblich eine bestimmte Art der Abkürzung, ein *compendium*.[43] Nun ist jedoch auch das Symbol als *compendium* wiederum keine Figur des Ganzen im Kleinen.

Vielmehr geht es Leibniz in seinen immer wieder angestellten Versuchen, das symbolische Denken zu charakterisieren und zur Anwendung zu bringen, nicht nur um Belange der Ontologie, sondern auch – und diese interessieren in diesem Zusammenhang in besonderer Weise – um solche des pragmatischen Umgangs mit dem unendlichen Prozess der Wissensaneignung und dem allenthalben überhand nehmenden Wissen. Weil „große Herren weder zeit noch lust haben", erklärt Leibniz denn auch 1680 in seinem *Entwurff gewisser Staats-Tafeln*, „sich mit viele[m] nachsuchen zu bemühen" (AA IV.3, 347), gelte es, Methoden zu entwickeln, mittels derer sich Datenmengen komprimieren und Findungswege abzukürzen lassen.[44] Aber nicht nur in Staatssachen, sondern auch in allen möglichen anderen Angelegenheiten sei das menschliche Erkenntnisvermögen darauf angewiesen, komplexe Zusammenhänge abzukürzen, sie auf Formeln und Zeichen zu bringen, die schnell abgerufen und leicht

---

43 Zu einer Differenzierung dieser Begriffe bei Leibniz vgl. Krämer 1991; Krämer 1992; Frey 2017; dort weitere Hinweise. Es versteht sich zum einen, dass Leibniz' Begrifflichkeit differenzierter ist, als hier dargestellt; zum anderen, dass sie keinesfalls in allen seinen Schriften eine einheitliche Verwendung findet. Die bislang umfassendste und erhellendste Auseinandersetzung mit Leibniz' Zeichenbegriffen stammt von Krämer. Allerdings orientiert sich vorliegender Beitrag an Breger 2008 und den dort erläuterten Begriff des *compendium*. Bei Breger bleibt allerdings offen, wie genau sich Leibniz' *compendium*, wie es im Rahmen des Infinitesimalkalküls zum Einsatz kommt, zu den anderen Zeichenbegriffen bei Leibniz verhält. An ebendieser Stelle setzen meine eigenen Überlegungen an. Dabei orientiert sich der vorliegende Beitrag über Breger hinaus an Leibniz' Begriff des *compendium compendii*, wie in Frey 2017 dargelegt.
44 Vgl. vor allem zu Leibniz' *Entwurff gewisser Staats-Tafeln* grundlegend und weiterführend sowie allgemein zu einer „Analysis als Staatsmaschine" – letztlich nichts Geringeres als eine Kulturtechnik der Abkürzung – sowie zu diesem Text von Leibniz Siegert 2000; Siegert 2003, 166 ff. (an dieser Stelle sei Bernhard Siegert für Hinweise und inspirierende Gespräche zum Thema gedankt).

handhabbar gemacht werden können. Diese Form des Abkürzens gilt Leibniz als eine Kulturtechnik ersten Ranges. Ohne diese Technik der Abbreviation gerieten sämtliche Unternehmungen, ob die der kleinen oder großen Leute, mächtig ins Stocken oder könnten gar nicht erst in Angriff genommen werden. „Alles menschliche Denken vollzieht sich mittels gewisser Zeichen oder Charaktere" (Leibniz 1960, 10), wird Leibniz nicht müde zu betonen, und nicht selten fügt er seiner Liste das ‚Symbol' hinzu.⁴⁵ Diese sind dabei nicht nur Abkürzungen für die Dinge selbst, sondern auch ihrer ‚Erklärungen', die der Verstand nicht alle zeitgleich präsent halten kann:

> Besonders bei einer längeren Untersuchung [*analysis*] schauen wir nicht zugleich die ganze Natur einer Sache, sondern gebrauchen statt der Dinge Zeichen [*signi*], deren Erklärung [*quorum explicationem*] wir während des jeweiligen Erkenntnisvorgangs der Kürze halber [*cognition compendia causa*] zu unterlassen pflegen [. . .].⁴⁶
> (Leibniz 1992, 30–31)

Bemerkenswert ist, dass Leibniz auch das Problem des Infinitesimalkalküls – überführt in die Differentialrechnung – nach dieser Logik löst. In der Mathematik zumal um 1700 wurde üblicherweise erwartet, dass Formeln und Zeichen tatsächlich *etwas* darstellen, also einen Rechenweg oder eine Beweisführung, die sich, ausreichend Zeit vorausgesetzt, auch entfalten ließen. Leibniz allerdings, der nicht nur von der Unendlichkeit der Analyse kontingenter Wahrheiten, sondern auch von der Unendlichkeit des *calculus* ausgeht, erfindet mit seiner Differentialrechnung eine Form des *compendium*, die nicht nur sein Lehrer Christiaan Huygens als ‚unstatthaft' bezeichnet hätte (vgl. Breger 2008; Frey 2017). Genau genommen kürzt sie eine Unendlichkeit ab. Die Beweisführung, die Rechenwege: sie lassen sich nicht entfalten, denn auch sie gingen ins Unendliche. Im Unterschied zu seinen Vorgängern und zum Unmut seiner Zeitgenossen kommt Leibniz mit seiner Kalkulationsform zu einer pragmatischen (und seinerzeit als nahezu häretisch geltenden) Lösung: er verdichtet nicht, sondern er überspringt, was eine Unendlichkeit hätte darstellen müssen, in einer Formel, die sich auf keine finite Größe und keinen endlichen Rechenweg bezieht, sondern auf eine in der Schwebe oder im Prozess gehaltene Größe, die sich lediglich dadurch auszeichnet, dass sie größer als null aber kleiner als jede Größe ist. Leibniz selbst kommentiert diesen Schritt vielfach, rechtfertigt das

---

45 Leibniz führt diesen Gedanken vielzitiert etwa in seinem „Die Charakteristik als Organon der Allgemeinen Wissenschaft" aus. Vgl. auch Frey 2017, dort auch weitere Hinweise zur Forschung.
46 Es handelt sich um Leibniz' ebenfalls vielzitierte „Meditationes de cognitione, veritate, et ideis" (1684, erschienen in *Acta eruditorum*), eine der wenigen Schriften, die zu Leibniz' Lebzeiten erscheinen.

Unstatthafte seines Vorgehens und spricht von einer *fictio mentis*.[47] Das Symbol, das sich im mathematischen Kalkül auf die unendliche Teilbarkeit bezieht und damit auf die Gesamtheit der Reihe, die bei tatsächlicher Entfaltung die unmöglich fassbare Totalität beinhalten würde, steht mithin zwar, wenn man so will, für das ‚große Ganze'. Die Besonderheit dieser Form der Repräsentation liegt jedoch gerade *nicht* darin, dass die Totalität symbolisch miniaturisiert zur Darstellung käme, sondern vielmehr darin, dass auf eine Denotation des unendlich großen und vielfältig verknüpften Ganzen verzichtet wird.

3 Brevitas, Kompendium, Maxime

Die genannte besondere Form der abkürzenden Verkleinerung erfüllt nun bei Leibniz nicht nur ihren besonderen Zweck im Differentialkalkül sondern auch im Akt des Einübens von moralischen Denkweisen und Handlungen. Denn ähnlich wie in der Mathematik kann und soll auch in der Moral mit dem Prinzip des *en miniature* umgegangen werden – und ähnlich wie im *calculus* kommt es auch hier auf pragmatische Weise zum Einsatz. Was in der Mathematik das unstatthafte *compendium* leistet, kann in der Moral mittels der „indirekt[en]" (Leibniz 1996, 159;178) Einflussnahme erreicht werden.[48] Eine Möglichkeit, indirekt auf das Selbst einzuwirken, liegt Leibniz zufolge in der Gewohnheit. Denn diese macht sich die Wiederholung von „mittelstarken Perzeptionen" zunutze und hat oft die Wirkung eines „starke[n] Eindruck[s]" (Leibniz 2002, 123).[49] Nun kann aber nicht nur die Gewohnheit, sondern auch die Maxime dazu dienen, Eindrücke zu verfestigen. Denn die Maxime erfüllt nicht zuletzt die Funktion, „das *Gedächtnis* von einer *Menge besonderer Vorstellungen* zu entlasten" (Leibniz 1996, 538).[50] Da im moralischen Handeln nicht jedes Mal alle Grundsätze hergeleitet werden können, sondern ein gewisses Wissen über

---

[47] Vgl. weiterführend Frey 2017; dort auch weitere Hinweise.
[48] Hier und im Folgenden zitiert nach *Neue Abhandlungen über den menschlichen Verstand* in der Übersetzung von Cassirer, neu aufgelegt 1996. Diese Form der „indirektem" Einflussnahme ist für Leibniz entscheidend und wird die unterschiedlichen Diskurse und Selbsttechniken, wie sie sich im achtzehnten Jahrhundert zumal im Zusammenhang mit der ‚Laune' ausbilden maßgeblich prägen, vgl. Frey 2016a.
[49] Vgl. dazu mit Blick auf Baumgartens Rückgriff auf Leibniz Frey 2016b.
[50] Um einem immer wieder beobachtbaren Fehlzitieren vorzubeugen: Relevant ist hier nur die Erläuterung von Theophilus, der den oben zitierten Satz seines Dialogpartners Philaletes aufnimmt. Bemerkenswert ist in diesem Zusammenhang auch Leibniz' Bestimmung des Enthymem (Leibniz 1996, 38).

gutes Handeln sogar angeboren ist, wenn es auch nur noch auf verworrene Weise fortwirkt, erfüllen einfache aber einprägsame Sätze – es ließe sich auch sagen: Sentenzen – die Funktion, etwas Vielfältiges in eine einfache semantische Einheit gebracht wieder in Erinnerung zu rufen (vgl. Leibniz 1996, 38, 41). Diese nämlich sollen nichts Neues lehren, sondern nur Anlass geben, das bereits Gewußte zu erinnern. Es geht also darum – gleichsam, wenn man das so sagen will, in Form von *flash-memories* oder *flash-images* – angeborenes oder zuvor intensiv Gedachtes oder Gewußtes mit einem Schlag zurückzuholen – nicht zuletzt, damit es wirken kann. Je kürzer und plastischer die Abkürzung, desto effektiver kann sie sein.

Nun gibt es für Leibniz durchaus auch den „Tumult der Eindrücke" und der Gedanken, dem man sich hingeben könnte (Leibniz 1996, 176). Darum gilt es, sich von Zeit zu Zeit zu sammeln: und das tut der Geist buchstäblich in der Konzentration oder inneren Sammlung, die ebenfalls eine Form der Kürzung und Abkürzung ist. Es ergibt sich, über einige Umwege, bei Leibniz eine Analogie zwischen dem Tumult der Eindrücke und dem Aggregat von Sandkörnern. Ein Sandhaufen ist nichts als ein Aggregat von abertausenden Sandkörnern, eine Welle nichts anderes eine Ansammlung unendlich vieler Wassertropfen, ja sogar das, was als Farbe wahrgenommen wird, nichts als eine Anhäufung unterschiedlichster Pigmente (vgl. Leibniz 1996, 10–11).[51] Leibniz kommt immer wieder auf diese und ähnliche Bilder, wenn es darum geht, die Funktionsweise und das Wirken der *petites perceptions* zu beschreiben. Da nicht alles gedacht und analysiert werden und auch nicht alles Gedachte ständig wieder durchdacht werden kann, gilt es mitunter zu *be*denken, oder genauer: *ein*gedenk zu sein. In eben diesem Sinne kann auch das Eingeübte, das, woran man sich gewöhnt hat, für Leibniz als eine Abkürzung gelten. Die Vernunft durchdenkt etwas Begriffenes nicht immer noch einmal. Auch werden die unendlich vielen Implikationen, die an einer jeden Handlung so wie an einem jeden nicht-notwendigen Satz hängen, nicht alle stets noch einmal aufgerufen; dennoch kann es in Kurzform wieder angeeignet und eingesetzt werden. Auf diese Weise hat der Geist zwar keine unmittelbare Macht, seine Leidenschaften zu überwinden, wohl aber kann er sich auf mittelbare Weise „widersetzen" (Leibniz 1996, 178). Eine Handlung, die durch Gewöhnung vollzogen wird oder an die man sich mittels einer Sentenz erinnert, kommt einem abgekürzten Handlungs- und Denkprozess gleich.

Wiederum heißt dies nicht, dass die Gewohnheit oder die prägnante Sentenz das große Ganze im Kleinen enthält. Vielmehr gleichen sie dem pragmatischen *compendium*. Die Fäden und Falten des ganzen komplexen Gedankens,

---

51 Vgl. Frey 2016b, 174–176; dort auch weitere Belegstellen.

die zu der Einsicht geführt haben und schließlich zu der Sentenz oder Gewohnheit geronnen sind, die bei der nächsten Handlung das scheinbar freie und entscheidungsfindende Denken buchstäblich überspringen, sind zwar in einer langen Kette der Assoziation noch vorhanden, aber gleichsam hinabgesunken auf die Ebene der *petites perceptions*, des nurmehr halbbewußt aber ungedacht Vorhandenen. Anders gesagt leistet das *compendium*, die Sentenz, die Gewohnheit, die mathematische Formel etwas, was das Wiedervorkommen des Ganzen im Kleinen gerade *nicht* leisten könnte. Es ist vielmehr das Auslassen oder die *Abwesenheit* des Ganzen, die ihren eigenen Zweck erfüllt. Die Wirkung hängt mithin genau daran, dass auf eine Metaphysik des Zeichens oder des Symbols, bei der in der Abkürzung das Ganze dargestellt oder gar anwesend wäre, verzichtet wird. Entscheidend ist bei diesem Leibniz'schen Konzept des *compendium* mithin der Vollzug, der Akt des Gebrauchs. In pragmatischer Hinsicht strebt diese Form der Verkleinerung, konsequent und absichtsvoll, eine Nicht-Repräsentation des Ganzen im Kleinem an. Das Sein, auf das es hier ankommt, ist gleichsam das des Verfahrens. Das heißt nun selbstverständlich nicht, dass über die unzähligen Faltungen und Verknüpfungen der Monade das Unendliche nicht stets mitgeführt würde. Und das heißt auch nicht, dass es nicht immer auch die – menschlich allerdings nicht einmal vorstellbare – Ganzheit in ihrer synchronen Totalität in der Monade Gott gibt. Dennoch ist es entscheidend, nicht aus dem Blick zu verlieren, dass bei Leibniz diese Totalität, die eine der Unendlichkeit ist, in dem Verfahren der Verkleinerung, um das es hier geht, übersprungen wird.

4 Zettel, Kasten und Aporien der Ordnung

Schaut man sich vor diesem Hintergrund Leibniz' Praxis des Notierens, des Sammelns von Zetteln und des Systematisierens noch einmal genauer an, so zeigt sich, dass es in der Tat eine neu zu ermittelnde Nähe von der Idee der Ordnung des Ganzen und der Unordnung der Zettelwirtschaft gibt. Erinnern wir uns: Der Großteil von Leibniz' Schriften besteht aus kleinen Notizzetteln, die sich keiner besonderen Ordnung fügen. Wie es Albert Heinekamp, einer der Leibniz-Archivare, ausdrückt: „La plus grande partie de son oeuvre est [. . .] constituée de notes [. . .] qui n'étaient destinées à personne" (Heinekamp 1989, 140).[52] Anders gesagt besteht das Werk oder vielmehr die überlieferte intellek-

---

52 Vgl. auch den von Wenchao Li herausgegebenen Band *Komma und Kathedrale* sowie die Einleitung des Herausgebers (Li 2012).

tuelle Werkstatt von Leibniz vornehmlich aus frei flottierenden Noitzen. Es finden sich im Leibniz-Archiv zwischen 150 000 und 200 000 beschriebene Zettel, von denen nur 15 000 Briefe ausmachen. Wiederum 15% der Zettel waren wohl für den Zweck oder im Hinblick auf mögliche Publikationen verfasst. Wiederum 15% stellen Exzerpte, Zusammenfassungen oder Auszüge aus Büchern und Manuskripten dar; stattliche 35% sind „des notes plus ou moins hâtives" (Heinekamp 1989, 140), also eilfertig gekritzelte Notizen, in der Art, wie oben angeführt.[53] Es ist denn auch kein Wunder, dass Leibniz selbst 1696 an Placcius schreiben konnte: „Qui me non nisi editis novit, non novit" (Leibniz 1768, 65).[54] Wer ihn also nur aus seinen veröffentlichten Schriften kenne, kenne ihn nicht.

Unternimmt man nun den Versuch, diesem weniger bekannten Leibniz, dem Leibniz der vielen Zettel und Notizen gerecht zu werden, ist es angeraten, sich mit der Frage zu befassen, nach welcher Methode Leibniz überhaupt notiert, gekritzelt, exzerpiert und schließlich gesammelt und geordnet hat. Denn wer Leibniz' eigenen Kommentaren glaubt, wird schnell dazu neigen, seinen Schreibverfahren jede methodische Vorgehensweise abzusprechen. So räumt Leibniz selbst nicht nur ein, dass es die „unendlich vielen kleinen Dinge" (Leibniz 1850, 227) seien, die ihn von dem abhalten, worauf er sich gerne konzentrieren würde, sondern auch, dass es ihm zu zeitaufwendig sei, sein „Chaos von Schmierpapieren" zu „verarbeiten" (Leibniz 1850, 228)[55] und seine Notizzettel mit rubrizierenden Überschriften zu versehen, um sie sinnvoll ordnen zu können:

> Quand j'ay fait quelque chose, je l'oublie presque entierement au bout de quelques mois, et plustost que de le chercher dans un chaos de brouillons que je n'ay pas le loisir de digerer, et de marquer par rubriques, je suis obligé de faire le travail tout de nouveau.
> (Leibniz 1850, 228)

Und dennoch liefern das Gattungswissen der kleinen Formen und vor allem aber die sogenannte Exzerpier-Kunst, wie sie sich im siebzehnten Jahrhundert maßgeblich entwickelt und ausgebreitet hat, für eine solche genauere Beobachtung des Leibniz'schen Schreibens den Rahmen. Es finden sich erstaunliche Bezüge einerseits zwischen den heute eher als ‚literarisch' firmierenden kleinen Formen wie, um auf die entsprechende Liste in

---

53 40% sind auf Latein, 35% auf Französisch und der Rest hauptsächlich auf Deutsch verfasst. Eine Reihe der Exzerpte sind allerdings in englischer und italienischer Sprache geschrieben oder in einer Mischung verschiedener Sprachen, wenn man die aktuelle Sprachauffassung auf das siebzehnten Jahrhundert projezieren will. Vgl. Heinekamp 1989; Li 2012.
54 Es handelt sich um einen Brief an Vincent Placcius vom 21. Februar 1696.
55 Übersetzung C. F.

Justus Georg Schottels *HaubtSprache* von 1663 zurückzugreifen, den Sinnbildern (*emblemata*) und Denksprüchen (*symbola*), Rätseln (*aenigmata*), Sprüchen und Lehrsprüchen (*sententiae*) und schließlich den Sprichwörtern (*apophthegmata et proverbia*)[56] und andererseits der *ars legendi* und vor allem der *ars excerpendi*, der Kunst, Exzerpte und Glossen, Notizen und Marginalien zu erstellen. Leibniz ist mit beiden Schreibverfahren und -formen bestens vertraut.

Ein Versuch, Leibniz' Schreibpraktiken des Kleinen auf die Spur zu kommen, soll hier zunächst über die *ars excerpendi* unternommen werden. In der Forschung inzwischen intensiv behandelt, gilt als bekannt, dass Leibniz in seinen Verfahren des Notierens unmittelbar von Martino Foglio beeinflusst war, dessen Methode wiederum von keinem Geringeren als dem von Leibniz immer wieder genannten und gelobten Mathematiker, Physiker und Philosophen Joachim Jungius stammt.[57] Dieser ist nicht zuletzt als der Erfinder oder Designer einer bestimmten Form des Zettelkastens bekannt. Nun gehört zu den seinerzeit wohl revolutionären Grundsätzen von Jungius, dass bei der Katalogisierung und Kategorisierung der Zettelkästen auf „Metaphysik und Logik" zu verzichten und stattdessen „vom konkreten Einzelding auszugehen" sei (Meinel 1995, 173). Bedingung aller „wahren Erkenntnis" ist für Jungius unhintergehbar „die empirische, zunächst noch ganz undifferenzierte *cognitio confusa actualis*."[58] So sehr dennoch für Jungius die Hauptfunktion der *scientia* darin besteht, die noch nicht weiter bestimmten Grunderfahrungen durch immer präzisere Methoden der Prüfung und Beschreibung in das zu überführen, was er „*distincta experientia*" (Meinel 1995, 173) nennt, so muss zunächst anerkannt werden, dass Jungius von der dunklen und konfusen Erkenntnis ausgeht, die erst einmal auf reiner Beobachtung beruht. Meinel erklärt, wie diese wissenschaftliche Verfahrensweise mit dem Zettelkasten zusammenhängt:

> Eine Forschungsmethode, die Daten weitgehend ‚theoriefrei' sammelt, um sie letztlich in einfachste, nicht weiter zu untergliedernde Basisdaten zerlegen und begrifflich erfassen zu können, erforderte den Zettelkasten: die Summe der aus Beobachtung, Experiment aber auch Leseerfahrung gewonnenen und in Wissensfragmente zerlegten Elemente der Wirklichkeit. (Meinel 1995, 174)

---

56 Vgl. Schottelius 1663, 1101.
57 Leibniz' Urteil, dass Jungius zu den wichtigsten Gelehrten und Philosophen seiner Zeit gehörte, wird etwa auch von Goethe und Cassirer geteilt. Vgl. Cassirer 1929. Siehe auch Meinel 1995; Burkhardt 1990; Seifert 1983; Lærke 2014.
58 Ebd.

Die gesammelten kleinsten Wissensbausteine sollen mithin gerade nicht in einer bereits vorgegebenen Ordnung ihren Platz finden. Vielmehr sollen die einzelnen *schedae* oder Notizkärtchen durchaus zunächst isoliert bleiben und als die kleinen fragmentarischen Einheiten, die sie sind, gleichsam in eine mobile und noch ganz vorläufige Ordnung kommen: eben die des Zettelkastens. Meinel fährt fort:

> Da der Systemgedanke einer zugrundeliegenden Ordnung fehlt, bildet der *ordo schedarum* bei Jungius nicht schon den *ordo doctrinae* als *ordo rerum* der Welt ab, sondern ist zunächst bloßes Baumaterial, *sylva* im Sprachgebrauch der Zeit, für ein neues empirisch gegründetes Weltbild, das sich aus diesen Steinen so fügen lassen sollte, wie der Baumeister die Baukunst entwickelt, indem er mit Kalk, Sand und Ziegeln beginnt.[59]
>
> (Meinel 1995, 174)

So sehr der Zettelkasten mithin einerseits die Funktion hat, das Exzerpierte und Notierte zu ordnen, so fungiert er andererseits als *sylva*, als Wald, gleichsam als aggregiertes und zu aggregierendes Rohmaterial. Dass Jungius sich hier auf Francis Bacon bezieht, kann vorausgesetzt werden. Dieser hatte sein *Sylva sylvarum* nicht nur nach einem ähnlichen Muster geordnet wie Jungius seinen Zettelkasten und wie möglicherweise später auch Leibniz seine Papiere, sondern auch ausdrücklich erklärt, dass seine „natural history" von Partikularien und Wissenselementen ausgeht, die bei aller Theorie, die bei jedem Zugang zu den Dingen vorausgesetzt wird, sich keiner festgelegten Ordnung fügen (Bacon 1627).[60] Wie bei Bacon geht es auch bei Jungius nicht mehr um eine Ordnung nach *loci communes* oder *loci historici* oder gar *exempla*. Die neue Ordnung der *schedae*, der Notizzettel oder Kärtchen, ist vielmehr die einer seriellen Reihung, mit potentiell unendlichen Verknüpfungsmöglichkeiten. Es werden Inventare erstellt, die sich nach den Dingen richten – die die Elemente der Natur und des Wissens darstellen. Vorausgesetzt wird ein „*Kontinuum* aller möglichen Kombinationen" (Meinel 1995, 176).[61] Gattungen, Artbegriffe, übergeordnete Kategorien lenken von diesem Kontinuum nur ab, glaubt Jungius – und man findet bei Leibniz nicht nur ähnliche Überlegungen, sondern auch ähnliche Verfahrensweisen. „Summe statt System, Polymathie statt Enzyklopädie", bringt Meinel diesen Ansatz auf den Punkt – allerdings mit dem entscheidenden Zusatz,

---

[59] Ausführlich dargelegt etwa in Jungius' *Logica Hamburgensis* (1638), hier 1957, 244.
[60] So ließ es sich bereits in Bacons *Novum Organum* (1620) nachlesen, was dann vor allem in der zweiten Hälfte des ersten Buches von Bacons *Sylva Sylvarum: or A Naturall Historie* (1627) erläutert und vorgeführt wird; vgl. zu Bacons Ansatz Frey 2015; dort weitere Hinweise und Belegstellen.
[61] Meinel zitiert und paraphrasiert an den hier angeführten Stellen zumeist Jungius selbst.

dass all dies bei Jungius dennoch als Vorstufe einer Universalwissenschaft, einer *scientia totalis* gedacht ist.[62]

Bei Leibniz nun, dessen Notier- und Sammeltechnik nur vor dem Hintergrund der *ars excerpendi* eines Jungius oder Placcius adäquat verstanden werden kann und die von ganz ähnlichen Voraussetzungen ausgeht, verhalten sich die Dinge allerdings in zweifacher Hinsicht anders. Zwar geht es auch und gegen manchen Anschein gerade bei Leibniz um eine Würdigung des Einzelnen, des Partikularen, ja all jener geringfügigen *minutiae*, die auf den ersten Blick irrelevant erscheinen.[63] Allerdings denkt Leibniz nicht nur das Kleine und Besondere letztlich anders als Jungius; auch seine Vorstellung des Verhältnisses von Wissenselementen und universeller *scientia* weicht maßgeblich von der eines Jungius ab. Ein Eindruck von dieser Divergenz und der Besonderheit von Leibniz' Verfahren und Sammelpraxis läßt sich besonders gut über sein Sprachdenken und seinen Umgang mit Wörtern eruieren. So erklärt Leibniz zwar in seiner *De arte combinatoria* (1666), dass für den Fortschritt der Wissenschaften eine klare und unmissverständliche Sprache vonnöten wäre, und zwar idealiter eine, die aus Abkürzungen minimalster Art, also bloßen Zahlen und Kurzformeln bestünde, fügt dem jedoch in seinen *Unvorgreifliche Gedanken, betreffend die Ausübung und Verbesserung der teutschen Sprache* (1697) hinzu, dass es sinnvoll wäre, „eine Musterung und Untersuchung aller Teutschen Worte" durchzuführen, also alle Wörter umfassend zu sammeln, einschließlich aller Wörter sämtlicher Regionen und Sprachschichten, mithin auch aller Wörter, die nurmehr historischen Wert haben (Leibniz 1966, I, 460). Denn jedes einzelne Wort, gemäß der Annahme, dass „die Sprach ein Spiegel des Verstandes" (Leibniz 1966, I, 449) sei, so läßt sich Leibniz' Ausführungen auch andernorts entnehmen, gibt einen gedachten Aspekt oder eine Perspektive auf die Dinge oder Sachverhalte wieder, so dass jedes noch so marginal oder klein scheinende Wort wertvoll sein kann. Wenn nun alle Wörter aller Sprachen aller Zeiten umfassend gesammelt wären, sofern Vollständigkeit überhaupt möglich ist, hieße das nun keineswegs – und zwar ganz und gar nicht – dass eine totales Sprachwissen vorhanden wäre. Wörter stehen genauso wenig wie Dinge oder Erklärungen von Dingen unbedingt für eine deutliche Erkenntnis. Die Voraussetzung einer *scientia unversalis* im Sinne einer Totalität wäre für Leibniz allerdings die *deutliche* Erkenntnis von allem. Diese gleichwohl ist *sub species mortalitatis* notgedrungen der Zeit, also der Prozessualität unterworfen. Auch räumt Leibniz bei allen megalomanenen

---

[62] Meinel 1995, 177 mit Bezug auf Jungius 1929. Genaueres bei Seifert 1983; Clucas 2010; Roux 2012.
[63] Einen sehr guten Eindruck in Leibniz' Sammelpraxis und Umgang mit scheinbar marginalen Dingen ergibt sich etwa über Waldhoff 2012.

Projekten immer wieder ein, dass das Unterfangen der umfassenden Sammlung – nicht nur des Wörter-Sammelns – kaum anders als unendlich sein kann. Dass es darum für Leibniz dennoch nicht müßig ist, das Projekt einer umfassenden Kartographie des Wissens und seiner Zeichen durchzuführen, deutet darauf hin, dass er eine Form des Wissens und der Wissensansammlung imaginiert, die bei aller Ambition und bei allem Universalismus gerade *nicht* von einem vorgestellten oder menschlich vorstellbaren Ganzen ausgeht, sondern sich vielmehr bescheidet. Die unterstellten Einheiten und Ganzheiten sind bei Leibniz denn auch zum einen stets auch heuristisch, zum anderen perspektivisch gedacht. Vor allem aber sind sie in Bewegung. Ordnungen können aufgestellt und wieder umgestellt werden – wie es Leibniz auf vielen Zetteln immer wieder vorführt und erprobt. Besonders gut lässt sich dieses Vorgehen, das von einer konstitutiven Beweglichkeit des Wissens ausgeht, auf einem Zettel erkennen, der auf das Jahr 1693 datiert werden konnte:

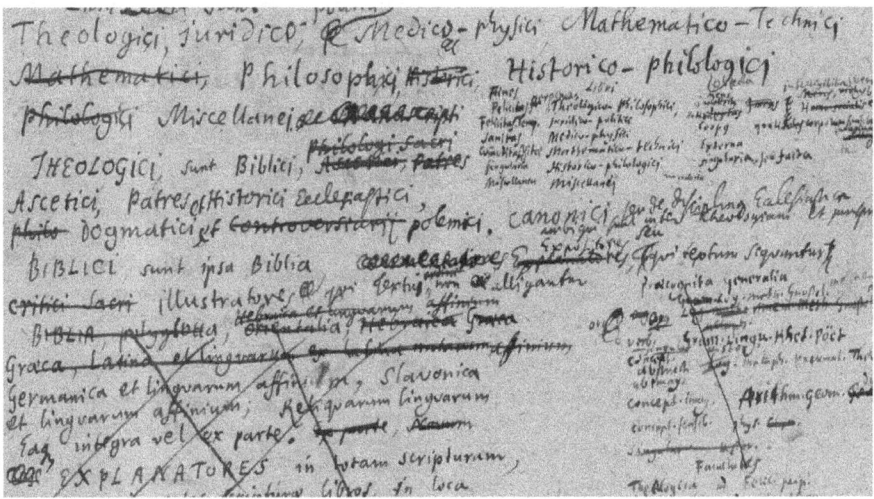

Abbildung 1: Handschrift G. W. Leibniz Skizze einer Ordnung des Wissens (um 1693). LH XL, Bl. 140 r © *GWLB Hannover*.

5 Bausteine des Wissens, Kompendium, Kleine Formen

Der andere und entscheidendere Punkt, an dem Leibniz von Jungius abweicht, hängt mit dem Begriff des kleinsten Wissens zusammen. Jungius geht davon aus, um das Gesagte etwas genauer zu formulieren, dass sich das Wissen aus gleichsam „atomistischen Grundelementen" zusammensetzt und auch in diese geteilt werden kann, mittels eines Verfahrens, das er als *diacrisis* bezeichnet. Die kleinsten Elemente des Wissens heißen bei Jungius *protonoemata* – und gemeint sind erste oder grundlegende epistemische Bausteine oder „unauflösliche Grundbegriffe" (Meinel 1995, 164). In seinem kleinen Traktat *Protonoeticae philosophiae sciagraphia*, der bereits seit den 1640er Jahren vor allem unter englischen Gelehrten zirkulierte, erklärt Jungius:

> [Die] Protonoetica Philosophia [. . .] geht von endlich vielen protonoemata mit Hilfe endlich vieler legitimer Arten des Zusammensetzens zu endlich vielen distinct gebildeten Begriffen vor: und ebenso folgert sie aus endlich vielen protophases, d. h. propositiones indemonstrabiles, mit Hilfe endlich vieler consequentiae endlich viele conclusiones.[64]
> (Jungius 1968, 257)

Jungius' *protonoemata* sind mithin so etwas wie nicht mehr teilbare Grundbausteine des Wissens. Leibniz allerdings weist die Existenz solcher Grundelemente in onto-epistemologischer Hinsicht zurück. Nur die notwendigen Wahrheiten bestehen gleichsam für sich. Jenseits dieser notwendigen Wahrheiten gibt es für ihn kein Wissen, welches sich nicht wieder teilen ließe, welches nicht wieder mit unendlich Vielem und unendlich viel Teilbarem verknüpft wäre. Kleinstes nicht mehr weiter Teil- oder Analysierbares ist also für Leibniz ein Ding der Unmöglichkeit, wenn etwas dem Begriff nach nicht bereits in ihm enthalten ist. In einem Brief an Johann Vagetius, einem Schüler von Jungius, der auf den Monat Dezember des Jahres 1679 datiert ist, erklärt Leibniz denn auch ausdrücklich mit Bezug auf Jungius:

> Zurecht unterscheidet man *protonoemata* in bestimmter Hinsicht [*secundum quid*] von *protonoemata* im schlechthinnigen Sinne [. . .]. Ohne Zweifel sind alle Dinge, die nicht durch Definition erklärt werden, sondern durch Beispiel gezeigt oder gefühlt werden müssen, um erkannt zu werden, wie Hitze, Kälte und Farben, *protonoemata* in Hinsicht auf uns; in Wirklichkeit aber können auch sie aufgelöst werden, denn sie haben ihre Ursachen.
> (AA II.1, 772, Übers. C. F.)

Die von Jungius als *protonoemata* bezeichneten Wissenseinheiten, meint Leibniz, werden zurecht unterteilt in jene, die nur aus menschlicher Sicht als unhintergehbare Grundelemente scheinen und in solche, die schlechthin letztgültig sind. Es müsse dabei allerdings, Leibniz zufolge, stets in Erwägung gezogen werden,

---

[64] Übersetzt von Kongro 1968. Vgl. auch Meinel 1995, 163.

ob das, was als nicht mehr teilbar erscheint doch weitere Teilungen *ad infinitum* erlauben würden:

> Über *protonoemata* im schlechthinnigen Sinne [*simpliciter*], oder diejenigen Dinge, die durch sich selbst begriffen werden, habe ich oft nachgedacht; denn obwohl ich es für schwierig halte, dass so etwas von Menschen genügend deutlich ausgesagt werde, können wir dennoch über solche Dinge Überlegungen anstellen, indem wir so tun, als hätten wir sie ausgesagt: dann kann gefragt werden, erstens, ob es tatsächlich solche *protonoemata* gebe, oder aber eine Unterteilung ins Unendliche [*in infinitum*] stattfinde wie in anderen Teilungen; zweitens, vorausgesetzt es gibt welche (denn es scheint, dass, wenn nichts aus sich begriffen wird, überhaupt nichts begriffen wird), ob es nur eines gebe oder mehrere. (AA II.1, 772, Übers. C. F.)

Bemerkenswert scheint an dieser Briefstelle, dass Leibniz durchaus zu bedenken gibt, dass es sinnvoll sein könnte, so zu tun, als gebe es nicht mehr teilbare *protonoemata*. Zugleich müsse allerdings auch überlegt werden, ob die Tatsache, dass sich dem Verstand bestimmte Data als *protonoemata* präsentieren und er sie auf deutliche Begriffe bringen kann, Rückschlüsse erlaubt auf deren tatsächliches Vorhandensein (AA II.1, 2006, 772). Die folgenden Überlegungen in diesem Schreiben an Vagetius führen den Gedanken weiter. Für Leibniz können nur solche *protonoemata* auch tatsächlich Anfangsgründe der Wissenschaften und nicht mehr teilbare Wissensbausteine sein, deren Wahrheit bereits in ihrem Begriff liegt. Alles, was durch Beispiele gezeigt werden muss, ist unendlich teilbar (AA II.1, 2006, 773). Eine jede Sammlung von Partikularien und einzelnen Wissensdingen muss mithin von Anfang an mit einer unendlichen Vielheit von Verbindungen und Verknüpfungen rechnen.

Und es ist ebendiese gleichsam systemische Offenheit, die bei Leibniz zu einer Methode des Exzerpierens und des Notierens führt, die nicht nur von der *ars excerpendi* im Sinne von Jungius profitiert, sondern auch, so wenig das von Leibniz selbst reflektiert sein mag, von dem Gattungswissen der kleinen Formen. Es sei in diesem Sinne in aller Kürze auf ein Beispiel eingegangen, das einen Eindruck von diesem besonderen Schreibmodus, wie er sich bei Leibniz allenthalben findet, vermitteln kann. Angeführt sei eine flüchtige und fragmentarische Notiz von Leibniz' Hand, ohne Titel, ohne Datum, die sich in auf einem seiner kleineren Zettel befindet:

> Die andacht bestehet vornehmlich in betrachtung him[mlischer] Dinge, ⟨ – ⟩ in einer von nachläßigen eifferigen übung ⟨ein gebett⟩ (AA IV, Nachträge, 14)

Der erste Teil, der sich noch gut lesen lässt, hat ungefähr die Form einer Sentenz. Kirchengeschichtlich sind mit *sententiae* zunächst fundamentale theologische Sätze oder kurze und prägnante Aussprüche gemeint, die man sich gut merken kann. Später wird aus der *sententia* ein Denkspruch, der in seiner Einfachheit Anspruch auf allgemeine Gültigkeit erhebt. Im Sinne von Leibniz handelt es sich bei dieser einfachen Gattung, wie ausgeführt, um eine Form der Abkürzung: ein *compendium* eines längeren Gedankens, den man sich mittels *brevitas*, über eine Art Formel, leicht einprägen kann. Wenn man sie sich in Erinnerung ruft, übt man sich nicht nur darin, das Gesagte zu erinnern, sondern erweckt auch die mit der Formel einhergehenden *petites perceptions*. Es findet sich eine ganze Reihe solcher und ähnlicher Sentenzen auf Leibniz' Zetteln. Auffällig in diesem Falle ist natürlich der geheimnisvolle, unvollständige Zusatz: „in einer von nachläßigen eifferigen übung" mit dem weiteren unleserlichen Zusatz, der als „ein gebett" (AA IV, Nachträge, 14) entziffert wurde. Der fragmentarische Charakter dieser flüchtigen Notiz lässt natürlich kaum eine Deutung zu. Bemerkenswert ist allerdings die Tatsache, dass Leibniz offenbar nicht nur eine geläufige Sentenz abschreibt oder paraphrasiert – der Ausspruch, die ‚Andacht bestehe vornehmlich in betrachtung himmlischer Dinge' gehört zu den Topoi christlicher Erbauungsliteratur –,[65] sondern diese auch mit einem Kommentar auf die Gattung selbst zu versehen scheint. Der Denkspruch kann zum Auslöser der Andacht werden – aber offenbar auch von dieser ablenken, wenn das Nachbeten der Sentenz selbst zu einer „eifferige[n] Übung" wird, was in diesem Falle bedeuten mag, gerade im Übereifer „nachläßig" mit der Sentenz umzugehen. Diese recht einfache Sentenz mit Leibniz' Kommentar in diesem Sinne verstanden macht einmal mehr deutlich, welchen Umgang mit Wissen in Kleinform Leibniz sich vorzustellen scheint. Die Sentenz soll weder im Verständnis der *protonoemta* noch als ein Ganzes im Kleinen betrachtet werden, sondern vielmehr als ein *compendium*, welches die „himmlischen Dinge" nicht selbst enthält, sondern allenfalls *en miniature* alludiert – und auf diese Weise dazu aufruft, sich über dem zu sammeln, was die abgekürzte Kleinform natur- oder vielmehr gattungsgemäß überspringen muss.

6 Benjamins Monade

Wenn nun am Ende dieses Beitrags und im Sinne des Bandes, in dem es nicht zuletzt um das Nachleben des Barock in der Moderne geht, noch der große Tigersprung ins zwanzigste Jahrhundert, zu Walter Benjamin, gewagt wird, dann sei es

---

[65] So kommentiert möglicherweise zeitgleich zu Leibniz' Exzerpt ein gewisser Florentius Schilling 1676 in einer seiner Leichenpredigten eine Variante eben dieser Sentenz und erläutert, wie sie Seele in der „Contemplation" von den irdischen zu den himmlischen Dingen aufsteige (Schilling 1676, 48).

mir nachgesehen, dass dies nurmehr in kleiner Form, in Form einer Glosse geschehen kann. Wenn Benjamin seinerseits offenbar aufs große Ganze geht, wenn er über Leibniz' Monade notiert, „sie hat keine Fenster, sondern trägt in sich die Miniatur des Ganzen" (GS III, 51), so mag man zu der Auffassung gelangen, Benjamin selbst mache sich des von ihm angeprangerten „geilen Drang aufs ‚Große Ganze'" schuldig (GS III, 51). Man kann hier auch Peter Fenves in seiner Kritik vor allem an Deleuze folgen, selbst das Barock in dieser Weise als Ganzes sehen zu wollen (vgl. Fenves 1990, 438). Eine andere Möglichkeit der Konstellation ‚Barock–Moderne' oder ‚Leibniz–Benjamin' ergibt sich allerdings, wenn man sich der historischen In-Beziehung-Setzung einmal mehr über das Minimale, das Kleinformatige, das Detail nähert. Wie eine solche Annäherung aussehen kann, hat Rainer Nägele in seinem „Das Beben des Barock in der Moderne: Walter Benjamins Monadologie" gezeigt (Nägele 1991).[66] In diesem Rahmen genügen deshalb einige wenige Gedankensplitter, die verdeutlichen können, in Rekurs auf Nägele, welche Formen die unendlichen Spiegelungen des Monadischen in der Moderne annehmen können und welche Wendungen und „Entwendungen" (Johannßen 2019) sich an ihnen beobachten lassen.

Benjamin geht, nicht zuletzt in seinem *Ursprung des deutschen Trauerspiels*, in einer Weise von Singularien aus, dass Adorno ihm vorwerfen kann, er stelle über „einzelne zufällige Züge" (Adorno und Benjamin 1994, 405) letztlich Kausalitäten her. Benjamin nun antwortet Adorno bekanntlich – wider alle Kausalität – mit der Monade:

> Der Schein der geschlossenen Faktizität, der an der philologischen Untersuchung haftet und den Forscher in Bann schlägt, schwindet in dem Grade, in dem der Gegenstand in der historischen Perspektive konstruiert wird. Die Fluchtlinien dieser Konstruktion laufen in unserer eigenen historischen Erfahrung zusammen. Damit konstituiert sich der Gegenstand der Monade. In der Monade wird alles lebendig, was als Textbefund in mythischer Starre lag. (Adorno und Benjamin 1994, 407)

Was aber meint Benjamin mit der Formulierung, „der Gegenstand der Monade" konstituiere sich in der „eigenen historischen Erfahrung", in den „Fluchtlinien" einer geschichtlichen Perspektivierung? Erinnern wir uns, dass bei Leibniz die Monade nicht nur ein individuell perspektivischer lebendiger Spiegel des Universums ist, sondern auch all dessen, was je geschehen ist und geschehen wird. In der Monade, über die Faltungen und Verknüpfungen, in den *petites perceptions*, hängt alles in einer unendli-

---

[66] Vgl. auch Schwebel 2012; Johannßen 2019. Nur neuere Forschung im Sinne dessen, was Pauline Selbig in ihrer textgenetischen Arbeit an Benjamins *Ursprung des deutschen Trauerspiels* vorführt, kann hier noch Weiterreichendes leisten. Vgl. den Beitrag von Scheuer/Selbig in diesem Band.

chen Form der Beziehung miteinander zusammen, und zwar gerade auch in und über die *historia* – im Sinne nicht nur der Geschichte, sondern auch der Singularien, die diese ausmachen. Für Benjamin stellt der Philologe solche Beziehungen, solche Konstellationen her, in denen Details und Singuarlien dadurch gleichsam zum Leben erweckt werden – wenn und sofern sich die scheinbare Geschlossenheit der „Faktizität" in der geschichtlichen „Perspektive" verflüchtigt.

Man könnte dann auch sagen, dass Benjamin seinerseits Leibniz' Monadologie noch einmal modern-allegorisch perspektiviert (vgl. Nägele 1991). Hatte Leibniz bereits betont, dass seine Hypothesen „après coup" aufgestellt werden, „pour sauver les phénomènes" (AA, I, 232), so fordert Benjamin in der Vorrede zu seinem Trauerspiel-Buch ebenfalls eine Rettung der Phänomene – gleichwohl mit gleichzeitigem Blick auf die Ideen:

> Die Einsammlung der Phänomene ist die Sache der Begriffe und die Zerteilung, die sich kraft des unterscheidenden Verstandes in ihnen vollzieht, ist umso bedeutungsvoller, als in einem und demselben Vollzuge sie ein Doppeltes vollendet: die Rettung der Phänomene und die Darstellung der Ideen. (GS I.1, 215)

Auch bei Leibniz kommen Ideen und Phänomene über den analysierenden Verstand zusammen. Die kontingenten Details werden bedeutsam, eben weil sie überhaupt als solche gesehen wurden, denn nur so kann etwas von der unendlichen Verknüpfung zum Vorschein kommen. Und ganz ähnlich wie Benjamin scheint auch Leibniz das Verhältnis von Bild oder Repräsentation und Wissen zu denken (vgl. Nägele 1991). Das zeigt sich in Benjamins vielzitiertem Wolkengleichnis, aus dem an dieser Stelle nur mittels eines Auszugs erinnert sei sei:

> Ob sich nicht das Gefallen an der Bilderwelt aus einem düstern Trotz gegen das Wissen nährt? Ich sehe in die Landschaft hinaus: Da liegt das Meer in seiner Bucht spiegelglatt [. . .]. Daß dieses Meer in Milliarden und aber Milliarden Wellen sich hebt und senkt [. . .] im Himmel Gase, ehe sie Wolken bilden, unsichtbar streitend durcheinanderwallen – das alles muß er vergessen, um den Bildern sich zu überlassen. (GS IV.1, 427)

Im Zusammenhang dieses Beitrags scheint besonders bedeutsam, dass Benjamin das Bilddenken an ein notwendiges Vergessen bindet und damit an einen trotzigen Widerstand gegen eben jenes Wissen, in dem alles zu klarer und distinkter Erkenntnis wird. Denn auch bei Leibniz geht es nicht nur um die Tatsache, dass ein Sandhaufen aus abertausenden nicht mehr wahrnehmbaren Sandkörnern besteht oder eine Welle aus unzähligen Wassertropfen und eine Farbe aus unnennbaren vielen Pigmenten, sondern auch darum, dass bei einem jeden solchen Gesamteindruck die vielen Details ihrerseits vergessen werden müssen. Denn ebendiese Vorgänge sind auch Abkürzungen des Verstandes.

Die Unendlichkeit der Sandkörner, Wassertropfen und Pigmente aber sind in den *petites perceptions* noch vorhanden; in der Wahrnehmung aber erscheinen sie verkürzt.

So unstatthaft nun eine bestimmte Form der Abbreviation im Sinne von Leibniz auch sein mag und so unstatthaft eine jede verkürzte Darstellung der Konstellation Leibniz–Benjamin bleiben muss, so kann sie doch daran erinnern, dass die Wege der Barockforschung nicht nur über die großen Formen wie das Trauerspiel zu Benjamin führen, sondern auch über eine Logik und Praxis des *en miniature*.

Literaturverzeichnis

Adorno/Benjamin. Briefwechsel 1928-1940. Hg. Henri Lonitz. Frankfurt am Main: Suhrkamp, 1994.
Augustinus. *Enarrationes in Psalmos 101-150 Pars 1: Enarrationes in Psalmos 101-109*. Hg. Franco Gori und Claudio Pierantoni. Wien: Austrian Academy of Sciences Press, 2011.
Bacon, Francis. *Sylva Sylvarum: or A Naturall Historie. In Ten Centuries*. London: William Lee, 1627.
Benjamin, Walter. *Gesammelte Schriften* (=GS). Hg. Rolf Tiedemann und Hermann Schweppenhäuser. Frankfurt am Main: Suhrkamp, 1974 ff.
Benjamin, Walter. „Denkbilder". GS IV.1 1972. 305–438.
Benjamin, Walter. „Ursprung des deutschen Trauerspiels." GS I.1 1974. 203–430.
Benjamin, Walter. Das Passagen-Werk. GS V.1. 1982.
Benjamin, Walter. Kritiken und Rezensionen. GS III. 1991.
Blair, Ann M. „Humanist Methods in Natural Philosophy: The Commonplace Book". *Journal of the History of Ideas* 53 (1992): 541–551.
Blair, Ann M. „Reading Strategies for Coping with Information Overload ca. 1550–1700". *Journal of the History of Ideas* 64 (2003): 11–28.
Blair, Ann M. *Too Much to Know: Managing Scholarly Information before the Modern Age*. New Haven, CT: Yale University Press, 2010.
Blanckenburg, Friedrich von. *Versuch über den Roman*. Leipzig und Liegnitz: David Siegers Witwe, 1774.
Bodemann, Eduard (Hg.). *Die Leibniz-Handschriften der Königlichen öffentlichen Bibliothek zu Hannover*. Hannover und Leipzig: Hahn, 1895.
Bonk, Sigmund. „‚Monadisches Denken': Versuch einer Begriffsbestimmung". *Monadisches Denken in Geschichte und Gegenwart*. Hg. Sigmund Bonk. Würzburg: Königshausen & Neumann, 2003. 9–42.
Bredekamp, Horst. *Die Fenster der Monade. Gottfried Wilhem Leibniz' Theater der Natur und Kunst*. Berlin: Akademie Verlag, 2004.
Breger, Herbert. „Leibniz's Calculation with Compendia". *Infinitesimal Differences: Controversies between Leibniz and his Contemporaries*. Hg. Ursula Goldenbaum und Douglas M. Jesseph. Berlin und New York: de Gruyter, 2008. 185–198.

Brendecke, Arndt. „Papierfluten. Anwachsende Schriftlichkeit als Pluralisierungsfaktor in der Frühen Neuzeit". *Mitteilungen SFB 573 Pluralisierung und Autorität in der Frühen Neuzeit. 15.-17. Jahrhundert* 1 (2006): 21–30.
Bruno, Giordano. *Über die Monas, die Zahl und die Figur als Elemente einer sehr geheimen Physik, Mathematik und Metaphysik.* Hg. Elisabeth von Samsonow. Hamburg: Meiner, 1991.
Burkhardt, Hans. „Jungius, Leibniz und die *Logica Nova*". *Praktische Logik. Traditionen und Tendenzen.* Hg. Peter Klein. Göttingen: Vandenhoeck & Ruprecht, 1990. 57–83.
Busche, Hubertus. *Leibniz' Weg ins perspektivische Universum. Eine Harmonie im Zeitalter der Berechnung.* Hamburg: Meiner, 1997.
Cassirer, Ernst. „Leibniz und Jungius". *Beiträge zur Jungius-Forschung. Prolegomena zu der von der Hamburgischen Universität beschlossenen Ausgabe der Werke von Joachim Jugnius (1587-1657).* Hg. Adolf Meyer. Hamburg: Hartung, 1929. 21–37.
Cevolini, Alberto. „Verzetteln Lernen. Gelehrsamkeit als Medium des Wissens in der frühen Neuzeit". *Soziale Systeme* 10.2 (2004): 233–256.
Cevolini, Alberto. *De arte excerpendi. Imparare a dimenticare nella modernità.* Firenze: Olschki, 2006.
Cevolini, Alberto. „Exzerpieren". *Historisches Wörterbuch des Mediengebrauchs.* Hg. Heiko Christians et al. Bd. 2. Köln, Weimar und Wien: Böhlau, 2018. 149–166.
Chartier, Roger. *L'Ordre des livres: Lecteurs, auteurs, bibliothèques en Europe entre XIVe et XVIIIe siècle.* Aix-en-Provence: Alinea, 1992.
Clucas, Stephen. „*Scientia* and *Inductio Scientifica* in the *Logica Hamburgensis* of Joachim Jungius." *Scientia in Early Modern Philosophy: Seventeenth-Century Thinkers on Demonstrative Knowledge From First Principles.* Hg. Tom Sorell et al. Dordrecht: Springer, 2010. 53–70.
Cowan, Bainard. „Walter Benjamin's Theory of Allegory". *New German Critique* 22 (1981): 109–122.
Décultot, Elisabeth (Hg.). *Lesen, Kopieren, Schreiben. Lese- und Exzerpierkunst in der europäischen Literatur des 18. Jahrhunderts.* Berlin: Ripperger & Kremers, 2014.
Deleuze, Gilles. *Die Falte: Leibniz und der Barock.* Übers. Ulrich Johannes Schneider. Frankfurt am Main: Suhrkamp, 1995.
Deleuze, Gilles. „Vincennes Session April 15, 1980: Leibniz Seminar". *Discourse* 20.3 (1998): 77–97.
Duchesneau, François. *Leibniz, le vivant et l'organisme.* Paris: Vrin, 2010.
Dumoncel, Jean-Claude. „Le Système de Leibniz, sa structure et son centre". *Revue Philosophique de la France et de l'Étranger* 173.4 (1983): 401–425.
Favaretti Camposampiero, Matteo. „La chaîne des causes naturelles. Matérialisme et fatalisme chez Leibniz, Wolff et leurs adversaires". *Dix-huitième siècle* 46.1 (2014): 381–398.
Fenves, Peter. „Antonomasia: Leibniz and the Baroque". *Modern Language Notes* 105.3 (1990): 432–452.
Fohrmann, Jürgen. *Schiffbruch mit Strandrecht. Der ästhetische Imperativ in der ‚Kunstperiode'.* München: Fink, 1998.
Frémont, Christiane. *L'être et la relation. Lettres de Leibniz à Des Bosses.* Mit einem Vorwort von Michel Serres. Paris: Vrin, 1999.
Frey, Christiane. „Bacon's Bee. The Physiognomy of the Singular". *Exemplarity and Singularity: Thinking through Particulars in Philosophy, Literature, and Law.*

Hg. Michèle Lowrie und Susanne Lüdemann. London, New York: Routledge, 2015. 151–165.
Frey, Christiane. *Laune. Poetiken der Selbstsorge von Montaigne bis Tieck.* Paderborn: Fink, 2016a.
Frey, Christiane. „Zur ästhetischen Übung: Improvisiertes und Vorbewusstes bei A. G. Baumgarten". *Zeitschrift für Ästhetik und allgemeine Kunstwissenschaft* 15 (=Sonderheft: *Schönes Denken: A.G. Baumgarten im Spannungsfeld zwischen Ästhetik, Logik und Ethik.* Hg. Andrea Allerkamp und Dagmar Mirbach) (2016b): 171–182.
Frey, Christiane. „Zur Poetik der Abkürzung: Leibniz, Kleist, etc." *Komplexität und Einfachheit: DFG-Symposion 2015.* Hg. Albrecht Koschorke. Stuttgart: Metzler, 2017. 339–356.
Garber, Daniel. *Leibniz: Body, Substance, Monad.* Oxford: Oxford University Press, 2009.
Goad, Candice and Susanna Goodin. „Monadic Hierarchies and The Great Chain of Being". *Studia Leibnitiana* 29.2 (1997): 129–145.
Gremske, Georg. *Prozesse abbilden: Genese, Funktion und Diagrammatik der Punktlinie.* Bielefeld: transcript, 2019.
Heinekamp, Albert. „L´État actuel de la recherche Leibnizienne". *Les Études philosophiques* 2 (1989): 139–160. http://takingnotenow.blogspot.com/2009/04/harrison-placcius-leibniz-and-arc-of.html [eingesehen am 1. Dezember 2019].
Jacobsen, Eric Paul. *From Cosmology to Ecology: The Monist World-view in Germany from 1770 to 1930.* Bern: Peter Lang, 2005.
Johannßen, Dennis. „Gottfried Wilhelm Leibniz. Andacht zum Kleinen: Zu Benjamins Leibniz-Lektüren". *Entwendungen: Walter Benjamin und seine Quellen.* Hg. Jessica Nitsche und Nadine Werner. Paderborn: Fink, 2019. 281–301.
Johnson, Christopher D. „Configuring the Baroque: Warburg and Benjamin". *Culture, Theory and Critique* 57.2 (2016): 142–165.
Jungius, Joachim. „Über den propädeutischen Nutzen der Mathematik für das Studium der Philosophie". *Beiträge zur Jungius-Forschung. Prolegomena zu der von der Hamburgischen Universität beschlossenen Ausgabe der Werke von Joachim Jugnius (1587-1657).* Hg. Adolf Meyer. Hamburg: Hartung, 1929. 94–120.
Jungius, Joachim. *Logica Hamburgensis.* Hg. Rudolf W. Meyer. Hamburg: Meiner, 1957.
Jungius, Joachim. „Protonoeticae philosophiae sciagraphia" [vor 1640]. H. Kangro. *Joachim Jungius' Experimente.* 1968. 256–271.
Kahl, Michael. „Der Begriff der Allegorie in Benjamins Trauerspielbuch und im Werk Paul de Mans". *Allegorie und Melancholie.* Hg. Willem van Reijen. Frankfurt am Main: Suhrkamp, 1992. 292–317.
Kangro, Hans. *Joachim Jungius' Experimente und Gedanken zur Begründung der Chemie als Wissenschaft. Ein Beitrag zur Geistesgeschichte des 17. Jahrhunderts.* Wiesbaden: Steiner, 1968.
Knecht, Herbert H. *La Logique chez Leibniz. Essai sur le rationalisme baroque.* Lausanne: L'Age d'homme, 1981.
Krajewski, Markus. *Zettelwirtschaft. Die Geburt der Kartei aus dem Geiste der Bibliothek.* Berlin: Kadmos, 2002.
Krämer, Sybille. *Berechenbare Vernunft. Kalkül und Rationalismus im 17. Jahrhundert.* Berlin und New York: de Gruyter, 1991.
Krämer, Sybille. „Zu Leibniz' Symbolbegriff". *Zeitschrift für philosophische Forschung* 46.2 (1992): 224–237.

Krämer, Sybille. „Ist das ‚Auge des Geistes' blind? Über Visualität und Erkenntnis bei Leibniz". *Nihil sine Ratione. Mensch, Natur und Technik im Wirken von G.W. Leibniz*. Hg. Hans Poser. Bd. 2. Hannover: Gottfried-Wilhelm-Leibniz-Gesellschaft, 2002. 644–650.

Lærke, Mogens. „Leibniz, the Encyclopedia, and the Natural Order of Thinking". *Journal of the History of Ideas* 75.2 (2014): 237–259.

Lærke, Mogens. „Five Figures of Folding: Deleuze on Leibniz's Monadological Metaphysics". *British Journal for the History of Philosophy* (2015): 1–22

Leibniz, Gottfried Wilhelm von. *Sämtliche Schriften und Briefe* (=AA). Hg. Berlin-Brandenburgische Akademie der Wissenschaften und Akademie der Wissenschaften Göttingen. Berlin 1923 ff.

Leibniz, Gottfried Wilhelm von. Exzerpt „Le moine secularisé" [nicht vor 1676]. AA IV, Nachträge [Vordruck]: http://leibniz-potsdam.bbaw.de/edition-und-hilfsmittel/edition-und-hilfsmittel#N [eingesehen am 1. Dezember 2019].

Leibniz, Gottfried Wilhelm von. *Gothofredi Guillelmi Leibnitii Opera omnia: in sex tomos distributa* [. . .]. Hg. L. Dutens. 6 Bde. Genf: Fratres de Tournes, 1768.

Leibniz, Gottfried Wilhelm von. *Lehr-Sätze über die Monadologie, ingleichen von Gott und seiner Existentz, seinen Eigenschafften und von der Seele des Menschen etc. wie auch Dessen letzte Vertheidigung seines Systematis Harmoniae praestabilitae wider die Einwürffe des Herrn Bayle*. Übersetzung Heinrich Köhler. Frankfurt und Leipzig: Johann Meyer, 1720.

Leibniz, Gottfried Wilhelm von. *Gesammelte Werke*. Hg. Georg Heinrich Pertz. 4 Bde. Hannover: Hahn, 1843–47.

Leibniz, Gottfried Wilhelm von. *Mathematische Schriften*. I.2. Hg. Carl I. Gerhardt. Berlin: A. Asher & Co, 1850.

Leibniz, Gottfried Wilhelm von. „Briefwechsel zwischen Leibniz und Chr. Wolff". *Leibnizens Gesammelte Werke*. Supplement-Band. Hg. Carl I. Gerhardt. Halle: H.W. Schmidt, 1860.

Leibniz, Gottfried Wilhelm von. *Hauptschriften zur Grundlegung der Philosophie* (=HGP). Hg. Ernst Cassirer. Übersetzung Arthur Buchenau. Hamburg: Meiner, 1906.

Leibniz, Gottfried Wilhelm von. *Fragmente zur Logik*. Hg. und übersetzt v. Franz Schmidt. Berlin: Akademie Verlag, 1960.

Leibniz, Gottfried Wilhelm von. *Deutsche Schriften*. Hg. G. E. Guhrauer. 2 Bde. Hildesheim: Olms, 1966.

Leibniz, Gottfried Wilhelm von. *Vernunftprinzipien der Natur und der Gnade. Monadologie*. Hg. Herbert Herring. Übersetzung Arthur Buchenau. Hamburg: Meiner, 1982.

Leibniz, Gottfried Wilhelm von. „Entwurff gewisser Staats-Tafeln" [1680]. AA IV.3. Berlin 1986. 340–349.

Leibniz, Gottfried Wilhelm von. „Brief an Des Bosses vom 11./17. März 1706". *Philosophische Schriften* 5.2. Hg. und übersetzt v. Werner Wiater. Frankfurt am Main: Insel, 1990. 227–239.

Leibniz, Gottfried Wilhelm von. *Philosophische Schriften und Briefe 1683-1687*. Hg. Ursula Goldenbaum, Berlin: Akademie Verlag, 1992.

Leibniz, Gottfried Wilhelm von. *Neue Abhandlungen über den menschlichen Verstand*. Übersetzung Ernst Cassirer. *Philosophische Werke in vier Bänden*. Hg. Cassirer, Bd. 3. Hamburg: Meiner, 1996.

Leibniz, Gottfried Wilhelm von. *Monadologie und andere metaphysische Schriften*. Hg. und übersetzt v. Ulrich Johannes Schneider. Hamburg: Meiner, 2002.

Leibniz, Gottfried Wilhelm von. „Brief an Johann Vagetius" [Dezember 1679]. AA II.1. Berlin 2006. 768–772.
Leinkauf, Thomas. „Monas, Monade, Monadologie". *Enzyklopädie Philosophie*. Hg. Hans Jörg Sandkühler. Hamburg: Meiner, 1999. 870–881.
Lepper, Marcel. „Typologie, Stilpsychologie, Kunstwollen. Zur Erfindung des ‚Barock' (1900–1933)". *Arcadia* 41.1 (2006): 14–28.
Lepper, Marcel. „Die ‚Entdeckung' des ‚deutschen Barock'. Zur Geschichte der Frühneuzeitgermanistik 1888–1915". *Zeitschrift für Germanistik* 17.2 (2007): 300–321.
Li, Wenchao. „Einführung". *Komma und Kathedrale. Tradition, Bedeutung und Herausforderung der Leibniz-Edition*. Hg. Wenchao Li. Berlin: Akademie Verlag, 2012. 15–20.
Lovejoy, Arthur O. *The Great Chain of Being. A Study of the History of an Idea*. Cambridge, MA und London: Harvard University Press, 1936.
Malcolm, Noel. „William Harrison and his 'Ark of Studies': An Episode in the History of the Organization of Knowledge". *The Seventeenth Century* 19 (2016): 196–232.
Martyn, David. „The Temper of Exemplarity: Werther's Horse". *Exemplarity and Singularity: Thinking through Particulars in Philosophy, Literature, and Law*. Hg. Susanne Lüdemann und Michèle Lowrie. London, New York: Routledge, 2015. 166–180.
Mates, Benson. *The Philosophy of Leibniz: Metaphysics and Language*. Oxford: Oxford University Press, 1986.
Meier-Oeser, Stephan. *Die Spur des Zeichens. Das Zeichen und seine Funktion in der Philosophie des Mittelalters und der Frühen Neuzeit*. Berlin, New York: de Gruyter, 1997.
Meinel, Christoph. „Enzyklopädie der Welt und Verzettelung des Wissens: Aporien der Empirie bei Joachim Jungius". *Enzyklopädien der Frühen Neuzeit Beiträge zu ihrer Erforschung*. Hg. Franz M. Eybl et al. Tübingen: Niemeyer, 1995. 162–187.
Menninghaus, Winfried. *Walter Benjamins Theorie der Sprachmagie*. Frankfurt am Main: Suhrkamp, 1980.
Moss, Ann. *Printed Commonplace-Books and the Structuring of Renaissance Thought*. Oxford: Clarendon Press, 1996.
Murdoch, John E. „The Medieval and Renaissance Tradition of Minima Naturalia". *Late Medieval and Early Modern Corpuscular Matter Theories*. Hg. Christoph Lüthy et al. Leiden: Brill, 2001. 91–131.
Murr, Christoph Gottlieb von. „Von Leibnitzens Excerpirschranke". *Journal zur Kunstgeschichte und zur allgemeinen Litteratur* 7 (1779): 210–212.
Nägele, Rainer. „Das Beben des Barock in der Moderne: Walter Benjamins Monadologie". *Modern Language Notes* 106.3 (1991): 501–527.
Ong, Walter. „Commonplace Rhapsody: Ravisius Textor, Zwinger, and Shakespeare". *Classical Influences on European Culture A.D. 500-1500*. Hg. R. R. Bolgar. Cambridge: Cambridge University Press, 1979. 91–126.
Placcius, Vincentius. *De arte excerpendi: Vom gelahrten Buchhalten Liber Singularis*. Holm und Hamburg: Gottfried Leibezeit, 1689.
Rescher, Nicholas. *G. W. Leibniz's Monadology*. Pittsburgh, PA: University of Pittsburgh Press, 1991.
Rescher, Nicholas. „Leibniz and the Concept of a System". Ders., *On Leibniz*. Pittsburg, PA: University of Pittsburgh Press, 2013. 106–116.
Rosenberg, Daniel. „Early Modern Information Overload". *Journal of the History of Ideas* 64. 1 (2003): 1–9.

Roux, Sophie. „Logique et méthode au XVIIe siècle". *Cahiers philosophique de l'université de Strasbourg* (2012): 21–46.
Ruestow, Edward G. *The Microscope in the Dutch Republic. The Shaping of Discovery.* Cambridge: Cambridge University Press, 1996.
Schäffner, Wolfgang. „Punkt. Minimalster Schauplatz des Wissens im 17. Jahrhundert (1585–1665)". *Kunstkammer, Laboratorium, Bühne: Schauplätze des Wissens im 17. Jahrhundert.* Hg. Helmar Schramm, Ludger Schwarte und Jan Lazardzig. Berlin und New York: de Gruyter, 2003a. 56–74.
Schäffner, Wolfgang. „Stevin, der Punkt und die Zahlen". *»Der liebe Gott steckt im Detail«: Mikrostrukturen des Wissens.* Hg. Wolfgang Schäffner, Sigrid Weigel und Thomas Macho. München: Fink, 2003b. 203–17.
Schilling, Florentius. *Todten-Gerüst das ist: Wolgegründte Ehren-Gedächtnuß, hochadelicher Cavllieren, Herren und Frauen* [. . .]. Sultzbach: Johann Hoffmann, 1676.
Schmidt, Gunnar. „Von Tropfen und Spiegeln. Medienlogik und Wissen im 17. und frühen 18. Jahrhundert". *Mikrologien. Literarische und philosophische Figuren des Kleinen.* Hg. Gunnar Schmidt und Marianne Schuller. Bielefeld: transcript, 2003. 33–57.
Serres, Michel. *Le Système de Leibniz et ses modèles mathématiques.* Paris: PUF, 1968.
Schepers, Heinrich. *Leibniz: Wege zu seiner reifen Metaphysik.* Berlin: Akademie Verlag, 2014.
Schmidt-Biggemann, Wilhelm. *Topica universalis. Eine Modellgeschichte der Wissenschaft in Humanismus und Barock.* Hamburg: Meiner, 1983.
Schneider, Sabine. *Die schwierige Sprache des Schönen. Moritz' und Schillers Semiotik der Sinnlichkeit.* Würzburg: Königshausen & Neumann, 1998.
Schottelius, Justus Georg. *Ausführliche Arbeit Von der Teutschen HaubtSprache* [. . .]. Braunschweig: Zilliger, 1663.
Schwebel, Paula L. „Intensive Infinity: Walter Benjamin's Reception of Leibniz and its Sources". *Modern Language Notes* 127.3 (2012): 589–610.
Seifert, Arno. „Der enzyklopädische Gedanke von der Renaissance bis zu Leibniz". *Leibniz et la Renaissance.* Hg. Albert Heinekamp, Wiesbaden: Franz Steiner, 1983. 113–124.
Siegert, Bernhard. „Analysis als Staatsmaschine. Die Evidenz der Zeichen und der Ausdruck des Infinitesimalen bei Leibniz". *Das Laokoon-Paradigma. Zeichenregime im 18. Jahrhundert.* Hg. Inge Baxmann, Michael Franz und Wolfgang Schäffner. Berlin: Akademie Verlag, 2000. 246–273
Siegert, Bernhard. *Passagen des Digitalen. Zeichenpraktiken der neuzeitlichen Wissenschaften 1500-1900.* Berlin: Brinkmann & Bose, 2003.
Smith, Justin E. H. *Divine Machines: Leibniz and the Sciences of Life.* Princeton, NJ: Princeton University Press, 2011.
Steinhagen, Harald. „Zu Walter Benjamins Begriff der Allegorie". *Formen und Funktionen der Allegorie. Symposion Wolfenbüttel 1978.* Hg. Walter Haug. Stuttgart: Metzler, 1979. 666–685.
Strickland, Lloyd. *Leibniz's Monadology: A New Translation and Guide.* Edinburgh: Edinburgh University Press, 2014.
Van Fleteren, Frederick. „'Per Speculum et in Aenigmate': 1 Corinthians 13:12 in Augustine and Anselm". *Augustinian Studies* 23 (1992): 69–102.
Vasoli, Cesare. *L'enciclopedismo del seicento.* Napoli: Bibliopolis, 1978.
Waldhoff, Stephan. „*Medaillen, Sigilla und andere monumenta.* Leibniz als Sammler und Interpret von Sach- und Bildquellen". *Leibniz als Sammler und Herausgeber historischer Quellen.* Hg. Nora Gädeke. Wiesbaden: Harrassowitz Verlag, 2012. 49–118.

Wilson, Catherine. *The Invisible World. Early Modern Philosophy and the Invention of the Microscope*. Princeton, NJ: Princeton University Press, 1995.
Wilson, Catherine. „Leibniz and the Animalcula". *Studies in Seventeenth Century European Philosophy*. Hg. Michael A. Stewart. Oxford: Oxford University Press, 1997. 153–175.
Tega, Walter. „Encyclopédie et unité du savoir de Bacon à Leibniz". *L'Encyclopédisme. Actes du Colloque de Caen*. Hg. Annie Becq. Paris: Klincksieck, 1991. 69–96.
Zedelmaier, Helmut. *Bibliotheca universalis und bibliotheca selecta. Das Problem der Ordnung des gelehrten Wissens in der frühen Neuzeit*. Köln: Böhlau, 1992.
Zedelmaier, Helmut. „Buch, Exzerpt, Zettelschrank, Zettelkasten". *Archivprozesse. Die Kommunikation der Aufbewahrung*. Hg. Hedwig Pompe und Leander Scholz. Köln: DuMont, 2002. 38–53.
Zedelmaier, Helmut. *Werkstätten des Wissens zwischen Renaissance und Aufklärung*. Tübingen: Mohr Siebeck, 2015.

Teil 3: **Nachleben barocker Kleinformen und Barock als Konzept**

Hans Jürgen Scheuer, Pauline Selbig
Trauer und Kritik

Das *Hamlet*-Paradigma in Walter Benjamins Trauerspielbuch: Zur Dynamik der kleinen Form im Vergleich der Manuskript- und Druckfassungen

In *Ursprung des deutschen Trauerspiels* beendet Walter Benjamin den dritten Teil seines Hauptkapitels über *Trauerspiel und Tragödie* mit einem „Exkurs" zur Melancholie. So jedenfalls nennt er, was schon seine frühesten Leser für das Kernstück seiner kritischen Theoriebildung hielten – allen voran Hugo von Hofmannsthal, der genau jenen Abschnitt aus der Habilitationsschrift zum Vorabdruck in seinen *Neuen deutschen Beiträgen* wählte, um die vermeintliche Digression in eine Reihe mit dem zuvor ebenda publizierten *Wahlverwandtschaften*-Essay zu stellen. Vordergründig geht es Benjamin in seinen Ausführungen darum, den „Zwiespalt neuantiker und medievaler Beleuchtung [. . .], in welchem das Barock den Melancholiker gesehen hat", zu erfassen und ihn im Spannungsfeld von Reformation und Gegenreformation historisch und ästhetisch zu deuten. (GS I,1, 334) Für die Darstellung und Reflexion jenes Zwielichts macht er eine paradigmatische Gestalt des vormodernen Theaters aus: William Shakespeares Hamlet. Dagegen bleibe der Beitrag des deutschen Trauerspiels zur literarischen Aktualisierung des Melancholie-Diskurses im siebzehnten Jahrhundert apokryph: „Es ist sich selbst erstaunlich dunkel geblieben und hat den Melancholiker nur mit den grellen und verbrauchten Farben der mittelalterlichen Komplexionenbücher zu malen gewußt." (GS I,1, 335) Jane O. Newman hat freilich in ihren Kommentaren zu den ästhetischen, literatur- und kulturwissenschaftlichen Diskursen, die Benjamin durch seine eklektische Zitierpraxis aufruft, zeigen können, dass die Abschweifung vom Thema des deutschen Barockdramas mit *Hamlet* ausgerechnet dasjenige Shakespeare-Drama ansteuert, das im Rahmen einer nationalen Literaturgeschichtsschreibung am wenigsten abseitig erscheint. Benjamins akademische Zeitgenossen aus der deutschen Anglistik und Germanistik betrachteten den *Hamlet* nämlich, nicht zuletzt durch die explizite Nennung Wittenbergs im Stück, als wesentlichen Bestandteil national und konfessionell gefärbter deutscher Kanonbildung (vgl. Newman 2011, 115–137). So diene auch Benjamin die Figur des melancholischen Dänenprinzen zur Selbstvergewisserung – nicht zwar einer nationalen und konfessionellen, wohl aber einer geschichtsphilosophischen und zugleich kunstkritischen:

> „Was ist der Mensch, | Wenn seiner Zeit Gewinn, sein höchstes Gut | Nur Schlaf und Essen ist? Ein Vieh, nichts weiter. | Gewiß, der uns mit solcher Denkkraft schuf | Voraus zu schaun und rückwärts, gab uns nicht| Die Fähigkeit und göttliche Vernunft, | Um ungebraucht in uns zu schimmeln." – dies, Hamlets, Wort ist wittenbergische Philosophie und ist Aufruhr dagegen. (GS I,1, 317)

Eine besondere Rolle kommt in jener Konstellation einem dritten Element zu: Albrecht Dürers Kupferstich *Melencolia I* (1514) und seiner Analyse durch Karl Giehlow in den *Mitteilungen der Gesellschaft für vervielfältigende Kunst* (1903/ 1904) bzw. durch Erwin Panofsky und Fritz Saxl in der Reihe der *Studien der Bibliothek Warburg* (1923). Für Benjamin verdichtet sich in Dürers Blatt „weder der Gefühlszustand des Dichters noch des Publikums". (GS I,1, 318) Vielmehr erfasst es in einem Denkbild den Blick der Kunstkritik, die sich ihren Gegenstand im *theatrum mundi* des barocken Trauerspiels und seines impliziten Betrachters selbst schafft: „Die Bilder und Figuren, die es stellt, widmet es dem Dürerschen Genius der geflügelten Melancholie. Seine rohe Bühne beginnt vor ihm ihr inniges Leben."[1] (GS I,1, 335) Unter den Augen jener Melancholie, die Benjamin wiederum aus der Konstellation unterschiedlicher antiker, mittelalterlicher und zeitgenössisch barocker Traditionen (Humoralpathologie, Astrologie, *acedia* als Todsünde) entwickelt, prägt das Schauspiel materiell die Allegorie der Geschichte und die Möglichkeit ihrer Kritik aus.[2] Wenn Benjamin also davon spricht, die „Theorie der Trauer" sei „nur in der Beschreibung jener Welt, die unterm Blick des Melancholischen sich auftut, zu entrollen", (GS I,1,

---

[1] Mit jenen beiden Sätzen endet das Kapitel in der Druckfassung. Im Jerusalemer Manuskript folgen weitere Sätze: „Das Trauerspiel ist das ⌈Vor⌉ Spiel vor Traurigen. Es entrollt sich als die üppige Weide der Trauer. Denn die Trauer selbst, in der ganzen Kraft und Bestimmtheit ihres Wesens, welches diesem Jahrhundert wie wenigen gegenwärtig gewesen ist, ⌊läßt diese Bilder vor sich entfalten.⌋" Benjamin verschiebt sie für den Druck ins zweite Hauptkapitel unter den Titel „Trauer und Tragik". (JM, 90) Wir zitieren im Folgenden aus unserer eigenen Transkription des bislang unveröffentlichten Manuskripts, das sich im Archiv der Nationalbibliothek Jerusalems, im Nachlass Gershom Scholems, befindet. Die Einfügungszeichen Rahmen oben: ⌈...⌉ kennzeichnen dabei Einfügungen, die über die Zeile geschrieben sind, Einfügungszeichen Rahmen unten: ⌊...⌋ solche, die unter die Zeile geschrieben sind. Mit dieser Differenzierung erhoffen wir uns eine transparente Transkription der in ihrer Zeilenführung oft schwer nachzuvollziehenden Handschrift. Eine Transkription der Jerusalemer Handschrift wird im Rahmen der Walter Benjamin-Ausgabe *Werk und Nachlass*, Bd. 6 (Berlin: Suhrkamp) erscheinen.
[2] Dürers *Melencolia* nimmt so typologisch den Kleeschen Engel vorweg, den Benjamin in den *Geschichtsphilosophischen Thesen* als Engel der Geschichte allegorisiert.

318) dann zeichnet er damit seinen Exkurs in doppelter Hinsicht als paradigmatisch aus:
- einerseits für die Implikationen der barocken Trauerspielform, die jenseits ihres pragmatischen Ortes als „Spiel vor Traurigen" (GS I,1, 298) zu denken sei,
- andererseits für die Formation eines modernen Begriffs der Kunstkritik, wie er Benjamin selbst vorschwebt, wenn er in der Fassung des Jerusalemer Manuskripts über das Trauerspiel schreibt: „Es ist gedichtet nicht aus Traurigk⌈keit⌉ und nicht für Traurige, sondern als Trauer." (JM, 82)

Die Rede vom „Entrollen", „Entfalten" oder „langsamen Progredieren" der „Intention zum Gegenstande", worin die barocke Sprachbewegung die Feierlichkeit der „Aufzüge der Machthaber" (GS I,1, 318) aufgreife, lädt sowohl das Spiel der barocken Dramatiker als auch die Sprache des Kritikers derart mit Zeitlichkeit auf, dass die Bewegungsmetaphorik sich über das gesamte Kapitel hinweg zu einer *metaphora continua* weitet. Wie die unterschiedlichen Attribute, die bei Dürer den „Genius der geflügelten Melancholie" umgeben, – Hund, Kugel, Stein – in ihrer Konstellation Aspekte der Schwermut versinnbildlichen, so erweisen sich die ostendierten Bilder in der Folge der „Abhandelungen"[3] – sowohl seitens der barocken Dramenform als auch seitens der philosophisch-kritischen Traktatform Benjamins – als emblematische Verdichtungen des *sensus historicus* und seiner progredienten Vertiefung. Sie zeigen, dass Geschichte überhaupt nur im Modus der Allegorie darstellbar ist und allein im Zeichen der Trauer lesbar gemacht werden kann.

Was für die literaturgeschichtliche Einordnung des deutschen Trauerspiels als Abschweifung erscheinen mag, ist für Benjamins Konzept der Kritik daher zentral und maßgebend. Das mag der Grund sein, weshalb das „Kapitel" zur Melancholie[4] als einziger Abschnitt des Trauerspielbuchs in drei überlieferten Fassungen vorliegt:
- in der Druckfassung von 1928 (GS I,1, 203–430),
- vorabgedruckt im 3. Heft des 2. Jahrgangs der *Neuen deutschen Beiträge* von 1927 (NDB), und

---

[3] Der Begriff „Abhandelung" bezeichnet bei Gryphius und Lohenstein die dramentechnische Gliederung des Trauerspiels in Akte und lässt sich zugleich auf Benjamins Denkstil beziehen, wenn er in der *Erkenntniskritischen Vorrede* des Trauerspielbuches die Affinität der gedanklichen Bewegung zur Traktatform betont.

[4] Benjamin verwendet die Bezeichnung „Melancholiekapitel" in der Korrespondenz mit Hofmannsthal (vgl. GB III, 176). Wir werden im Kommenden jedoch, an der Drucklegung orientiert, vom Melancholie-Komplex sprechen, da es sich um einen unbetitelten thematischen Block innerhalb des zweiten Kapitels zu *Trauerspiel und Tragödie* handelt.

– im handschriftlichen Entwurf des Jerusalemer Manuskripts, entstanden während Benjamins Aufenthalt auf Capri im Jahre 1924 (JM).

Alle drei Überlieferungen belegen eine fortlaufende Arbeit am Text; sie fixieren ausschnitthaft Arbeitsprozesse, die Benjamins eigenen allegorischen Denkstil bezeugen. Auch er basiert auf Faltungen und Entfaltungen, auf dem Ein- und Ausrollen von Textsegmenten, die sich im Vergleich der drei Fassungen als Operationen des Inserierens, Verschiebens, Verdichtens oder Zerstreuens kleiner Formen nachvollziehen lassen. Jene Operationen verschränken für Benjamin Poetik und Kritik in zweierlei Hinsicht: Mit Blick auf das Barock schließen sie an die poetischen und exegetischen Verfahren von Allegorie und Allegorese an sowie an gelehrte Schreib- und Lektüretechniken wie Exzerption oder Kompilation, durch die fremde und eigene Texte archiviert, rekombiniert und aktualisiert werden;[5] mit Blick auf die Moderne an die Techniken der Fragmentierung und der Montage.[6] Dabei ist das Trauerspielbuch nicht nur im Hinblick auf die darin verwendeten Zitate nach der „tollste[n] Mosaiktechnik" (GB II, 508) gebaut.[7] Im Vergleich seiner Textstadien erweist es sich als eine einzige Collage von Textabschnitten, die sich wie „architektonische Elemente" „zu einem Gebäude verhalten – tragend, konstruktiv unverzichtbar", aber im Druck „weitgehend verborgen" bleiben (Wizisla 2010, 98).[8] Für den Melancholie-Komplex möchten wir im Folgenden an jenen Elementen die Benjaminschen Skalierungsarbeiten beobachtbar machen:[9] wie er Textsegmente herauslöst, die er sodann, ihrer Quantität und ihrer Qualität nach variierend, an neue Positionen innerhalb der Studie bringt und an den sich verändernden Gedankengang angepasst. Auch am eigenen Material profiliert sich Benjamin so als Theoretiker und Praktiker der Konstellation.

---

5 Vgl. Jasper Schagerl im selben Band. Als Folie für Benjamins Exzerptarbeit ist die im DFG-Graduierten-Kolleg „Literatur und Wissensgeschichte kleiner Formen" entstandene Dissertation Philip Krauts zu den Exzerpten der Brüder Grimm einschlägig (Diss. masch., HU Berlin 2020; vgl. http://www.kleine-formen.de/?team=philip-; 26. Mai 2020). Zum Exzerpt als Wissenschaftspraxis vgl. Décultot 2014; Cevolini 2018.
6 Vgl. McBride 2016; Osman 2005.
7 Vgl. zur Rezeption von Benjamins Bezeichnung des eigenen Vorgehens als „Mosaiktechnik": Newman 2008; Voigts 2000; Schöttker 1999; Kany 1987; Menninghaus 1980.
8 Wizislas Beobachtungen bestätigen am Beispiel von Benjamins Aufsatz „Ein deutsches Institut freier Forschung", was sich in größerem Maßstab am Trauerspielbuch als Methode und kalkulierte Konstruktion ausdifferenziert. Die von uns herausgearbeitete Methodik des Trauerspielbuchs ist insofern für die Entwicklung des Werks Benjamins von genereller Bedeutung.
9 Vgl. zur Metapher der Skalierung und ihrer Herkunft aus der Messtechnik: Spoerhase und Wegmann 2018.

1 Benjamin und Hofmannsthal

Im Folgenden möchten wir die Bewegungsmuster des Konstellierens nachzeichnen, indem wir alle dokumentierbaren Textstufen rückläufig durcharbeiten, also vergleichend von der Druckfassung über den Vorabdruck zum Jerusalemer Manuskript zurückgehen. Dabei geben zunächst die *NDB* erste Hinweise auf die Epizentren der Benjaminschen Konzeptbildung, die ein gezieltes Ansteuern entsprechender Stellen im Entwurf ermöglichen. Tatsächlich würden sich die Abweichungen zwischen der Erstausgabe des Trauerspielbuchs und dem von Hofmannsthal ausgewählten Melancholie-Komplex – abgesehen von offensichtlichen Druckfehlern – auf nur wenige konzeptionell relevante Abweichungen beschränken, wollte man zwei allgemeine, aber für das Gespann Hofmannsthal/Benjamin zweifellos hochsignifikante Beobachtungen unerwähnt lassen: Zum einen verzichtet der Druck in den *NDB*, einer Zeitschrift mit ausgeprägtem literaturästhetischen Profil, auf den gesamten Fußnotenapparat sowie auf die Kolumnentitel, die in der Kopfzeile jeder Seite die Orientierung in der akademischen Monographie ermöglichen. Zitate bleiben zwar gekennzeichnet, ihre Fundstellen werden aber nicht bibliographisch ausgewiesen bzw. nur soweit ausgeflaggt, wie Autorennamen und Werk- bzw. Aufsatztitel im Fließtext erwähnt sind. Die Habilitationsschrift tritt so hinter der Essayform zurück.[10]

Zum anderen kommt es zu einer gravierenden Transformation des Druckbildes: Zwar gehorchen beide Druckwerke den hohen Ansprüchen von Autor und Herausgeber; doch die *NDB* setzen auf eine moderne, klare Typographie, durch die der Verlag der Bremer Presse programmatisch dafür sorgte, dass „jedes Heft ‚eine geistige Einheit' (Hofmannsthal an Wiegand, 28.1.1922 [. . .]) sein sollte", (Strobel 2016, 375) während der Gesamtdruck bei Rowohlt nach klassischer gelehrter Konvention den deutschen Fließtext in gebrochener Schrift (einer Variante der Schwabacher Type), die romanischen Namen und Zitate dagegen in nicht gebrochener Serifenschrift (humanistische Antiqua) setzt.[11] Aufgrund jener Differenz erzeugt bereits die gedruckte

---

10 Sie wird darüber hinaus von Hofmannsthal ausgiebig exzerpiert und fließt als poetisch relevantes Material unmittelbar in seine Arbeit sowohl an der dritten Fassung des *Turm*, einer *reécriture* von Calderons *La vida es sueno*, als auch an den Entwürfen zum *Xenodoxus*, einer geplanten Bearbeitung des *Cenodoxus* Jakob Bidermanns, ein; vgl. dazu Jäger 1986, 83–106.

11 Vgl. dazu den von Roland Reuß besorgten und kommentierten Faksimilenachdruck des Trauerspielbuchs: „Bereits in diesem ersten Dokument [Brief an Gershom Scholem vom 22.12.1924], das die geplante Drucklegung seiner Studie betrifft, tritt das buchherstellerische Darstellungsbewußtsein Benjamins hervor. Für das Trauerspielbuch gab es, wie der Brief an Scholem zeigt, von Anfang an den typographischen Wunsch einer ‚allein angemessene[n] Fraktur' [. . .] Die Art und die Herkunft der Texte, die im Trauerspielbuch Untersuchungsgegenstand sind, machten aus der Sicht des Autors die Wahl einer Fraktur notwendig. Vor allem

Seite den Eindruck einer montierten, multilingual vielstimmigen Textur (deutsche Schrift mit lateinischen oder französischen Einschlüssen und vereinzelten in griechischer Minuskel gesetzten Wörtern). Der typographische Wechsel von der maschinenschriftlichen Vorlage der Habilitationsschrift, die, wie die Wiedergabe der Inhaltsübersicht in der Anmerkung zur *NDB* II,3 belegt,[12] Hofmannsthal vorgelegen haben dürfte, zum Vorabdruck des Melancholie-Kapitels und von dort zur Buchausgabe signalisiert eine markante Lenkung der Leserhaltung. Er bezeichnet zugleich die Extreme des Benjaminschen Stils: Seine Prosa ist nicht weniger die einer literaturwissenschaftlichen Abhandlung als die eines essayistischen Beitrags zur (kunst-)kritischen Debatte der Gegenwart. Lediglich die Publikationsformen und ihre Gebrauchskontexte bahnen divergierende Allegoresen und Lektüremodi an.

Unter den Textvarianten der beiden Druckfassungen ragen drei aus inhaltlichen Gründen hervor. Sie betreffen jeweils thematische Kerne der Argumentation Benjamins:

- den Komplex der Intention des Trauerspiels: Die Streichung eines Satzes im Vorabdruck weist den Weg zu einem Ort angestrengter Theoriebildung, der – wie wir zeigen werden – erst mit Blick auf das Manuskriptstadium in seinem ganzen Ausmaß sichtbar und interpretierbar wird;
- den des zeitgenössischen (und/oder modernen) Betrachters des Trauerspiels: Angesichts einer im Streit der Konfessionen vorangetriebenen Entwertung der guten Werke spricht Benjamin von der Entstehung einer „leere[n] Welt", die dazu führe, dass sich einerseits eine Moral der kleinen Leute, andererseits ein ‚taedium vitae' entwickele, unter dessen Einfluss im Trauerspielbuch die „tiefer Schürfenden", im Vorabdruck aber die „Edleren" das Dasein als „Trümmerfeld halber, unechter Handlungen" wahrnähmen; (GS I, 1, 317–18)
- die kritische Diskrepanz zwischen der „Typenbildung im deutschen Trauerspiel", die dem mittelalterlichen Melancholie-Verständnis äußerlich verhaftet bleibe, (vgl. GS I, 1, 334) und der „von dieser Typik grundverschiedene[n] Gesamtform des Dramas" (NDB 109): Jene Spannung zeigt sich in den NDB

---

der in den zitierten Texten anzutreffende Wechsel von deutscher zu lateinischer Druckschrift war nur so zu erhalten. Es ist erkennbar, daß Benjamin der Forderung nach einer Bewahrung dieser Differenz einen hohen Stellenwert eingeräumt hat. Als der Band Anfang 1928 endlich auf den Markt kam, war die gewählte Type eine stabile Alte Schwabacher. Benjamin hatte sich mit seiner Schriftpräferenz durchgesetzt." (Reuß 2019, *3–4)

12 Hofmannsthal leitet die Vorschau auf Benjamins Trauerspielbuch folgendermaßen ein: „Der Beitrag von Walter Benjamin bildet den Schluss vom ersten Teil des unveröffentlichten Werkes über den Ursprung des deutschen Trauerspiels. Die nachfolgenden Kapitelüberschriften lassen den Aufbau dieser bedeutenden Arbeit erkennen." (Miehe 2010, 304)

an „Stil und Sprache", (NDB 109) in der Buchfassung dagegen in „Spiel und Sprache".¹³ (Benjamin [1928] 2019, 153)

Mit Blick auf den ersten Punkt, von dem aus Licht auf die beiden anderen fällt, findet sich im Vorabdruck der folgende Abschnitt, der in der Buchfassung durch einen Zusatz merklich amplifiziert wird (hier rot gesetzt):

Trauer ist die Gesinnung, in der das Gefühl die entleerte Welt maskenhaft neubelebt, um ein rätselhaftes Genügen an ihrem Anblick zu haben. Jedes Gefühl ist gebunden an einen apriorischen Gegenstand, und dessen Darstellung ist seine Phänomenologie. Die Theorie der Trauer, wie sie als Pendant zu der von der Tragödie absehbar sich zeigte, ist demnach nur in der Beschreibung jener Welt, die unterm Blick des Melancholischen sich auftut, zu entrollen. Denn die Gefühle, wie vage immer sie der Selbstwahrnehmung scheinen mögen, erwidern als motorisches Gebaren einen gegenständlichen Aufbau der Welt. Wenn für das Trauerspiel im Herzen der Trauer die Gesetze, entfaltet teils, teils unentfaltet, sich finden, so ist es weder der Gefühlszustand des Dichters noch des Publikums, dem ihre Darstellung sich widmet, vielmehr ein vom empirischen Subjekt gelöstes und innig an die Fülle eines Gegenstands gebundenes Fühlen. Bestimmt wird es durch die erstauniche Beharrlichkeit der Intention, die unter den Gefühlen außer diesem vielleicht – und das nicht spielweis – nur der Liebe eignet. Denn während im Bereich der Affektivität nicht selten Anziehung mit der Entfremdung in dem Verhältnis einer Intention zum Gegenstande alterniert, ist Trauer zur besonderen Steigerung, kontinuierlichen Vertiefung ihrer Intention befähigt. (NDB, 90–91)	Trauer ist die Gesinnung, in der das Gefühl die entleerte Welt maskenhaft neubelebt, um ein rätselhaftes Genügen an ihrem Anblick zu haben. Jedes Gefühl ist gebunden an einen apriorischen Gegenstand und dessen Darstellung ist seine Phänomenologie. Die Theorie der Trauer, wie sie als Pendant zu der von der Tragödie absehbar sich zeigte, ist demnach nur in der Beschreibung jener Welt, die unterm Blick des Melancholischen sich auftut, zu entrollen. Denn die Gefühle, wie vage immer sie der Selbstwahrnehmung scheinen mögen, erwidern als motorisches Gebaren einen gegenständlichen Aufbau der Welt. Wenn für das Trauerspiel im Herzen der Trauer die Gesetze, entfaltet teils, teils unentfaltet, sich finden, so ist es weder der Gefühlszustand des Dichters noch des Publikums, dem ihre Darstellung sich widmet, vielmehr ein vom empirischen Subjekt gelöstes und innig an die Fülle eines Gegenstands gebundenes Fühlen. *Einer motorischen Attitüde, die in der Hierarchie der Intentionen ihren wohlbestimmten Ort hat und Gefühl nur darum heißt, weil es nicht der höchste ist.* Bestimmt wird *er* durch die erstaunliche Beharrlichkeit der Intention, die unter den Gefühlen ausser diesem vielleicht – und das nicht spielweis – nur der Liebe eignet. Denn während im Bereich der Affektivität nicht selten Anziehung mit der Entfremdung in dem Verhältnis einer Intention zum Gegenstande alterniert, ist Trauer zur besonderen Steigerung, kontinuierlichen Vertiefung ihrer Intention befähigt. (GS I,1, 318)

---

13 Zu den Korrekturen nach dem Prinzip der *lectio difficilior*, die Rolf Tiedemann im Abdruck des Trauerspielbuchs in den GS I, 1 vorgenommen hat und zu denen die Verschiebung von „Spiel und Sprache" im Erstdruck zu „Stil und Sprache" in den GS zählt vgl. Reuß 2019, *18.

Benjamins Zusatz, der die Passage weniger erschließt als zusätzlich kompliziert, ist gewiss kein spontaner redaktioneller Eingriff des Autors vor der endgültigen Drucklegung des Trauerspielbuchs. Vielmehr macht er vermutlich eine Kürzung Hofmannsthals rückgängig;[14] in jedem Fall hat er eine Vorgeschichte, die sich bis ins Jerusalemer Manuskript hinein zurückverfolgen lässt, wo die zitierte Stelle rund um die Schlüsselkonzepte „motorische Attitüde", „Hierarchie der Intentionen" und „Gefühl" einen Dreh- und Angelpunkt erheblicher konzeptueller Bewegung darstellt. Wir stellen hier der Manuskriptversion (linke Spalte) noch einmal die Druckfassung von 1928 gegenüber:

Und ~~ein~~ Trauer ist zuletzt die Intention in welcher das Gefühl ~~von~~ der ~~so~~ entleerten Welt trotz allem sich zuwendet, um in ihrer Gottverlassenheit und ihrem Elend die Züge der Verheißung dennoch zu entdecken. [. . .] Jedes Gefühl ist ~~a priori~~ gebunden an einen a priorischen Gegenstand und dieser Gegen = stand ist die Welt. Die Phänomenologie eines Gefühls ist seine Anschauung a priori der Welt. ~~Diese Anschauungen sind~~ So kann die Theorie der Trauer, wie sie als Gegenstück zu der des Tragischen oben gefordert werden mußte, nur als eine Beschreibung der Welt sich ~~entrollen~~ ⌊vollziehen⌋, welche unter dem Blick des Melancholikers sich entfaltet. Im Reichtum d~~er~~ieser ~~Welt~~ Bechreibung ~~ist~~ wird der Einschlag des Subjektiven immer fadenscheinig ~~erscheinen~~ werden und eben dies ist die Probe auf ihren Wert. Denn Gefühle, wie vage immer sie der Selbstwahrnehmung des empirischen Subjekts erscheinen ~~Anschauung ist denn auch~~ mögen, sind von haus aus durch und durch gegenständlich bezogen: sie fassen einen gegenständlichen Aufbau der Welt ins Auge,	Trauer ist die Gesinnung, in der das Gefühl die entleerte Welt maskenhaft neubelebt, um ein rätselhaftes Genügen an ihrem Anblick zu haben. Jedes Gefühl ist gebunden an einen apriorischen Gegenstand und dessen Darstellung ist seine Phänomenologie. Die Theorie der Trauer, wie sie als Pendant zu der von der Tragödie absehbar sich zeigte, ist demnach nur in der Beschreibung jener Welt, die unterm Blick des Melancholischen sich auftut, zu entrollen. Denn die Gefühle, wie vage immer sie der Selbstwahrnehmung scheinen mögen, erwidern als motorisches Gebaren einen gegenständlichen Aufbau der Welt. Wenn für das Trauerspiel im Herzen der Trauer die Gesetze, entfaltet teils, teils unentfaltet, sich finden, so ist es weder der Gefühlszustand des Dichters noch des Publikums, dem ihre Darstellung sich widmet, vielmehr ein vom empirischen Subjekt gelöstes und innig an die Fülle eines Gegenstands gebundenes Fühlen. Einer motorischen Attitüde, die in der Hierarchie der Intentionen ihren wohlbestimmten Ort hat und Gefühl nur darum heißt, weil es nicht der höchste ist.

---

14 Hofmannsthals Redaktionsnotizen zu früheren Heften belegen, dass er vor solchen Eingriffen in eigene und in die Beiträge anderer nicht zurückschreckte. Im vorliegenden Fall scheint eine Kürzung aus stilistischen Gründen plausibel: Der Ausdruck bildet eine Ellipse, die Bezüge der Pronomina komplizieren das Verständnis.

der ohne der der Wahrheit zu sein, doch in ⌊jeweils⌋ einer definierbaren Beziehung zu ihr steht. Von diese~~r~~m Aufbau führt das Trauerspiel seiten ⟨✶⟩ vor. Es ist gedichtet nicht aus Traurigk⌈keit⌉ und nicht für Traurige, sondern als Trauer. ~~Mit~~ Wenn für seinen Aufbau in deren Wesen, ~~teils~~ die Gesetze, entfaltet teils, teils unentfaltet, sich finden, so ist es weder dem Gefühlszustande des Dichters noch dem des Beschauers, dem ihre Beschreibung gilt, sondern ein von aller Beziehung aufs empirische Subjekt gelöstes, desto inniger aber an die Fülle einer gegenständlichen Welt gebundnem Gefühle. Einer Anschauung, die ihren ganz bestimmten Ort in der Hierarchie der intention hat und Gefühl nur darum heißt, weil es nicht der letzte ist.] ~~Wenn ein jeder ⟨X⟩ Gefühlen diese Hierarchie in jedes Gefühl einzustellen~~ In dieser Hierarchie, in die ein jedes Gefühl deshalb eingetragen ⌈zu⌉ werden vermag, weil einem je = den eine bestimmte ⌊gegenständliche⌋ Welt a priorisch zu ordnet ist, ~~hatdie Trauer ist~~ ⌊wird⌋ der Ort der Trauer durch die erstaunliche ~~Treue ihrer~~ Beharrlichkeit ihrer Intention ~~get~~ angedeutet, welche sie ⌊unter den Gefühlen⌋ vielleicht nur mit der Liebe teilt. ⟨X⟩ Denn während nicht selten eine Art elektrischer Polarität zwischen der intention und ihren intentionalen Gegenstande im Bereich der Gefühle zu herrschen scheint (Überraschung, Hohn, selbst Lust) ist das ~~Gef~~der Trauer ~~einer beharrlichen Steigerung fähig, ei~~ – ein Umstand der wie wenige ihren metaphysischen Ort wie nichts anderes daß ⟨X⟩ – einer beharrlichen Steigerung, und ⌈,⌉ kontinuierlicher Vertiefung ihrer Intention fähig. (JM, 88–89)

Bestimmt wird er durch die erstaunliche Beharrlichkeit der Intention, die unter den Gefühlen außer diesem vielleicht – und das nicht spielweis – nur der Liebe eignet. Denn während im Bereich der Affektivität nicht selten Anziehung mit der Entfremdung in dem Verhältnis einer Intention zum Gegenstande alterniert, ist Trauer zur besonderen Steigerung, kontinuierlichen Vertiefung ihrer Intention befähigt. (GS I,1, 318)

Im größeren Kontext der Manuskriptseite fällt darüber hinaus das doppelte Ansetzen Benjamins auf. Den gesamten vorangehenden Abschnitt, den in unserer linken Zitatspalte die Auslassungszeichen markieren, streicht er nämlich, nachdem er ihn in der unteren Hälfte derselben Spalte reformuliert hat:

> ~~Dies ist g~~ Trauer (so wenig wie Haß) kann von ihrem Gegenstande sich abkehren. ~~Und ihr Gegenstand (XXX) das Dasein~~ Gegenstand eines Gefühls ist im ~~klassi~~ kanonischen Falle ⌊stets⌋ ~~eine~~ die Welt. ⌈So ist auch⌉ Die Theorie der Trauer, wie sie oben als Gegenstück zu der der Tragödie gefordert war, ~~ist~~ eine Weltanschauung. ~~Die Welt unter~~ Allein die Welt, ⌊wie⌋ unter dem Blick des Melancholikers entfaltet liegt, enthält in sich den Reichtum, mit welchem dieses Gefühl sich entfaltet. ~~Es ist Auch Gefühle, (XX)~~ ⌈Denn⌉ Gefühle wie ~~ver~~ vage immer sie dem Bewußtsein des empirischen Subjekts sich vernehmbar machen, ⌊ursprünglich⌋ sind sie durch und durch ~~aufgegenständlich~~ bezogen. ~~Das Trauerspiel also ist~~ Wenn ~~der~~ für den ⟨x⟩ ~~Aufbau~~ des Trauerspiels ~~im~~ Wesen der Trauer die Gesetze, entfaltet teils, teils unentfaltet, sich finden, so ist es ~~als Gefühls~~ weder als Gefühlszustand des Dichters noch des Beschauers, ~~daß sie~~ dem ihre Beschreibung gilt, ~~sondern~~ ein von aller Beziehung aufs empirische Subjekt gelöste, desto inniger aber an ~~denie Reichtu~~ Fülle einer gegenständlichen Welt gebundene Gefühle. Einer Anschauung, die ~~nur um ihrer~~ ihren ganz bestimmten Ort in der Hierarchie der Intentionen hat und Gefühl nur heißt, weil ~~esr~~ nicht der letzte ist. ~~Das Trauerspiel rollt von dieser Welt~~ Diese (JM, 82)

Was Benjamin mit solchem Feintuning bezweckt, bedarf eines doppelten Kommentars: eines philosophischen, soweit es um die Begrifflichkeit der Intentionalität des Gefühls geht, und eines topischen, soweit die Ein- und Entfaltungsdynamik des Gedankens und seiner Darstellung im Vergleich des handschriftlichen Entwurfs mit den beiden Druckfassungen interessiert. Beide Perspektiven werden zeigen, wie die marginal erscheinenden Abweichungen in Hofmannsthals *NDB* Echos einer latenten, tiefgehenden Arbeit Benjamins am Konzept der Kritik vernehmbar machen, deren Spuren im Jerusalemer Manuskript zu Tage treten.

2 Philosophischer Kommentar: Intentionalität, modern und vormodern

Die intensive Arbeit an der vorgestellten zentralen Manuskriptpassage, in der Benjamin seine Form historischer Theoriebildung in der Trauer und das Ethos der Kritik in der Melancholie fundiert, entzündet sich offenbar an der Frage, wie Intentionen Bezüge zur wahrgenommenen Welt herstellen und darüber hinaus die Möglichkeit einer ästhetischen Erkenntnis geschichtlicher Gegenstände schaffen können. Nirgends im *Trauerspielbuch* mit Ausnahme der *Erkenntniskritischen Vorrede* und der abschließenden Paragraphen des dritten Hauptkapitels *Allegorie und Trauerspiel* fällt der Begriff „Intention" daher häufiger als im Melancholie-Komplex, gekoppelt an die Aspekte „Gegenstand", „Gefühl", „Welt" und „Gesetz". Dabei setzt sich Benjamin mit Konzepten der

Wahrnehmungspsychologie und der Phänomenologie auseinander: mit Franz Brentanos *Psychologie vom empirischen Standpunkte* (1874) und mit Edmund Husserls *Logischen Untersuchungen* zur Phänomenologie und Theorie der Erkenntnis (1901), deren fünfter Teil *Ueber intentionale Erlebnisse und ihre ‚Inhalte'* handelt und die Setzungen Brentanos einer Kritik unterzieht. Es liegt nahe anzunehmen, dass beide Schriften den diskursiven Hintergrund bilden,[15] vor dem Benjamin die Vorstellung intentionaler Korrelate der Außenwelt in der psychischen Innenwelt von der Erkenntnistheorie ins Feld der Ästhetik und Geschichtsphilosophie verlagert, wie seine Notiz unter der Überschrift „Intentionsstufen" belegt. Dort heißt es:

> Für die Gegenstände des Wahrnehmens und der Phantasie ist ihr Verhältnis zum Kunstwerk anzugeben. Das Kunstwerk ist Gegenstand weder der reinen Wahrnehmung noch der reinen Phantasie, sondern Gegenstand einer mittleren Intention. Die Hierarchie der Intentionsstufen ist nicht etwa erkenntnismäßig, sondern geschichtsphilosophisch zu verstehen. Daher ist auch die Bedeutung der Phantasiegegenstände in dieser Hinsicht zu untersuchen. Vielleicht gehört auch die Untersuchung ihres Objektcharakters hierher.
> (GS VI, 49–50)

Im Sinne der Psychologie Brentanos lassen sich Objektcharakter und innere Evidenz nur paradox fassen:

> Jedes psychische Phänomen ist durch das charakterisirt, was die Scholastiker des Mittelalters die intentionale (auch wohl mentale) Inexistenz eines Gegenstandes genannt haben, und was wir, obwohl mit nicht ganz unzweideutigen Ausdrücken, die Beziehung auf einen Inhalt, die Richtung auf ein Object (worunter hier nicht die Realität zu verstehen ist), oder die immanente Gegenständlichkeit nennen würden. Jedes enthält etwas als Object in sich, obwohl nicht jedes in gleicher Weise. In der Vorstellung ist etwas vorgestellt, in dem Urtheile ist etwas anerkannt oder verworfen, in der Liebe geliebt, in dem Hasse gehasst, in dem Begehren begehrt u.s.w. Diese intentionale Inexistenz ist den psychischen Phänomenen ausschliesslich eigenthümlich. Kein physisches Phänomen zeigt etwas Aehnliches. Und somit können wir die psychischen Phänomene definiren, indem wir sagen, sie seien solche Phänomene, welche intentional einen Gegenstand in sich enthalten.
> (Brentano 1874, 115 f.)

Zweideutig ist Brentanos Rede von der „intentionalen Inexistenz" dadurch, dass sie sowohl die materielle Existenz des intendierten Gegenstandes negiert als auch seine immaterielle, vorstellungsförmige Präsenz in der Psyche affirmiert: „Unter der Inexistenz ist dabei keineswegs eine Nicht-Existenz zu verstehen, sondern eine immanente Existenz bzw. ein Innewohnen im wörtlichen Sinn: *In* jedem geistigen

---

[15] Zur umstrittenen Einschätzung der Bedeutung der Phänomenologie für Benjamins Denken vgl. Ferencz-Flatz 2019, 199–219.

Phänomen existiert ein Gegenstand." (Perler 2004, 4) Nach Brentano gilt das nicht nur für „Phänomene des Denkens und Begehrens", sondern auch für Gefühle: „Freude und Trauer folgen, wie Bejahung und Verneinung, Liebe und Hass, Begehren und Fliehen, deutlich einer Vorstellung und beziehen sich auf das in ihr Vorgestellte." (Brentano 1874, 117) Selbst der Schmerz ist von kulturellen Vorstellungen geprägt, auch wenn er im Moment der Empfindung so innig mit dem Fühlenden verschmilzt, dass die Unterscheidbarkeit zwischen Subjekt und Objekt des Schmerzes schwindet. Darin zeigt sich besonders deutlich eine Eigentümlichkeit der intentionalen *In*existenz: Ihre Erkenntnis ist stets damit verbunden, dass sich der Erkennende an das Erkannte angleicht, ohne dass damit eine physische Assimilation verbunden ist, sehr wohl aber eine kognitive Veränderung des psychischen Wahrnehmungsapparates und der damit verbundenen *vis motrix/ vis motiva*, der physischen Haltung und Strebung nach dem intentionalen Objekt.[16] Jene Annahme hat nicht nur eine moderne, sondern auch eine vormoderne Geschichte. Sie findet sich im Mittelalter prominent bei Thomas von Aquin,[17] auf den zur Stützung seiner These Brentano in einer Fußnote aufmerksam macht:

---

16 Eben das würde erklären, wie Benjamin von der „Anschauung" in JM zur „motorischen Attitüde" im Druck des Trauerspielbuchs gelangt. In seinem Aufsatz „Entfremdung affirmieren. Eine Modernefigur" weist Rüdiger Campe auf die moderne Genealogie hin, die zur Prägung der Formel von der „motorischen Attitüde" geführt hat: „Mit dem Paradigma ‚Gebaren – Attitüde – Gesinnung' umspielt Benjamin im Hinblick auf Gefühle das, was die Phänomenologen mit Husserl eine Einstellung nennen. In der Einstellung öffnet sich das Bewusstsein (auf eigenen Antrieb hin oder auch einem kulturell gegebenen Verhaltensstil Folge leistend) in einer bestimmten Weise auf die Welt. Durch seine Theorie der Einstellungen, ihrer systematischen Unterschiede und ihres kulturellen Wandels, hat Husserl auf ganz eigene Weise dem Rechnung getragen, was in der Linie von Weber zu Lukács als Frage der Entfremdung, Rationalisierung und Verdinglichung aufgetreten war." (2018, 60). Campe zitiert in diesem Zusammenhang aus Husserls *Die Krisis des europäischen Menschentums und die Philosophie* (1935): „Einstellung, allgemein gesprochen, besagt einen habituell festen Stil des Willenslebens in damit vorgezeichneten Willensrichtungen oder Interessen, in den Endzwecken, den Kulturleistungen, deren gesamter Stil also damit bestimmt ist. In diesem bleibenden Stil als Normalform verläuft das jeweilig bestimmte Leben. Es wechselt die konkreten Kulturgehalte in einer relativ geschlossenen Geschichtlichkeit. In irgendeiner Einstellung lebt die Menschheit (bzw. eine geschlossene Gemeinschaft wie Nation, Stamm usw.) in ihrer historischen Lage immer." (Husserl 1976 [1935], 326) Man beachte, hier wie schon bei Benjamin, die Kongruenz von innerer Haltung und Stil.
17 Auch Benjamin hat die mediävale Perspektive in der Konzeptionsphase seines Habilitationsprojektes immer im Blick, so dass man sagen könnte, Benjamins Modernität ist immer auch gebunden an eine Mediävalität, die modern allererst profiliert werden kann (vgl. Holsinger 2005). Das belegt seine Arbeitsbibliographie, die sich unter der Sigle WBA Ms 1891–1894 im Walter Benjamin-Archiv der Berliner Akademie der Künste befindet. Zweispaltig nach Sekundärliteratur und Primärtexten gesondert, enthält sie eine Vielzahl von Autornamen und Werktiteln (wie Abaelard, Johannes de Altavilla, Alanus ab Insulis, Thomas von Aquin) mit

> Thomas von Aquin lehrt, das gedachte sei intentional in dem Denkenden, der Gegenstand der Liebe in dem Liebenden, das Begehrte in dem Begehrenden, und benützt dies zu theologischen Zwecken. Wenn die Schrift von der Einwohnung des hl. Geistes spricht, so erklärt er diese als eine intentionale Einwohnung durch die Liebe. Und in der intentionalen Inexistenz beim Denken und Lieben sucht er auch für das Geheimnis der Trinität und den Hervorgang des Wortes und Geistes ad intra eine gewisse Analogie zu finden.
>
> (Brentano 1874, 116)

Benjamin nun weitet, was hier für das Gefühl der Liebe behauptet wird, auf das der Trauer aus, weil sie ihn in doppelter Hinsicht interessiert: als intentionaler Gegenstand des Trauerspiels und zugleich als Intention der ästhetischen Kritik. In der gestrichenen Passage des Jerusalemer Manuskripts kommt das darin zum Ausdruck, dass Benjamin neben der Trauer den Hass nennt und beide als vergleichbare Affekte betrachtet, die sich durch eine so intensive Gegenstandsbindung auszeichnen, dass sie als Aggressions- oder Verlustempfindung aus dem Gefühl eine Weltsicht dingfest machen: Ihr Wirken richtet die Psyche so stark aus, dass deren jeweilige Intentionen sich in jeder Wahrnehmung als apriorische Objekte auskristallisieren. Wenn es im Neuansatz von den „an die Fülle einer gegenständlichen Welt gebundenen Gefühlen" weiter heißt:

> sie fassen einen gegenständlichen Aufbau der Welt ins Auge, der ohne der der Wahrheit zu sein, doch in ⌊jeweils⌋ einer definierbaren Beziehung zu ihr steht. Von diesem Aufbau führt das Trauerspiel seiten ⟨x⟩vor. Es ist gedichtet nicht aus Traurigk⌈keit⌉ und nicht für Traurige, sondern als Trauer[,]
>
> (JM, 82)

dann stülpt Benjamin das Theorem von der „intentionalen Inexistenz" geradezu um und steigert deren inhärente Paradoxie, weil das im Gefühl heraufbeschworene Objekt der Trauer – anders als das sich aufdrängende des Hasses – eben nicht mehr existiert, daher jeden Zugang oder gar Zugriff ausschließt, doch im Verlust und Entzug sich umso stärker manifestiert. Intention schlägt dadurch um in Intensität, wie Benjamin es im zweiten Zusatz der Manuskriptfassung formuliert:

> Denn während nicht selten eine Art elektrischer Polarität zwischen der intention und ihren intentionalen Gegenstande im Bereich der Gefühle zu herrschen scheint (Überraschung, Hohn, selbst Lust) ist das G̶e̶f̶ der Trauer e̶i̶n̶e̶r̶ ̶b̶e̶h̶a̶r̶r̶l̶i̶c̶h̶e̶n̶ ̶S̶t̶e̶i̶g̶e̶r̶u̶n̶g̶ ̶f̶ä̶h̶i̶g̶, e̶i̶ – ein Umstand der wie wenige ihren metaphysischen Ort wie nichts anderes daß ⟨X⟩ – einer beharrlichen Steigerung, und ⌈,⌉ kontinuierlicher Vertiefung ihrer Intention fähig.
>
> (JM, 82)

---

entsprechenden Forschungsbeiträgen, die den Mittelalter-Aspekt hervorheben. Zur Wichtigkeit jenes Dokuments für den Nachvollzug der Arbeitsweise Benjamins vgl. Scheuer 2016, 192–198.

Wenn die Analogie zwischen Intentionalität und elektrischer Polarität in dem Sinne zu verstehen wäre, dass sich die Spannung zwischen dem Gefühl und seinem Objekt im Moment des Kontaktes, sprich: der Erfüllung und Verwirklichung des einen im anderen, entladen müsste, zeigt sich im Gegensatz dazu die Trauer als tendenziell unaufhebbar und unendlich progredient. Dadurch bildet sie ein gradierbares Kontinuum stetiger Steigerung: eine *intensio formarum*.[18] Mit dem Theorem der Intentionalität teilt solche Intensität die Gerichtetheit des seelischen Prozesses und seiner Entfaltung in der Geschichte. Darüber hinaus impliziert die steigerbare Gespanntheit des Gefühls die Fähigkeit, die Form des Denkens merklich zu skalieren. Stilistisch und methodisch zieht Benjamin daraus die Konsequenz, wenn er die von ihm bevorzugte Darstellungsweise des Traktats in der *Erkenntniskritischen Vorrede* als „Verzicht auf den unabgesetzten Lauf der Intention" (GS I,1, 208) bestimmt und, wie wir noch im Detail vorführen werden, die Mobilität des Exzerpts autoritativer Zitate, die als Haltepunkte den Parcours der Argumentation abstecken, auf seinen eigenen Schreibvorgang überträgt. So rekonstelliert er die erste Niederschrift auf dem Weg vom Jerusalemer Manuskript zur Druckfassung und erzeugt mit der Technik des Selbstexzerpts aus dem eigenen Entwurf jenen zäsurierenden Effekt, den er immer wieder in verschiedenen allegorischen Facetten reflektiert: Im „Ursprung", in der „Zerstückelung" und nicht zuletzt im „Mosaik" wird ein bestimmter Aufmerksamkeitsmodus aufgerufen, wie er seit dem späten Mittelalter der Kompilationsform des „Mosaiktraktats" zugedacht wurde. Im Feld kontemplativer mystischer Erkenntnis nach dem Vorbild Meister Eckharts erzeugt seine Zitatmontage und -kommentierung eine Haltung *inswebender bekanntnisse*.[19]

Benjamin fasst jene Dynamik der Form als gedankliche Bewegung in die Tiefe. Die Rede von Tiefe, Vertiefung oder Tiefsinn durchzieht in einem solch konkreten Verständnis die gesamte Phänomenologie des Trauerspiels, in der das kritische Vorwärtsschreiten von Merkmal zu Merkmal die „Stationen dieses intentionalen Raums" (GS I,1, 334) ausmisst. Deshalb ist die zweite kommentarbedürftige Differenz zwischen der Druckfassung und dem Hofmannsthalschen Vorabdruck ebenfalls im Kontext der allegorischen Grundströmung des Trauerspielbuchs zu verstehen: Wenn in den *NDB* davon die Rede ist, dass unter dem Blick der „Edleren" (NDB, 90) der theatrale Schauplatz zur Trümmerlandschaft und somit zum Schauplatz der Trauer gerät, dann trägt das eher die Handschrift Hofmannsthals

---

18 Grundlegend zum Thema Maier 1951 [1939; 1940], 1–109.
19 Zu Begriff und Pragmatik des Mosaiktraktats vgl. Hasebrink 1995, 353–369. Meister Eckhart verwendet den Ausdruck von der schwebenden Erkenntnis formelhaft, etwa in der Predigt ‚Quasi stella matutina' (DW 9; Meister Eckhart 1991, 116 f.).

als die *varia lectio* des Trauerspielbuchs. Hier spricht Benjamin von den „tiefer Schürfenden" und schließt eine anaphorische Kaskade an, die sich auch stilistisch in die Tiefe begibt, um sich asymptotisch der Phänomenologie der Trauer zu nähern:

> Denn die tiefer Schürfenden sahen sich in das Dasein als in ein Trümmerfeld halber, unechter Handlungen hineingestellt. Dagegen schlug das Leben selbst aus. Tief empfindet es, daß es dazu nicht da ist, um durch den Glauben bloß entwertet zu werden. Tief erfaßt es ein Grauen bei dem Gedanken, so könne sich das ganze Dasein abspielen. Tief entsetzt es sich vor dem Gedanken an Tod. Trauer ist die Gesinnung, in der das Gefühl die entleerte Welt maskenhaft neubelebt, um ein rätselhaftes Genügen an ihrem Anblick zu haben. Jedes Gefühl ist gebunden an einen apriorischen Gegenstand und dessen Darstellung ist seine Phänomenologie. (GS I,1, 318)

Er trifft so eine Wortwahl, mittels derer er die kritische Intention mit dem intentionalen Objekt der Trauer engführt. Wie in jener Bewegung Trauer und Kritik einander überlagern, stellt vollends die dritte Abweichung zwischen Vorabdruck und Druckfassung vor Augen: Genau dort, wo Benjamins vorgeblicher Exkurs Shakespeares Dänenprinzen zur einzig kanonischen Gestaltung erklärt, die barocker Melancholie – jenseits mittelalterlicher Konventionen und im Gegensatz zu den apokryphen Gestaltungen des deutschen Trauerspiels – eine eigene geschichtsphilosophische Signatur verleihen konnte, erfolgt solch paradigmatische Darstellung im Trauerspielbuch über „Spiel und Sprache", in Hofmannsthals Fassung dagegen mittels „Stil und Sprache" (NDB, 109). Rolf Tiedemann hat an dieser Stelle in den Wortlaut der Benjaminschen Monographie eingegriffen – mit Blick auf den Vorabdruck, aber auch auf die Manuskriptfassung. Dort lautet die Passage:

> denn wiewohl ~~in~~ ⟨xxxx⟩ ⟨xxxx⟩ mit der charakteristischen Haltung gegenreformatorischer Reaktion die bewußte Typenbildung der szenischen Figuren, überall, wie dies deutlich gworden sein dürfte, auf das mittelalterliche Schulbild dieses~~r~~ ~~Tempe=~~ Komplexion zurückgeht: die von dieser Typik grundverschiedne Gesamtform des Trauerpiels ~~beruht auf:~~ sein Stil, ~~sind~~ seine Sprache sind undenkbar ohne die kühne Wendung, ~~die und~~ mit der die Spekulation der Renaissance ~~in der weinenden~~ ⟨xxxxx⟩ in den Zügen der weinenden Betrachtung den Widerschein eines fernen Lichtes entdeckte, das aus ~~der Tiefe~~ ⌊dem Grunde⌋ der Versenkung ihr entgegenstrahlte~~.~~, (JM, 88)

Der Herausgeber bemerkt dazu, er halte

> die Lesart von a (*Spiel*) für einen Setzfehler, ohne doch die Möglichkeit völlig ausschließen zu können, daß das Motiv des Spielerischen im Hamlet – welches in M erst an etwas späterer Stelle sich findet – die Änderung motiviert haben könnte. (GS I,3, 963)

Träfe die letztgenannte Annahme zu, wäre jene Änderung wohl in Benjamins verschollener Druckvorlage erfolgt. Sie würde noch einmal prägnant vor Augen führen, wie im Schwanken zwischen „Stil" und „Spiel" Kritik als Intention und Trauer als ihr intentionales Objekt in der Figur des Melancholikers Hamlet koinzidieren.[20]

3 Topologischer Kommentar: Selbstexzerpt und Rekonstellierung

Die ‚tiefer schürfende' Arbeit Benjamins tritt vollends zu Tage, wenn der Blick sich diesseits der philosophischen Diskurse, an die das Trauerspielbuch mehr oder minder explizit anschließt, der Dynamik und Ökonomie seiner Komposition zuwendet. Sie lässt sich dank des Jerusalemer Manuskripts im Vergleich mit der Druckfassung als Prozess nachvollziehen – allerdings nur mit erheblichem Aufwand, da die Verschiebungen tatsächlich so tief in die Struktur der ersten Niederschrift eingreifen, dass sie sich synoptisch nicht mehr darstellen lassen. Denn Benjamin unterwirft seine Handschrift einer strengen Revision, indem er sie durch Selbstexzerption und raumgreifende Verschiebungen, Streichungen und Kürzungen, eingestreute Selbstkommentare und nachträgliche Gliederungszeichen für die Reinschrift bzw. für das Typoskript der Druckvorlage vorbereitet. In jenem Prozess schälen sich thematische Schwerpunkte neu und klarer konturiert heraus, die bald mit Zitatmaterial, ausnahmsweise nur mit zusätzlichen eigenen Formulierungen erweitert, bald durch das Kappen formativer Lektürezusammenhänge und durch das Verwischen von Spuren, die an das subjektive Involviert-Sein des Interpreten erinnern könnten, kondensiert und werkintern disseminiert werden. An der Rekonstruktion jener Operationen des Zerstreuens und Wieder-Verdichtens hängt das Verständnis der Komplexität des Trauerspielbuchs. Denn es entsteht offensichtlich durch das Anwenden

---

20 Zur überragenden Bedeutung des Stilbegriffs für Benjamins Kritikkonzept vgl. vor allem die Manuskriptversion der Einleitung. Dort heißt es: „Der Inbegriff aller Methode für den Traktat ist also Darstellung. Methode ist Umweg. Darstellung als Umweg – die M methodische Ordnung des Traktats wäre demnach ein Stilgesprinzip? So dürfte in der Tat dort formuliert werden, wo Rechenschaft vo~~m dem~~ ⌊der⌋ eigentümlichen philoso = phischen Funktion dieses retardierenden Stils gegeben werden kann.
Zuvörderst wird solche Rechenschaft, und immer wieder, darauf weisen, daß
jener Ausfall ~~mathematischer Stringenz nicht~~ durch Künste rednerischer
Überführung ~~nirgends einzubringen ver~~gesucht wird. v ⌈v Soviel auch gerade diese Form der Macht des Wortes verdankt:⌉ Der ʷ ⌈ʷ gänzliche⌉ Verzicht auf den unabgesetzten Verlauf der Intention, der das mathematische Denken kennzeichnet, ist ~~das~~⌈ihr⌉M erstes Merkmal ~~dieses Stils~~."
(JM, 1–2) Die Passage ist in Rolf Tiedemanns bereinigter Transkription abgedruckt in den Anmerkungen zum Trauerspielbuch; vgl. GS I,3, 926.

einer kaleidoskopischen Technik der Kompilation.[21] Potentiell kennt sie keine Endversion, solange Wahrheit aus historischem Material noch intendiert wird und nicht schon als werkförmiger „Tod der Intention" (GS I, 1, 216) dem Material entsprungen ist.

Das hat Folgen für die Hermeneutik des Trauerspielbuchs. Durch Mobilisierung und Entfernung ganzer Abschnitte aus den Kontexten ihrer Entstehung wird ein Dichtegrad erreicht, der den Text- und Lektürefluss nicht selten ins Stocken bringt, weil die Dekontextualisierung unabgeleitete, monolithisch wirkende Sätze erzeugt. In der rückläufigen Lektüre vom Druck zur ersten Niederschrift im Jerusalemer Manuskript lässt sich solche ‚Abdichtung' von Textsegmenten allerdings aufbrechen, indem anfängliche Kontexte wiederhergestellt werden. Evident wird durch solche Rekontextualisierung, dass gerade jene Passagen des Trauerspielbuchs, in denen Benjamin besonders stark eingreift, darauf zielen, die Schwelle ihrer Zugänglichkeit dem planen Verstehen zu entrücken, um jenen Effekt der Ostension zu erreichen, den Benjamin später im *Passagenwerk* als praxeologische Devise ausgibt: „Die Methode dieser Arbeit: literarische Montage. Ich habe nichts zu sagen. Nur zu zeigen." (GS V, 57) Der Weg vom Sagen zum Zeigen erweist sich im Vergleich der Textstadien als entscheidende Motivation der Be- und Überarbeitung des Trauerspielbuchs. Er muss als grundlegende Methode verstanden werden, den Einschränkungen systemimmanenten Denkens zu entkommen, wie Benjamin sie in der *Erkenntniskritischen Vorrede* vehement ablehnt. Die collagehafte Faktur des Melancholie-Komplexes zeugt eindrücklich davon, wie Benjamin jene Devise schon im Trauerspielbuch mit dem Ziel umsetzt, das er an anderer Stelle formuliert hat: den wissenschaftlichen „Drang aufs geile Ganze" (GS III, 286) zu konterkarieren. Denn entgegen bislang gängiger Annahmen der Forschung zeigt sich der Themenkomplex „Melancholie" in früheren Bearbeitungsstufen weder von Beginn an als inhaltlich konsistent noch als zentral für das Werk konzipiert. Vielmehr entfaltet er beide Eigenschaften erst im Zuge der Überarbeitung und ihrer durch den Gestus des Exkurses ostentativen Zuspitzung. Die „Begrenzung und Markierung inhaltlich-thematischer Einheiten" in Form von Textsegmenten, (Stein 2003, 110) die

---

21 Mittelalterlich ist die *compilatio* weit mehr als die Definition Isidors von Sevillas besagt, der in seinen *Etymologien* den Kompilator als jemanden bestimmt, der fremde und eigene Worte vermische. (Is. orig. 10,44) Besonders in den Gebrauchszusammenhängen der Exegese, der Predigt und der Hagiographie bezeichnet sie ein generatives Verfahren der Schriftpraxis. Die Fähigkeit des Kompilators zur *inventio*, seine glückliche Hand und Versiertheit darin, prägnante Stellen in den Werken anderer zu finden, ist daher Teil der Poiesis, die durch Neuanordnung schafft, verdichtet und Unterscheidungen schärft. Die Domäne des kompilatorischen Verfahrens ist das geistliche Schrifttum; vgl. Rener 1995, Scheuer 2021.

den Komplex bilden, muss daher als epistemologisch bedeutsame Kategorie für den Denk- und Schreibprozess Benjamins bedacht werden. Die an der Textoberfläche der Druckfassung unsichtbaren Bruch- und Nahtstellen erscheinen, soweit sie durch den Vergleich mit der Manuskriptfassung wieder sichtbar gemacht werden, als Umschlagplätze, wo Wissen akkumuliert, transferiert und gespeichert wird. Solche Mobilität durch Skalierung (zumeist durch Reduktion auf Exzerptgröße) hat Benjamins berühmter Ausspruch im Blick: „alles Wesentliche findet sich im Zettelkasten des Forschers" (GS IV,1, 103). Ein vergleichendes Verfahren vermag nun den Fokus vom Druckwerk als „Totenmaske des Konzepts" (GS IV,1, 107)[22] auf die Rekonstruktion der fluiden Wissens- und Produktionslogik des Trauerspielbuchs zu verlagern. Die Genese des Melancholie-Komplexes erweist sich dabei als besonders geeigneter Untersuchungsgegenstand. Denn als eine der wenigen Passagen des Trauerspielbuchs dienen hier die Schritte der stilistischen Intensivierung nicht allein der Abbreviation. Vielmehr geht die Neukonstellierung mit erheblichen Texterweiterungen einher.[23]

Eine topologische Untersuchung der Entstehung des Melancholie-Komplexes bringt starke Abweichungen zwischen dem Jerusalemer Manuskript und der Druckfassung ans Licht der Lektüre. Wie in den drei folgenden Abbildungen ersichtlich, haben wir es zunächst mit einem Fließtext zu tun, der von Spalte 81–90 reicht. Im Zuge seiner sekundären Überarbeitung in der Handschrift – hier ablesbar an mit dunkler Tinte hervorgehobenen Abschnittzeichen – wird besagter Fließtext vorerst in sechs große Manuskriptabschnitte unterteilt:

---

[22] Zur physiognomischen Tradition des Benjaminschen Stilkonzepts zwischen dem Werk als „Totenmaske des Konzepts" und der Kritik als „Mortifikation der Werke" (GS I,1, 357) vgl. Scheuer 2018, 283–301.

[23] So weist das Trauerspielbuch diverse Stellen auf, an denen Benjamin nach Hinweis auf bereits verfertigte Arbeiten jene Passagen entnimmt, um sie teils im Selbstzitat ins Trauerspielbuch aufzunehmen, teils abgeändert eigene Gedanken weiterzuentwickeln. Ein Beispiel bietet die Kolumne „Herodesdramen", die im Manuskripttext fast wörtlich Formulierungen einer früheren Seminararbeit „El mayor mónstruo, los celos von Calderon und Herodes und Mariamne von Hebbel. Bemerkungen zum Problem des historischen Dramas" (GS II, 246–276) übernimmt. In der Druckversion ist nach Überarbeitung und Weiterführung des dort begonnenen Lektürepfades diese Quelle nur noch schwer aufspürbar, als wollte Benjamin die Spuren tilgen, die auf die Genese seiner Thesen aus der Lektüre und aus dem eigenen Sprechen hinweisen.

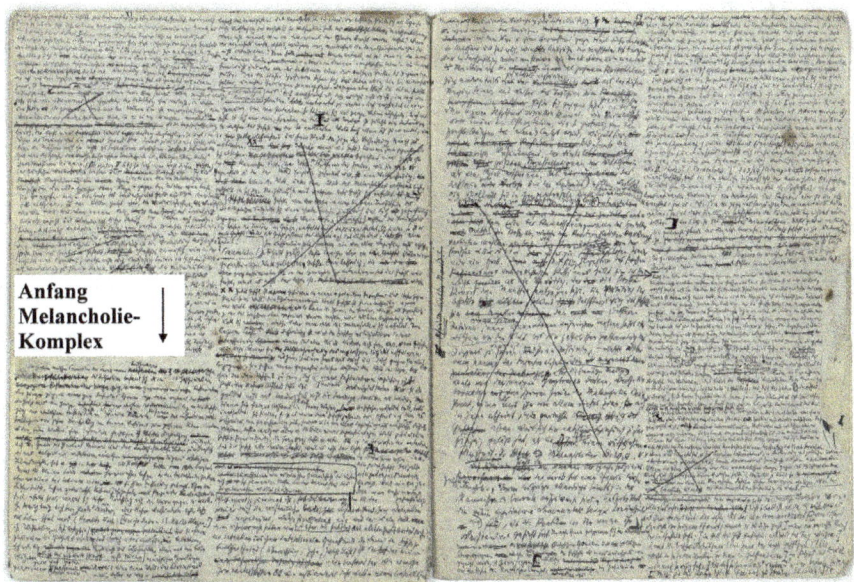

Abbildung 1: National Library of Israel: WBA Arc. 4 1598/109 Sp. 81–84.

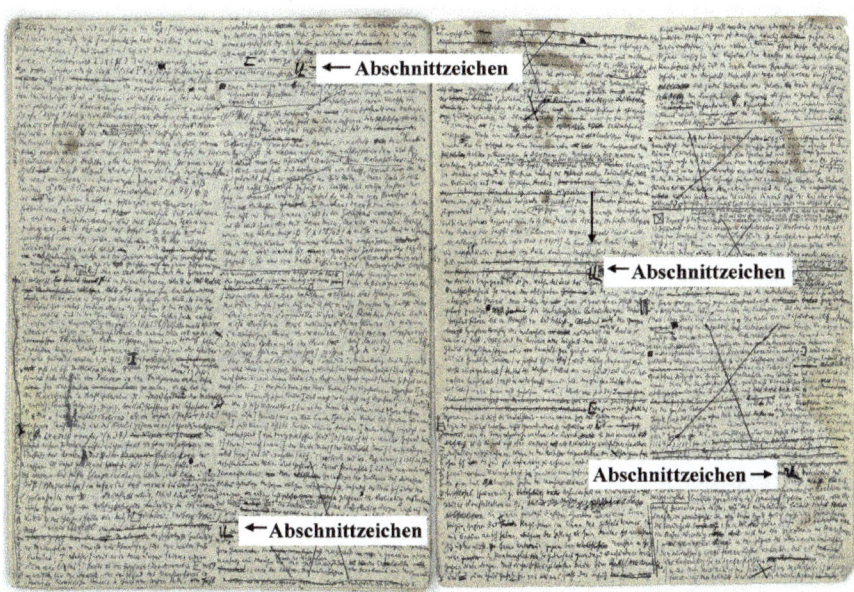

Abbildung 2: National Library of Israel: WBA Arc. 4 1598/109 Sp. 85–88.

Abbildung 3: National Library of Israel: WBA Arc. 4 1598/109 Sp. 89–90.

Es ist jedoch nicht so, dass der hier verhandelte Inhalt positionsgleich, nur jetzt auf sieben Abschnitte verteilt, die Struktur bildet, als die der Melancholie-Komplex im Druck erscheint. Stattdessen formiert er sich dort zu einem Block aus sieben Paragraphen, die mit den folgenden Titeln überschrieben werden:

1. *Rechtfertigungslehre, Apatheia, Melancholie*;
2. *Trübsinn des Fürsten*;
3. *Melancholie körperlich und seelisch*;
4. *Die Lehre vom Saturn*;
5. *Sinnbilder: Hund, Kugel, Stein*;
6. *Acedia und Untreue* sowie
7. *Hamlet*.

Aufgrund des Druckbildes mit dem Titel in der Kopfzeile der Seite statt im Fließtext oder *in margine* nennen wir sie künftig „Kolumnen" (auch wenn die ‚Schriftsäule' durch den Seitenumbruch immer wieder selbst gebrochen wird).[24] Die

---

[24] Auch Lorenz Jäger entscheidet sich für diese Bezeichnung (vgl. Jäger 2017, 141). Die Frage der Terminologie ist deswegen nicht nebensächlich, weil sowohl die rhetorische Prosatheorie (die von der Periode ausgehend induktiv zum Paragraphen und Kapitel aufsteigt) als auch die mittelalterliche Traktatdisposition (etwa der Summen des Thomas von Aquin, die von der *quaestio* aus über

Ausfaltung des Melancholie-Komplexes in jene Kolumnen ist keine nachträglich blicklenkende Textgestaltung. Das Umgekehrte ist der Fall: Erst die Segmentierung des Manuskripttextes und sein Rearrangement erzeugen qua Kolumnenbildung den Melancholie-Komplex des Druckes. Genauer gesagt, geschieht das durch die Formation der siebten, im Manuskript so nicht vorhandenen Hamlet-Kolumne. Deren Genese nämlich stößt ihrerseits die Umstrukturierung und *ergänzende* Überarbeitung vorhandenen Manuskriptmaterials an, aus dem am Ende die thematische Einheit zur Melancholie resultiert. Erst durch die formative Arbeit in der Passage vom Entwurf zum Druck erhält das Hauptkapitel zu *Trauerspiel und Tragödie* seinen hervorstechenden, konzeptionell entscheidenden Schlusspunkt.

Um besser erkennen zu können, wie neben der Theorie der Trauer die Dimension der Kritik sich im kompositorischen Prozess erschließt, schalten wir das folgende topologische Schema ein. Es soll rekonstruieren, wie jene finale Hamlet-Kolumne sukzessive entsteht, und zugleich diejenigen Schritte vorführen, die getan werden müssen, damit eine vergleichende Lektüre von Handschrift und Drucktext überhaupt geleistet werden kann. Wir lösen zu diesem Zweck einen Ausschnitt innerhalb der oben abgebildeten Spalten des Jerusalemer Manuskripts heraus, beginnend in Spalte 88, die mit der Hamlet-Kolumne des Druckes korrespondiert, und schließend mit Spalte 90, die sich mit deren Ende deckt (s. Abbildung 3). Die Sigle *A* kennzeichnet in der Tabelle das impulsgebende Aufbrechen des absatzlos geschriebenen Entwurfs der Spalten 88–90 in Abschnitte, für die wir zur Orientierung Incipit, Explicit und inhaltliche Stichworte angeben. Die Durchnummerierung jener Abschnitte ermöglicht es, ihre Verschiebung im Übergang zum Druck zu verfolgen:

Manuskript			Druck	Hamlet
A1	Sp. 88	→	GS I,1, 334	A1*
Typenbildung im deutschen Trauerspiel mittelalterliches Schulbild der Melancholie vs. Renaissanceeinfluss	„Die Untersuchung des barocken Trauerspiels [. . .] der Versenkung ihr entgegenstrahlte."		„Mit der charakteristischen Haltung [. . .] entgegenschimmerte"	

articuli und die Diskussion von *obiectiones* mittels autoritativen Zitaten den Beweis deduktiv führen) Muster bieten, denen Benjamins meditatives Traktatverständnis widerspricht. Dessen Gedankenbewegung lässt sich weder als induktiv noch als deduktiv bestimmen; es folgt stattdessen dem Rhythmus des poetischen Exempels, das abduktiv vom Partikularen zum Partikularen fortschreitet. (Agamben 2009, 23)

A2 Warburg: „Die Saturnfürchtigkeit . . . " Revision mittelalterlichen Schulweisheit durch „die alten Autoritäten" . . .	Sp. 89 „~~wie der Renaissance~~ [. . .] die Revision der mittelalter= lichen Schulweisheit durch die alten Autoritäten."	→ (entfällt an dieser Stelle)	GS I,1, 328 bildet im Druck Impuls für Kol. „Die Lehre vom Saturn"
A3 „Unter dem Begriffe der Melancholie bindet die kanonische Aristotelesstelle [..?] das das Genie an den Wahnsinn. Hercules Aegyptius ist dort der Prototyp" . . .	Sp. 89 „Unter dem Begriffe der Melancholie bindet die kanonische Aristotelesstelle [. . .] Betrachter an sich reißen."	→ (entfällt an dieser Stelle)	GS I,1, 325 bildet im Druck Impuls für Kol. „Melancholie körperlich und seelisch"
A4 Marsilio Ficino, die „trüben Kräfte des Saturn"	Sp. 89 „~~Und~~ eine besondere Aktuali= Tät [. . .] dessen Einfluß den trüben Kräften des Saturn sich widersetzt."	→ (entfällt an dieser Stelle)	GS I,1, 329 bildet im Druck Impuls für Kol. „Hund, Kugel, Stein"
A5 Agrippa, Saturn, der „als höchster und dem täglichen Leben fernstehender Planet, als der Urheber jeder tiefen Kontemplation die Seele von Äußerlichkeiten ins Innere ruft, sie immer höher steigen ⟨xx⟩läßt und schließlich mit dem höchsten Wissen und prophetischen Gaben beschenkt"	Sp. 89 „Neben dieser Tafel [. . .] konzentration auszudrücken (Giehlow p 78) unter den Emblemen"	→ (entfällt an dieser Stelle)	GS I,1, 329 bildet im Druck Impuls für Kol. „Die Lehre vom Saturn"

A6[1] Dürers Melencholia I, „faciem melancholicam prae se ferat" (Giehlow), „reifste, geheimnisvolle Frucht der maximilianischen kosmologischen Kultur" (Warburg)	Sp. 89–90 ~~Dieses~~ Blatt [. . .] Leben und Schaffen geraten."	→ *(entfällt an dieser Stelle)*	GS I,1, 329–330 *bildet im Druck Impuls für Kol. „Hund, Kugel, Stein"*	
A7h „Einmal zumindest ist dem Zeitalter gelungen . . . Es ist der Hamlet."	Sp. 90 V_ ~~Das Zeitalter hat~~ [. . .] Schicksal kann ihm genügen"	→	GS I,1, 334 „Einmal zumindest ist dem Zeitalter gelungen . . . Schicksal kann ihm genügen."	A7h*
			GS I,1, 334 **„Sein Leben, als vorbildlich seiner Trauer . . . Nur in diesem Prinzen kommt die melancholische Versenkung zur Christlichkeit."**	A8h *Kommt völlig neu hinein, Hamlet im Zentrum*
A9h „Warum also dieser Exkurs?"	Sp. 90 „Das deutsche Trauerspiel hat [. . .] ihr inniges Leben"	→	GS I,1, 335 Das deutsche Trauerspiel hat sich nie zu beseelen . . . Warum also dieser Exkurs? Die Bilder und Figuren, die es stellt, widmet es dem Dürerschen Genius der geflügelten Melancholie. Seine rohe Bühne beginnt vor ihm ihr inniges Leben.	A9h*

A10	Sp. 90	→	GS I,1, 297
Das Trauerspiel ist das [. . .] Spiel vor Traurigen. Es entrollt sich als die üppige Weide der Trauer. Denn die Trauer selbst, in der ganzen Kraft und Bestimmtheit ihres Wesens, welches diesem Jahrhundert wie wenigen gegenwärtig gewesen ist, [. . .] läßt diese Bilder vor sich entfalten.	„Das Trauerspiel ist das [. . .] läßt diese Bilder vor sich entfalten."	*(entfällt an dieser Stelle)*	bildet im Druck Impuls für Kol. „Trauer und Tragik"

¹ A6 wird selbst nochmals in Abschnitte untergliedert, die über die Kolumne *Hund, Kugel, Stein* verteilt werden. Hier vereinfacht als ein Punkt zusammengefasst.

Dadurch, dass die linke Spalte die Textsegmente der Handschrift voneinander separiert, als habe sie Benjamin bereits redigiert, liegt auf der Hand, dass es sich bei der Tabelle nicht um eine vereinfachte Darstellung des Manuskripttextes, sondern um eine philologische Rekonstruktion des Zwischenschritts handelt, der vom Manuskript zum Druck führt.[25] Ersichtlich wird daran, dass die Abschnitte A2, A3, A4, A5, A6, A10 von ihrer jeweiligen Position im Textgefüge des Manuskripts verschwinden. Deshalb erscheinen sie in der Übersicht grau abgeschwächt. Es verbleiben somit im Trauerspielbuch – bis auf die einleitenden Worte von A1 – ausschließlich diejenigen Abschnitte an ihrem ursprünglichen Ort, die sich der Betrachtung Hamlets widmen und daher durch die Zusatz-Sigle h gekennzeichnet sind. Im Schema erhalten sie in der rechten Spalte der Druckfassung zusätzlich einen Asterisk, weil auch sie von Benjamin nicht wortwörtlich übernommen, sondern modifiziert werden. Das Herauslösen von A2–A6 ist somit das Resultat einer Absatzkomprimierung, angestoßen durch die Verdichtung der Hamlet-Passagen. Im selben Zusammenhang ist die Entstehung von A8 zu sehen. Wir haben den Abschnitt fett hervorgehoben, da er – eine Seltenheit in der Genese des Trauerspielbuchs – kein Pendant im Manuskript hat. Er ergänzt und verbindet zugleich die bereits vorhandenen Abschnitte, die nun unter dem Kolumnentitel *Hamlet* Benjamins Betrachtungen barocker Trauer im Druck zum Abschluss führen.

Am Schema lässt sich außerdem ablesen, was zuvor wegen der voneinander abweichenden Betrachtungen zu Trauer und Melancholie in Hand-

---

25 Der Zwischenschritt ist insofern geboten, als die zwischen Rohfassung (Mn + 1) und Druck anzunehmenden Stufen der Reinschrift (Mn + 2) und des Typoskripts (T1) verschollen sind.

schrift und Druck unmöglich zu erkennen war: Erst die Verdichtung des *letzten* Absatzes in Sp. 88–90 (Abbildung 3), auf dessen Textbasis die Hamlet-Kolumne des Druckes entsteht, gibt den Impuls, die Absätze A2–A6 den Betrachtungen zu Hamlet *vor*zulagern. Sie tauchen im Druck auf drei verschiedene Kolumnen verteilt auf den Seiten GS I,1, 325–330 wieder auf: in *Lehre zum Saturn*, in *Melancholie körperlich und seelisch* sowie in *Sinnbilder: Hund, Kugel, Stein*. Doch werden die mobilisierten Textabschnitte nicht einfach versetzt und in bestehende Argumentationsfolgen eingefügt, für die es in der Handschrift äquivalentes Textmaterial gäbe. Vielmehr stoßen sie die Ausarbeitung der genannten Kolumnen überhaupt erst an. Denn es sind sämtlich solche, die – wie A8 – als Ausnahmefälle bei der Entstehung des Trauerspielbuchs gelten müssen, insofern Benjamin das Textmaterial des Manuskripts amplifiziert, statt es – wie an den meisten übrigen Stellen – zu kürzen. Was am topologischen Schema für *Hamlet* gezeigt wurde, ließe sich demnach für die drei neuen Kolumnen wiederholen. Sie bilden in der Zusammenschau ein Muster dafür, wie der gesamte Melancholie-Komplex ‚gemacht' ist und wie aus dem Umarbeitungsprozess die Komposition anderer Paragraphen entwickelt wird.

Zusätzliches Gewicht erhält die beschriebene Transformation dadurch, dass die rhetorische Frage: „Warum [...] also dieser Exkurs?" in A9h des Manuskripts eng an die Figur Hamlets gebunden erscheint. Im Druck dagegen kennzeichnet der Begriff „Exkurs" nun – wie eingangs erläutert – den *gesamten* Komplex zur Melancholie, der sich in Hamlet zum emblematischen Typus verdichtet. Denn im Zuge der Neuordnung und Ergänzung erweitert Benjamin die Luther-Kolumne *Rechtfertigungslehre, Apatheia, Melancholie* signifikant. In der Synopse der Eingangspassage wird sichtbar, dass Benjamin Hamlets Worte einsetzt (hier fett gesetzt), wo das Jerusalemer Manuskript nur eine zu füllende Leerstelle anzeigt:[26]

Schon bei Luther selbst, dessen zwei letzte Lebensjahrzehnte mit steigender ⟨※⟩ Seelenbeladen = heit erfüllt sind, meldet sich ~~dieser~~ ⌊ein⌋ Rückschlag auf den Sturm gegen das Werk. Ihn freilich trug noch sein „Glaube" darüber, aber dieser verhinderte nicht, daß das Leben	Schon bei Luther selbst, dessen letzte zwei Lebensjahrzehnte von steigender Seelenbeladenheit erfüllt sind, meldet sich ein Rückschlag auf den Sturm gegen das Werk. Ihn freilich trug noch der „Glaube" darüber hin, aber der verhinderte nicht, daß das Leben schal ward. **„Was ist der**

---

26 Benjamin markiert die Leerstelle durch Klammersetzung und zusätzlich nach gelehrter Zitatkonvention durch lateinische Schrift (in der Transkription kursiv markiert). Sie hebt sich dadurch deutlich vom restlichen Schriftbild in deutscher Kurrentschrift ab.

schal ward (Hamlets Wort: [*Was ist Leben?? Mensch, |Wenn seiner Zeit Gewinn, sein
Nachschlagen!*] ist Wittenberger Philosophie) höchstes Gut |Nur Schlaf und Essen ist? Ein
(JM, 81) Vieh, nichts weiter. |Gewiß, der uns mit
solcher Denkkraft schuf |Voraus zu schaun
und rückwärts, gab uns nicht |Die Fähigkeit
und göttliche Vernunft, |Um ungebraucht in
uns zu schimmeln.– dies, Hamlets, Wort ist
wittenbergische Philosophie und **ist Aufruhr
dagegen.**
(GS I,1, 317)

Mit dem eingefügten Shakespearezitat aber kommt eine entscheidende Wendung in die entstehende Kolumne: Hamlets Worte bilden nicht mehr allein eine Folie für die Verständigung über wittenbergische Philosophie, sondern illustrieren zugleich den „Aufruhr dagegen", den Benjamin als signifikant für das Barock herausarbeiten wird. Damit ist das Paradigma des Melancholie-Komplexes gesetzt, der mit dem Hamlet-Zitat beginnt und wiederum mit der *Hamlet*-Referenz endet. „Warum [. . .] also dieser Exkurs?" fragt daher in solcher Weise nach dem Melancholie-Komplex, dass der revidierte Verlauf des Gedankens die Reflexion über den Traurigen *via* Dürers *Melencolia I* zum Porträt des Kritikers ausschweifen lässt:

Melancholie-Abhandlung

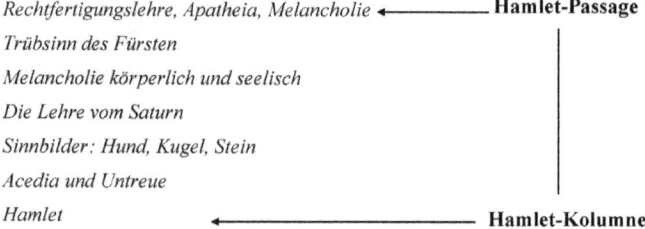

Abbildung 4: Aufbau Melancholie-Komplex Druck.

Die Frageformel mag man für sich genommen zwar noch als rhetorisches Signal einer klassischen *amplificatio* lesen, die „deutlich abgerundet in den vorherigen Redeverlauf" zurückzuführen hat (Matuschek 1996, 126). Doch Benjamin geht es um das genaue Gegenteil: um die Demonstration einer Haltung der Kritik, die den Redeverlauf unterbricht. „Was für die anderen Abweichungen sind, das sind für mich die Daten, die meinen Kurs bestimmen", schreibt Benjamin im *Passagen-Werk* über seine Methode (GS V, 570). Doch schon im Trauerspielbuch wird der *excursus* zum erkenntniskritischen Instrument *par excellence*. Bewusst gegen den Zwang systemförmigen Denkens gesetzt, macht die Traktatform ihn in paradoxer Weise zu ihrer pointiertesten Gedankenbewegung. Auf dem Weg vom Sagen zum Zeigen führt er das Denken zur Paradigmenbildung. Während die Handschrift großen theoretischen Verständigungsaufwand betreibt, um das Gefühl der Trauer definitorisch darzulegen, verschwinden im Übergang zum Druck weite Passagen der Explikation jener „Theorie der Trauer, wie sie als Gegenstück zu der des Tragischen oben gefordert werden mußte" (JM, 82). An ihre Stelle rückt im neugeformten Melancholie-Komplex die Figur Hamlet mit der Aufgabe, an ihrem Beispiel die „Beschreibung der Welt" zu „entrollen vollziehen , welche unter dem Blick des Melancholikers sich entfaltet." (JM, 82) Sie setzt als Intention der Kritik um, was im Jerusalemer Manuskript bloße Deskription des intentionalen Objekts der Trauer blieb.

Benjamins finale Betrachtungen gelten dem Prinzen als dem eigentlichen, zuvörderst angesprochenen Zuschauer des Trauerspiels – im Gegensatz zur gemeinschaftsbildenden Aufführungspraxis der Tragödie. Er ist unter den „tiefer Schürfenden" privilegiert als Paradigma des Melancholikers. Deshalb spricht Benjamin, wo immer er im Manuskript von „den Traurigen" schreibt, in der Buchfassung von „dem Traurigen". An keiner Stelle ist die Zuspitzung, die symptomatisch steht für die unterschiedlichen Darstellungslogiken beider Fassungen, eindrücklicher als an folgender:

| Der Tiefsinn gehört ih eignet vor allem den Traurigen. (JM, 83) | Tiefsinn eignet vor allem dem Traurigen. (GS I,1, 318) |

Die kleine, aber entscheidende Differenz gehört in einen größeren Zusammenhang: Er verbindet den Melancholie-Komplex mit dem thematischen Block um den Souverän und seine Entscheidungsunfähigkeit. Zum einen greift Benjamin auf Hamlet zurück, weil er in der berühmten Pose des ‚to be or not to be' die Paradoxie der Trauer gut wiedererkennbar verkörpert: Sie verrate „die Welt um des Wissens willen. Aber ihre ausdauernde Versunkenheit nimmt die toten Dinge in ihre Kontemplation auf, um sie zu retten." (GS I,1, 334) Zum anderen schlägt die implizite Geste des Zauderns eine Brücke zum vorab verhandelten Problem barocker Darstellung von Souveränität. Denn der im Souveränitäts-Komplex (GS I,1, 238–277) verhandelte Zwiespalt zwischen Macht und Ohnmacht des Herrschers führt ebenso ins Zentrum barocker Faszination für dessen extreme Ausbildungen in Gestalt des Märtyrers und des Tyrannen, wie sie Grundlage ist für die Darstellung seiner strukturbedingten „Entschlussunfähigkeit". Benjamin widmet ihr im Druck eine eigene Kolumne gleichen Titels (vgl. GS I,1, 250–251). Die darin formulierten Betrachtungen zum Umschlagen fürstlicher Fähigkeit in Unfähigkeit werden vor dem Hintergrund souveräner Machtentgrenzung thematisiert, weshalb die Kolumne im Block zur barocken Souveränitätstheorie erscheint. Inhaltlich ist sie jedoch zugleich an den Melancholie-Komplex gebunden, da Benjamin die Entschlussunfähigkeit als historische Situation mit der melancholischen Haltung des Fürsten begründet (vgl. Weber 1992). Tatsächlich lässt sich aus unserem topologischen Schema schließen, dass die Kolumne überhaupt erst aus der Redaktion des Exkurses zur Melancholie entspringt. Der Vergleich zwischen dem Jerusalemer Manuskript und der Druckversion zeigt nämlich, dass die *Entschlussunfähigkeit* weder im Anschluss an Benjamins Betrachtungen zur Souveränitätstheorie noch überhaupt im Entwurf geplant war. Stattdessen können wir Folgendes annehmen: Die Extension des Melancholie-Komplexes aus der Hamlet-Kolumne löst wie in einer Kettenreaktion die Amplifikation der Betrachtungen zur Souveränität um die Kolumne zur fürstlichen Entscheidungsunfähigkeit aus. Noch bevor Hofmannsthal sich für den Vorabdruck des „Melancholie-Kapitels" entscheidet, spricht Benjamin brieflich über die mögliche Auswahl des „Fürsten-Kapitels" aus seinem Barockbuch.[27] Die Forschung konnte jenes Kapitel bislang nicht eindeutig identifizieren (vgl. Reuß 2019, *9). Der Blick auf die Textgenese und ihre Topologie deutet jedoch klar darauf hin, dass es sich beim sogenannten Fürsten-Kapitel um den Souveränitäts-Komplex handeln muss. Hier zeigt sich einerseits die Verbindung zur Kolumne *Trübsinn des Fürsten*, andererseits die Überarbeitung und Extension der *Lehre vom Saturn* als Folie und als Kontext für die Darstellung der Zerrissenheit des Souveräns.

Zum Zeitpunkt der Entstehung des Jerusalemer Manuskripts ist Benjamin Aby Warburgs *Heidnisch-antike Weissagung in Wort und Bild zu Luthers Zeiten* (1920) bereits bekannt. Der von Warburg herausgestellte ungebrochene Einfluss heidnischer Astrologie trotz der Vormacht christlicher Weltdeutung fließt in die ersten Entwürfe zur Melancholie ebenso ein wie die auf Grundlage der „Saturnfürchtigkeit [. . .] im Mittelpunkt des Sternglaubens" von Benjamin beschriebene „Umdeutung der saturnischen Melancholie" als „Revision der mittelalterlichen Schulweisheit" zur *acedia*. (GS I,1, 328; JM, 88) Erst im Zuge der Manuskriptüberarbeitung jedoch stößt Benjamin auf Erwin Panofskys und Fritz Saxls Aufsatz zu Dürers ‚Melencolia I' (vgl. GB II, 509). Die von Benjamin aus jener Studie exzerpierten Zitate erweitern die überarbeitete und neu geordnete Passage erheblich. Nach seinem Motto: „Man kann doch in einer kritischen Analyse (fremder Ansichten) oft Dinge sagen, die man synthetisch noch nicht darzustellen wüßte"

---

[27] „Ich bin nicht sicher, vermute aber Ihnen mitgeteilt zu haben, daß vor allem dank Ihres maßgebenden Urteils das Trauerspielbuch, die Wahlverwandtschaftenarbeit und ein Aphorismenheft von Rowohlt in Verlag übernommen sind. Die beiden sollen planmäßig am 1. März 1926 vorliegen. Ich wäre sehr glücklich, wenn bis dahin der Vorabdruck des Fürsten-Kapitels in den ‚Beiträgen' sich ermöglichen ließe." (GB III, 97)

(GB II, 145), werden die dem Trauerspielbuch einverleibten Zitate einer eigenen Agenda unterstellt. Die von Panofsky und Saxl geschichtlich verfolgte Eigenschaft des antiken Gottes Saturn als zutiefst ambivalenter Gottheit – entthronter Herrscher und überlisteter Intrigant –, wird von Benjamin einerseits auf den melancholischen Fürsten ausgerichtet. Als Ergänzung zur Studie Karl Giehlows, die den Einfluss Willibald Pirckheimers und Marsilio Ficinos auf die Entstehung von Dürers Stich der *Melencholia I* herausstellt, nutzt Benjamin dieses Beispiel eines durch die Renaissance wiederbelebten ambivalenten antiken Melancholiebildes als Korrektiv der für das Barock angenommenen *acedia* in „medievaler Beleuchtung". (GS I,1, 334) Collagehaft arrangiert, verschärfen die Zitate Saxls und Panofskys jene Warburgs und Giehlows. Sie dienen dazu, den kognitiven Gehalt barocker Trauerspiele so zu kontrastieren, dass kritisch zu Tage tritt, „was ihnen selbst [. . .] dunkel geblieben" ist.[28] (GS I,1, 335) Andererseits erhält vor dem Hintergrund des als wirkmächtig herausgestellten dialektischen Melancholie-Verständnisses die janushäuptige Darstellung des barocken Fürsten zwischen höchster Entscheidungsmacht und größter Unentschlossenheit eine zusätzliche historische Dimension. Im Gegensatz zur angestrengten Verständigungsarbeit über barocke Trauer im Jerusalemer Manuskript gelingt der Zitatcollage des entfalteten Melancholie-Komplexes im Druck die Vorführung eines dialektischen Bildes der Melancholie. So blitzen im Giehlow-Zitat zur Figur des Herkules im Nesselhemd die Züge der rahmengebenden Gestalt Hamlets auf:

> Unter dem Begriffe der Melancholie bindet die kanonische Aristotelesstelle ..? das das Genie an den Wahnsinn. Hercules Aegyptius ist dort der Prototyp des aus der Melan indes vor seinem Zu= sammenbruch im Wahnsinn zu den höchsten Taten beflügten iIngeniums. „Die Gegensätze der intensivsten, geistigen Tätigkeit und ihres tiefsten Verfalles" (Giehlow p 72) die Aristoteles in jen der Melancholie zusammenstellt wirken werden zurückt werden in solcher Gemeinschaft ⌊mit⌋ immer gleichem ⟨xxxxxxx⟩ Grauen den Betrachter an sich reißen.
>
> (JM, 89)

Seine zerrissene Unentschlossenheit als Vexierspiel zwischen Genie und Wahnsinn überblendet der Drucktext mit der Beobachtung eines im Barock sich formierenden Wissenskonzept. Zwar heißt es im Jerusalemer Manuskript bereits: „Das Forschen des Grüblers und das Wissen des Gelehrten fließen dabei im Barock seinen Menschen Generationen seltsam ineinander. Die Renaissance durchforscht den Weltraum – das Barock [. . .] die Bibliotheken. Sein Sinnen geht in die Buchform ein." (JM, 83) Doch wird diese Bemerkung im Druck am

---

[28] Zum Zusammenhang von Benjamins Konzepten des Wahrheitsgehalts und der Kritik vgl. Salonia 2012.

Beispiel der Vorrede zu den gesammelten Dramen Jacob Ayrers erweitert und mit dem barocken Trübsinn in Zusammenhang gebracht:

> Nicht zuletzt galt das Buch als immerwährendes Monument auf dem schriftreichen Naturschauplatze. Ayrers Verleger hat in einer Vorrede zu den Werken des Dichters, die merkwürdig durch die Betonung der Melancholie als Stimmung seiner Zeit ist, diese Bedeutung des Buches, in der er ein Arcanum gegen die Anfechtung des Trübsinns empfehlen will, angesprochen. (GS I,1, 320)

Angesichts dessen erkennt Benjamin in den Darstellungen des entschlussunfähigen Fürsten gerade nicht den Imperativ eines neostoizistischen Ideals – mit Ausrufezeichen und quer an den Innenrand des Manuskriptheftes notiert findet sich der Einwurf „Pseudoantik!!!" (JM, 83) Vielmehr interessiert ihn an jener Geste der kontemplative Starrkrampf des Melancholikers. Er bringt die Kehrseite einer barocken Ästhetik des Wissens zum Ausdruck, die seit der rationalen Kritik der Aufklärung hauptsächlich mit einer „stofflichen und stilistischen Überfrachtung" identifiziert wird. (Matuschek 1996, 130) Das Dispositionselement des Exkurses wird in diesem Zusammenhang zum bevorzugten Mittel, barocke Romane durch sämtlich Wissbares enzyklopädisch zu erweitern. Auch in dieser Hinsicht ist Benjamins Entscheidung, den gesamten Melancholie-Komplex als Exkurs zu kennzeichnen, von Bedeutung. Denn sie geht erneut hinter eine aufklärerische Stildisziplin zurück, welche das Exkurshafte – wie es das Barock zuspitzt – statt im Lichte konzeptioneller Ausschweifung in seiner scheinbaren Maßlosigkeit abwertet. An der hier nachvollzogenen Machart des Melancholie-Komplexes zeigt sich hingegen die Bedingung kunstvollen Abschweifens. Im Hinblick auf Benjamins Studie liegt sie im zersetzenden Denken, einer gelehrten Intention auf das ‚Kleine', ‚Scharfkantige' der Textarbeit,[29] und rezeptionsästhetisch im gezielt eingesetzten Darstellungsspiel kleiner Formen. Freudig nimmt Benjamin deshalb Hofmannsthals Lob zu seinem Barockbuch mit den Worten auf, er hätte sich mit ihm viel Mühe gemacht und zwar nach der „Maxime, daß einem streng durchgeführten Minimalprogramm des Stils ein glücklich durchgeführtes Maximalprogramm des Gedankens für gewöhnlich entspricht." (GB III, 208–209) Abermals verschränken sich hier Kritik und Poetik im Hinblick auf den Untersuchungsgegenstand seiner Studie. Denn das Barock „durchforscht" nicht nur die Bibliotheken (GS I,1, 320), es reflektiert auch deren Überfülle an Wissen, zersetzt, inventarisiert und eignet es sich exzerpierend an, sammelt, kategorisiert und zerstreut publizierend seine ‚Le-

---

29 Vgl. zu Benjamins Vorliebe die Selbstaussage gegenüber Gershom Scholem: „die großen Konstruktionen aus kleinsten, scharf und schneidend konfektionierten Baugliedern zu errichten" (GS V,1, 575).

sefrüchte' immer von neuem.³⁰ Darin liegt – sowohl in der Intention auf die Sache wie auf den kritischen Wahrheitsgehalt – der methodische Schlüssel nicht nur zu einem frühneuzeitlich vormodernen, sondern auch zu Benjamins modernem ‚Barock *en miniature*'.

Literaturverzeichnis

Agamben, Giorgio. *Signatura rerum. Zur Methode*. Aus dem Ital. v. Anton Schütz. Frankfurt am Main: Suhrkamp 2009.
Benjamin, Walter. *Gesammelte Schriften* (=GS). Hg. Rolf Tiedemann und Hermann Schweppenhäuser. Frankfurt am Main: Suhrkamp, 1974 ff.
Benjamin, Walter. Ursprung des deutschen Trauerspiels. GS I,1 1974. 203–430.
Benjamin, Walter. Das Passagen-Werk. GS V,1 1982.
Benjamin, Walter. Der Begriff der Kunstkritik in der deutschen Romantik. GS I, 1 1974.7–122.
Benjamin, Walter. Einbahnstraße. GS IV 1991. 83–148.
Benjamin, Walter. *Gesammelte Briefe* (= GB). Hg. Christoph Gödde und Henri Lonitz. Frankfurt am Main: Suhrkamp, 1995 ff.
Benjamin, Walter. Benjamin an Gershom Scholem. Berlin, 26.03.1921.GB II 1996. 145–148.
Benjamin, Walter. Benjamin an Gershom Scholem. Berlin, 22.12.1924.GB II 1996. 508–513.
Benjamin, Walter. Benjamin an Hofmannsthal. Berlin, 8. November 1925. GB III 1997. 97.
Benjamin, Walter. Benjamin an Hugo von Hofmannsthal. Berlin, 15. Juni 1926. GB III 1997. 176.
Benjamin, Walter. Benjamin an Hofmannsthal. Berlin, 30. Oktober 1926. Berlin GB III 1997. 207–208.
Benjamin, Walter. Ursprung des deutschen Trauerspiels. *Neue deutsche Beiträge* (=NDB). 1.3 (1927): 89–110.
Benjamin, Walter. *Ursprung des deutschen Trauerspiels*. Hg. Roland Reuß. Göttingen: Wallstein 2019.
Benjamin, Walter. *Ursprung des deutschen Trauerspiels* (=JM). WBA Arc. 4 1598/109.
Blair, Ann. *Too Much to Know: Managing Scholarly Information Before the Modern Age*. New Haven: Yale University Press, 2010.
Brentano, S. Franz. *Psychologie vom empirischen Standpunkte*. In zwei Bänden. Erster Band, Leipzig: Duncker und Humblot 1874.
Campe, Rüdiger. „Entfremdung affirmieren. Eine Modernefigur". *Negativität. Kunst, Recht, Politik*. Hg. Thomas Khurana, Dirk Quadflieg, Francesca Raimondi, Juliane Rebentisch und Dirk Setton. Frankfurt am Main: Suhrkamp 2018. 53–64.
Cevolini, Alberto. „Exzerpieren". *Historisches Wörterbuch des Mediengebrauchs*. Bd. 2. Hg. Heiko Christians, Matthias Bickenbach und Nikolaus Wegmann. Köln, Weimar und Wien: Böhlau 2018. 149–166.
Décultot, Elisabeth (Hg.). *Lesen, Kopieren, Schreiben. Lese- und Exzerpierkunst in der europäischen Literatur des 18. Jahrhunderts*. Berlin: Ripperger & Kremers 2014.

---

30 Vgl. Blair 2010; Décultot 2014; Moss 1996.

Ferencz-Flatz, Christian. „Edmund Husserl. Das Wesen der Phänomenologie". *Entwendungen Walter Benjamin und seine Quellen*. Hg. Jessica Nitsche und Nadine Werner. Paderborn: Wilhelm Fink 2019.
Hasebrink, Burkhard. „Zersetzung? Eine Neubewertung der Eckhartkompilation in Spamers Mosaiktraktaten". *Contemplata aliis tradere: Studien zum Verhältnis von Literatur und Spiritualität*. Hg. Claudia Brinker, Urs Herzog, Niklaus Largier und Paul Michel. Bern et al. Peter Lang 1995, 353–369.
Holsinger, Bruce. *The Premodern Condition. Medievalism and the Making of Theory*. Chicago, London: University of Chicago Press 2005.
Husserl, Edmund. „Die Krisis des europäischen Menschentums und die Philosophie". *Husserliana*. Bd. VI. Hg. Walter Biemel. Den Haag: Martinus Nijhoff 1976. 314–364.
Jäger, Lorenz. „Hofmannsthal und der ‚Ursprung des deutschen Trauerspiels'". Hofmannsthal-Blätter 31/32 (1986): 83–106.
Jäger, Lorenz. *Walter Benjamin. Das Leben eines Unvollendeten*. Berlin: Rowohlt 2017.
Kany, Roland. *Mnemosyne als Programm. Geschichte, Erinnerung und die Andacht zum Unbedeutenden im Werk von Usener, Warburg und Benjamin*. Tübingen: Niemeyer 1987.
Koschorke, Albrecht. „Das Problem der souveränen Entscheidung im barocken Trauerspiel". *Urteilen/ Entscheiden*. Hg. Cornelia Vismann. München: Wilhelm Fink 2006. 175–195.
Kraut, Philipp. Exzerpieren und Ordnen. Studien zu wissenschaftlichen Arbeitsmaterialien und philologischen Praktiken der Brüder Grimm. Diss. masch. HU Berlin 2020.
Maier, Anneliese. „Das Problem der intensiven Größe (De intensione et remissione formarum)". Dies. Zwei Grundprobleme der scholastischen Naturphilosophie. Das Problem der intensiven Größe [zuerst: Leipzig: Verlag Heinrich Keller 1939]. Die Impetustheorie [zuerst: Wien: Anton Schroll 1940], Rom: Edizioni di Storia e Letteratura ^{2}1951. 1–109.
Matuschek, Stefan. Exkurs. *Historisches Wörterbuch der Rhetorik*. Bd. 3. Hg. v. Gert Ueding. Tübingen: 1996. Sp. 126–135.
McBride, Patrizia. *The Chatter of the Visible: Montage and Narrative in Weimar Germany*. Michigan: University of Michigan Press 2016.
Meister Eckhart. Werke I. Texte und Übersetzungen von Josef Quint. Hg. u. komm. Niklaus Largier. Frankfurt am Main: Deutscher Klassiker Verlag 1993.
Menninghaus, Winfried. *Walter Benjamins Theorie der Sprachmagie*. Frankfurt am Main: Suhrkamp 1980.
Miehe, Donata. *Hugo von Hofmannsthals Tätigkeit als Herausgeber zwischen 1920 und 1929. Kritische und kommentierte Edition*. Dissertation. Wuppertal 2010.
Moss, Ann. *Printed Commonplace-Books and the Structuring of Renaissance Thought*. Oxford: Oxford University Press, 1996.
Newman, Jane O. „Hamlet ist auch Saturnkind. Citationality, Lutheranism, and German Identity in Benjamin's ‚Ursprung des deutschen Trauerspiels'". *Benjamin-Studien 1*. Hg. Daniel Weidner und Sigrid Weigel. München: Wilhelm Fink 2008. 175–192.
Newman, Jane O. *Benjamin's Library. Modernity, Nation, and the Baroque*, Ithaca und New York: Cornell University Press 2011.
Osman, Michael. Benjamin's Baroque. *Thresholds* 28 (2005): 119–129.
Perler, Dominik. *Theorien der Intentionalität im Mittelalter*, Frankfurt am Main: Klostermann 2004.
Rener, Monika. „*Compilatio – ex diversis collecta compositio*. Eine spätmittelalterliche Werkform, dargestellt am Beispiel der Vita S. Elyzabeth und der Vita S. Dominici des Dietrich von Apolda, *Archiv für Diplomatik* 41 (1995): 193–210.

Reuß, Roland- Nachwort. *Ursprung des deutschen Trauerspiels*. Hg. v. dems. Göttingen: Wallstein 2019.

Salonia, Michele. „Kritik und Wahrheitsgehalt der Kunst". *Walter Benjamins Theorie der Kritik*. Hg. Dies. München: Akademie-Verlag 2012. 129–162.

Scheuer, Hans Jürgen. „Vor den Trauerspielen. Die Spur der ‚Renaissancetragödie' in Druck- und Manuskript-Fassung von Walter Benjamins ‚Ursprung des deutschen Trauerspiels'". *Lesen, schreiben, edieren. Über den Umgang mit Literatur. Festschrift Elmar Locher*. Hg. Peter Erwin Kofler und Ulrich Stadler, Frankfurt am Main: Stroemfeld 2016.

Scheuer, Hans Jürgen. „*Fürm*. Zum literaturkritischen Entwurf einer Physiognomie des 16. und 17. Jahrhunderts im 'Teutschen Merkur' Christoph Martin Wielands". *Bildnispolitik der Autorschaft. Visuelle Inszenierungen von der Frühen Neuzeit bis zur Gegenwart*. Hg. Daniel Berndt, Lea Hagedorn, Hole Rößler und Ellen Strittmatter. Göttingen: Wallstein 2018. 283–301.

Scheuer, Hans Jürgen. „Das Heilige im Gebrauch. Zur kompilatorischen Form der Legende" *abbreviatio. Historische Perspektiven auf ein rhetorisch-poetisches Prinzip*. Hg. Julia Frick und Oliver Grütter. Basel und Berlin: Schwabe 2021 (im Druck).

Schöttker, Detlev. *Konstruktiver Fragmentarismus. Form und Rezeption der Schriften Walter Benjamins*. Frankfurt am Main: Suhrkamp 1999.

Spoerhase, Carlos, und Nikolaus Wegmann. „Skalieren". *Historisches Wörterbuch des Mediengebrauchs 2*. Hg. Heiko Christians u. a. Köln, Weimar und Wien: Böhlau, 2018. 412–424.

Stein, Stephan. *Textgliederung*. Berlin und New York: de Gruyter 2003.

Steiner, Uwe. „Kritik". *Benjamins Begriffe* Bd. 2. Hg. Erdmut Wizisla, Michael Opitz. Frankfurt am Main: Suhrkamp 2000. 479–524.

Strobel, S. Jochen. „Neue deutsche Beiträge (1922–1924)". *Hofmannsthal-Handbuch: Leben – Werk –Wirkung*. Hg. Mathias Mayer und Julian Werlitz, Stuttgart: Metzler 2016. 375–377.

Voigts, Manfred. „Zitat". *Benjamins Begriffe*. Bd. 2. Hg. Michael Opitz und Erdmut Wizisla. Frankfurt am Main: Suhrkamp 2000. 826–850.

Weber, Samuel. „Taking Exception to Decision. Walter Benjamin and Carl Schmitt". *Diacritics* 22. 3/4, (1992): 5–18.

Wizisla, Erdmut. „Mit List gebaut. Ein Modell von Walter Benjamins Schreibweise". *Zeitschrift für Ideengeschichte* 4.3 (2010): 93–102.

Nils C. Ritter
Der Furor der Formen: Franz Werfels barocke Verfahren ex post in den *Troerinnen* (1915)

„Mich ekelt mein Leben an.
Ich will meiner Klage ihren Lauf lassen und reden in der Betrübnis meiner Seele"
(Hiob 10, 1)

1 Klage als Ersatzhandlung

In seinem Trauerspielbuch verortet Walter Benjamin den Auftakt des expressionistischen Dramas mit Franz Werfels Nachdichtung *Die Troerinnen des Euripides* (1915) und fügt an, dass es kein Zufall sei, den gleichen Stoff bei Martin Opitz am Beginn des Barockdramas mit dessen Seneca-Adaption der *Trojanerinnen* (1625) zu finden (vgl. Benjamin 1982, 37). Es scheint nahe zu liegen, Benjamins gezogenen Nexus vom Expressionismus zum Barock auf Dispositionen um Krieg, Entbehrung, Opfer, Tod zu beziehen.[1] Und der Stoff des Dramas über die Möglichkeit und zugleich Unmöglichkeit des Weiterlebens der trojanischen Frauen nach der Zerstörung Trojas in griechischer Gefangenschaft drängt solche Lektüren geradezu auf. Doch den Opitz'schen Konnex von Kriegsnot und Weltklage gibt es bei Werfel, der die *Troerinnen* 1913 schrieb, nicht.[2] Und wie Paul Raabe feststellt, sind evozierte Verwandtschaften zwischen Expressionismus und Barock immer allgemein, unverbindlich und ahistorisch geblieben (vgl. Raabe 1991, 679). Zu den prominentesten Rückgriffen der Jahrhundertwende zählt Arno Holz' 1903 veröffentlichter Gedichtzyklus *Dafnis. Lyrisches Porträt aus dem 17. Jahrhundert,* dem die Germanistik „ein erstes breiteres Interesse für die Epoche *avant la lettre,* aber auch ein höchst zweifelhaftes Barockbild" verdankt (Wiedemann 1994, 84) oder Klabunds 1916 herausgegebene Ausgabe *Das dunkle Schiff – Auserlesene Sonette, Gedichte, Epigramme des Andreas Gryphius.*

---

[1] Zur Stoffgeschichte in der älteren Forschung siehe Petsch 1917 und Horn 2004, 207–209.
[2] Dies erkannte schon Alfred Polgar (1916, 599) in seiner Rezension zur Uraufführung des Dramas im Berliner Lessingtheater am 22. April 1916; zur Entstehungsgeschichte vgl. Horn 2004, 209–211; Jungk 2001, 58–59.

Benjamins Engführung von Expressionismus und Barock schlägt eine ganz andere Richtung ein: Es ist das sprachliche „Werben um neues Pathos" (Benjamin 1982, 38), was er als verbindend sieht:

> In beiden Werken war der Dichter auf das Sprachrohr und die Resonanz der Klage bedacht. Dazu bedurfte es [. . .] einer am dramatischen Rezitativ sich schulenden Verskunst. [. . .] Denn wie der Expressionismus ist das Barock ein Zeitalter weniger der eigentlichen Kunstübung als eines unablenkbaren Kunstwollens. [. . .] Zugänglich ist dem Wollen nur die Form schlechtweg. (Benjamin 1982, 37)

Dass die Klage bestimmte Formen sucht, wird deutlich, sofern man ein – nach Benjamin – weiteres Merkmal des barocken Trauerspiels hinzunimmt, nämlich die Entschlussunfähigkeit. Nach Benjamin ist die Entschlussunfähigkeit primär des Tyrannen, die aus der Antithese von strukturell unbegrenzter Herrschermacht und kreatürlich begrenztem Herrschervermögen entspringt, ein Kern barocken Trauerspiels. Souveränität manifestiert und problematisiert sich in der Darstellung der jähen Willkür und den wechselnden Affektstürmen des barocken Tyrannen (vgl. Benjamin 1989, 52–53). Die Darstellung der Affekte präge sich in und durch die Figur immer konturierter aus, teleologische Handlungsabläufe indes werden unsicherer, gestauter, unterbrochen. Werfels *Troerinnen* präsentieren sich denn auch als Drama des Nichtstuns und Nichthandels. Und in diesem Nichthandeln werden barocke Formen konstitutiv. Das massive Auftreten ubiquitärer rhetorischer Figuren und Tropen barocker Trauerspiele in den *Troerinnen* Werfels macht sie im Vergleich zur sonstigen Dramenproduktion des Expressionismus nicht nur singulär, sondern offenbart Werfels poetische – barocke – Verfahren, Formen der Klage, des Zauderns, des Trotzes zu skalieren. Als Formen der Entschlussunfähigkeit – so eine zentrale These des Beitrages – entpuppen sich dabei gewisse metrische wie rhetorische Figuren des siebzehnten Jahrhunderts als dieselben, die wiederum um neunzehnhundert im Zeichen einer Poetik des Zauderns stehen. Enjambements, Stichomythien, Antilaben und Symptominterjektionen entfalten bei Werfel ihr volles Potenzial zur Brechung, Verzögerung, Störung. Im Arrangement dieser Formen, in der Skalierung und Regulierung von Sprache zwischen Schwellform und Schwundstufe spricht – so eine zweite zentrale These – primär der Lyriker und nicht der Dramatiker Werfel als „Meister messianischer Wortkaskaden" (Fähnders 2010, 177) unübersehbar aus dem Dramentext. Denn letztlich kreist der Stoff der *Troerinnen* um Verweigerung und Unmöglichkeit jeglicher Handlung. In dieser Nichthandlung ist es die in barocke Formen gekleidete Klage, die Bewegungen ausführt und

Sprache gewissermaßen zum Widerstand gegen jede postapokalyptische Ruhe werden lässt.[3]

Werfel evoziert mit seiner dezidierten Wiederaufnahme barocker Formen als poetische Verfahren keine Verwandtschaft von Avantgarde und frühem Barock, sondern vollzieht im Kleinteiligen ästhetischer sprachlicher Formen des Barock eine bewusste Heterogenisierung seines von lyrischen Merkmalen durchzogenen Textes. Mehr noch, barocke Formen fungieren in den *Troerinnen* als Auswahloperatoren, mit denen Klage, Zaudern, Trotz und Trost einen eigenen ästhetischen und gleichermaßen pathetischen Ausdruck finden.

2 Schwellformen rhetorischer Exzesse

Auch wenn es nicht der Stoff ist, der die barocken und expressionistischen *Troerinnen* verbindet, so gibt es umfangreiche Anleihen Werfels am barocken Trauerspiel, und es ist kein Zufall, dass in beiden Dramen Sprache zum Substitut von Handlung wird.

Gert Mattenklott hat die Bedeutung sprachlicher Formen der *Troerinnen* und deren Steigerung von Euripides über Seneca, Opitz bis Werfel aufgezeigt (vgl. Mattenklott 1989, 248–249). Gerade in den *Troerinnen* zeige sich, wie Geschichte zu einem Arsenal an Geschichten werde, und zwar als Exempel vom trügerisch hohen Aufstieg und beweinenswert tiefen Fall menschlicher Entwürfe des barocken Trauerspiels. Historische Abläufe entpuppen sich als zyklisch, und es entspricht dieser Auffassung, „dass das Szenische seine dramatische Autonomie einbüßt und symbolisch wird" (Mattenklott 1989, 249). Der Verlust an Handlung ist in Werfels stimmungshaft illustrativen und mit Regieanweisungen übersättigten Bilderbogen am eklatantesten. Als logische Konsequenz erscheinen resümierende Sentenzen, Verknappung, Verkürzung. Dabei ist das Lakonische den *Troerinnen* fremd. Ganz im Gegenteil, es sind die „Schwellformen rhetorischer Exzesse" (Mattenklott 1989, 249), die sich über jedes ökonomische Verhältnis von Aufwand und Effekt in der Rede hinwegsetzen. Diese Schwellformen werden zu Sollbruchstellen, um Textbild, Sprache und Performanz mitzugestalten.

---

3 Werfels *Troerinnen* liegen in zwei Ausgaben vor. In den von Adolf Klarmann herausgegebenen gesammelten Werken wird die strophische Gliederung der Figurenrede nicht wiedergegeben (Werfel 1959). Da dies die nach wie vor meist herangezogene Ausgabe ist, bleiben all diejenigen metrischen Formen des Lyrikers Werfel, die ich näher beachten will, weitgehend unsichtbar. Daher ist auf die Erstausgabe des Stückes zurückzugreifen; wertvolle Beobachtung von Horn 2004, 214, Anm. 673.

Das über den antiken Hypotext dicht gesponnene Netz barocker und darin gleichermaßen christlicher Motive hat Christian Horn zusammengestellt (vgl. Horn 2008, 225–226). Dominierend sind darin hypertrophe Bildlichkeit, die verdichtet im Prolog und in den ersten Auftritten erscheint: „Und in die hochgetürmte Festung zog/ Sein dunkler Leib, der sich von Waffen bog./ Nun bluten Haine, Flur und Tempelgut,/ Von Blut entweiht, aus wilden Wunden Blut" (Werfel 1915, 15). Dies steigert sich in den folgenden Versen, wenn sich der Blick Poseidons auf Hekuba als die Hauptfigur richtet: „Doch wer verlangt den Jammer selbst zu schaun,/ Erblicke sie, die schmerzlichste der Fraun,/ Hebuka dort, o gramverhängtes Herz,/ Gehüllt am Tor in wildes Laub von Schmerz" (17). In Athenas Antwort steigert sich die hypertrophe Bildlichkeit durch Aneinanderfügung zahlreicher Assonanzen: „Stürzt in Riesen-Nacht-Orkanen/ Wetter aus der Wolkenschlucht./ Ohne Maßen jagen Regen/ Hagel schmeißen sich entgegen" (21).

Ebenso deutliche barocke Formzitate finden sich im effektvollen Hervorbrechen ungezügelter Affekte, etwa im ersten Dialog zwischen Talthybios und Hekuba im zweiten Auftritt. Dort wird ihr offenbart, welches Schicksal die Griechen für Hekuba bestimmt haben: „Maßlos, weh, unfassbar verruchtes Ende!/ Mein Haupt, zerschmettre dich am nächsten Pfosten,/ Ihr Nägel, grabt euch ein ins Fleisch der Wange!/ Unrettbar, unentrinnbar Ungeheures,/ Magd des Odysseus, Sklavin des Odysseus!" (35). Im siebten sowie im letzten Auftritt findet ihre Rhetorik des Leids in Ausrufen ihren Höhepunkt: „Ihr alten zitternden Füße geht den Weg,/ Wie er vor euch liegt, denn hier ist nicht mehr/ Ein Recht zum Tod. Seht her, so nehme ich/ Mein Leben an die Brust und trag's zu Ende!!" (119).

Über den gesamten Dramentext spannt Werfel ein Netz von kurzen – mitunter tautologischen – Sinnsprüchen, wie „Tod ist Gleichmut, aber Leben Hoffnung" (64), „Und doch ist *gut sein* mehr als *glücklich sein*!" (79), „wer fällt, der liegt, wer liegt, der ist gefallen" (50) oder „mit einem prächtigen Begräbnis schmückt / Die Eitelkeit sich nur, die leben bleibt!" (111). Diese Maximen führen Hekubas Rede an die Schwelle christlicher Ethik.

Daneben ist der Text durchsetzt mit barocken Tropen zu Tod, Fortuna, Vanitas, *memento mori* und ebenso typischen Metaphern wie Turm oder Schiff: „Und in die letzte Bucht der Schmerzen kam / Ihr Schiff noch nicht. Noch blieb es ihr erspart" (17). Auffallend sind auch lexikalische Anleihen an das Barock, wie z. B. „Landsknecht" (74), „Gleißnerin" (91) oder „Drommete" (113) und die Integration christlicher Motive von Teufeln, Würgengeln, Hölle, Sintflut bis hin zu Gebetsformeln wie „Vater, himmlischer Vater / Phrygiens Vater, Vater unser" (114), „gebenedeit seid ihr" (42).

Worthäufungen, Steigerungen, Hyperbeln, Antithesen intensivieren diese Überformung. Im achten Auftritt „wächst [Hekuba] langsam und gewaltig aus ihrem Dunkel" (Werfel 1915, 83) in einen Gebetsgesang aus kreuzgereimtem Quartett und Quintett mit Paarreim in der Mitte ein. Dies scheint –auch rein metrisch – bei dem nebenstehenden Menelaos zu Unruhe oder zumindest Widerständen zu führen: „Was soll das, welch ein seltsames Gebet?" (84). Aufschlussreich bezüglich der oft postulierten Anleihen Werfels an die Fassung von Opitz ist der siebte Auftritt. Hier imitiert Werfel dessen Sprache in paargereimten Stichomythien (vgl. Horn 2008, 225).

> ALTE DIENERIN:
> Ist dies ein Traum, der mit der Nacht verrinnt?
> HEKUBA:
> Ein Traum, in dem nur Leiden wirklich sind!
> ALTE DIENERIN:
> Was muß ich leiden? Ohne Schuld und rein?
> HEKUBA:
> Vernimm! Nie wird die Unschuld glücklich sein!
> ALTE DIENERIN:
> Doch welche Strafe trifft die Missetat?
> HEKUBA:
> Die wandelt stolz in goldenem Ornat.
> ALTE DIENERIN:
> So kennt nur Frevel Glück, und Güte Pein?
> HEKUBA:
> Und doch ist gut sein mehr als glücklich sein!
> ALTE DIENERIN:
> Du wirst entblättert bald und barfuß gehn!
> HEKUBA:
> Helena wird im goldnen Wagen wehn.
> ALTE DIENERIN:
> Du treibst die Herde, schmählich aufgeschürzt.
> HEKUBA:
> Um ihre Glieder Purpur niederstürzt.
> ALTE DIENERIN:
> Du ißt dein Brot, wo sich die Sonne bäumt.
> HEKUBA:
> Ihr Mahl ist stets von Schatten überschäumt.
> ALTE DIENERIN:
> So sprich, wo findest du Gerechtigkeit? (Werfel 1915, 78–80)

Stichomythischer Schlagabtausch, Vers gegen Vers ist eines der formalen Charakteristika barocker Dialogtechnik (vgl. Koschorke 2006, 188). Werfels direktes

Vorbild finden wir wenig überraschend in den *Trojanerinnen* von Opitz. Hier ist die Szene zwischen Pyrrhus und Agamemnon im 1. Akt analog aufgebaut:

Aga.	Hast du mit deiner Handt den König nicht entleibt?
Pyr.	Weil mancher lieber stirbt als daß er lebend bleibt.
Aga.	Jetzt wilt du daß man auch die Jungfraw ab sol schlachten.
Pyr.	Vermeinst du daß diß jetzt für vnrecht sey zu achten?
Aga.	Ein König lest sein Kindt eh' er dem Land' abbricht.
Pyr.	Wer schon Gefangen ist dem hullfft kein Recht mehr nicht. (Opitz 1979, 447)

Nicht zuletzt aufgrund derartiger Formzitate bezeichnet Horn (vgl. 2008, 230) Werfels *Troerinnen* als barockes Palimpsest einer antiken Tragödie, in dem sich Werfel gewissermaßen als Parallelprojekt zur Seneca-Adaption von Opitz aus dem Jahre 1625 präsentiere. Dessen *Trojanerinnen* sind jedoch nur indirekt mit Werfels *Troerinnen* vergleichbar: Abweichende *dramatis personae*, Fokus auf den Dialog zwischen Ulisses und Andromache sowie Astyanax als Sprechrolle sind die sichtbarsten Unterschiede. Das in Alexandrinern abgefasste Drama von Opitz bietet zudem geringere rhetorische Ausfallmöglichkeiten als Werfels Nachdichtung, in der er wechselndes Versmaß changierend einsetzt. Auffallend ist bei Werfel die repetitive Stellung der Klage und der Aufforderung zur Gestik schon im 1. Akt in der Klage um die Gesamtlage, der Klage um Hektor sowie der Klage um Priamos. Dennoch: Statt das griechische Original aus den Verzeichnungen eines Seneca und Opitz wieder herauszuschälen, überziehe er die antike Dramenhandlung teils mit einer am Barock geschulten Sprache und rekurriere auf allgemeine barocke Gattungsmerkmale (vgl. Horn 2008, 223).[4]

3 Metrik als Mimikry

Zweifelsohne präsentieren sich Werfels *Troerinnen* als Überformung eines antiken Textes mit Formen barocker Dramensprache. Doch die Rückbindungen an Opitz und das barocke Trauerspiel sind eklektisch. Werfel bedient sich selektiv aus dem Formenkasten barocker Trauerspiele eines Opitz oder Gryphius und macht als Lyriker der Moderne etwas Hybrides, Bewegtes, Gebrochenes daraus. Sprache wird zur Mimikry der Körpermimik: Rasen, Klagen, Trauern

---

4 Zur Seneca-Rezeption bei Opitz siehe Schings 2017.

werden rhythmisch begleitet, und Werfel selbst hat die *Troerinnen* in die Nähe musikalisch performativer Kompositionen gerückt und in einem Brief an Alma Mahler vom 22. Januar 1918 als „eine wunderbare Oper" bezeichnet (Werfel 1959, 538).[5] Doch es ist nicht die moderne chaotische Welt, die keine Zeit lässt, um vollständige Sätze zu bilden, wie dies die Autoren expressionistischer Texte vielfach vorführen. Bei den *Troerinnen* ist es die Erfahrung des Krieges, des Verlustes, die in der Empfindung des Fragmentarischen kulminiert. Parataxe, die vielen Gedankenstriche, exklamatorische Formulierungen, abgebrochene Sätze, Gedankenstriche, Leerzeichen geben dem Gefühl der Unordnung Ausdruck.

Auffallend im Drama ist das aus Werfels Lyrik bekannte plakative Spiel mit Metrik, das Zugänge, aber auch eklatante Unterschiede zum barocken Trauerspiel offenbart. Jenes ist voll mit Formen der Beschleunigung, etwa die flagranten Wortwiederholungen von Chor und Gegenchor am Ende der zweiten Abhandlung in Gryphius' Trauerspiel *Catharina von Georgien* (1657) (vgl. Niefanger 2012, 168):

> Wilst du HErr der Welt nicht wachen /
> Vnd deß Grimms ein Ende machen!
> Wilst du vnsern Tod nicht rächen?
> Wilst du nicht mehr Vrtheil sprächen?
> Gehn so viler tausend Schmertzen /
> Richter / dir nicht mehr zu Hertzen?
> Lässest du auff eines wincken
> Gantze Reich' im Blut ertrincken?
> Ernster Richter! übe Rache!
> Wache! grosser Gott erwache.
> Wache! Wache! Wache! Wache;
> Rache! Rache! Rache! Rache. (Gryphius 1966, 177)

Im Vergleich zu solchen Eskalationsstufen bleibt Werfel inkonsequent. Es sind eben nur barocke Zitate, derer er sich *spolienartig* bedient. Neben ständigem Wechsel von Reimen und freien Versen durchzieht sein Drama eine abgehakte und dadurch hochgradig dynamisierte Sprache. Der Dialog zwischen Hekuba und Andromache im fünften Auftritt, in welchem Hekuba erfährt, dass Polyxena geopfert wurde, ist als Stichomythie eine stetige Beschleunigung und Verkürzung:

> ANDROMACHE:
> Mein Weg ist weit ...

---

5 Reminiszenzen an barocke und romantische Opern hat Horn 2004, 216–217 zusammengestellt.

HEKUBA:
Zerbrich, o Zeit!
ANDROMACHE:
Die Zeit ist lang.
HEKUBA:
Weh mir!
ANDROMACHE:
Mutter, was singst du meinen Gesang?
HEKUBA:
O Kinder ihr!
ANDROMACHE:
Das waren wir.
HEKUBA:
Nun seid ihr aus.
ANDROMACHE:
Und Troja hin.
HEKUBA:
Du stolzes Haus! . . .
Ich aber bin. (Werfel 1915, 59–60)

Kreuzweise nimmt die Stichomythie die Rede im Reim auf und endet bei Hekuba im Trotz. Im siebten Auftritt, in dem Hekuba traurige Gewissheit über die Opferung des Astyanax erlangt, spricht sie zunächst in *vers communs* mit Enjambements, gefolgt von Stichomythien mit der alten Dienerin. Der neunte Auftritt stellt der flüsternden Rede Hekubas den Monolog Helenas und anschließend wild skandierte Anapäste des Chores gegenüber. Im zehnten Auftritt steigert sich Hekuba erst in monologischer Klage, die in einen Wechselgesang mit dem Chor mündet und in Symptominterjektionen gipfelt. Höhepunkt ist Hekubas *exclamatio* mit dem geopferten Kind Astyanax im Arm:

BEIDE CHÖRE:
Bald fährst du zur Erde,
Wir sehn dich nicht mehr.
Kind, Kind, – so dahin!
O Mutter, heb an!
HEKUBA: *ganz lange*
Weh – – – – – –
CHÖRE:
Sing weiter das Lied!
HEKUBA:
noch länger und stärker
Weh – – – – – – – –
CHÖRE:
Kein Ende! (Werfel 1915, 109–110)

Matthias Dreyer zufolge deutet der Chor im antikisierenden Drama auf den Rand des dramatisch-fiktiven Spiels hin, indem er „den Ablauf der Handlung, von der er oftmals selbst ein Teil ist, durch Lied, Lyrik, Tanz unterbricht" (Dreyer 2018, 236–237). Werfel geht so weit, Chöre zur *amplificatio* zu installieren und das Lied der Hekuba zu nichts mehr als einem Schrei werden zu lassen. Lied wird Laut. Von semantischen Einheiten bleiben phonetische Bruchstücke. Besonders die Interjektionen und Interpunktionszeichen spalten das zu Sagende auf, der fremde, sperrige Laut füllt die entstandene Leerstelle. Im emotionalen Ausnahmezustand bleibt keine Zeit, vollständige Sätze zu bilden. Aus dem Fragmentarischen, Abgebrochenen entsteht ein Gefühl der Unordnung, das durch Parataxe und die vielen Gedankenstriche genährt wird.

In Werfels *Troerinnen* stehen die Griechen für die systematisch vernichtende Macht und Amoralität des Siegers, Odysseus und seinesgleichen stehen für eine Paarung von Pedanterie und Grausamkeit, für das „Umkippen der absolutistischen Fürstenmacht ins Monströse" (Koschorke 2006, 178). Die Griechen sind die Perfektionisten des Verbrechens im prinzipiellen Mord am Kind Astyanax „aus der Verbindung von fortgeschrittener Rationalität und Angst [. . .], wenn das Gewissen keinen Halt mehr bietet" (Mattenklott 1989, 252). Und das hat sprachliche Konsequenzen: Mit steigerndem Affekt löst sich metrische Harmonie auf. Die leidenschaftlichen Klagen Hekubas führen zu Verkürzung, Stockung, Abbruch der Verse. Ähnliche Beobachtungen können in den ekstatischen Ausbrüchen Kassandras und den erregten Passagen des Chores gemacht werden (vgl. Horn 2004, 217). Im letzten Auftritt, wenn die Griechen die Ruine Trojas sprengen – der Text spricht von einer Explosion (vgl. Werfel 1915, 118) – besteht die Wechselrede von Chor und Hekuba konsequent fast nur noch aus Interjektionen, Ellipsen, Anakoluthen. Die Unruhe der Sprache steht in krassem Widerspruch zur Handlung des Dramas, denn „die Welt des Trauerspiels – in höchster Verdichtung in den *Troerinnen* – ist eine Welt im Stillstand, eine schwindende Welt" (Mattenklott 1989, 250).

Alfred Polgar beschreibt, wie das Premierenpublikum in den Dialogen jene „Naturlaute des Empfindens als krasse Unechtheiten" (Polgar 1916, 600) mit Unbehagen wahrnahm. Die gereimten Passagen indes empfing man „gierig wie Ausgetrocknetes einen Tropfen Feuchtigkeit" (601).

4 Spiel der Formen zwischen Gefühl und Kitsch

Mit dem bewusst inkonsequenten Changieren der Formen nähert sich das Drama Werfels expressionistischer Lyrik an und gibt darin Hinweise auf die Modi ihrer Zugänge. Bereits der Prolog oszilliert zwischen jambischen Paarreimen,

Distichomythien, epigrammatischen Sätzen und Strophen aus acht Versen mit doppelten Kreuzreimen. Der Text spielt mit metrischen Formen, die gerade im Prolog nur im Erstdruck erkennbar sind. *Ex silentio* folgt daraus, dass die beinahe ununterbrochen ihre Formen wechselnde Figurenrede mehr für den Lesenden des Dramas, weniger für den Zuschauer flagrant wird.

Neben der barocken Überladung, gepaart mit Werfels Hang zum Pathos ist das griechische Original des Euripides sprachlich dagegen geradezu nüchtern (vgl. Horn 2008, 214; vgl. Jhamar 2005, 128). Werfel diente die Übersetzung von Wilamowitz-Moellendorff aus dem Jahr 1906 als Grundlage, in der auf die Nachbildung antiker Versmaße bewusst verzichtet und diese stattdessen in Blankverse (Figuren) und freie Rhythmen (Chor) übertragen wurde. Doch er bereichert den Text um eine weitere Ebene, und zwar in der sprachlichen Gestaltung der Klage in den *Troerinnen*. Nach Gershom Scholem sind Formen der Klage in genuin jüdischen Traditionen konsequent in Gedichten, Liedern oder Gesängen anzutreffen, und Klage ist „nichts als Sprache an der Grenze, Sprache der Grenze selbst" (Scholem 2019, 34). Ton und Sprache der Klage formen das Gedächtnis der Trauer und bleiben darin inhärent, das macht die Klage so prominent, sie ist nach Scholem das einzige sich erhaltende Gedächtnis (vgl. 2018, 28). Die Troerinnen verhalten sich ganz ähnlich. Die zum Pathetischen neigenden sprachlich-rhythmischen Formen der Klage sind im Angesicht von Zerstörung und Verlust einziges Konstituens der überlebenden Frauen. Dass jenes Pathos an Kitsch grenzt, hat Walter Muschg betont: „Sein Allerbarmen mit der getretenen Kreatur lehnt sich selbstgefällig an Franz von Assisi an, er ist das klassische Beispiel für den Salon-Sozialismus der Generation. Neben bestrickend warmen und mächtig aufrauschenden Versen fehlt bei ihm auch der heilige Kitsch nicht" (Muschg 1960, 156). Nachvollziehbar wird dies in der Imitation freier Knittelverse im Prolog: „Denn zehnmal schon erneute sich das Jahr, / Daß Abschiedskuß und -Trän' vergangen war, / Und jeder fühlt in seinem Hausverein / Sich wohl umjauchzt und süß empfangen sein" (Werfel 1915, 16). Werfels derart bunt modulierende Metrik avanciert hierin zum „Ausdruck der seelischen Stimmungen" (Meister 1964, 59), wohlwissend, dass Knittelverse in der barocken Komödie, etwa in Gryphius' *Absurda Comica oder Herr Peter Squentz* (1657) durchaus bewusst pejorativ konnotiert sind. Doch genau das ist ebenso die Sprache des Lyrikers des *Gefühlsgesangs* und dessen „Emphase in das leidende lyrische Subjekt hinein" (Ritter 2019, 81).[6] In der Vorbe-

---

[6] Bezüglich eines hymnischen O Mensch-Pathos Werfels ließen sich *Die Troerinnen* mit seinem ersten Gedichtband *Der Weltfreund* aus dem Jahre 1911 in Bezug setzen, vgl. Ritter 2019, 82–84.

merkung führt Werfel aus, seine Fassung sei „durch das Gefühl veranlaßt worden, daß die menschliche Geschichte in ihrem Kreislauf wiederum den Zustand passiere, aus dem heraus dieses Werk entstanden sein mag" (Werfel 1915, 5). Hekuba exemplifiziert, dass der Schwächere dem Stärkeren gegenüber der Schwächere bleibt, und: „daß der Mensch leiden muß, ist ihr der unsinnigste Unsinn der unsinnigen Welt. Die Elemente sind blöde, die Menschen Dummköpfe oder Teufel und wo sie's nicht sind, von jeder Qual geschlagen" (Werfel 1915, 5–6). Daher bleibt am Schluss des Dramas als das „menschlich erhabenste Gefühl, die letzte Steigerung, in der er schließt, der Trotz!" (6)

5 Sprachliche Formen der Entschlussunfähigkeit

Der Trotz der *Troerinnen* ist gewissermaßen ein Zaudern, was Werfel als poetisches Verfahren produktiv macht. Joseph Vogl zufolge markiert Zaudern einen Halte- und Wendepunkt. Zaudern ist ein kommunikativer Störfall, der aber in seinem Stören und Unterbrechen zu Erkenntnisgewinn beizutragen vermag: Zaudern ist ein Indifferenzpunkt aller Aktionen, ein *Entweder-Oder* wird mit einem *Sowohl-Als-Auch* neu konfiguriert (vgl. Vogl 2014, 18). Wo Handlungen sich manifestieren, bedeutet Zaudern Innehalten, Stocken, Unterbrechung (vgl. 2014, 31). Zaudern ist die Verdichtung eines kritischen Verhältnisses von Tat und Hemmung (vgl. 2014, 33) und markiert einen Affekt, „einen Bruch im sensomotorischen Band, einen Einschnitt am Übergang von der Perzeption zur Aktion" (2014, 17). Diesen Bruch macht Werfel in seinem Dramentext produktiv: Jede Unterbrechung verhandelt mentale, sprachliche oder agentielle Konfigurationen neu, ausgedrückt in Enjambement, stichischer Rede, Anakoluth, Repetitio, Ellipse bis hin zur Symptominterjektion. Die Rede des Boten Talthybios, „der verlegene Dolmetsch der griechischen Barbaren" (Mattenklott 1989, 254) im sechsten Auftritt ist ineffizientes Sprechen im Modus des Zauderns, was sich in kurzen, abgehakten Sätzen, entlädt:

> ANDROMACHE:
> Was gibt es, Mann? Der Anfang macht mich zittern.
> TALTHYBIOS:
> Dein Knabe – nein – ich bring's nicht übers Herz.
> ANDROMACHE:
> Mein Knabe – nimmt ihn mir ein andrer Fürst?
> TALTHYBIOS:
> Ihn nimmt kein Fürst, und keinem wird er dienen.
> ANDROMACHE:
> So bleibt er hier in Troja, als ein Troer?!

TALTHYBIOS:
wendet sich wie zum Abgehn
Nein, ich ertrag es nicht, kein Wort gehorcht.
ANDROMACHE:
Was will die Rührung, Mann, bringst du mir Gutes?
TALTHYBIOS: Dein Kind muß sterben! Nun ist es heraus! – *Pause.* (Werfel 1915, 70–71)

Der Sprachrhythmus korrespondiert mit dem Moment des Zauderns, zerreißt syntagmatische Zusammenhänge, unterbricht iterative Einheiten. Wir können dies mit Benjamin als sprachliche Formen einer Entschlussunfähigkeit lesen. Dort agiert besonders oft das Enjambement. Es entfaltet eine doppelte Tendenz zum Innehalten sowie zum Fortfahren. Es verursacht Dehnung oder Stauung und führt einen Bruch in rhythmische wie syntaktische Kongruenz. Denn das Enjambement setzt eine bestimmte Art der Satzführung voraus und bricht diese zugleich (vgl. Schneider 1992, 9). Während das Enjambement im Blankvers-Drama oder auch im Alexandriner als Mittel zur Steigerung von Spannung in der Rede und damit in bindender Eigenschaft gesehen werden kann, finden wir in den *Troerinnen*, besonders im siebten Auftritt Brüche, Abrisse (vgl. Schneider 1992, 28). Der Rhythmus ritualisiert Sprechen, in der Lyrik wie im Drama, indem er es Wiederholungsformen, Pausen, Brechungen, Beschleunigungen unterwirft. Wie ritualisiertes Handeln, so stellt auch ritualisiertes Sprechen eine Form der Integration und Abgrenzung dar (vgl. Kurz 1988, 42). Die Semantik des Gesagten oder eben Nicht-Gesagten, die „Dynamik der Auslassung" (Koschorke 2006, 191), zeigt die Fragilität der Entscheidungsmacht des Herrschers, in der das zusammen trifft, „was sonst in kategorialen Widerstreit auseinander fällt: Wort und Tat" (Koschorke 2006, 175). Die Paradoxie von Wort und Tat manifestiert sich in den *Trojanerinnen* des Barock und gleichermaßen des Expressionismus im Reflexionsraum von Metrik und Rhetorik. Entschlussunfähigkeit manifestiert sich im Zaudern der Mächtigen und äußert sich gerade in der Unterbrechung von Rhythmus.

Werfel selbst hat sich zum Potenzial jener rhetorischen Mittel nicht geäußert, hat aber 1917 auf den Wert von Substantiven in der Dichtung verwiesen. Demnach ist das Substantiv vieldeutig, assoziativ, symbolisch: „Es ist ein Gefäß, das es dem Leser überläßt, die eigene durch das Verbum des Dichters aufgerufene Vision einzufüllen" (Werfel 2007, 158). Das Verbum indes sei überdeterminiert und unerbittlich gegen den Leser, „es ist der Träger der Leidenschaft und der Tat" (158). Die Zeit, die sich beim Lesen oder Hören eines Verses auftut, hat sich Werfel zufolge bereits erfüllt, bevor sie abgelaufen ist: „Sie erlaubt keine Hoffnungen, und wenn Hoffnung ausgesprochen wird, so ist ihr schon bewußt, ob sie in Erfüllung geht oder nicht" (160). Legt man Werfels poetologische Überlegungen zugrunde, dann stört das Enjambement in den *Troerinnen* nicht nur den Redefluss im Dialog, es markiert für Hekuba im Besonderen

Hoffnungslosigkeit, gewissermaßen eine Prädestination des Schicksals im geschriebenen und gleichermaßen gesprochenen Wort.

Während das Enjambement im metrisch geregelten Vers der Lyrik gewöhnlich durch die vorgegebene Länge der Verszeile bedingt ist und deren Einheit durch eine Pause am Versende dann hörbar bestätigt wird, hat es bei Werfel – und noch krasser bei Benn, besonders im Gedicht *Karyatide* – eine unverkennbare Tendenz, die Einheit der Zeile und, da es sich hier um einen Dramentext handelt, den Zusammenhang der Rede zu verzögern und zugleich vorwärtszudrängen (vgl. Steinhagen 1997, 35). Während die Enjambements im Prolog der Götter wenig auffällig sind (vgl. Werfel 1915, 15), offenbart bereits der zweite Auftritt ihren mitunter dialektischen Charakter von Ende und Übergang, von Mündlichkeit und Schriftlichkeit mündet in eine nahezu paranoid anmutende Wahrnehmung der verbundenen semantischen Einheiten als separate Einheiten im Wechselgesang der beiden Chöre:

> Die Spindel darf ich nicht mehr drehn
>   In meinem Saal,
> Und bald zum letzten, ach, zum letzten Mal
> Muß ich die Kinder sehn.
> Zum letzten Mal die lieben Kinder sehn.
>   Nun droht
>   Tödliche Not.
> Schon reißt mich einer an die dunkle Brust,
>   Zu dumpfer Lust.   (Werfel 1915, 30)

Thomas Schneider zufolge (vgl. 1991, 26) ist das Enjambement in sich paradox, es formt und bricht Formen, es setzt für sein Bestehen versregulierte Sprache voraus, die es dann aber stören, brechen, manipulieren kann. Das Enjambement verwischt die Grenzen von gebundener und ungebundener Rede (vgl. Schneider 1992, 17). Damit schreibt es sich selbst in den Raum als ein *Dazwischen* ein: Das Enjambement manipuliert die stichische Fügung und kann durch rhythmische Verschiebungen die Wiederkehr des metrischen Rhythmus stören oder zerstören (vgl. Schneider 1992, 18). Es setzt also an einer bedeutenden Schnittstelle an, die nicht nur das Verhältnis metrischer Disposition, rhythmischer Erwartung oder syntaktischer Gliederung betrifft. Somit kann es – gerade im dramatischen Text – zum Störfall von Rede werden: „So heb ich meine Stimme auf und halte / Sie vor die Himmlischen, daß nicht dein Wort / Unsterblichkeit besudle, Gleißnerin!" (Werfel 1915, 91).

In der Lektüre materialisiert sich das Enjambement mit dem Ausfransen des Blicks auf die weiße leere Fläche des Papiers und übersetzt damit Sprachlosigkeit graphostylistisch (vgl. Kurz 1988, 46). Werfel macht das in den modulierenden

Verslängen besonders deutlich, die oftmals den schriftbildlichen Eindruck eines dreihebigen einstrophigen Gedichts evozieren, denn „unser Auge sagt uns schnell, was Verse sind. Wenn auf einer Seite um das Gedruckte herum viel weißer Raum ist, dann haben wir es gewiß mit Versen zu tun" (Kayser 1992, 9). So etwa im Chorlied nach dem vierten Auftritt:

> Lybische Flöte tönt,
> Höher und höher hebt
> Hüpfend im Tanze sich
> Lieblichster Mädchenfuß.
> Nirgendwo fehlt ein Fest,
> Und in den Häusern ist
> Überall Lied. (Werfel 1915, 55)

In Werfels Dramentext ist das Enjambement also metrisches und gleichermaßen skripturales, typographisches Phänomen.[7] Und es erscheint immer an Stellen, wo man es nicht erwartet (vgl. Schneider 1992, 80). Die ebenso ubiquitären Langzeilen in den *Troerinnen* bedingen rein drucktechnisch ebenso Enjambements, etwa im Hekubas Monolog im siebten Auftritt:

> Ein Bündel Verzweiflung. – Schon sind sie beim
>   Turm –
> [. . .]
> Was bleibt noch, was bleibt zur Vollendung des
>   Leids,
> Gibt's noch einen Schmerz, einen Schmerz auf der
>   Welt,
> In den unser Schicksal nicht einging?!!
>   *Sie sinkt in sich* (Werfel 1915, 77)

Was im barocken Alexandriner obligatorisch ist, wird in Werfels Überformung eingeflochten. Opitz empfiehlt Vers- und Strophenenjambement, es gilt ihm als innerer Kontrast zur Monotonie der rhythmischen Figur (vgl. Opitz 1978, 394). Doch bei Werfel gibt es kein Gleichmaß, aus dem Monotonie entstehen könnte. Er bedient sich der im Barock ausgehandelten Lizenzen metrischer und rhetorischer Formen, akkumuliert und kombiniert diese mit seinem lyrischen *Gefühlsgesang*. Durch diesen Zugriff erzeugt der Text im Lesen und Sprechen Unruhe. Und das bis an die Grenze des Kitsches und darüber hinaus.

---

[7] Ganz anders Kayser 1992, 15, der beim Enjambement einen unmittelbaren Sprung des Sinns in die folgende Zeile zum Zwecke des Spannungserhalts sieht.

6 Zwischen Pathos und fäkalem Barock

Werfels barocke Selektionen und Skalierungen entpuppen sich in den *Troerinnen* letztlich als Formen mentaler Extremsituationen in rhythmischer Unruhe: Das Leid der Überlebenden manifestiert sich eklektisch und kompilatorisch in einer am Barock geschulten Sprache, die ihre Form stets zu verlieren droht. Das wiederum erinnert an Gottfried Benns Diktum des Expressionismus als fäkales Barock in Anlehnung an Ferdinand Schneider (vgl. Benn 2001, 212; vgl. Hoffmann 2007, 37–50). Fäkal nicht unbedingt im Sinne provozierender Drastik, sondern in avantgardistischer Verunreinigung barocker Formstrenge. Wie Benjamin, so spielt auch Benn nicht auf Stoffe und Motive an. Ein Konnex zum Barock kann für Benn, der sich in der Rückschau als Fürsprecher aller Expressionisten sieht, nur auf der Ebene von Sprache und Form bestehen, denn „der Expressionismus drückte nichts anderes aus, als die Dichter anderer Zeiten und Stilmethoden" auch (Benn 2001, 213). Für den barocken Reflexionsraum steht die Form, das Formzitat, während alle Vergleiche zu Ordnungsverlust und Kriegserleben rein äußerlich bleiben. Drastik wird Form, und Benn zufolge hämmert gerade die Generation der Expressionisten „das Absolute in abstrakte, harte Formen: Bild, Vers, Flötenlied" (Benn 2001, 219). Doch dies bleibt nicht unbedingt auf die Expressionisten beschränkt. Stefan Georges poetologische Reflexionen in seinem *Rat für Schaffende* (1894) wären Benns Diktum durchaus voranzustellen, denn „den wert der dichtung entscheidet nicht der sinn (sonst wäre sie etwa weisheit gelahrtheit) sondern die form d. h. durchaus nichts äußeres sondern jenes tief erregende in maass und klang" (George 1998, 69; vgl. Egyptien 2017, 816).

Benjamin drückt das Verhältnis von Form und Sprache später anders aus, wenn er sagt, dass die barocken Übersetzer Freude an gewaltsamen Prägungen der Sprache empfanden, wie sie seit dem Expressionismus als Archaismen auftauchten: „Immer ist diese Gewaltsamkeit Kennzeichen einer Produktion, in welcher ein geformter Ausdruck wahrhaften Gehalts kaum dem Konflikt entbundener Kräfte abzuringen ist" (Benjamin 1982, 38). Ihm zufolge ist das Pathos gewissermaßen „der königliche Naturlaut des Trauerspiels" (181) und die Sprache des Barock „allezeit erschüttert von Rebellionen ihrer Elemente" (183).[8]

Das Spiel der Formen zwischen Schwellform und Schwundstufe ist ergo keine Ausnahme, sondern Signum. Und dies macht den Reiz an Werfels *Troerin-*

---

8 Das zerstückelnde, dissoziierende Prinzip allegorischer Anschauung kommt nicht zuletzt durch die Einführung der Majuskel zur Anschauung, vgl. Benjamin 1988, 184; zum Wegfall der Majuskel in der Dichtung des frühen 20. Jh. vgl. Schneider 1992, 131.

nen als dem Drama des Stillstands aus. Den Figuren bleibt nichts zu tun, als abzuwarten: „Der Menschheit ganzer Jammer [. . .], Seelenfinsternis in allen Spielarten der Schwärze" spricht aus dem Stück, um nochmals Polgar zu zitieren (1916, 600). Die Figuren nehmen den Jammer der Welt als Schicksal an, und das führt zu einer Gedrücktheit und Larmoyanz, die lieber klagt als flucht (vgl. Mattenklott 1989, 253). Nur Hekuba entzieht sich dieser Disposition: fluchend verneint sie die Knechtschaft und nimmt ihr Schicksal selbstbewusst an (vgl. Mattenklott 1989, 254). Darin sind Werfels *Troerinnen* auch ein Protest der Frauen gegen die Männer und schließen an Werfels 1916 verfasste und der Zensur anheimgefallene Epistel „Fragment gegen das Männergeschlecht" an (Werfel 1975, 13–18).

7 Schluss: Es besteht noch Hoffnung

Skalierung und Regulierung dramatischer Rede mit metrischen Formen und rhetorischen Figuren des barocken Trauerspiels ist Werfels wesentliches poetisches Verfahren, Entschlussunfähigkeit auf der Seite der Herrschenden, Sprachlosigkeit auf der Seite der Beherrschten in Formen der Klage, des Zauderns, des Trotzes und des Trostes auszudrücken. Barocke Formzitate bewirken eine Aussetzung von Handlung, affirmieren darin aber zugleich Chiffren der *atrocitas* und *indignitas*. Nicht in der Dramenhandlung, sondern im Kleinteiligen und Ephemeren der sprachlichen Formen wird Wirkung entfaltet, wenn auch nicht unbedingt in *constantia*, sondern in Klage und Trotz als Surrogat von Handlung (vgl. Meid 2015, 113–118). Damit steht Werfel in letzter Konsequenz quer zu Benjamin, bei dem Trotz als tragisches Schweigen elementare Erfahrung von Sprachlosigkeit bedeutet vgl. (Benjamin 1982, 89). Und dieser nur scheinbaren Sprachlosigkeit unterlegt Werfel eine theistische Codierung, bzw. eine christliche Präfiguration Hekubas. Denn wer die Brutalität und Erbarmungslosigkeit der Welt und der Menschheitsgeschichte mit ihren unzähligen Opfern wahrnimmt, erfährt, bedauert, „kann das nur fassungs- und ratlos oder resignativ-melancholisch-abschiedlich oder in verzweifelt-trotziger Auflehnung tun" (Tetens 2015, 76). Doch Hekuba ist weder bei Euripides noch bei Werfel Theistin, denn nur der Theist kann letztlich in der Hoffnung leben, dass die Welt am Ende gut wird. Die Troerinnen bleiben kontingente Opfer des Weltenlaufs.

Was jedoch bleibt, ist die von Werfel selbst im Vorwort angebotene Lesart Hekubas als Präfiguration soteriologischer und gleichsam eschatologischer Heilserwartung in einer Welt, in der im Sinne von Karl Barths *expressionistischer Theologie* seines Römerbriefkommentars von 1916 von Gott nur als

Negation alles Menschlichen geredet werden kann (vgl. Barth 1989; vgl. Frisch 2019, 18).

Werfels *Troerinnen* oszillieren zwischen Lyrik und Drama, zwischen Musikalisierung und Allegorisierung, zwischen barocker und expressionistischer Sprache in einem „Schwanken zwischen Vorchristlichem und Endzeitlichem, zwischen religionsgeschichtlichem Umbruch und apokalyptischer Erwartung" (Horn 2008, 231). Die Klage ist „die einzig mögliche [. . .] *labile* Sprache" (Scholem 2018, 34). Werfel schafft darin mit spielerischem Rückgriff auf den Formenreichtum des barocken Trauerspiels sprachliche Allianzen in einem Moment des *Dazwischen*. Nicht die Frage nach den Ursachen und Verläufen des trojanischen Kriegs, sondern die Darstellung des Leids steht im Mittelpunkt: nicht Ataraxie als Ziel, sondern Mitgefühl qua sprachlicher – barocker – Drastik.

Aber so lange Hekuba noch flucht, besteht Hoffnung auf Erlösung, wie Kurt Hiller 1916 während der Erstaufführung im Lessingtheater empfindet (vgl. Horn 2008, 211).

Literaturverzeichnis

Primärliteratur

Benn, Gottfried. *Sämtliche Werke. Stuttgarter Ausgabe*. Bd. 6: Prosa 4. Hg. Gerhard Schuster und Holger Hof, in Verbindung mit Ilse Benn. Stuttgart: Klett-Cotta, 2001.
George, Stefan. *Sämtliche Werke in 18 Bänden*. Bd. 17: Tage und Taten. Aufzeichnungen und Skizzen. Hg. Ute Oelmann. Stuttgart: Klett-Cotta, 1998.
Gryphius, Andreas. *Gesamtausgabe der deutschsprachigen Werke*. Bd. 6: Trauerspiele III. Hg. Marian Szyrocki und Hugh Powell. Tübingen: Niemeyer, 1966.
Opitz, Martin. *Gesammelte Werke. Kritische Ausgabe*. Bd 2: Die Werke von 1621–1626. 1. Teil. Hg. George Schulz-Behrend. Stuttgart: Hiersemann, 1978.
Opitz, Martin. *Gesammelte Werke. Kritische Ausgabe*. Bd. 2: Die Werke von 1621–1626. 2. Teil. Hg. George Schulz-Behrend. Stuttgart: Hiersemann, 1979.
Werfel Franz. *Die Troerinnen des Euripides. In deutscher Bearbeitung*. Leipzig: Kurt Wolff, 1915.
Werfel, Franz. *Gesammelte Werke. Die Dramen*. Bd. 1. Hg. Adolf D. Klarmann. Frankfurt am Main: Fischer, 1959.
Werfel, Franz. „*Leben heißt, sich mitteilen*". Betrachtungen, Reden, Aphorismen. Hg. Knut Beck. Frankfurt am Main: Fischer, 1975.
Werfel, Franz. „Substantiv und Verbum. Notiz zu einer Poetik". *Theorie des Expressionismus*. Hg. Otto F. Best. 2. Aufl. Stuttgart: Reclam, 2007. 157–163.

Sekundärliteratur

Barth, Karl. *Der Römerbrief. Zweite Fassung 1922.* 15. Aufl. Zürich: Theologischer Verlag, 1989.
Benjamin, Walter. *Ursprung des deutschen Trauerspiels.* Hg. Rolf Tiedemann. 2. Aufl. Frankfurt am Main: Suhrkamp, 1982.
Dreyer, Matthias. „Der leere Chorraum. Architektonische Verhandlungen für ein Theater ohne Souverän, 1800–1850". *Die andere Antike. Altertumsfigurationen auf der Bühne des 19. Jahrhunderts.* Hg. Friederike Krippner et al. Paderborn: Wilhelm Fink, 2018. 233–249.
Egyptien, Jürgen. „Tage und Taten". *Stefan George – Werkkommentar.* Hg. Jürgen Egyptien. Berlin und Boston: de Gruyter, 2017. 797–816.
Fähnders, Walter. *Avantgarde und Moderne 1890–1933.* 2. Aufl. Stuttgart und Weimar: Metzler, 2010.
Frisch, Ralf. *Alles gut. Warum Karl Barths Theologie ihre beste Zeit noch vor sich hat.* 2. Aufl. Zürich: Theologischer Verlag, 2019.
Hoffmann, Dieter. „Totalität und totalitär. Gottfried Benn und die Expressionismusdebatte". *Gottfried Benn (1886–1956). Studien zum Werk.* Hg. Walter Delabar und Ursula Kocher. Bielefeld: Transcript, 2007. 37–50.
Horn, Christian. *Remythisierung und Entmythisierung. Deutschsprachige Antikendramen der klassischen Moderne.* Karlsruhe: Universitätsverlag Karlsruhe, 2008.
Jhama, Amar. „Adaption und Original: Die Troerinnen des Euripides in der expressionistischen Bearbeitung von Franz Werfel". *Vom Glück sich anzustecken. Möglichkeiten und Risiken im Übersetzungsprozess.* Hg. Martin A. Hainz. Wien: new academic press, 2005. 103–128.
Jungk, Peter Stephan. *Franz Werfel. Eine Lebensgeschichte.* 2. Aufl. Frankfurt am Main: Fischer, 2001.
Kayser, Wolfgang. *Kleine deutsche Versschule.* 24. Aufl. Tübingen: Francke, 1992.
Koschorke, Albrecht. „Das Problem der souveränen Entscheidung im barocken Trauerspiel". *Urteilen/Entscheiden.* Hg. Cornelia Vissmann. München: Wilhelm Fink, 2006. 175–195.
Kurz, Gerhard. „Zu einer Poetik des Enjambements". *Sprache und Literatur* 61 (1988). 45–51.
Mattenklott, Gert. „Die Troerinnen des Euripides in deutscher Bearbeitung von Franz Werfel (1913)". *Die Waffen nieder! Schriftsteller in den Friedensbewegungen des 20. Jahrhunderts.* Hg. Sigrid Bock et al. Berlin: Akademie, 1989. 248–256.
Meid, Volker. *Barock-Themen. Eine Einführung in die deutsche Literatur des 17. Jahrhunderts.* Stuttgart: Reclam, 2015.
Meister, Helga. *Franz Werfels Dramen und ihre Inszenierung auf der deutschsprachigen Bühne.* Köln: Photostelle der Universität, 1964.
Muschg, Walter. *Von Trakl zu Brecht. Dichter des Expressionismus in der deutschen Literatur des zwanzigsten Jahrhunderts.* München: Piper, 1960.
Niefanger, Dirk. *Barock.* Stuttgart und Weimar: Metzler, 2012.
Petsch, Robert. „Die Troerinnen einst und jetzt". *Neue Jahrbücher für das klassische Altertum, Geschichte und deutsche Literatur* 20 (1917). 522–550.
Polgar, Alfred. „Die Troerinnen". *Die Schaubühne* 12 (1916). 599–601.
Raabe, Paul. „Expressionismus und Barock". *Europäische Barock-Rezeption. Teil 1.* Hg. Klaus Garber et al. Wiesbaden: Harrasowitz, 1991. 675–782.
Ritter, Nils C. „Die klinische Lyrik des expressionistischen Jahrzehnts". *Jahrbuch Literatur und Medizin* 11 (2019). 61–86.

Scholem, Gershom. *Poetica. Schriften zur Literatur, Übersetzungen, Gedichte*. Hg. Herbert Kopp-Oberstebrink et al. Berlin: Jüdischer Verlag im Suhrkamp Verlag, 2019.
Schings, Hans-Jürgen. „Seneca-Rezeption und Theorie der Tragödie. Martin Opitz' Vorrede zu den Trojanerinnen". *Gesammelte Aufsätze. Als Festgabe zum 80. Geburtstag*. Hg. Wolfgang Riedel. Würzburg: Königshausen & Neumann, 2017. 133–150.
Schneider, Thomas. *Gesetz der Gesetzlosigkeit. Das Enjambement im Sonett*. Frankfurt am Main: Lang, 1992.
Steinhagen, Harald. „Karyatide. Aufstand gegen Apoll". *Interpretationen. Gedichte von Gottfried Benn*. Hg. Harald Steinhagen. Stuttgart: Reclam, 1997. 30–43.
Tetens, Holm. *Gott denken. Ein Versuch über rationale Theologie*. Stuttgart: Reclam, 2015.
Vogl, Joseph. *Über das Zaudern*. 2. Aufl. Zürich und Berlin: Diaphanes, 2014.
Wiedemann, Conrad. „Schwierigkeiten mit ‚Dafnis'. Gedanken zu den Barocknachdichtungen von Arno Holz". *Arno Holz. Text+Kritik* 121 (1994). 84–95.

Matthias Müller
Barocke Konstellationen: Hugo von Hofmannsthals Trauerspiel *Der Turm*, die Wiederentdeckung des Barock in der Moderne und die konservative Revolution

1 Die Renaissance des barocken Trauerspiels

Die Entstehung von Hugo von Hofmannsthals Trauerspiel *Der Turm* (1923–1927) fällt in die Phase einer „Barockbegeisterung" (Kiesant 1993), die in den 1910er und 1920er Jahren die Literatur und die Germanistik gleichermaßen erfasst. Nach dem Fragment gebliebenen Versuch einer Bearbeitung von Pedro Calderón de la Barcas *La vida es sueño* (1636; dt. *Das Leben ein Traum*) zu Beginn des Jahrhunderts nimmt Hofmannsthal sich nach dem Ende des Ersten Weltkriegs erneut des Stoffs an. Die Fabel um den Prinzen Sigismund, der von seinem Vater König Basilius aufgrund eines die Tyrannenherrschaft des Sohnes prophezeienden Horoskops seit seiner Geburt in einem entlegenen Turmverlies gefangen gehalten wird, bildet auch im *Turm*-Projekt der zwanziger Jahre den inhaltlichen Kern des Stücks. Das Motiv des Lebens als Traum hingegen – philosophisches Herzstück der calderónschen Vorlage – tritt in Hofmannsthals freier Prosafassung hinter eine geschichtsphilosophische Perspektive zurück.[1]

Der Turm lotet die Möglichkeitsbedingungen gerechter Herrschaft im Spannungsfeld von individueller Verantwortung und politisch-gesellschaftlichen Rahmenbedingungen aus; die fiktionale historische Situation des Trauerspiels avanciert zur Reflexionsfläche zeitgenössischer Gegenwartsdiagnosen und Zukunftsentwürfe. In den Jahren 1923 bis 1927 in drei Fassungen mit zwei wesentlich

---

[1] Das Motiv des Königs für einen Tag, welches auch Calderóns *La vida es sueño* zugrunde liegt, findet sich häufig in der Literatur der Frühen Neuzeit, etwa in den *Geschichten aus Tausendundeiner Nacht* („Die Geschichte von Abu al-Hasan oder dem erwachten Schläfer"), in William Shakespeares *The Taming of the Shrew* (1592) sowie in einer Episode in Jakob Bidermanns *Utopia* (1640). Ludovico Hollonius' 1605 gedrucktes Stück *Somnium Vitae Humanae* ist insofern bemerkenswert, als es das Motiv des Lebens als Traum dreißig Jahre vor Calderóns epochalem Stück mit der Thematik des Königs für einen Tag verknüpft. An letzteres knüpfen später etwa Ludvig Holberg (*Jeppe vom Berge*, 1722) und Gerhart Hauptmann (*Schluck und Jau*, 1899) an; die neben Hofmannsthals *Turm* wirkmächtigste Adaption Calderóns in der deutschsprachigen Tradition stammt von Franz Grillparzer (*Der Traum ein Leben*, 1834).

divergierenden Ausgängen zum Abschluss gebracht,[2] lässt sich Hofmannsthals *Turm*-Drama nicht nur als ein herausragender Beitrag zur florierenden Barockrezeption im frühen zwanzigsten Jahrhundert lesen.[3] Es ist zugleich Teil und Katalysator eines Diskurses, der in der produktiven Aneignung und Aktualisierung frühneuzeitlicher Formen und Stoffe das Barock in die Moderne transponiert und als Analyse- und Imaginationskategorie für die Gegenwart etabliert.

Liefert Calderóns *La vida es sueño* Hofmannsthal die barocke Quelle, so fungieren die beiden – zugegeben antagonistischen – Gewährsmänner Walter Benjamin und Josef Nadler als seine literaturhistorischen Quellen des Barock. Hofmannsthal entnimmt Benjamins *Ursprung des deutschen Trauerspiels* (1928) und der *Literaturgeschichte der deutschen Stämme und Landschaften* (Band 3, 1918) des österreichischen Literaturhistorikers Nadler denn auch weniger Wissen *über* die Literatur des siebzehnten Jahrhunderts als die Idee eines transhistorischen Barockbegriffs, als dessen zeitgenössische Inkarnation der Dichter mit seinem Trauerspiel *Der Turm* gelten kann.[4] Allerdings treibt weder die germanistische Debatte der Stunde darüber, ob es sich beim Barock um einen Epochen- oder um einen Stilbegriff handelte, noch die Frage nach der oft postulierten Wesensverwandtschaft zwischen Barock und Expressionismus die Protagonisten dieses modernen Barockdiskurses um.[5] Vielmehr geht es darum, die Wiederkehr des Barock als Reaktion auf ein Grundproblem der Moderne zu begreifen, dessen Anfänge in der Frühen Neuzeit liegen und das schließlich im zwanzigsten Jahrhundert virulent wird. Dieses Problem „[of] a modern age that fails to live up to the possibilities it has made available and, therefore, not only confronts but generates cultural and political predicaments" (Koepnick 1996, 278) kristallisiert sich für Walter Benjamin im barocken Trauerspiel, das so als

---

2 Der in zwei Lieferungen in den *Neuen Deutschen Beiträgen* 1923 und 1925 publizierten Erstfassung folgt Ende 1925 die gestraffte Buchfassung. Die dritte Fassung („Bühnenfassung") erscheint 1927 als zweite Buchausgabe des *Turms* im S. Fischer Verlag. Zur Entstehungs- und Publikationsgeschichte siehe Rötzer 2018 und König 2016 sowie die beiden *Turm*-Bände der kritischen Ausgabe von Hofmannsthals sämtlichen Werken: Hofmannsthal 1990 (Erste Fassung) und Hofmannsthal 2000 (Zweite und Dritte Fassung).
3 Die von Richard Alewyn (*Deutsche Barockforschung*, 1965) und Wilfried Barner (*Der literarische Barockbegriff*, 1975) herausgegebenen Editionen versammeln die meisten der grundlegenden Beiträge der frühen germanistischen Barockforschung. Für die zweite Phase der kritischen Rezeption sind Barner 1970, Jaumann 1975 und Müller 1973 einschlägig, ebenso der von Klaus Garber herausgegebene Doppelband *Europäische Barock-Rezeption* (1991).
4 Benjamins Habilitationsschrift erschien als Teilabdruck in Hofmannsthals *Neuen Deutschen Beiträgen*. Siehe hierzu auch den Beitrag von Scheuer/Selbig in diesem Band.
5 Zum Verhältnis von Expressionismus und Barock siehe Raabe 1991.

Zeuge der „imbalances at the origin of modernity that precipitate a pathogenesis of the modern age" (Koepnick 1996, 278) fungiert. Es ist nun gerade die „offene, zukünftig und weiterhin mögliche Form" (Geulen 2002, 94) des Trauerspiels, die es erlaubt, die Effekte und Dimensionen dieser im Folgenden noch näher zu umreißenden Problematik auch im zwanzigsten Jahrhundert ästhetisch zu reflektieren. Vor diesem Hintergrund ist Benjamins briefliche Mitteilung an Hofmannsthal zu verstehen, er sehe im *Turm* „ein Trauerspiel in seiner reinsten, kanonischen Form" und die „Krönung Ihrer [d.i. Hofmannsthals] Erneuerung und Wiedergeburt jener deutschen Barockform" (Benjamin 1997, 47).

Vollzieht sich die Wiederkehr des Barock in der Moderne für Benjamin als Renaissance des Trauerspiels, so offenbart dieser Fokus auf die formale Dimension des Phänomens einen zwischen Historizität und Universalität changierenden Barockbegriff. Auch Hofmannsthal geht es darum, mit dem Rückgriff auf das Barock „ein überwältigend Gegenwärtiges zu bewältigen u[nd] ihm Gestalt zu geben" (Hofmannsthal 1990, 490), wie er Alfred Freiherr von Winterstein im Juni 1923 schreibt. Letzterer lobte den Dichter in einer Rezension für die *Neue Freie Presse* emphatisch als „Barockkünstler", der „allen Expressionisten zum Muster dienen könnte" (Winterstein 1924, 25). Der Rückbezug auf das Barock ergibt sich für Benjamin und Hofmannsthal allerdings gerade nicht aus einer Affinität zur Literatur des siebzehnten Jahrhunderts, die ebenso wie der Expressionismus die Schrecken des Krieges ästhetisch spiegelt, beispielsweise in Gryphius' Lyrik und in Grimmelshausens Simplicianischem Zyklus. Ebenso wenig ist es ihr Anliegen, die Parallelen zwischen Früher Neuzeit und Moderne unter der Chiffre „Barock" als „Gestaltung antithetischen Lebensgefühls" zu subsumieren, wie Arthur Hübscher 1922 vorgeschlagen hatte.[6]

Vielmehr ist mit der „Erneuerung und Wiedergeburt" des Trauerspiels das Versprechen verbunden, das Barock selbst als dynamisches, transhistorisches Konzept zu etablieren. Statt des aktualisierenden Rückgriffs auf ein historisches Phänomen präsentiert sich Benjamins und Hofmannsthals Barockrezeption also als radikal modernes Projekt, das die Historizität des Barockzeitalters nicht gegen die Universalität eines ahistorisch-typologischen Barockbegriffs ausspielt, sondern die beiden Dimensionen dialektisch miteinander verschaltet. Konkret vollzieht sich diese Bewegung in der Form des Trauerspiels, das als reinkarnierte historische Gattung das moderne Barock verkörpert. Mit dem *Turm* – so die erste hier vertretene These – arbeitet Hugo von Hofmannsthal an der Erneuerung des Barock im Hier und Jetzt vis-à-vis Walter Benjamins Theorie

---

6 Zu Benjamins Auseinandersetzung mit und Einverleibung von Arthur Hübschers Ideen im Trauerspielbuch siehe Newman 2011, Kap. 1.

des barocken Trauerspiels. Die Idee des Trauerspiels versteht Benjamin als Monade, die „das Bild der Welt" enthält und deren „Darstellung [. . .] zur Aufgabe nichts Geringeres gesetzt [ist], als dieses Bild der Welt in seiner Verkürzung zu zeichnen" (Benjamin 1974, 228). Die dramatische Form des Trauerspiels wird, so gewendet, zur kleinen Form im metaphorischen Sinne – zum *theatrum mundi*[7] – das die Welt *en miniature* zugleich verkörpert und darstellt. So leistet die Form auf ästhetischer Ebene, was das dialektische Barockkonzept der beiden Autoren auf geschichtsphilosophischer Ebene vollführt: das Austarieren des dynamischen Verhältnisses von Signifikat und Signifikant beziehungsweise von Historizität und Universalität.[8] Diese Konstellation verbürgt nicht nur die prinzipielle Aktualisierbarkeit der Begriffe in unterschiedlichen historischen und ästhetischen Kontexten, sondern macht darüber hinaus – so die zweite hier vertretene These – das „moderne Barock" Hofmannsthals und Benjamins anschlussfähig an jüngere Theoriedebatten, die die Wiederkehr des Barock und das Phänomen des Neobarock unter ganz ähnlichen Vorzeichen verhandeln (Lambert 2008; Egginton 2009). Hierauf wird nach der folgenden Diskussion von Hofmannsthals *Turm* zurückzukommen sein.

2 Die Dialektik des Barock: Sinnbild und Lösung der Krise

Für die deutsche Literatur- und Kulturgeschichtsschreibung im ersten Drittel des zwanzigsten Jahrhunderts konstatiert Marcel Lepper: Sie „erfindet sich selbst nicht zuletzt, indem sie das ‚Barock' erfindet: sie erfindet sich ihr ‚Barock'" (Lepper

---

[7] Zur Rolle des (Welt-)Theaters im Barock vgl. Alewyn und Sälzle 1959: „Ein jedes Zeitalter schafft sich ein Gleichnis, durch das es im Bild seine Antwort gibt auf die Frage nach dem Sinn des Lebens und in dem es den Schlüssel ausliefert zu seinem Geheimnis. Die Antwort des Barock lautet: Die Welt ist ein Theater. Großartiger kann man vielleicht von der Welt, aber schwerlich vom Theater denken. Kein Zeitalter hat sich mit dem Theater tiefer eingelassen als das Barock, keines hat es tiefer verstanden. In keinem Stoff aber auch hat das Barock sich völliger offenbart als im Theater. Es hat das Theater zum vollständigen Abbild und zum vollkommenen Sinnbild der Welt gemacht" (48).
[8] Zur Rolle der Monade für Benjamins Geschichtsbegriff und zum hier angesprochenen Verhältnis vgl. Nägele 1991, wo es heißt: „Es ist eine Differenz, die dazu zwingt, die Verhältnisse von Bild und Bedeutung, Bild und Lehre, Symbol und Allegorie, Signifikant und Signifikat jenseits der gängigen Alternativen zu denken. Diese Umschrift der signifikanten Strukturen spielt auf einem Schauplatz sich ab, wo der Barock in eine eigentümliche Konjunktion mit der Moderne tritt" (503).

2006, 15). Die Konjunktur typologischer Begriffspaare, wie sie Heinrich Wölfflin in der Kunstgeschichtsschreibung eingeführt und die Fritz Strich in seinem Aufsatz „Der lyrische Stil des 17. Jahrhunderts" (1917) auf die Literatur übertragen hatte, geht einher mit einem neu erwachsenden Interesse an der Form. Der prekäre Status der Form in der Moderne korrespondiert mit der „Formlosigkeit" und der „Formsprengung" des Barockzeitalters (Lepper 2006, 25); zugleich aber verspricht das Barock die Restitution eben jener Ordnung, deren Zerfall es versinnbildlicht: „‚Barock' wird in der posttraumatischen Situation nach 1918 für ein kulturkonservatives Intellektuellenmilieu in Deutschland, vor allem aber in Österreich zum Synonym für das Phantom einer vormaligen, einer verloren geglaubten Ordnung" (Lepper 2006, 26). Die typologischen Barockentwürfe werden so, Lepper zufolge, selbst zur Typologie. Wenn sie „unter Berufung auf fundamentale Gegensätze die Historizität (ihre eigene eingeschlossen) auszuhebeln versuchen, operieren sie gleichzeitig mit historischem Material, betreiben, ihrem ahistorisch-anthropologischen Impetus entgegen, das ‚inventing of traditions' als Legitimationsmuster, Geschichtsklitterung als Methode" (Lepper 2006, 28).

Hofmannsthal, der den Kontakt zu Literaturwissenschaftlern sucht und im Austausch nicht nur mit Nadler und Benjamin, sondern auch mit Walther Brecht und Florens Christian Rang steht, findet sich selbst auf diesem ideologisch umkämpften Terrain wieder. Lorenz Jäger skizziert das Spannungsfeld, in dem sich Hofmannsthal bewegt: Auf der einen Seite steht dabei Josef Nadler, dessen Werk „in seiner Mischung von völkischer und religiöser Ganzheitssehnsucht repräsentativ für die Barockideologie der zwanziger Jahre" (Jäger 1985, 83) ist; auf der anderen Walter Benjamins im Trauerspielbuch entwickelte „heimliche Theorie der Moderne," welche „das Barock durch die Erfahrungen der avantgardistischen Kunst erhellt" und als „Gegenentwurf zur Klassik" in Stellung bringt (Jäger 1985, 83). Während Nadlers *Literaturgeschichte der deutschen Stämme und Landschaften* Hofmannsthal die Idee eines bis in die Gegenwart hinein wirksamen bayrisch-österreichischen Barock liefert, bietet Benjamin ihm mit dem Trauerspiel eine Gattung an, in der sich die Vision eines modernen Barock literarisch verwirklichen lässt. Wie Schoolfield zeigt, ist es gerade die begriffliche Unbestimmtheit und die sehr lose Rückbindung an konkrete literarische Texte des siebzehnten Jahrhunderts, die Nadlers Barockentwurf so attraktiv für Hofmannsthal macht (vgl. Schoolfield 1986, 167).

Dieser begrifflich unscharfe und historisch fragwürdige Modus des Rückbezugs auf das siebzehnte Jahrhundert erinnert freilich an Adornos Diktum des „mißbrauchten Barock", das er in dem gleichnamigen Essay entfaltet: „Nur das Unspezifische und Vage, wozu der Barock dem gegenwärtigen Bewußtsein sich verdünnte, erlaubt den universalen Gebrauch des Namens" (Adorno 1967, 134).

Durch den „Prestigebegriff" des Barock, durch dessen Verwendung man die eigene kulturelle Zugehörigkeit ausweise, hält nach Adorno „wie durch ein Tor die Kulturindustrie, spätestens seit dem Rosenkavalier, Einzug in die Kultur" (Adorno 1967, 133). Die Beliebigkeit seiner Verwendung habe den Begriff seiner Funktion beraubt: „Die allgemeine Rede ist Ideologie im genauen Sinn falschen Bewußtseins, gewalttätige Vereinfachung der Phänomene, deren Propaganda sie besorgt" (Adorno 1967, 136). Adornos Kritik trifft Josef Nadlers Verwendung des Begriffs; bei Benjamin und Hofmannsthal hingegen stellt sich die Situation weniger eindeutig dar. Das hängt nicht nur damit zusammen, dass die beiden Autoren das Wort „Barock" nur sparsam verwenden, sondern ebenso mit der Tatsache, dass ihr Diskurs sich vor allem an der Form des Trauerspiels abarbeitet, an jenem konkreten Phänomen also, das nach Adornos Kritik gerade nicht zum Gegenstand der auf Vereinfachung abzielenden Barockpropaganda werden dürfte. Gerade mit dem *Turm* geht es Hofmannsthal schließlich darum, „in einer Welt zerbrechender staatlicher und metaphysischer Ordnungen" (Jäger 1985, 83) mit dem Rückgriff auf die Form des Trauerspiels den Weg in eine Zukunft aufzuzeigen, in der die verloren gegangene Ordnung und Ganzheit wiederhergestellt ist. Dieser Anspruch – am treffendsten mit dem Begriff der „konservativen Revolution" zu fassen, wie ihn der Dichter auch in seiner Rede *Das Schrifttum als geistiger Raum der Nation* (1927) formulierte – erweist sich in seiner Janusköpfigkeit von ästhetischer Progressivität und politischem Konservatismus als widerspenstig gegenüber vereinnahmenden Lesarten. Walter Naumann hat darauf hingewiesen, dass Hofmannsthals Schrifttum-Rede als eine maßgebliche Quelle für jede Interpretation des *Turm* gelten muss, die den ästhetischen Gehalt des Stücks nicht losgelöst von seiner politischen Dimension diskutiert (vgl. Naumann 1988, 307).

Die zentrale Rolle, die das Barock bei der Bewältigung der Herausforderungen der Gegenwart spielen sollte, wird in Nadlers Charakterisierung von Hermann Bahr deutlich. Für Nadler stellt sich die Gegenwart als eine Zeit der Kulturwende dar, in der die zerfallende Welt der alten Ordnung durch eine neue ersetzt wird. Über Bahr schreibt Nadler:

> Kulturwenden können nur von Menschen überstanden werden, die zwei einander feindliche Herzen in sich haben, deren doch keines ohne das andere Leben kann. Bahr ist ein solcher Mensch der Kulturwende. Er ist mit zwei Herzen zur Welt gekommen, mit dem des niedergehenden und mit dem des aufsteigenden Zeitalters. (Nadler 1928, 919)

Entscheidend ist nun für Nadler, dass Bahr die künstlerische Vermittlung zwischen den beiden Zeitaltern gelinge: „Bahr entdeckt die lebensnotwendige Kunst dieses Staates, den Barock" (Nadler 1928, 919). Das Barock erlaube es, die Brücke über den Abgrund zu schlagen, der sich zwischen alter und neuer

Zeit auftut. Auch Hofmannsthal könne so den *Turm* „an Bahrs Seite", „auf barockem Grunde" setzen, wie es bei Nadler weiter heißt (Nadler 1928, 926).⁹ In der am 10. Januar 1927 an der Universität München gehaltenen Rede *Das Schrifttum als geistiger Raum der Nation* fordert Hofmannsthal emphatisch, jene auch von Nadler diagnostizierten Polarisierungen des modernen Lebens aufzuheben:

> Alle Zweiteilungen, in die der Geist das Leben polarisiert hatte, sind im Geiste zu überwinden und in geistige Einheit zu überführen; alles im äußeren Zerklüftete muß hineingerissen werden ins eigene Innere und dort in eines gedichtet werden, damit außen Einheit werde, denn nur dem in sich Ganzen wird die Welt zur Einheit [. . .] Der Prozeß, von dem ich rede, ist nichts anderes als eine konservative Revolution von einem Umfange, wie die europäische Geschichte ihn nicht kennt. Ihr Ziel ist Form, eine neue deutsche Wirklichkeit, an der die ganze Nation teilnehmen könne.   (Hofmannsthal 1980, 40–41)

Dem Chaos der fragmentierten Gegenwart setzt Hofmannsthal die Vision einer neuen, Einheit stiftenden Form entgegen.¹⁰

3 Die Herausforderung der Form: *Der Turm* als modernes Trauerspiel

Wenn die Schrifttum-Rede Hofmannsthals kulturpolitisches Engagement für die konservative Revolution dokumentiert, so lässt sich *Der Turm* als seine dezidierteste literarische Entfaltung dieses Programms lesen. Hiervon zeugen nicht zuletzt die divergierenden Schlüsse der Buch- und der Bühnenfassung, die völlig gegensätzliche Zukunftsszenarien für die Zeit nach Sigismunds Tod entwerfen. In beiden Fassungen, die sich bis zum dritten Aufzug nicht substanziell unterscheiden, wird Sigismund – mittels eines Schlaftrunks betäubt – vom Turm in den Königspalast gebracht und mit seiner wahren Identität als Thronfolger konfrontiert. Das vom König und seinen Beratern inszenierte Experiment soll dazu dienen, dem Prinzen die Chance zu geben, die im Horoskop ausgesprochene Prophezeiung zu widerlegen und seinem Schicksal die Stirn zu bieten. Doch die Bewährungsprobe misslingt, die Prophezeiung scheint sich zu erfüllen, Sigismund tut seinem Vater Gewalt an und wird zurück in sein Verlies

---

9 Zu Hofmannsthals Barock-Rezeption in Abgrenzung zu der des „Barock-Maniacs" Hermann Bahr siehe Pape 1991.
10 Das Begriffspaar Form–Chaos ist nur eines von vielen, mit dem Vertreter der „konservativen Revolution" versuchten, den Gegensatz zwischen *Kultur* und *Zivilisation* zu beschreiben. Siehe hierzu Herf 1984, 226–227. Zur „konservativen Revolution" allgemein siehe auch Breuer 1993.

gebracht. In Calderóns *La vida es sueño* wird Segismundo dann rasch davon überzeugt, dass es sich bei der Episode nur um einen Traum gehandelt habe, was er zur eingehenden Reflektion über den Traumcharakter des menschlichen Lebens schlechthin nutzt.[11] Im *Turm* ist diese philosophische Dimension des Themas nur mehr angedeutet und spielt für den weiteren Handlungsverlauf keine Rolle. In der Buchfassung geht Sigismund aus einem sich anschließenden Bürgerkrieg als Sieger und allgemein anerkannter Herrscher hervor, fällt dann allerdings einem Giftattentat zum Opfer. Die kurze Herrschaft des Zwischenkönigs Sigismunds wird abgelöst durch die des Kinderkönigs, der die durch den Krieg zu Waisen gewordenen Kinder repräsentiert und diese in eine bessere Zukunft führt. Das hoffnungsvolle Ende der Kinderkönig-Fassung arbeitet Hofmannsthal für die Bühnenfassung in einen radikal diesseitigen Ausgang um, dessen düstere Zukunftsperspektive geradezu prophetisch den kommenden Zivilisationsbruch vorwegzunehmen scheint. Sigismund widersetzt sich hier zunächst erfolgreich der Instrumentalisierung durch seinen Berater Julian, der sich die Herrschaft erschleichen will. Mittlerweile hat allerdings der Anführer der Rebellen, Olivier, die Macht im Land an sich gerissen und lässt Sigismund, der für ihn politisch wertlos ist, ermorden. Sigismunds letzte Worte: „Gebet Zeugnis, ich war da, wenngleich mich niemand gekannt hat" (Hofmannsthal 2000, 220), beschließen das Stück und rücken sein Ende in den Horizont einer dem Chaos anheimfallenden Welt.

Die Tatsache, dass Hofmannsthal die Buch- und die Bühnenfassung gleichberechtigt nebeneinander gelten lässt,[12] unterstreicht seine Auffassung, dass auf die Herausforderungen der Moderne verschiedene Antworten möglich sind, dass die diagnostizierte Krise unterschiedliche Ausgänge nehmen kann. Darüber hinaus zeugt das Nebeneinander von Kinderkönig- und Bühnenfassung von den Schwierigkeiten, die Vision einer einheitsstiftenden Form zu realisieren. Vor allem aber dokumentiert das Stück den unerfüllbaren Anspruch des modernen Trauerspiels, die Krise zugleich darzustellen und eine ästhetisch und poli-

---

11 So etwa am Ende der zweiten Szene des zweiten Akts (in der von Hofmannsthal verwendeten Übersetzung von Johann Diederich Gries von 1815): „Was ist Leben? Raserei! / Was ist Leben? Hohler Schaum, / Ein Gedicht, ein Schatten kaum! / Wenig kann das Glück uns geben; / Denn ein Traum ist alles Leben, / Und die Träume selbst ein Traum" (Calderón 2018, 95). Zur Interpretation des Motivs siehe Kommerell 1974, 130–140.
12 Hofmannsthal betont wiederholt die Gleichberechtigung der Fassungen, so zum Beispiel in einem Brief an Felix Braun vom sechsten Oktober 1927: „In einem späteren Monat werde ich Ihnen die zweite, fürs Theater bestimmte Fassung des ‚Turms' schicken. Ich meine nicht, dass die erste Fassung dadurch zurückgenommen erscheinen soll. Sie können ruhig beide nebeneinander bestehen. Menschen wie Sie werden, hoffe ich, beide gelten lassen" (Hofmannsthal 2000, 467).

tisch akzeptable Lösung anzubieten. Dies lässt sich exemplarisch an der Reaktion der Hauptfigur Sigismund auf die Begegnung mit seinem Vater Basilius ablesen. Alle Versuche des Prinzen, die neue Situation sprachlich zu bewältigen, schlagen fehl. Die Kommunikation zwischen Vater und Sohn scheitert ebenso wie der sprachliche Entwurf einer politischen Utopie jenseits der intrigengeplagten Machtpolitik im Königreich.

Dabei verspricht Sigismunds Ankunft am Hof zunächst auch sprachlich neue Maßstäbe zu setzen, wie ein Dialog zwischen Basilius und Julian, dem Gouverneur des Turmes, zeigt:

> KÖNIG Er würdigt die Personen, die wir ihm zum Gefolge gegeben haben, kaum eines Blickes, – welche Sprache ist von ihm zu erwarten, wenn er vor uns tritt?
>
> JULIAN Die ehrerbietigste, aber freilich nicht, wie sie an einem Hofe gesprochen wird.
>
> KÖNIG Sondern?
>
> JULIAN Wie vielleicht die Engel sprechen. Seine Sprache ist Zutagetreten des inwärts Quellenden – wie beim angehauenen Baum, der durch eben seine Wunde einen balsamischen Saft entlässt. (Hofmannsthal 1990, 72)

Diese linguistische Charakterisierung Sigismunds schreibt seiner Sprache einen Grad an Unmittelbarkeit zu, der der menschlichen Sprache abgeht. Ganz ähnlich wie Julian äußert sich der Arzt nach einem Besuch bei Sigismund im Turm, wenn er behauptet, der Prinz spreche, „als gäbe er uns die Seele hin, damit wir sie essen wie Brot und trinken wie Wein" (Hofmannsthal 1990, 34). Bei seiner Begegnung mit Basilius jedoch bleibt Sigismund zunächst stumm, während sein Vater auf ihn einredet. Die Regieanweisungen im Dramentext markieren seine Unfähigkeit, auf die Äußerungen seines Vaters zu antworten. Nach des Königs Aufforderung „Sprich, mein Sohn. Lass mich deine Stimme hören" (Hofmannsthal 1990, 80) dokumentiert die nonverbale Reaktion des Thronfolgers die Qualen, die er angesichts der Hybris seines Vaters leidet. Basilius inszeniert sich als großherziger Herrscher, der seinem Sohn dessen wahre Identität enthüllt und so dem Schicksal die Stirn bietet, wie es sich in dem schrecklichen Horoskop offenbart. Sigismund hingegen ringt um Sprache, doch die Sprache weigert sich ihm, wie Benjamin in seiner *Turm*-Rezension schreibt (vgl. Benjamin 1972, 28). Graduell bricht sich seine Sprache schließlich Bahn; zunächst ringend, deutend, dann stöhnend, bis er schließlich eine rudimentäre Frage über die Lippen bringt: „Woher – so viel Gewalt?" (Hofmannsthal 1990, 82). Sigismunds Antwort auf seines Vaters Drängen ist selbst eine Frage, ohne Prädikat zudem. Insofern spiegelt seine sprachliche Performanz angesichts seiner ersten Begegnung mit der Welt außerhalb des Turms den Zustand dieser Welt und positioniert den Prinzen außerhalb des machtpolitischen Koordinatensystems des Hofes: Weder fügt er sich der Aufforderung des Königs, „gerührte Anerkenntnis" zu zeigen, noch liefert er einen Gegenentwurf.

Doch Sigismund erfasst die neue Situation schnell, ergreift seine Chance und setzt sich sogleich selbst rhetorisch an die Spitze des Reiches: „Ich bin jetzt da!" (Hofmannsthal 1990, 84). Der Sprechakt setzt und verbürgt zugleich Sigismunds Anspruch auf die Herrschaft: „Seitdem ich da bin, bin ich König!" (Hofmannsthal 1990, 85).[13] Dieser Anspruch manifestiert sich nicht als Ergebnis argumentativer Auseinandersetzung mit dem Vater, sondern als autonome Sprachhandlung. Sigismunds Erscheinen auf der machtpolitischen Bühne des Königreichs korrespondiert mit seiner historischen Rolle, wie sie in der Dramenhandlung selbst reflektiert wird: „In der Zeit könnt ihr diesen nicht ermessen: aber ausser ihr, wie ein Sternbild" (Hofmannsthal 1990, 139). Mit dem Sternbild greift Hofmannsthal auf eine Metapher zurück, die Sigismunds Rolle in doppelter Hinsicht erhellt. Zum einen gleichen Figuren der „Kulturwende" (Nadler 1928, 919) Sternbildern, wie Hofmannsthal andernorts in einer Charakterisierung Napoleons schreibt: „Denn die mythischen Figuren sind gleich den Sternbildern: sie zeigen durch ihr Aufsteigen und Absinken den Wechsel der Zeit" (Hofmannsthal 1979, 471). Sigismund erscheint vor diesem Hintergrund nicht als Subjekt des Wandels, sondern vielmehr als Sonde, die den Umbruch registriert und beobachtbar macht.[14] Zum anderen evoziert das Stichwort des Sternbilds eine philosophische Tradition des Denkens in Konstellationen, wie sie nicht zuletzt Walter Benjamin im Trauerspielbuch vorführt.[15] Wie die Perspektive der Betrachter die unverbundenen Sterne zu einer Konstellation konfi-

---

[13] Diese Selbstbenennung Sigismund in Hofmannsthals *Turm* weist bemerkenswerte Parallelen zu Benjamins Namenstheorie auf, wie sie im frühen Aufsatz „Über Sprache überhaupt und über die Sprache des Menschen" (1916) sowie in der Erkenntniskritischen Vorrede des Trauerspielbuchs skizziert ist.

[14] Komplementär zur überhistorischen Rolle Sigismunds spricht Hofmannsthal in Gesprächen mit dem Germanisten Walther Brecht vom *Turm* als einem „überhistorischen" beziehungsweise „übergeschichtlichen" Trauerspiel (vgl. Briefwechsel Hofmannsthal–Brecht 2005, 78–79). An Thomas Mann schreibt Hofmannsthal im Januar 1925: „[I]ch habe eine Arbeit, der ich fünf Jahre lang meine wesentlicheren Anstrengungen widmete, zu Ende gebracht: ein Trauerspiel in Prosa, ein geschichtliches sozusagen, ein übergeschichtliches wenn man will, und wenn die Zusammensetzung mit ‚über' ihres anmaßenden Charakters ganz zu entkleiden ist" (Hofmannsthal 1990, 176–177).

[15] So heißt es in der „Erkenntniskritischen Vorrede": „Die Ideen verhalten sich zu den Dingen wie die Sternbilder zu den Sternen. [. . .] Die Ideen sind ewige Konstellationen und indem die Elemente als Punkte in derartigen Konstellationen erfaßt werden, sind die Phänomene aufgeteilt und gerettet zugleich" (Benjamin 1974, 215).

guriert, so lässt sich Sigismunds Status erst mit der adäquaten überhistorischen Perspektive ermessen. Zugleich ist hier ein Kommunikationsideal aufgerufen, das an Sigismunds „mythische" unmittelbare Sprache erinnert. Im Gegensatz zur sich im zeitlichen Nacheinander erstreckenden Sprache erlaubt das Sternbild die gleichzeitige räumliche Erfassung des Dargestellten. Zudem markiert die Konstellation das Jenseits des mit und durch die Sprache Sagbaren und verweist mit dieser radikalen semiotischen Differenz zugleich auf eine vergangene vorsprachliche Situation und auf Hofmannsthal Vision der Wiederherstellung einer „Einheit", in der die Fragmentierung der Moderne aufgehoben ist. Im Sternbild spiegelt sich so die „Janusköpfigkeit" des modernen Trauerspiels, das die zerbröckelnde politische und ästhetische Ordnung der Moderne abbilden und sie zugleich überwinden soll. Hofmannsthals und Benjamins „modernes Barock" ist so keineswegs nur als esoterische Variante der Barockbegeisterung zu verstehen, sondern lässt sich als Teil eines umfassenderen Phänomens begreifen, das Gregg Lambert als *The Return of the Baroque in Modern Culture* auf den Begriff gebracht hat.[16] Im Horizont dieser Debatte rückt die in der kulturpolitischen Diskussion kaum beachtete ästhetische, zukunftsorientierte Dimension von Hofmannsthals Stück in den Fokus.[17]

4 Die Rettung des Barock in der (Post-)Moderne

Die Konjunktur des Barock in der jüngeren internationalen Theoriedebatte ist spätestens seit Gilles Deleuzes Leibniz-Buch *Die Falte* (1988) evident. Die Relevanz dieser Debatte für den vorliegenden Beitrag ergibt sich vor allem aus dem Fokus auf frappierende ästhetische Parallelen zwischen der Literatur der Frühen Neuzeit und der Moderne und Postmoderne. An dieser Stelle soll es also nicht darum gehen, der Barockbegeisterung der zwanziger Jahre ein postmodernes Pendant zur Seite zu stellen, um so die anhaltende oder erneute „Aktualität" des Barock zu behaupten. Vielmehr gilt es, die Thesen zweier jüngerer Beiträge zu dieser Debatte für die Diskussion von Hofmannsthals *Turm* fruchtbar zu machen. Neben Gregg Lamberts Studie *On the (New) Baroque* ist dies

---

[16] Lambert, Gregg. *The Return of the Baroque in Modern Culture*. New York: Continuum, 2004. Ich zitiere im Folgenden die 2008 unter dem Titel *On the (New) Baroque* erschienene revidierte Neuauflage.
[17] Zur zukunftsweisenden Ästhetik des *Turm*-Projekts in Hofmannsthals Werk siehe auch Twellmann 2004, der dafür argumentiert, den „Rückgriff auf das barocke Trauerspiel nicht als barocke[n] Traditionalismus [. . .], sondern als einen Schritt zurück in die Zukunft des Dramas" (34) zu verstehen.

William Eggintons 2009 erschienene Monographie *The Theater of Truth*. Egginton formuliert die Konjunktur des Barock in der Moderne als „problem of thought", das heißt als Ausdruck eines in der Frühmoderne erstmals auftretenden und im zwanzigsten Jahrhundert wiederkehrenden Problems:

> The Baroque's return, if it is a return at all, has nothing to do with the recycling of culture that these examples represent. Instead, the Baroque must be understood as the aesthetic counterpart of a problem of thought that is coterminous with that time in the West we have learned to call modernity, stretching from the sixteenth century to the present.
> (Egginton 2009, 1)

Die Herausforderung besteht für Egginton in der nach dem epistemischen Bruch im siebzehnten Jahrhundert (Michel Foucault) immer deutlicher zutage tretenden Diskrepanz zwischen Signifikat und Signifikant, Sein und Schein, oder – kantisch gewendet – zwischen Ding an sich und Erscheinung. Das Barock thematisiert diese Diskrepanz nun explizit:

> [T]he Baroque puts the incorruptible truth of the world that underlies all ephemeral and deceptive appearances on center stage, making it the ultimate goal of all inquiry; in the same vein, however, the Baroque makes a theater out of truth, by incessantly demonstrating that truth can only ever be an effect of the appearances from which we seek to free it.
> (Egginton 2009, 2)

Die entscheidende ästhetische Operation des Barock besteht für Egginton darin, die Diffraktion zwischen Welt und Bühne nicht nur anzuerkennen, sondern zum Gegenstand der Kunst selbst zu machen. Aus der Einsicht in die unhintergehbare Medialität der Realität folgt kein grenzenloser Relativismus, der die Unterscheidung zwischen Fakt und Fiktion ad acta legt. Stattdessen kehrt das Barock den Prozess der Medialisierung nach außen und reflektiert deren ästhetische und politische Dimension. Mit Blick auf seine beiden Kronzeugen Calderón (für das historische Barock) und Borges (für das Neobarock) unterscheidet Egginton am Beispiel des Traumes zwischen zwei unterschiedlichen Ausprägungen dieser Strategie:

> In Calderóns dream – and it is only one dream we are speaking of, magisterial, the ultimate work of theatrical theology – the insecurity of our own relation to the real is grounded on an undreamt world, unknown and unfathomable as well, perhaps, but one whose very unfathomability bequeaths our dreamt world the stability it would seem to require, for personal control as well as for social order. In Borges's dreams – and they are practically innumerable, a leitmotif that never ceases to resurface in his works – the dreamer who dreams us is in constant danger of discovering that he, too, is living a dream, in an abyssal cascade that never permits an end point to the situatedness of knowledge.
> (Egginton 2009, 85)

Während für Calderón trotz der prinzipiellen Unverfügbarkeit der Realität jenseits des Traumes diese angenommene Realität die Basis moralischen Handelns bietet, ist dieses fragile Fundament in Borges' postmoderner Prosa selbst abhandengekommen. Calderón steht bei Egginton für die „major strategy" des Barock ein. Diese behauptet „a separation between representation and the reality hidden behind it in order to smuggle certain presuppositions into yet another representation that it will try to sell as reality itself" (Egginton 2009, 6). Die „minor strategy" eines Borges hingegen „focuses on the concrete reality of mediation itself and hence produces a thought, an art, a literature, or a politics that does not deny the real, but focuses on how the media are themselves real even while they try to make us believe that their reality, the reality in which we live, is always somewhere else" (Egginton 2009, 8).

Eggintons transhistorischer Barockbegriff ist in wesentlichen Punkten mit Gregg Lamberts These einer „Rückkehr des Barock" kompatibel. Lambert betont ebenfalls die kalkulierte Selbstreferenzialität des modernen Barock, in der sich seine Literarizität spiegelt:

> I will argue that, in the modern period, what I call the ‚Baroque emblem', which is often associated with the figural device of the *mise-en-abîme* (‚the picture within the picture', or ‚the text within the text') comes to represent the particular ‚Being of Language' we now identify with the name of ‚literature'. In other words, rather than signaling a decline of the literary, the ‚return of the Baroque' can be associated with the becoming-literary of the principle behind knowledge itself [. . .]. (Lambert 2008, xxvii)

Lamberts und Eggintons Arbeiten zur anhaltenden Konjunktur des Barock im zwanzigsten Jahrhundert sind geeignet, eine zusätzliche Perspektive auf Hofmannsthals *Turm*-Projekt zu eröffnen, indem sie erlauben, die radikale Gegenwärtigkeit sowie die barocken Elemente des Trauerspiels simultan in den Blick zu nehmen. Die Rezeption Calderóns und der Rückgriff auf die Form des barocken Trauerspiels erscheinen vor diesem Hintergrund als integrale Bestandteile von Hofmannsthals kulturpolitischem Engagement. Das Barock in Form des erneuerten Trauerspiels fungiert hierbei in paradoxer Weise als Spiegel, der zugleich die Herausforderungen der Gegenwart abbilden und die zukünftigen Lösungen dieser Herausforderungen präsentieren soll. Hofmannsthals *Turm* reflektiert dabei diese schier unlösbare Aufgabe des Trauerspiels und offenbart damit seine barocke Anlage im Sinne Eggintons: nicht als postmodernes Vexierspiel der Signifikanten, sondern als kalkulierte Inszenierung der eigenen Medialität, wie sie unter anderem in der Figurenrede und den Regieanweisungen über Sigismunds Sprachvermögen sich ausdrückt.

5 Ausblick

Die zeitliche Distanz zwischen Früher Neuzeit und Moderne schrumpft in Hofmannsthals „modernem Barock" zusammen und macht einer Konstellation Platz, die das Barock nicht als historische Epoche begreift, sondern als je performativ zu aktualisierendes transhistorisches Phänomen. Diese These geht über den pragmatischen Konsens der Germanistik hinaus, wonach das Zeitalter des Barock ungefähr das siebzehnte Jahrhundert umfasst. Zudem stellt sie einen zeitgenössisch diskutierten alternativen Barockentwurf in den Fokus, der dem prekären begrifflichen Status des Terminus Barock mit unkonventionellen Mitteln zu Leibe rückte. Hofmannsthals Konzept eines modernen Barock ist nicht nur geeignet, die leidige Debatte über Epochen- oder Stilbegriff ad acta zu legen, sondern zugleich einen Barockbegriff zu stiften, der das Verhältnis von Vergangenheit, Gegenwart und Zukunft jenseits eines linearen Geschichtsverständnisses ästhetisch und politisch neu konfiguriert.

Literaturverzeichnis

Primärliteratur

Calderón de la Barca, Pedro. *Das Leben ein Traum*. Übers. Johann Diederich Gries. Hg. Johannes Schmidt. Hannover: Wehrhahn, 2018.
Hofmannsthal, Hugo von. „Napoleon zum 5. Mai 1921". *Reden und Aufsätze III, 1914–1924*. Hg. Bernd Schoeller. Frankfurt am Main: Fischer, 1979. 466–472.
Hofmannsthal, Hugo von. „Das Schrifttum als geistiger Raum der Nation". *Reden und Aufsätze III: 1925–1929*. Hg. Bernd Schoeller und Ingeborg Beyer-Ahlert. Frankfurt am Main: Fischer, 1980. 24–41.
Hofmannsthal, Hugo von. *Sämtliche Werke XVI.1. Dramen 14.1. Der Turm. Erste Fassung*. Hg. Werner Bellmann. Frankfurt am Main: Fischer, 1990.
Hofmannsthal, Hugo von. *Sämtliche Werke XVI.2. Dramen 14.2. Der Turm. Zweite und dritte Fassung*. Hg. Werner Bellmann und Ingeborg Beyer-Ahlert. Frankfurt am Main: Fischer, 2000.

Sekundärliteratur

Adorno, Theodor W. „Der mißbrauchte Barock". *Ohne Leitbild. Parva Aesthetica*. Frankfurt am Main: Suhrkamp, 1967. 133–157.
Alewyn, Richard und Karl Sälzle. *Das große Welttheater. Die Epoche der höfischen Feste in Dokument und Deutung*. Hamburg: Rowohlt, 1959.
Alewyn, Richard (Hg.). *Deutsche Barockforschung: Dokumentation einer Epoche*. Köln: Kiepenheuer & Witsch, 1965.

Barner, Wilfried. *Barockrhetorik. Untersuchungen zu ihren geschichtlichen Grundlagen.* Tübingen: Niemeyer, 1970.

Barner, Wilfried (Hg.). *Der literarische Barockbegriff.* Darmstadt: Wissenschaftliche Buchgesellschaft, 1975.

Benjamin, Walter. „Hugo von Hofmannsthal: ‚Der Turm'". *Gesammelte Schriften.* Bd. 3. Hg. Hella Tiedemann-Bartels. Frankfurt am Main: Suhrkamp, 1972. 29–33.

Benjamin, Walter. „Ursprung des deutschen Trauerspiels". *Gesammelte Schriften.* Bd. 1.1. Hg. Rolf Tiedemann und Hermann Schweppenhäuser. Frankfurt am Main: Suhrkamp, 1974. 203–430.

Benjamin, Walter. *Gesammelte Briefe 3, 1925–1930.* Hg. Theodor W. Adorno Archiv, Christoph Gödde und Henri Lonitz. Frankfurt am Main: Suhrkamp, 1997.

Breuer, Stefan. *Anatomie der Konservativen Revolution.* Darmstadt: Wissenschaftliche Buchgesellschaft, 1993.

König, Christoph und David Oels (Hg.). *Briefwechsel: Hugo von Hofmannsthal – Walther Brecht. Mit Briefen Hugo von Hofmannsthals an Erika Brecht.* Göttingen: Wallstein, 2005.

Deleuze, Gilles. *Die Falte: Leibniz und der Barock.* Übers. Ulrich Johannes Schneider. Frankfurt am Main: Suhrkamp, 1995.

Egginton, William. *The Theater of Truth. The Ideology of (Neo)Baroque Aesthetics.* Stanford: Stanford University Press, 2009.

Herf, Jeffrey. *Reactionary Modernism. Technology, Culture, and Politics in Weimar and the Third Reich.* Cambridge: Cambridge University Press, 1984.

Garber, Klaus et al. (Hg.). *Europäische Barock-Rezeption.* 2 Bde. Wiesbaden: Harrassowitz, 1991.

Geulen, Eva. *Das Ende der Kunst. Lesarten eines Gerüchts nach Hegel.* Frankfurt am Main: Suhrkamp, 2002.

Hübscher, Arthur. „Barock als Gestaltung antithetischen Lebensgefühls. Grundlegung einer Phaseologie der Geistesgeschichte". *Euphorion* 24 (1922). 517–562, 759–805.

Jäger, Lorenz. „Hofmannsthal und der ‚Ursprung des deutschen Trauerspiels'". *Hofmannsthal-Blätter* 31/32 (1985). 83–106.

Jaumann, Herbert. *Die deutsche Barockliteratur. Wertung, Umwertung: eine wertungsgeschichtliche Studie in systematischer Absicht.* Bonn: Bouvier, 1975.

Kiesant, Knut. „Die Wiederentdeckung der Barockliteratur. Leistungen und Grenzen der Barockbegeisterung in den zwanziger Jahren". *Literaturwissenschaft und Geistesgeschichte 1910 bis 1925.* Hg. Christoph König und Eberhard Lämmert. Frankfurt am Main: Fischer, 1993. 77–91.

Koepnick, Lutz. „The Spectacle, the ‚Trauerspiel', and the Politics of Resolution: Benjamin Reading the Baroque Reading Weimar". *Critical Inquiry* 22.2 (1996). 268–291.

Kommerell, Max. *Die Kunst Calderons.* Frankfurt am Main: Klostermann, 1974.

Lambert, Gregg. *On the (New) Baroque.* Aurora, CO: Davies Group, 2008.

Lepper, Marcel. „Typologie, Stilpsychologie, Kunstwollen. Zur Erfindung des ‚Barock' (1900–1933)". *Arcadia* 41.1 (2006). 14–28.

Müller, Hans-Harald. *Barockforschung, Ideologie und Methode: Ein Kapitel deutscher Wissenschaftsgeschichte.* Darmstadt: Thesen-Verlag, 1973.

Nadler, Josef. *Literaturgeschichte der deutschen Stämme und Landschaften.* Bd. 3: Hochblüte der Altstämme bis 1805 und der Neustämme bis 1800. Regensburg: Habbel, 1918.

Nadler, Josef. *Literaturgeschichte der deutschen Stämme und Landschaften.* Bd. 4: Der deutsche Staat (1814–1914). Regensburg: Habbel, 1928.

Nägele, Rainer. „Das Beben des Barock in der Moderne: Walter Benjamins Monadologie".
    Modern Language Notes 106.3 (1991). 501–527.
Naumann, Walter. „Hofmannsthals Drama *Der Turm*". *DVjs* 62.2 (1988). 307–325.
Newman, Jane O. *Benjamin's Library. Modernity, Nation, and the Baroque*. Ithaca: Cornell
    University Press, 2011.
Pape, Walter. „Ordnung und Geld-Chaos. Zur Bedeutung von Hofmannsthals Barock-Rezeption".
    Europäische Barock-Rezeption 1. Hg. Klaus Garber. Wiesbaden: Harrassowitz, 1991.
    635–651.
Raabe, Paul. „Expressionismus und Barock". *Europäische Barock-Rezeption 1*. Hg. Klaus
    Garber. Wiesbaden: Harrassowitz, 1991. 675–682.
Schoolfield, George C. „Nadler, Hofmannsthal und ‚Barock'". *Vierteljahresschrift des Adalbert-
    Stifter-Instituts des Landes Oberösterreich* 35 (1986). 157–170.
Twellmann, Marcus. *Das Drama der Souveränität: Hugo von Hofmannsthal und Carl
    Schmitt*. München: Wilhelm Fink, 2004.
Winterstein, Alfred Freiherr von. „Ein neues Drama von Hofmannsthal". *Neue Freie Presse*
    21095 (1923). 24. http://anno.onb.ac.at/cgi-content/anno?aid=nfp&datum=
    19230603&seite=24&zoom=33. (30.Juli 2019).

Beiträgerinnen und Beiträger

Anna S. Brasch

Studium der Deutschen Literatur, Politikwissenschaft, Kunst- und Medienwissenschaft in Konstanz und Roskilde (Dänemark). 2010 bis 2016 Wissenschaftliche Mitarbeiterin an der Universität Bonn, 2016 Promotion ebenda zum Thema *Moderne – Regeneration – Erlösung. Der Begriff der ‚Kolonie' und die weltanschauliche Literatur der Jahrhundertwende* (Göttingen: Vandenhoeck & Ruprecht 2017). 2016 bis 2019 PostDoc an der Universität Bonn mit einem Projekt zum Thema „Kurioses Erzählen. Kurzprosa 1650 – 1850". Seit 2019 Wissenschaftliche Mitarbeiterin im Projekt „Wortgeschichte *digital*" am Zentrum für digitale Lexikographie der deutschen Sprache (ZDL) an der Akademie der Wissenschaften zu Göttingen.
Forschungsschwerpunkte: Literatur und Weltanschauung, textuelle Kuriositätensammlungen, Historische Semantik und Textproduktion.

Christiane Frey

Assistant Professor of German zunächst an der University of Chicago, dann, mit Affiliation in History of Science an der Princeton University, und schließlich Associate Professor of German an der New York University bis 2017, ist derzeit Vertretungsprofessorin an der Humboldt-Universität zu Berlin und ab Herbst 2020 wieder Stipendiatin der Alexander von Humboldt-Stiftung. Zu ihren Arbeitsschwerpunkten gehören: Literatur, Ästhetik und Wissen im 18. Jahrhundert; Formen der Zeit in Astronomie, politischer Theorie und barockem Trauerspiel; politische Theologie und Theorie der Säkularisierung; Mikrologien des Wissens und Erzählens von Leibniz bis Stifter. Rezente Veröffentlichungen: *Laune. Poetiken der Selbstsorge von Montaigne bis Tieck*, Fink 2016; mit Elisabeth Bronfen und David Martyn herausgegeben: *Noch einmal anders: Zu einer Poetik des Seriellen*, 2016. Im März 2020 ist bei Suhrkamp der zusammen mit Uwe Hebekus and David Martyn herausgegebene Band *Säkularisierung: Grundlagentexte zur Theoriegeschichte* erschienen.

Jonas Hock

Binationales Studium der Französistik und Germanistik an den Universitäten Leipzig und Lyon II. Seit April 2014 wissenschaftlicher Mitarbeiter am Lehrstuhl für Französische und Italienische Literatur- und Kulturwissenschaft der Universität Regensburg (Prof. Dr. Isabella von Treskow). Promotion über Pierre Klossowskis Frühwerk im Spannungsfeld zwischen *Renouveau catholique* und *Nouveau roman* (2018 bei Winter in Heidelberg erschienen). Verschiedene Übersetzungen aus dem Französischen, u. a. von Maurice Blanchot, Michel Foucault und Emmanuel Levinas. Weitere Forschungsinteressen: deutsch-französischer Kulturkontakt im 18. Jahrhundert; Süditalienethnographie und Inselliteraturen, Habilitationsprojekt zu Konzeptismus und Politik im *Seicento*.

Patrick Hohlweck

Wissenschaftlicher Mitarbeiter am Institut für deutsche Literatur der Humboldt-Universität zu Berlin. Studium der Deutschen Philologie, Philosophie und Theater-, Film- und Fernsehwissenschaft in Köln und Amsterdam. 2016 Promotion zur Kunsttheorie Carl Einsteins. Habilitationsprojekt zu (Trans-)Individualität um 1700. Aktuelle Publikationen u. a.: *»Verwandlung in Blatt«. Carl Einsteins formaler Realismus.* Berlin: Kadmos 2018; „Wahrheit der Ermittlung (Neuer Pitaval, Harsdörffer)". *Sprache und Literatur* 42.2 (2019): 7–27; „Das Verfahren der Form bei Baumgarten". *Formästhetiken und Formen der Literatur. Materialität – Ornament – Codierung.* Hg. von Torsten Hahn und Nicolas Pethes. Bielefeld: transcript 2020. 41–59.

Matthias Müller

Studium der Germanistik, Politikwissenschaft und Pädagogik in Mainz und an der Queen's University Kingston (Kanada). 2011–2014 zunächst Lehrkraft für besondere Aufgaben, anschließend wissenschaftlicher Mitarbeiter am Deutschen Institut der Johannes Gutenberg-Universität Mainz, Arbeitsbereich Frühe Neuzeit. Seit 2014 Promotion in German Studies an der Cornell University zum epistemologischen und ästhetischen Potenzial der Niederlage in der deutschen Literatur und Geschichtsschreibung des zwanzigsten Jahrhunderts. Publikationen: „Rifts in Space-Time: Franz Carl Weiskopf in the Soviet Union." *German Studies Review* 42.2 (2019); Aufsätze zu Thomas Mann und Alfred Döblin.

Clemens Özelt

Studium der Germanistik und Philosophie in Wien und Zürich, Mag. 2010, Dr. 2017. 2010–2016 Assistent für NdL in Zürich, 2016–2020 Assistent für NdL in Lausanne, 2019–2020 Early Postdoc.Mobility-Stipendium für Hamburg und Konstanz, Habilitationsprojekt zur Geschichte des dramatischen Prologs, seit 2020 Seminaroberassistent für NdL in Zürich.

Buchpublikationen: *Klangräume bei Peter Handke. Versuch einer polyperspektivischen Motivforschung* (2012); *Literatur im Jahrhundert der Physik (1900–1975). Zur Geschichte und Funktion interaktiver Gattungen* (2018).

Aufsätze zur Form des Prologs: Prologkunst und Inzwischenzeit: Das Atomzeitalter im Spiegel unveröffentlichter Prologentwürfe zu Brechts „Leben des Galilei". In: Hippe/Ißbrücker (Hg.): *Brecht und Naturwissenschaften* (2017), S. 265–289; „Dramatische Zeitgenossenschaft: Hugo von Hofmannsthals allographe Prologe". In: *LiLi* 49 (2019), H. 4, S. 551–568.

Claudia Resch

Studium der Deutschen Philologie sowie der Publizistik und Kommunikationswissenschaften an der Universität Wien, Promotion 2003 mit einer Arbeit zur reformatorischen Ars moriendi (erschienen bei Francke 2006). Seit 2003 wissenschaftliche Mitarbeiterin der Österreichischen Akademie der Wissenschaften (ÖAW) an verschiedenen Forschungsinstituten; seit 2015 Senior Scientist am Austrian Centre for Digital Humanities and Cultural Heritage; Herausgeberin des „Austrian Baroque Corpus". In den Jahren 2012–2017 Lehrbeauftragte an der Ludwig-Maximilians-Universität München, seit 2017 Lehrbeauftragte an der Universität Wien (Institut für Geschichte, Institut für Germanistik).
Forschungsschwerpunkte: Literatur und Sprache der Frühen Neuzeit sowie digitale Methoden zur Erschließung und Beforschung von Texten und Korpora; zahlreiche Publikationen und Vorträge in diesem Bereich.

Nils C. Ritter

Wissenschaftlicher Koordinator des DFG-Graduiertenkollegs 2190 "Literatur- und Wissensgeschichte kleiner Formen" am Institut für deutsche Literatur, Humboldt-Universität zu Berlin. Studium der Archäologie und Germanistik in Marburg und Berlin. Promotion 2008 zur persischen Glyptik. Anschließend Postdoctoral Fellow am Exzellenzcluster TOPOI und Koordinator von Sonderforschungsbereichen an der Humboldt-Universität. Literaturwissenschaftliche Publikationen zu Literatur und Wissen, Sammlungs-, Bild,- und Literaturgeschichte, v. a. zu Texten von Kleist, Keller, Fontane, Thomas Mann, Benn, Werfel; archäologische Publikationen zu Form und Gebrauch antiker Glyptik, kulturelle Kontaktzonen Vorder- und Zentralasiens, religiöse Ikonographie aus der Umwelt des Alten Testaments, Geschichte des antiken Fernhandels. Arbeitsschwerpunkte: Literatur des 19. Jahrhunderts (Stifter, Raabe, Fontane), kleine literarische Formen, Lyrik der klassischen Moderne, material culture.

Jasper Schagerl

Von 2017 bis 2020 Doktorand am Graduiertenkolleg „Literatur- und Wissensgeschichte kleiner Formen" an der Humboldt-Universität zu Berlin. Sein Dissertationsprojekt beschäftigt sich mit der frühneuzeitlichen Kasuistik und den unterschiedlichen Spielarten des Casus im Zwischenbereich von Recht und Literatur. Von 2010 bis 2017 studierte Jasper Schagerl Theaterwissenschaft, Sprache, Literatur und Kultur sowie Medienkulturwissenschaft an der LMU München.

Hans Jürgen Scheuer

Professor für Deutsche Literatur des späten Mittelalters und der Frühen Neuzeit an der Humboldt-Universität zu Berlin. Forschungsschwerpunkte: Rhetorik – Topik – Poetik; vormoderne Imaginationstheorie und deren modernes Nachleben; literarische Anthropologie der Adelskultur; religiöse Kommunikation in politischer Theologie und christlicher Ökonomik, in Formen exemplarischer Rede und apokryphen Dichtungen des Mittelalters. Publikationen: *Am Beispiel des Esels. Denken, Wissen und Weisheit in literarischen Darstellungen der asinitas*, hg. v. H.J.S., Zeitschrift für Germanistik NF XXV, 2015, H. 1; *Tier im Text. Exemplarität und Allegorizität literarischer Lebewesen*, hg. v. H.J.S. u. Ulrike Vedder, Bern 2015 (Publikationen zur Zeitschrift für Germanistik; NF 29); *Paramente in Bewegung. Bildwelten liturgischer Textilien (12. bis 21. Jahrhundert)*, hg. v. Ursula Röper u. H.J.S., Regensburg 2019; Artikel *Christliche Ökonomik*, in: *Handbuch Literatur und Ökonomie*, hg. v. Joseph Vogl u. Burkhardt Wolf, Berlin 2019; 71. „Apokryphe Modernität. Caesarius von Heisterbach, Alexander Kluge und die Intelligenz des Mirakels", in: *Alexander Kluge-Jahrbuch 6, The Poetic Power of Theory*, hg. v. Richard Langston u. a. Göttingen 2019, S. 97–114.

Pauline Selbig

Studium der Skandinavistik (B.A.) und der Deutschen Literatur (M.A.) an der Universitetet i Bergen (Norwegen) und an der Humboldt-Universität zu Berlin. 2016 erhielt sie die Schurmann Assistantship der Cornell University, Ithaca (USA). Derzeit promoviert sie zur Textgenese von Walter Benjamins *Ursprung des deutschen Trauerspiels* am DFG-Graduiertenkolleg *Literatur- und Wissensgeschichte kleiner Formen* an der Humboldt-Universität zu Berlin. Zu ihren

Arbeitsschwerpunkten gehören die Literatur der Frühen Neuzeit ebenso wie DDR-Literatur. Andere Forschungsinteressen umfassen Theorien und Geschichte von Schmerz, von Öffentlichkeit sowie die Figur des Tricksters.

Roman Widder

Wissenschaftlicher Mitarbeiter am Institut für Neuere deutsche Literatur der Humboldt-Universität zu Berlin. Studium Europäische Literaturen in Berlin und Krasnojarsk. 2015–2018 assoziiertes Mitglied des phd-net „Wissen der Literatur". Aktuelle Publikationen: *Andrej Platonov: Frühe Schriften zur Proletarisierung*, hg. mit Konstantin Kaminski. Wien: Turia&Kant, 2019; *Pöbel, Poet und Publikum. Figuren arbeitender Armut in der Frühen Neuzeit*, Konstanz: konstanz university press, 2020.

Personenregister

Abraham a Sancta Clara 5, 44–45, 48–51, 53–55
Addison, Joseph 22, 85
Adelung, Johann Christoph 68
Adorno, Theodor W. 165, 235–236
Alsted, Johann Heinrich 93
Aquin, Thomas von 188–189
Aristoteles 91, 115
Augustinus 144
Ayrer, Jacob 206

Bacon, Francis 143, 159
Bahr, Hermann 236–237
Barner, Wilfried 128
Baudoin, Jean 125–126
Benjamin, Walter 4–5, 6, 93, 135, 138–139, 151, 164–167, 177–182, 184–187, 189–194, 200–206, 211–212, 222, 225–226, 232–236, 239–241
Benn, Gottfried 4, 223, 225
Bertrand, Dominique 128
Bidermann, Jakob 103–104, 231
Blanckenburg, Friedrich von 141
Blanco, Mercedes 123
Boccaccio, Giovanni 72
Bondi, Fabrizio 125
Borges, Jorge Luis 242–243
Braun, Felix 238
Braungart, Georg 122
Brecht, Bertolt 108
Brecht, Walther 235, 240
Brentano, Franz 187–188
Bruno, Giordano 148
Buck, August 123

Calderón de la Barca, Pedro 103–104, 231–232, 238, 242–243
Cassirer, Ernst 154, 158
Cicero [d.i. Marcus Tullius Cicero] 65
Claudia Felizitas von Österreich-Tirol 105, 115

de Man, Paul 90, 94–95
Deleuze, Gilles 90, 139, 165, 241

di Savoia, Giuseppe Emanuel 125
Digby, Kenelm 92
Dürer, Albrecht 178, 205

Eichendorff, Joseph von 62
Endter, Wolfgang 19, 21
Erasmus, Desiderius 126
Ernst, Paul 60

Fichte, Hubert 113
Ficino, Marsilio 205
Firges, Janine 128, 131
Folz, Hans 12
Foucault, Michel 242
Francisci 92
Francisci, Erasmus 12, 59, 61–65, 67, 69–70, 73, 92, 95
Frare, Pierantonio 124
Freund, Markus 19
Fullenwider, Henry F. 123, 129

George, Stefan 225
Giehlow, Karl 178, 205
Gladov, Friedrich 68
Goethe, Johann Wolfgang von 5, 17, 59–60, 62–63, 66–67, 69–74, 103, 117–118
Gottsched, Johann Christoph 129–130
Gracián, Baltasar 123
Grillparzer, Franz 231
Grimmelshausen, Hans Jakob Christoffel von 4, 11–16, 23–24, 233
Grotius, Hugo 122
Gryphius, Andreas 44, 103, 105–113, 115, 211, 216–217, 220, 233
Guarini, Giovanni Battista 105, 115

Hallmann, Johann Christian 103, 116
Happel, Eberhard Werner 61–62
Harsdörffer, Georg Philipp 5, 21, 29–39, 64, 91, 104, 127
Haugwitz, August Adolph von 103, 109–111, 113–114
Hauptmann, Gerhart 231

Henri IV 122
Herkules 205
Heyse, Paul 59
Hinz, Manfred 124
Hochheim, Eckhart von 190
Hoffmannswaldau, Christian Hoffmann von 88–89, 91–92, 95, 105–106
Hofmannsthal, Hugo von 6, 177, 181–182, 190, 204, 206, 231–241, 243–244
Holberg, Ludvig 231
Hollonius, Ludovico 231
Holz, Arno 211
Horaz [d.i. Quintus Horatius Flaccus] 44
Hübscher, Arthur 233
Husserl, Edmund 187

Jäger, Maren 126, 128
Jean Paul [d.i. Johann Paul Friedrich Richter] 62
Jessen, Hans 62
Jolles, André 1
Jungius, Joachim 158–163

Karl Emanuel I., Herzog von Savoyen 105
Katharina Michaela von Spanien 105
Keller, Gottfried 62
Khuen, Johannes 50
Kircher, Athanasius 64, 94
Klabund [d.i. Alfred Georg Hermann Henschke] 211
Kühlmann, Wilhelm 121, 125
Kurz, Hermann 59–60, 71

Leibniz, Gottfried Wilhelm von 5, 135–144, 146–167
Leopold I., Kaiser des Heiligen Römischen Reiches 105, 115–117
Lessing, Gotthold Ephraim 17, 90
Lipsius, Justus 121, 124
Lohenstein, Daniel Caspar von 87, 103, 105–106, 110–117
Louis XIII 122
Louis XIV 127
Lovejoy, Arthur O. 141
Lukrez [d.i. Titus Lucretius Carus] 93–94, 96
Luther, Martin 201, 204

Mann, Thomas 240
Montecuccoli, Raimondo 121
Morhof, Daniel Georg 129
Moritz, Karl Philipp 141
Moscherosch, Johann Michael 86
Murr, Christoph Gottlieb von 135

Nadler, Josef 232, 235–237, 240
Neukirchen, Thomas 124
Nicolosi, Riccardo 123
Nietzsche, Friedrich 1

Ong, Walter 135
Opitz, Martin 43–44, 88, 211, 213, 215–216, 224

Panofsky, Erwin 1, 4, 178, 204–205
Pauli, Johannes 61
Peregrini, Matteo 123
Perrot d'Ablancourt, Nicolas 127–128
Philips, Heribert 126
Pirckheimer, Willibald 205
Placcius, Vincent 135, 157, 160
Polgar, Alfred 3
Poppenberg, Gerhard 130
Puteanus, Erycius 124–125

Raabe, Wilhelm 62
Rang, Florens Christian 235

Sachs, Hans 12, 15
Saxl, Fritz 178, 204–205
Schilling, Florentius 164
Schottel, Justus Georg 91–92
Schottelius, Justus Georg 158
Schwind, Peter 130
Seneca [d.i. Lucius Annaeus Seneca] 105, 114, 211, 213, 216
Serres, Michel 137
Sforza Pallavicino, Pietro 123
Shakespeare, William 177, 191, 202, 231
Sinold von Schütz, Philipp Balthasar 59, 61, 63, 65–67, 69, 73
Sophokles 115
Sweerts, François 88

Täubel, Christian Gottlob 22
Tesauro, Emanuele 123–125, 129–130
Tieck, Ludwig 60, 66
Tiedemann, Rolf 191

Verweyen, Theodor 125
von Cleve, Wilhelm 126
Vondel, Joost van den 105
Vulpius, Christian August 62

Walzel, Oskar 1
Warburg, Aby 204–205

Weckherlin, Georg Rodolf 87, 95
Werfel, Franz 6, 211–227
Wernicke, Christian 96
Wiegand, Willy 181
Windfuhr, Manfred 128
Winterstein, Alfred Freiherr von 233
Wölfflin, Heinrich 235
Wordsworth, William 81–85, 90, 96

Zedler, Johann Heinrich 68
Zincgref, Julius Wilhelm 126–127
Zuber, Roger 122

www.ingramcontent.com/pod-product-compliance
Lightning Source LLC
Chambersburg PA
CBHW070936180426
43192CB00039B/2247